叶青 殷啸虎 总主编

法治文库
上海社科院法学所

法治译丛

匈牙利
新《刑法典》述评

Review on the New Criminal Code of Hungary

第1-2卷

珀尔特·彼得博士　主编
Dr. Polt Péter

郭晓晶 宋晨晨 译

上海社会科学院法学研究所
欧洲刑事法研究中心

上海社会科学院出版社
Shanghai Academy of Social Sciences Press

总　序

　　由上海社会科学院法学研究所主持编撰的旨在呈现中外法治研究精品力作、繁荣法学研究的"法治文库"丛书，经过一年多的策划与论证终于问世了！

　　上海社会科学院法学研究所成立于 1959 年，迄今已走过五十六个年头。五十多年筚路蓝缕的创建与发展，汇聚了一大批闻名海内外的法学家。潘念之、徐盼秋、卢峻、丘日庆、齐乃宽、黄道、徐开墅、周子亚、浦增元、顾肖荣、沈国明等法学前辈，秉持"明德崇法，资政兴所"的理念，励精图治、艰苦创业，教学相长、薪火相传，为我国的法治事业培养了一支中外并蓄、结构合理、充满活力的法学研究团队。今天，在上海社会科学院新一轮创新工程建设中，法学研究所坚持学科发展与智库建设双轮驱动的发展战略，全力打造刑事法创新学科团队和法治智库创新发展团队，努力建设社会主义高端法治智库。

　　作为一个法律人，应自觉成为社会主义法治的忠实崇尚者、严格遵守者、坚定捍卫者和积极建设者。中共十八大以来，特别是十八届四中全会作出《中共中央关于全面推进依法治国若干重大问题的决定》，法学理论研究迎来了历史上前所未有的繁荣与发展机遇。法学研究所也有幸迎来了我国全面推进依法治国的法治建设黄金时代，学习、研究、宣传与实践社会主义法治理念责无旁贷。这是我们出版"法治文库"的初衷。但其意义远不止于此，茅盾先生曾概括"文库"的意义为："用最经济的手段使研究文学的人们得备一部不得不读的世界文学名著的汇刻。"这套"法治文库"虽难攀其高，但用心可比。首先，它是法学研究所各学科智力成果的结晶，见证了我们自身的建设和发展；其次，它是学术研究者服务和奉献社会的窗口，也是上海社会科学院法学研究所建设社会主义高端法治智库的平台和载体；最后，它承载的不仅仅是编撰者的学术思索，更承载了他们对建设法治中国这一历史使命的责任和担当。

　　这套"法治文库"由三个子系列组成。

　　一是"法治译丛"。他山之石，可以攻玉。法学学科一直是在比较、借鉴、融合、创新中发展和完善的。法学研究既要立足国情，又要拓展国际视野。上海社会科学院法学研究所自建所以来，就一直有翻译出版国外法律名著名篇的学术传统。1979 年起，法学研究所在潘念之、徐盼秋等一批老专家、老前辈的主持下曾翻译过蜚声法坛的"国外法学知识译丛"，丛书共 14 本，是当时法学界人士争相查阅、收藏的译著。今天，将"法治译丛"作为"法治文库"的子系列推出，既是对法学研究所既有传统的传承，也是对建设法治社会的时代回应。

二是"法治研究"。收入所内科研人员的法学专著，集中探究中国特色社会主义法治内涵及其发展规律；重点研究国家法制建设和具有中国特色的社会主义立法、司法的重大理论和实践问题；特别注重开展全局性、战略性、前瞻性的对策研究，以提升决策影响力和理论说服力，努力为党和政府提供决策咨询服务，为社会提供理论研究服务。

三是"法治文集"。主要是由所内科研人员撰写的法学论文和其他文章组成。与专著相比，它侧重以短平快的方式探讨法学理论前沿问题、疑难问题、热点问题，以及典型案例(具有影响性的司法事件的评论)。这些成果不求全，不求大，但力求"新、特、奇、深"，体现思想性、原创性和实用性，把握时代脉搏，反映时代特色，记录学科发展，标示理论创新。若此使命能够达成，"法治文集"功莫大焉！

学术需要交流，理论需要创新。"法治文库"出版之时正值上海社会科学院大力推进国际化之机。学科的发展、理论的创新离不开国际交流与合作。一味强调传统和历史，固步自封，难免夜郎自大；片面夸大"舶来品"的功效与作用，盲目媚外，亦不为科学、客观和务实之态度。中国问题，世界眼光；全球智慧，中国贡献——这样的学术交流才能让中国学人走出去，让外国同行了解真实的法治中国；这样的学术研究才能真正体现传承与创新、借鉴与融合、发展与提升。我们期待，"法治文库"在国际交流与合作中不断传播中国法治建设的正能量，提升中国法学研究的国际影响力！

再过四年便是上海社会科学院法学研究所建所六十周年。在这六十年里，她见证了法学人的薪火相传，见证了法学研究的深入发展，见证了法学学科的创建与完善！我们有理由相信，届时，"法治文库"也定会硕果累累，它将是我们献给"母亲"六十华诞的一份厚礼！愿它为祖国的法治建设增光添彩！

上海社会科学院法学研究所所长 叶青

2015 年 9 月 20 日于淮海苑

中文版序言

　　诗人裴多菲、建筑大师邬达克、牧鹅少年马季、美丽的多瑙河……这些人物与自然景观交织成了我青少年时期对匈牙利共和国的记忆与印象,确也时常会在梦里心驰神往之!

　　2013年6月,我受匈牙利佩奇大学法学院刑法学副教授伊斯特万博士的邀请,率领上海社会科学院法学研究所刑法室的三位研究人员和一位外事秘书访问了匈牙利。在其首都布达佩斯我们应邀访问了匈牙利国家科学院、匈牙利警察总局、匈牙利最高检察院等机构。我们在参访匈牙利最高检察院时,总检察长珀尔特·彼得博士听说是来自中国大陆的刑事法学研究专家团到访,他特意调整工作日程,亲自带领两位副检察长和四位业务厅长出面盛情接待了我们一行五人,宾主双方在热情友好且充满学究的气氛中畅谈了两国刑事立法和刑事司法的最新动态。很巧合,两国在近年刑事立法方面都有很大的进展,尤其表现在两国最高立法机关均对各自国家的《刑法》和《刑事诉讼法》作了重大的修订,其中摈弃了不少前苏联的制度与程序,吸收了不少英美法系当事人主义的理念与模式,突出强化了程序的正当性与人权保护的程序性。交谈中,我欣喜地获知2013年7月1日,匈牙利共和国第四部完整的《刑法典》——2012年第100号法律文件正式生效。作为匈牙利国家科学院法律研究所前所长、著名的刑法学教授珀尔特·彼得博士全程参与并主导了该法典的修订工作,并在随后又亲自担任主编正在编写《匈牙利新〈刑法典〉述评》一书。该书将全方位地深入阐述新《刑法典》的修订情况与具体条款,特别是对新增条款作了详细的解释,对所废除的条款也作了原因说明,同时阐述了新《刑法典》与欧盟法的关系。得知这样一个重大的立法动态及珀尔特·彼得博士即将出版《匈牙利新〈刑法典〉述评》这样一部重要的学术著作,我当即诚恳地向总检察长珀尔特·彼得博士提出想将这本书翻译成中文并予以出版,以便使中国刑法学界的同仁们可以全面地了解匈牙利新《刑法典》的内容,推动两国刑法学的比较研究和刑法学科的新发展。我的这一提议得到了总检察长珀尔特·彼得博士的首肯。

　　回上海后不久,我就欣然地被伊斯特万博士告知说他们总检察长珀尔特·

彼得博士主持编写的《匈牙利新〈刑法典〉述评》一书已在匈牙利正式出版发行了,得到了法学界、法律界以及媒体的积极评价。为此,我很兴奋与激动,立即与我所刑法研究室主持工作的副主任杜文俊副研究员和我所欧洲刑事法研究中心执行主任涂龙科副研究员商议寻找并聘请翻译匈牙利语的专家。很遗憾的是,经过一段时间的寻访,偌大的上海竟然没有能够从事匈牙利语法律文本翻译的专家!后经匈牙利驻沪总领事馆的指引,在涂龙科副研究员多方努力与争取下,我们在北京外国语大学聘请到了两位匈牙利语专家:一位是郭晓晶老师,北京外国语大学欧洲语言文化学院匈牙利语专业副教授、硕士生导师;另一位是她的学生宋晨晨,就读北京外国语大学欧洲语言文化学院匈牙利语专业硕士研究生,由他们负责翻译这套著作(总共四本,计100余万字)。在此,我要特别感谢他们辛勤的付出。今天呈现在大家面前的由上海社会科学院出版社出版的是这套著作中文版的第一本(第1~2卷)。本书得以现在的面貌与形式出版,得到了资深法学编辑周河先生和社长缪宏才编审的大力帮助与精心指导,他们所提出的该书体例、版式、装帧设计意见很是专业与周详。在此,我向他们表示由衷的感谢!

季羡林先生曾经说道:"翻译之用大矣哉"!想当年严复先生翻译《天演论》,其目的明确,"通过进化论的译介,既告诉国人有不适者亡的危险,又号召人民奋发图存,自强保种",使《天演论》成了义富辞危的警世之作,成了维新变法的思想武器,启迪和教育了几代中国人。翻译是以符号转换为手段、意义再生为任务的一项跨文化的交际活动。应该说,没有旨在沟通人类心灵的跨文化交际活动,人类社会便不可能会有今天的发展。

在这里,我还想告诉大家的是,上海社会科学院法学研究所之所以如此坚定地组织翻译这部著作,原因有三:

一是比较借鉴。从事法学理论研究的人一般都比较熟悉和了解当今西方英美法系和大陆法系国家的法律制度,特别是英国、美国、法国、德国和日本等典型代表国家的法典。匈牙利是东欧具有典型代表意义的国家,且匈牙利经历了深刻的社会转型,转型前匈牙利的法律体系与具体的法律制定深受前苏联法律制度的影响。现如今东欧转型国家的法律制定及实施有哪些新的变化与发展是值得我们学习、研究和借鉴的。

二是历史见证。访问匈牙利之际,正值上海社会科学院大力提倡中国问题、世界眼光,提高学科建设与智库发展国际化水平之时,法学研究所科研人员对东欧转型国家开展学术访问与合作交流活动,并建立联合研究机构专门从事比较法研究是很有现实意义与学术价值的新举措,也可填补国内学术国际化的地域国别空白。我所除了与匈牙利佩奇大学法学院联合组建上海社会科学院法学研究所欧洲刑事法研究中心外,作为这次访问的重要学术成果——《匈牙利新〈刑法典〉述评》一书的翻译便是这一合作交流机制的最好的历史见证。

三是翻译情结。上海社会科学院法学研究所向来有翻译出版国外法律名家名著名篇的历史传统。1978年10月恢复重建法学研究所后即设有编译室。编译室汇聚了十多位分别毕业于美国哈佛大学、斯坦福大学、印第安纳大学,日本东京帝国大学、早稻田大学,荷兰海牙社会研究所,保加利亚索菲亚大学等法学院和国内东吴大学、圣约翰大学、震旦大学法学院的法学界名家与前辈,他们精通多国语言和文字,在比较法研究方面颇有建树。1979年起,法学研究所在潘念之、丘日庆、卢峻、周子亚、齐乃宽、浦增元、何海晏、徐开墅、余振龙等一批老专家、老前辈的主持下曾翻译过一部蜚声法坛的作品——《国外法学知识译丛》,共14本一套,成为当时法学界人士争相查阅并收藏的译著。该套译著不仅为上海社会科学院法学研究所赢得了极高的学术声誉,奠定了中国南方法学理论研究重镇的地位,而且还获得了上海市第一届哲学社会科学优秀成果奖(1979~1985)。不积跬步,无以行千里! 翻译国外法学名著是所有法律人学习、研究、借鉴域外优秀法律文明成果的基石,今天呈现在读者面前的这部译著或许又是一个好的开端! 它也是法学所人一种历史情结的再现与传承!

让我们共同期待在学习中提高、在借鉴中完善;为早日建成具有中国特色的法治之国而努力!

上海社会科学院副院长 叶青
上海社会科学院法学研究所所长

2014年8月20日

匈牙利新《刑法典》述评
第一卷　总　则

主编:珀尔特·彼得博士
匈牙利公共服务及教科书出版社
布达佩斯
2013

序

2013 年 7 月 1 日，匈牙利第四部完整的《刑法典》——2012 年第 100 号法律文件——正式生效。

1878 年第 5 号法律文件，即人们所说的《柴迈吉法典》，是匈牙利在民主化之后颁布的第一部刑法，它曾一度满足了当时的全部立法需求。《柴迈吉法典》是一部值得后人认可的重要法学典籍，其总则部分在匈牙利司法实践中的适用一直持续到 1950 年，而其分则部分的适用则一直持续到 1962 年。在《柴迈吉法典》之后颁布的下一部刑法是 1961 年通过的第 5 号法律。这部法律把当时社会主义体制下的基本原则和价值体系同截至那时已经成文的刑法原则结合起来，但是事实证明这部刑法的使用并没有持续多长时间。它到了 1978 年就被另一部更新的刑法，即 1978 年第 4 号法律替代了。从形式上看，1978 年出台的这部刑法截至 2013 年 7 月 1 日都为有效状态；但是从内容上来看，在匈牙利颁布过的全部刑法文件当中，这也是修改幅度最大的一部。其原因是不言而喻的，因为在这段时间里匈牙利先是经历了一次大的国家体制变革，后又加入了欧盟。自 1979 年以来，这部刑法共经历大约 120 次修订，而其中仅在体制变革之后所作的修订就超过了 100 次。这些修订不仅涉及相关的法律分则，还反映了不一样的刑法政策和价值取向。但同时，整体刑法体系却越来越受到单调呆板的处理方式和悬而未决的连贯性问题的制约，这些制约进而构成了种种刑法适用性障碍。因此，尽管曾受到过争议，但毋庸置疑现在是出台一部更加现代化的、与时俱进的新《刑法典》的时候了。

这部新《刑法典》反映出的诸多立法要求与当代环境的持续变化、科学技术的不断发展以及社会发展的多面化等息息相关，这种时代相关性也是新《刑法典》编纂过程中的一个基本点。此外，新《刑法典》还提出，为了给司法实践提供保障，刑法的恒定性和稳定性也应得到相应保证。为了实现这一要求，立法者应当拟订一系列获得广泛承认的基本刑法原则，并把不断出现的新的社会现象及时补录在内。这样，最终就会形成一部完整而规范的刑法文件，大大简化司法人员的工作内容。

新《刑法典》所面临的挑战首先是日新月异的经济社会环境以及真实反映这些环境变化的犯罪结构。此外，还有同样重要的一点是，匈牙利在国际组织中担负了诸多义务，这些义务的履行也要求法律作出相应的变化。

我们不难发现，在过去 20 年间，时代对法律变化的要求已经体现在了多处刑法条文中，这一过程主要是通过法律政策实现的。在新的刑法规范形成的同时，旧的规范也逐渐从刑法框架中被淘汰。然而，面对层出不穷的新情形，法律的连贯性却遭到了一定程度的削弱。一句话，旧刑法已无法满足 21 世纪的新要求和新期望。法律的健全、和谐及与时俱进是司法人员工作质量和工作效率不可或缺的保障条件。旧刑法已无法继续适用，其过时之严重程度也已经超过了可修订的界限。正如新《刑法典》在"前言"中表述的："经过多次修改，（旧《刑法典》的）法律完整性已经遭到了破坏，进而衍生出许多问题……而只有通过出台一部新刑法，才能解决这些问题。"对此，立法者做了许多努力，他们参照前文提及的法律原则，成功拟订出 2012 年第 100 号法律文件。

时代对新刑法的需求不是直到 2010 年以后才有的。事实上，相关部门对刑事实体法的全面审查自 1998 年起就开始了。特别是在 2001～2009 年，为了满足司法机关的实践需要，国家共成立过四届立法委员会，其共同目的就是为了出台一部新刑法。尽管在当时已经有了不只一篇总则部分的草稿，但是由于国会没有展开讨论，立法工作也就没有了下文。后来，到了 2010 年，这一立法工作在行政和司法部得到了延续。尽管此次没有成立单独的立法委员会，但行政和司法部的专家团体对之前拟订草稿给予大力支持。新《刑法典》总则部分的草稿是在 2011 年 9 月拟订完成的，截至 2012 年秋，全部分则草稿也已编写完毕。随后，为了实现与行政和社会的和谐一致，立法专家团体又对原稿进行了一些修改，并于 2012 年秋将终稿提交到国会进行公开讨论。2012 年 1 月，这部新《刑法典》连同其修改方案一起被国会代表予以通过。在这里，我还想提到的一点是，就连那些有效但尚未生效的法律条文，也被国会做了一些关键性的细节修改。作为本书的编辑，我也将继续跟进这些修改，不断完善相关部分的内容，直到书稿送交出版社之时为止。

2012 年第 100 号法律文件在"前言"中强调："我们的最终目标是在改革过程中形成一部完整的、与时俱进的、连贯的、高效的法律，如此便可使刑法赢回其在法律法规体系中的'基石'地位。"这样的努力是值得敬佩的，而且在我看来也是成功的，但至于它将会在多大程度上收回成效，则只有通过实践才可证明。为了实现这一目标，一个显而易见的要求就是在法律允许恰当解读的情况下，司法人员能领悟到法律条文（与《基本法》第 28 条规定一致的）的真正意旨。

在这一方面,我们非常愿意通过这部述评来为司法人员提供有效帮助。为了确保这种帮助的有效性,我们邀请了一系列合适的撰稿人,并遵循一定的编纂原则。还有非常重要的一点是,这部书的撰稿人员和编辑人员中,有许多都是以直接(在立法部门中)或间接(以专家身份提供协助)的方式参与新《刑法典》的立法进程中。例如,我们有一位专业编辑就以部长的身份直接领导新《刑法典》从头到尾的整个立法进程。

在本书的编写过程中,我们努力以明晰、规范、不会引起异议的司法决议为支撑,来阐释相关的法律条款。我们认为,法律机制的历史性引入至关重要,并想强调:"……只有通过普及那些已获得广泛承认的法律原则,摒除那些曾被大肆宣扬但可能有误的观点,这部述评论著才可能发挥其最佳功效;也只有这样,这部法律述评才可能真正地反映法律本身的意旨。"而事实上,卡洛伊·伊莱什·艾德维已经这么做了。

同时,我们在本书编写过程中,还遵循了言简意赅、避免歧义的原则。古典时期的拉丁语中有句名言:法律应尽量简明,以便让没接触过法律的人也能看懂并遵守。按我们的理解,这句名言对法律述评也同样适用。因为一般而言,法律注释是写给司法人员看的,但是如果想寻求法律帮助的普通大众也能看得懂的话,那么这就是一部无价之宝了。另外,我们觉得本书也可以作为法学教育和培训的教材来使用。

有些撰稿人在本书中所提出的一些专业见解——尽管得到了主编的接受——是尚有争议或值得商榷的。在发生这种情况时,我们都会尽量把好几种相左的观点一一列出。此外,本书所持的态度与前文所提到的法律的真正意旨、这些意旨背后的法律政策以及刑法当中所体现的法教义学体系等保持了最大程度的一致。我们相信,本书将因其所引述的原则和法教义学解释的普及而获得持久的生命力,而新《刑法典》也将如《柴迈吉法典》一样,长期为匈牙利的社会利益提供法律服务。当然,由于新《刑法典》还会根据新的立法需要作出相应修订,对此本书也将在后续版本中作出相应的更新;我们希望能以此为敬爱的读者奉上对匈牙利新《刑法典》的最新阐释。

布达佩斯,2013 年 7 月 17 日

珀尔特·彼得博士

首席检察官

主编

前　言
2012 年第 100 号法律——刑法

（珀尔特·彼得博士）

国会——

为了捍卫人不可侵犯、不可剥夺的基本权利，为了维护国家独立和领土完整，为了保护国家经济财产，

考虑到匈牙利按照国际法规定及欧盟内规则应当承担的各项义务，

以实现为国家所独有的刑罚权威为目标

——制定了如下法律。

11/1992(III.5.) AB 号决议，1459/B/1992.AB 号决议，9/1992.(I.30.) AB 号决议

匈牙利基本法

2012 年第 100 号法律是匈牙利颁布的第一部带有前言的《刑法典》。根据关于法律编撰的 61/2009(XII.14.) 号司法与治安部法令规定，具有社会和政治新颖性和重要性的法律文件可带前言。立法者正是通过附加前言这一方式来表达对刑法重要性的承认和认可。根据这一法令，在法律前言中——

a）可以介绍法律规定的前提、意旨和目的，

b）可以约定由于缺乏规范性内容而无法写入法律条款正文中的原则性、理论性内容。

前言中罗列了一系列的基本价值，整部《刑法典》就是为了保护这些基本价值而服务的。这些基本价值主要包括：

——人不可侵犯、不可剥夺的基本权利，

——国家独立，

——国家领土完整，

——国家经济，

——国家财产。

前言中指出,随着人们对匈牙利在国际上和欧盟中应负义务认识的逐渐提高,新《刑法典》的制定才渐渐得到了接受。

前言中还明确指出,国会制定 2012 年第 100 号法律,目的是为了使国家所独有的刑罚权力得以实现。

关于《刑法典》制定的基本动机及其内容导向,前言中也作了介绍。前言指出,上一部《刑法典》自从 1978 年第 4 号法律生效以来共修订了 100 余次,其中 10 多次还涉及宪法法院的决议。这些修订共对其中 1 600 多项内容进行了修改、添加或废除,刑罚体系有了重大改变,分则部分也做了重大调整,这样一来整部法律就发生了极大改变。另外,随着科学的快速发展,尤其是匈牙利加入欧盟后,又出现了一系列新的热点问题,比如:如何才能更加高效地打击有组织的犯罪行为,以及犯罪构成要件变化后刑罚力度的相应加大,等等。

政府制定的民族合作计划指出:"法律的威严、刑罚种类的增多以及终身监禁实行频率的增加等都能对犯罪分子起到威慑遏制作用,并能对全体社会成员起到警示作用,告诉他们匈牙利并非是犯罪分子的天堂。只有出台一部能让守法者的安全得到保障的法律,才能使匈牙利真正强大起来。"

而为了实现这一目标,新《刑法典》在实施过程中一个最为关键的要求就是严厉性。这种严厉并不仅仅意味着处罚力度的加大,还包括按罪量刑这一判处方式更为强有力的实现。立法者认为,刑法的严厉化首先是针对累犯、惯犯而言的,不过对于初犯来讲,这种严厉化所起的警示作用也开始显现出来。创制这部新刑法的最终目标就是在严厉化帮助之下使刑法重新赢回曾经由宪法法院所授予的法律体系基石的角色。

从法教义学角度来看,新刑法的出台并不意味着与 1978 年第 4 号法律的完全脱节。但可以确定的一点是,单纯的修订已经不够了,现在我们需要一部崭新而全面的新《刑法典》。

由此看来,刑法的任务就是对存在于各类社会关系中的上述原则和价值加以保护和审查。刑法是法律体系的一个分支,而且是最后才能诉诸的一个分支。

新《刑法典》规范正确的行为准则,并为以法庭为主体的有刑罚权威的国家机构设置了一个制裁框架和一系列刑罚适用条件,从而避免权力行使的主观性,为社会提供保护。

无论是从其要捍卫的价值体系来看,还是从其遵循的原则来看,新《刑法典》都是建立在《基本法》基础之上的。而在其遵循的原则中，有一条需要特别指出，那就是首次在匈牙利刑法典中提出得以编撰成文的合法性原则。根据《基本法》规定，合法性原则主要包括法无明文不为罪、法无明文者不处罚两条（即罪刑法定）。然而，尽管罪刑法定是刑法合法性的两个首要元素，但刑法的合法性却不只包括这两条原则。据宪法法院声明，以下几点也都是刑法的宪法合法性原则所包括的内容：

　　a）当罚行为和处罚办法由法律或更高级别法律文件规定；

　　b）定罪和量刑都应以宪法意旨为本，即应遵循无罪不罚、按罪量刑和最后诉诸的原则；

　　c）只有法官有权判罪，且执行判罪时所参照的判定要素应在刑法职责范围之内（11/1992［III.5.］AB 号决议）。

　　而从上述三条原则出发，还可进一步推出以下几条补充性原则：

　　——法律无歧义原则，

　　——摒除不确切概念原则，

　　——法官权限和禁止类比原则，

　　——"刑—责"原则，即刑事责任确定的基础只能是可被指控的行为，

　　——"一事不再理"原则，即禁止重复审理同一案件。

　　《基本法》第 28 条第 6 款明确规定："如果某一行为已在匈牙利或（国际公约及欧盟法限定范围内的）其他国家依法受过保释或判决，则当事人不能再被重复处罚。"

　　这些原则作为 2012 年第 100 号法律合法性原则的一部分，既是对"罪刑法定"原则的补充，也可从现行《基本法》中找到出处。

　　最后，还需强调一个不容忽视的事实，那就是新《刑法典》是一个法治国家立法和司法的产物。而关于法治国家这一概念，宪法中作了如下陈述：

　　a）如某条法规触犯了法治国家的基本价值体系，则构成违宪；

　　b）法律真实是一个法治国家不可或缺的基本元素；

　　c）以客观和形式化元素为依托的法律真实优先于无法摆脱片面性和主观性的法律公正；

　　d）法律机关应在确保法律真实优先性的基础之上，保持物质公正和法律真实两者要求的和谐统一［1459/B/1992/AB 号决议，9/1992.（I.30.）AB 号决议］。

　　由此可见，公正性首先隶属于法律运用的范畴，而当法律公正和法律真实发生矛盾时，法律真实应当占据首要地位。在这种情况下，公正性通过法官判决亦可确保，但法官绝不能作出专断判决。

参考文献

拜洛维奇,艾尔文-巴拉日,盖雷尔-费伦茨,托特·纳吉-米哈伊:《刑法第一卷（总则）——以 2012 年第 100 号法律为基础》,布达佩斯:HVG-ORAC 出版公司,2012。

珀尔特·彼得:《国会保护法——是福是祸?》,布达佩斯:匈牙利公报出版社,2010。

目 录
CONTENTS

第一章　合法性原则

（瓦什库提·安德拉什博士）

第 1 条第（1）款　只有当某种行为按发生当时法律判定为有罪时，才可对当事人追究刑事责任（国际法律普遍规定为犯罪的行为除外）。

第（2）款　对于犯罪行为不能处以犯罪当时（或参照第 2 条第（2）款内容做出判决时）法律未规定的刑罚或参照当时法律未规定的条款。

一、刑法合法性

刑法合法性的两个核心基本原则——法无明文不为罪、法无明文者不处罚两条（即罪刑法定）——在《柴迈吉法典》中也有明文记载。根据《柴迈吉法典》第 1 条规定："只有法律明文规定为犯罪的行为才可判罪。任何犯罪者都不能被判处犯罪行为发生前的法律规定之外的刑罚。"尽管《刑法典总则》以及 1961 年和 1978 年的《刑法典》中均未包含这两条原则，但这并不意味着它们在刑法立法和执行过程中没有发挥效力。《宪法》第 57 条第（4）款规定："任何人都不得因为事发当时匈牙利法律或者为区域自由、安全、法治作出贡献的他国法律中（在欧盟为使各国公认原则得以生效而设立的法案范围内，但不局限于基本法律核心内容中）规定无罪的行为而被判罪或处以刑罚。"法律实践和法律条文从与刑法时效相关的条款中引述了这些原则。而据支持者称，新刑法又借鉴国外一般做法作为基本条款，重新规定了合法性原则。

二、罪刑法定

第一，罪刑法定作为刑法合法性的基本要素，是为国际法所承认并在由匈牙利签署的国际协议中所规定的基本法律原则。《公民权利和政治权利国际公约》第 15 条规定，任何人都不能因为发生当时国内或国际法中认为无罪或过失的行为而被定罪。同样地，任何人也不能被判处比犯罪当时法律规定程度更重的刑罚。但该条规定并不妨碍当犯罪行为违背发生当时各国公认的基本法律原则时,犯罪者被送上法庭并予以判决。

《国际刑事法院罗马规约》第 22 条指出,本规约认为,当事人只有在其行为在发生当时被法院权威判定有罪之时,才应负刑事责任。法院应合理解读犯罪案情,且不能对案情加以类比。如对案情有疑问,则应按对嫌疑人、被告方或被处决者有利的方式解读。本条规定不妨碍国际法不参照本公约而判定某一行为有罪。该规约第 23 条规定,当国际刑事法院宣布某人有罪时,仅可根据本规约予以刑罚。

《欧洲联盟基本权利宪章》第 49 条第(1)款规定,任何人都不能因为发生当时按国内法或国际法规定为无罪的行为或过失被判罪,同样也不能被判处比犯罪当时适用程度更重的刑罚。如果在犯罪行为发生后,法律减轻了对该种行为的处罚力度,则应按减轻后的刑罚予以判决。该条第(2)款则规定,本条规定不影响当犯罪行为违背发生当时各国公认的基本法律原则时,犯罪者被送上法庭并予以判决。

《欧盟人权公约》第 7 条中有与《公民权利和政治权利国际公约》和《欧洲联盟基本权利宪章》相一致的内容,都规定了如下合法性原则:任何人都不得因为发生当时不被国内法或国际法规定为有罪的行为或过失而被判罪,同时也不得处以比犯罪当时所适用程度更重的刑罚。但如果某种行为按文明民族公认的基本法律原则为犯罪时,即使与此条规定不符也可将当事人呈送法庭并判罪。

《欧洲人权法院》通过判例法扩充了上述规定的内容。根据 1993 年 5 月 25 日希腊诉科基纳基斯案的判决结果,第 1 条规定的原则的使用不能简单地被理解为旧法所不禁止的行为不得定罪,而还应包括罪刑法定原则,以及禁止刑法对被告人不利的扩展适用(如通过类比)。从这些原则中可以得出,法律的一个公认职责就是对犯罪行为下一个定义,而只有在当事人能够了解法律内容时,即法律对他来说可以理解并能预先看到时,这一要求才能得以满足。而在 1995 年 11 月 22 日英国诉 C.R.案和英国诉 S.W.案的判决结果来看,法庭表示,第 7 条规定的原则是法治国家的一项基本元素,并在公约体系中占有重要地位。作为对希腊诉科基纳基斯一案的补充,法庭指出,无论一部法律的条款规定用语多么准确,法官的法律解读总是无法避免的,因为法官总会需要对法律中有歧义的部分加以澄清,并根据不断变换的情境加以调整。刑法在司法立法方向上的发展是欧洲法律传统中古老而不可避免的传统,然而司法立法的发展只有当其结果与法律规定的犯罪行为实质相吻合并能理性预见时才符合第 7 条规定的原则。法庭在柏林围墙射杀案以及匈牙利诉科尔贝伊案中运用并强化了这些原则。

对于第 7 条中出现的"刑罚"一词的概念,法庭在 1994 年 2 月 9 日英国诉韦尔奇案的判决中作了定义。按照规定,在判断某一被采取的侵权手段是否为刑罚时,出发点应是所采取的措施是否由于犯罪行为而判决之后发生的,且是与该犯罪行为相关的。除此之外,还应衡量措施的性质和目的、内部法给出的定义、运用和执行法令相关的过程及其重要性。韦尔奇案的判决表明这些当中任何一个都无法独自起决定性作用,而需要考察的是,在考虑报复性元素存在时,该种侵权措施是否可以被认定为刑罚。

第二,《基本法》第 28 条第(4)款与匈牙利上面详细展示的国际义务承担保持一致的规定,任何人都不能因为发生当时按照匈牙利法律或(国际公约及欧盟法限定范围内的)其他国家的法律来说不算犯罪的行为而被定罪或判刑;第(5)款则指出,第(4)款的规定并不影响那些发生当时按国际法公认规则来看属于犯罪的行为当事人被定罪判罚。后一条宪法规定与《基本法》第 Q 条第(3)款有明显的交叉,即匈牙利接受国际法律所广泛承认的规则,并把这些规则写进本国的法律。

由于《宪法》和《基本法》体系之间最多在用词方面有差异,宪法法院在这一方面作出的早期举措仍然可以继续当成范例。与合法性原则相关的宪法法院措施检查应该从国家法治化入手:《基本法》第 B 条第(1)款指出匈牙利是独立民主的法治国家。

9/1992.(I.30.)AB 号决议指出:"法治国家必不可少的元素就是法律确定性。"法律确定性是指法律的整体和一些部分以及一些规定条文也要清晰、一致,在运用方面对其规范受众来说则要可靠、可预见。保证这些内容应成为国家——首先是立法机关——的职责。

11/1992.(III.5.)AB 号决议——通过进一步把法治国家、法律确定性和符合宪法的刑法之间的联系具体化——从可靠性和可预见性原则中又引出了不溯及既往原则,以及追溯法令的设置和对类比判决的禁止。

根据规定,不仅仅是国家法律禁止犯罪行为并通过法定刑罚对犯罪分子构成威胁,而且还是指个人的相关权利,即只有依照法律才能对个人进行判决和刑罚。由此可知,在数条刑法规定中体现出的罪刑法定基本原则是符合宪法的。这样的规定是《刑法典》中对犯罪的定义,是刑罚和刑罚体系的法律化概念。但是宪法规定的人的自由权和基本人权则不仅涉及刑法某一部分和刑罚方式的问题,而且还从根本上来说是刑法的责任及量刑和可罚性相互联系的封闭法规体系。刑法责任对其所有规定条款的调整从根本上直接触及个人的自由和宪法的处境。

宪法法院简短地将其立场固定下来,即罪刑法定原则是刑法合法性原则的一部分,但不是其职责与宪法符合与否的唯一判断标准。刑法合法性的宪法原则要求,由法律及更高级别的法规来定义当罚行为及相关刑罚。宣布有罪及其刑罚都应建立在宪法的意旨基础之上;且要按需、按比例用于最后时刻。只有法官才能执行定罪,而且法官也只能在刑法职责范围内取证。只有依据在行为发生当时正在生效的法律才能判罪和处罚。法庭依据案发当时正在生效的法律进行判罪,刑罚也是根据此而裁定,例外是当审判时的法律认为行为不构成犯罪或对行为判处较轻的刑罚,这时就不再适用行为时法。由此就引出将不溯及既往原则包含在其中的法律确定性原则(可预见性、可靠性),这是从国家法治化中引出的,其逻辑前提是法律在案发当时的可了解性。

53/1993(X.13)AB 号决议解读了《宪法》第 7 章,其内容与《基本法》第 Q条第(2)款和第(3)款内容相一致,这样它还可以继续成为范例。宪法法院指出,第 7 章第(1)条一开始就认为匈牙利共和国的法律体系接受国际法律普遍承认的规则,并指出这些"普遍规则"不需要特别的修改就能直接成为匈牙利法律的一部分,而在这种普适性中的修改——即没有定义的规则罗列——《宪法》自身就能完成。这种把一般公认规则变成国内法律条文的做法丝毫不排除某些"普遍规则"还需要定义一些特殊的协议,从这个角度来看就会发生特殊化。《宪法》和国内法应使国际法中的普遍规则真实有效。

宪法法院认为,关于战争犯罪行为和反人类犯罪行为,国际法的"罪刑法定"保障只是针对国际法自身的,而不针对国内法。"国际习惯法"是"为文明开化的国家所共同承认的法律原则","由国际社会所承认的法律原则"是指由国际社会认定为可起诉和可处罚的行为,而与国内法是否包含相似罪行或相关惯例以及是否被写入特定国家的国内法无关。战争犯罪和反人类犯罪的重点是当国际和平与安全以及人类本身陷入危险时,刑罚取决于国际法规定。关于这一原则要与国际法规定保持一致。根据《公民权利和政治权利国际公约》第 15条第(2)款以及《欧洲人权公约》第 7 条第(2)款规定,罪刑法定原则与以下情形并不冲突,即当事人因其行为或过失在发生当时被国际社会普遍看作犯罪而被判刑。而这一例外规定的意义在于,对于上述特殊情形,即使成员国内部法律并无明文惩处规定,也不妨碍其判决。由此可知,即使当国际法与国内法内容发生冲突时,此类行为也可按照国际法公约条文规定追究和处罚。

第三,从宪法法院的行动也可看出,刑法合法性的宪法原则不能与刑法责任的宪法性截然分割。因此,《刑法典》第 1 条中所讲的罪刑法定原则无论对立法者还是执法者来说,都是可行的规则。

罪刑法定在责任学中是一项形式性违法概念：只有那些发生之前被法律规定为犯罪的行为才能被追究刑事责任。而追究刑事责任的条件是当事人行为构成了某一法律规定所声明的情形，或者说其行为可被取证。然而，仅凭这点还是无法加以判决，要想判决定罪，还需要顾及到司法要求，与之相关的是实质性违法概念。由此可见，犯罪行为在触犯或威胁到法律声明保护的权益的同时，也符合追究刑事责任的条件。

合法性原则与刑法时效性之间显示出紧密关联。《刑法典》第2条第（1）款规定，对于犯罪行为（包括第（2）、（3）款中所述例外情形）应依照犯罪当时的有效刑法进行判处。第（2）款规定，如果判处当时新生效的刑法已经不认为某一行为是犯罪或应当从轻判处，则应按照新刑法规定处理；第（3）款则与《基本法》第28条第（5）款与《刑法典》第1条第（1）款的相关内容保持一致，规定对于那些在案发当时匈牙利国内法律规定为无罪，然而国际法规定为有罪的行为，按新刑法判处时可溯及既往。

可见，不溯及既往原则作为一项基本原则，是法律针对国家权威保护国民的一种工具，并且仅仅针对那些会就重判刑的法律规定起作用。法律并不排斥对犯罪分子有利的法律条文，即如果判处时新生效的法律已经不认为所涉行为为犯罪或为从轻判处提供了可能的话，那么就应当遵循不溯及既往原则，按新刑法进行判决。而当新的法律规定可轻判时，不仅仅要考虑犯罪行为的性质和规模，还应该对与刑事责任追究相关的全部规定加以综合考虑。应该注意以下五点：（1）如果主要犯罪性质和规模都没有变化，但新生效的法律为轻判与否提供了两可选择，应当认为新法律对该种犯罪行为从轻判处了；（2）如果从轻判处时不需要在轻判阶段特别开庭，那么新刑法对待该种犯罪行为也应该认为是从轻判处了；（3）在法律对比过程中，在附加刑罚中出现的法律背景也应当考虑在内；（4）如果根据新法律可对所涉犯罪行为加以无限制轻判，那么应该按新法律进行判决；（5）如果涉及多个不同犯罪分子，则应对他们的情节分别考察，根据案发当时生效法律规定进行判处。当需要判定哪部法律更轻时，应针对所涉犯罪行为先按照两部法律分别判处，然后再选择其中较轻的一种作为最终判决。而一旦决定了按照哪部法律判处，就应全部遵循其规定，因此也就不能按旧法律量罪而按新法律判刑。

合法性原则中还包括禁止不确定法律的原则（即法律确定性原则），也就是上述宪法法院实际行动中所践行的规则。根据这一原则，刑法应当对当罚行为进行准确描述。这里所说的确定性并不排除法官对法律的理解问题，否则法律将无法得以执行；但是需要排除的是法律被任意、含糊、空洞或不可预测地理解的可能性。所谓禁止司法立法原则（即法无明文不为罪原则），其意思是法官不能无限制地对法律进行理解。这一原则从犯罪分子角度出发对法官的法律理解加以限制。换言之，法官对法律的不合理解读既不能构成追究刑事责任的前提或有利因素，也不能扩大法律声明和制裁的适用范围。但与此同时，宪法并不阻碍法官依其理解排除刑事责任的追究。合法性原则的最后一条是禁止类推解释的原则（即无严格法律不为罪原则）。与前面几条原则类似，这一条原则也是仅仅从对被告人有利的角度出发而发挥效力，其内容是禁止以填充法律空隙的类推解释为基础创建新的条例、将现有规定向立法者最初无意处以刑罚的行为扩展、扩大适用刑罚及处置的范围或缩小其规模。

第四，正如我们在前面所提到的那样，国际法的运用可能会对罪刑法定原则造成破坏。《基本法》第 28 条第（5）款和《刑法典》第 1 条第（1）款所示即为国际法普遍规则，因此在审查不溯及既往原则所适用的法律行为时，首先应该明确的是这一概念的定义。

《国际刑事法院规约》第 38 条对国际法来源给出最宽泛的定义：法院的任务是依照国际法对法律纠纷加以判决，在此过程中应使用以下法律来源：（1）那些包含为纠纷所涉国家所公开明确承认的法律规定的一般或具体国际公约；（2）国际惯例，作为法律而被认可的通常实践；（3）为文明国家所普遍承认的一般法律原则；（4）司法判决和各国最杰出公众人物的格言，作为法规评判的协助工具。《基本法》和《刑法典》都使用了"国际法普遍认可的规定"，而这些规定的内容在所列条目中也都将国际惯例和为文明国家所普遍承认的一般法律原则包含在其中。

值得强调的是，所谓国际惯例和为文明国家所普遍承认的一般法律原则，与国际公约中所包含的法律政策并不完全一致，因此人们对 53/1993.(X.13.) AB 号决议中所用词语的理解并不完全一样。然而在这里所引的《国际刑事法院规约》内容以及《基本法》第 Q 条第（3）款和第 28 条第（4）、（5）款内容在这一问题上却给出了一致的解释。不同理解方式的分歧点主要存在于具有可溯及既往效力的法律的运用过程中。因为《刑法典》只对当国际法认为某一行为应当处罚时，才能不顾国内法在案发当时对所涉行为的无罪规定对其加以判处。

根据与国际公约相关的 2005 年第 50 号法律第 10 条第（1）款 b 点规定，声明国际公约的法规应当包含国际公约相关内容。这样在相应情形中，宪法对刑法合法性的要求就能以与《刑法典》一致的模式生效。在这样的情况下，就算《刑法典》中本身并没有相关条文，也可按国际公约中所涉规范执行。这样的指示性规范的例子是《刑法典》第 144 条第（5）款中包含的解释条文。按其表述，关于其他种族隔离罪名，须以于 1973 年在纽约联合国大会上通过的包含 1976 年第 27 号法令的国际公约第 11 条中 a)/(ii)、a)/(iii)、c)、d)、e) 及 f) 点中所规定的种族隔离罪为准来理解。需要强调一点，这种情况仍与国际惯例无关，因为所涉及的国际公约已经成为国内法的一部分。同时，立法者还可以将国际法所断定的罪行在《刑法典》中加以规则化，如《刑法典》第 8 章中的反人类罪和第 14 章中的战争罪中的许多情节就是这样来的。

另外，有时国际公约规定为有罪的行为并不涉及溯及既往的问题。在这样的情况下，应该采取与刑法情况一样的处理方式。真正的问题往往出现在以国际惯例及普遍法律原则为基础的司法过程中，这时所涉及的不仅有与不溯及既往原则相关的问题，还有与法律确定性原则相关的严重问题。当然，这里所指的并不是以这些来源为基础是否符合宪法规定的问题，因为这一问题早在《基本法》和《刑法典》中就得到了肯定的解答。事实上，这一问题更常在法律运用中出现，而问题的本质就是适用法律的确认。由于在匈牙利还未有过类似的司法案例，所以对这一问题的详细解决办法就只能借鉴国际法院的经验，可国际法院的处理方式又常常明显超越了我们现有的工作框架。因而，在此我们仅仅指出，在这种情况下首先应该参考的是前南斯拉夫地区于 1991 年为惩治严重伤害国际人权罪而设立的前南斯拉夫问题国际刑事法庭的司法先例。

宪法法院决议：

9/1992.(I.30.)AB 号决议、11/1992.(III.5.)AB 号决议、4/1997.(I.22.)AB 号决议、53/1993.(X.13.)AB 号决议。

欧洲人权法院案例：

希腊诉科基纳基斯案（1993 年 3 月 25 日）、英国诉韦尔奇案（1994 年 2 月 9 日）、英国诉 C.R. 案（1995 年 11 月 22 日）、英国诉 S.W. 案（1995 年 11 月 22 日）、柏林围墙射杀案（2001 年 3 月 22 日）、匈牙利诉科尔贝伊案（2008 年 9 月 19 日）。

参考文献

布鲁特曼，拉斯洛：《国际法在宪法解读中的适用》，《法律公报》，2009 年 7～8 期。

哈克，彼德：《科尔贝伊案——回溯效力的禁止与反人类罪行》，《案例分析》，

2010 年第 2 期。

霍夫曼,托马斯:《国际惯例法在匈牙利刑事法院司法实践中的角色》,《法理视点》,2011 年第 4 期。

李盖提,卡塔琳:《法治国家的刑法》,《刑法研究:当罚性与可罚性》,伊姆莱·维恩纳编.布达佩斯:经济与法律出版社,1999。

纳吉,费伦茨:《罪型法定原则》,《匈牙利法律》,1995 年第 5 期。

松内文德,帕尔:《匈牙利法律体系中的国际法与国内法:匈牙利宪法法院司法实例》,《国际法读本:文档与节选》,布达佩斯:奥西里斯出版社,2002。

第二章　匈牙利刑法的效力

（珀尔特·彼得博士）

早在罗马法当中，法律管辖权就已经被用来特指司法管辖权了，即国家组织的法律服务保证。而在今天，使用这一概念的首先是国际法和国际民法。它与国家主权之间有着密切的关系。从广义上来说，管辖权除去判决之外，还包括国家制定和执行法律的权力。另外，与国际管辖权相对，我们还可以说国内管辖权，而后者在本质上是不同国家间在管辖范围内的事务分配。

管辖权可分为一系列不同的种类，比如有专属管辖权和平行管辖权、一般管辖权和特殊管辖权、有限管辖权和无限管辖权、潜在管辖权和事实管辖权，等等。

通过考察匈牙利刑法的管辖权，可以回答以下两个问题，即匈牙利刑法的制定和运用是针对什么人？在何处生效的？有关管辖权的决议是以法律效力的判定为基础的。早在罗马法中，人们就已经认识到了由侵权行为地、被告人居住地和逮捕地三点所共同确立的法律管辖权。

在现代法律当中，确定法律管辖权的地域效力和对人的效力由以下原则组成：

a）属地原则；

b）属人原则，包括行为人和作为行为对象的人；

c）国家保护原则；

d）无条件处罚权力原则。

除地域和人员效力之外，《刑法典》第2章中还讨论了时间效力。通过考察时间效力，可以回答何时可动用刑法规定的问题。这一问题与匈牙利刑法的管辖权的相关性在于，它也需要从法规适用性角度出发来看待。

此外，还有一项法律事件效力。由于事件效力将法律制定区域包含在内，所以在与《刑法典》相关的讨论中无需涉及。

一、时间效力

第2条第(1)款　犯罪行为(除第(2)、(3)款中所列情形外)应按案发当时有效刑法进行判处。

第(2)款　当判处时已生效的新刑法已不认为所涉行为为有罪,或者认为应该从轻判处时,应按新刑法规定进行判处。

第(3)款　当案发当时的匈牙利刑法不认为所涉行为为有罪,但国际法普遍公认其为有罪时,在依照新刑法规定判处时应适用可追溯既往原则。

内容解释:

第一,我们应当区分法律的生效和有效状态。法律的有效性是指法律被其授权的机构在规定体系内、以适当内容承认和接受。从这一点来看,起导向作用的是 2010 年第 130 号立法法。该法第 2 章中还规定了立法的根本要求,即法律所包含的内容应该能被其受众没有歧义地理解。

第二,立法法是为《基本法》第 T 条中所含规定的执行而服务的。据此,"一般性义务行为规范可以通过由《基本法》和《基本法》中指出的那些具有立法权的机构创立的、在官方层面上颁布的法律来确定。而根本法还能确定用于颁布自治法令和特殊法律体系内部法律的相关规定"。根据这些规定创立的法律都是有效的,但不一定都能生效。法律的时间效力所回答的就是有效法律从何时起到何时为止——即何时——可以运用的问题。与此相应,首先需要确定的就是法律生效和失效的时间点。根据立法法规定,"在法律中应该确定其生效日期,这一日期可以是法律颁布后的任意一天。"[《立法法》第 7 条第(1)款]在某些情况下,法律的生效日期与颁布日期可以重合。此外,法律的生效也可由另外一部法律来单独规定。已生效的法律法规可以通过数种方式失效,其中最常见的方式是由相关法规来规定并宣布[《立法法》第 10 条第(1)款 a 点]。

第三,立法法的一项重要内容规定是,在确定法律生效日期时,应为其实际运用留出充足的准备时间[《立法法》第 2 条第(3)款]。比如,2012 年第 100 号法律(即《刑法典》)于 2012 年 7 月 13 日在《匈牙利公报》上颁布,并从此成为有效法律。该法律第 463 条宣布其生效,因此其生效日期是 2013 年 7 月 13 日。需要注意的是,2012 年 7 月 13 日颁布的有效法律《刑法典》当中有一部分规定并没有最终生效,因为在关于其生效和部分修订的 2012 年第 223 号法律第 318 条中又对原文的 20 多处进行了修订,而对于这些条款的生效,则是以修订后的版本为准。

第四,《刑法典》第 2 条 a 点规定了刑法的适用时间,即在一系列时间先后相接的不同刑法版本当中,应当依照哪一版来判处犯罪行为。《刑法典》规定了一种基本原则,以及两种例外。根据基本原则,对于犯罪行为,应按照案发当时生效的刑法进行判处。

第五，《刑法典》的时间效力基本原则是在罪刑法定原则的基础上建立起来的。这一关于刑法合法性的根本原则记载于《刑法典》第1条a点中"合法性原则"标题之下。而与此相关的解释和下面的补充说明也成为法律时间效力的指导性规定。

第六，在美国马里兰州，早在1776年就把禁止刑法的可溯及既往提升到了宪法高度，而随后在1787年，这一规定又在整个美国范围内得到认可。而继《人权和公民权宣言》后，作为法国大革命的成果而颁布的法国1791年宪法，也禁止了刑法的可溯及既往。

第七，合法性原则是为法律安全性、可预见性和可靠性以及实现与此相关的人权而服务的。有多部国际文件都规定匈牙利有义务遵守这一原则，要求对其予以重视，比如：

——《公民权利和政治权利国际公约》第15条，
——《国际刑事法院规约》第22条，
——《欧洲联盟基本权利宪章》第49条，
——《欧洲人权公约》第7条。

从匈牙利国内法的角度来看，最重要的法律条文存在于《基本法》当中。《基本法》第28条第(4)款规定："任何人都不得因为发生当时根据匈牙利法律或(国际公约及欧盟法限定范围内的)其他国家法律规定为无罪的行为而被定罪或判刑。"第(5)款规定："第(4)款并不排除针对案发当时被国际法所普遍认为有罪的行为进行的定罪和判刑。"从内容上来说，这一规定多多少少与前面提到的《宪法》第57条第(4)款内容相吻合。《立法法》第2条第(2)款规定："法律法规在生效之前不得被作为确定罪责、加重罪责、剥夺或限制权利以及判定某种行为违法的依据。"《刑法典》第1条a点指出："(1)只有在当事人所做行为被发生当时的法律认为当罚时才可被确定追究刑事责任，被国际法规定普遍认为当罚的行为除外。(2)任何人不得因犯罪行为而被施加案发当时(或适用于第2条第(2)款情形下的审判当时)法律所未规定的刑罚或处置。"

第八，通过对以上法律规定加以对比，我们可以发现，对于可溯及既往效力的禁止与立法者和司法者都有关系。宪法法院的有关决议(如453/B/1999.AB号决议、11/1992.(III.5.)AB号决议)也进一步证实了这种理解。还需强调的是，对于可溯及既往效力的禁止在限制立法的同时，也限制了审判和处罚过程，即审判和处罚都必须以当下正在生效期限内的匈牙利国内法或国际法的规定为依据。

从罪刑法定这一大原则中还可以推出以下四项具体原则：不溯及既往原

则、法律确定性原则、法无明文不为罪原则、无严格法律不为罪原则。也就是说,禁止重大法律文件的可溯及既往效力,禁止法律不确定性,禁止司法过程中法官对法律的任意解读,禁止对法律的类推解释。

第九,因此,对于犯罪行为,应依据案发当时正在生效期限内的刑法加以审判,除特殊情况外,不允许立法或司法过程溯及既往。对于犯罪行为的审判根本上说是法院的工作范畴,然而处罚进程却是检察官也能介入的,这样能促使法院以一定的方式进行审判(比如指责或控告延期)。

第十,在确定适用法律之前,首先要确定案发时间。对于一部分犯罪行为来说,其案发时间并不难以确定。这类犯罪行为主要是单一阶段型的,其发生时间不会引起什么歧义。然而,也有一些案件的情节并不能与法律中所声明的情节一次性地全部对齐,比如犯罪结果可能要比犯罪行为来得晚。同样,在多阶段型犯罪中,不同阶段可能以大大小小的时间差彼此相连,比如状态犯,不合法状态从开始到终止可能会是很长的一段时间。

第十一,关于犯罪时间的确定,在法学中有多种理论。

第十二,根据行为理论,犯罪时间即是犯罪行为的实施时间。从时效角度来看,关键点在于犯罪行为的最后一刻,即犯罪分子完成主动行为或过失最后一步的那一刻。

行为整体理论所关注的仅仅是犯罪分子的行为和相关时刻。因此,根据这种理论,犯罪时间可以是犯罪过程中的任意一个作案时刻。

结果理论在物质性犯罪中显得尤为重要。根据这一理论,犯罪时间所指的是犯罪结果显现的时刻。

罪刑法定原则从一个相对的立场出发,从法律适用性角度对犯罪这一概念进行了阐释。《刑法典》第 1 条第(1)款规定,只有在当事人的行为被发生当时的法律认为当罚时才可被确定追究刑事责任,被国际法规定普遍认为当罚的行为除外。与犯罪一词相对应的是犯罪分子发起的活动或行为。因此,行为理论与时效原则是相关联的。

有时,有些涉及连续实施犯罪行为的案件中,不同时段的犯罪行为可能与不同的刑法生效时间相对应,即早期犯罪行为发生在旧刑法生效期间,而后期犯罪行为发生在新刑法生效期间。在这种情况下,根据行为理论,需要依据后期犯罪行为发生时正在生效的法律进行审判(《法院判例》,2011,268)。

之所以需要依据案发当时生效的刑法进行审判,是为了保障法律的确定性和可预见性,也是为了对犯罪分子的公平起见。但在考虑到这种公平性的同时,立法者在确定时效原则的例外时,还需要用一般性的法律政策作支撑。如果在犯罪时间与审判时间之间由于关系变化而使得审判时案件已不需要上升到刑事高度或仅需适用较低程度的刑事处罚了,那么根据公平性要求,就应当按审判时的刑法规定审理案件。关于这一点,《刑法典》第 2 条第(2)款作了如下规定:"如果依据审判当时正在生效的刑法规定,所涉行为已不属犯罪,或应当减轻刑罚,那么就应按新刑法进行审理。"

《刑法典》第 2 条第(2)款允许按审判时的生效法律处理案件,实际上是保护了犯罪分子的权益。这种规定早在《柴迈吉法典》和 1878 年第 5 号法律文件中就有详细论述了。《柴迈吉法典》第 2 条规定,如果从犯罪行为发生时到判决结果作出为止的这段时间内,法律法规发生了变化,则应按照不同版本的法律法规当中对犯罪分子处罚最轻缓的一种来处理。而作为法规内容的一项动机,人们也提出,如果某些行为从立法角度来看其法律上的社会危害性是可以减轻的,那么新法律生效后,就不能再继续沿用原来所设定的适用高度社会危害性的刑罚规定。因此,在这种情况下,中心范畴不再是公平性,而成了连贯性。《柴迈吉法典》与后来的刑法和新《刑法典》的另一不同之处在于,根据其规定,如果针对犯罪者可以实行减刑,那么从犯罪行为发生到审判之间的这段时间内生效的任意一部法律都能适用。而现今的规定只允许对两部法律加以比较,即案发时法律和审判时法律,从案发到审判之间的其他法律不得用作判决时的轻判依据。

第十三,法律不规定审判时间。审判过程可长可短,还可以在多个法庭进行。然而,需要注意的是,《刑法典》本身并没有使用最轻缓法律的义务,其法律关联只在法律判决作出时才存在,即对比案发当时生效法律和审判当时生效法律,并且与审判所在法庭及所分阶段无关。关于审判判决的生效日期,在 1998 年第 19 号法律(《刑事诉讼程序法》)第 588 条中有所规定。

第十四,法律判决同时具有形式和实质上的法律效力。任何人都无权在正常程序框架内更改判决,同时判决也不能引起歧义。法律判决有两个结果:一是既决案件;二是一事不再理原则。

第十五,尽管律师没有约束力,但在确定罪名和裁定处置决定时,也应按照上述内容理解法律判决。

第十六,只要在一级判决作出之后审判程序还在持续,那么在二级审判中就应适用期间生效的新法律。不照此进行的二级判决是违法的(《法院判例》,2005,88)。而按照一般规定,在法律判决作出之后生效的轻缓法律规定已不能再使用(《法院判例》,2005,165)。

第十七,对于例外法律补救情况下适用法律的变化应当予以特殊注意。例外法律补救是指为了更好地实现合法性而做出的修订、重审和法律补救。根据一般规定,例外法律补救程序应该依照基本判决(有法律效力的判决)作出之时生效的法律来进行。不过只要被补救的判决一失效,新的程序中就应遵循《刑法典》第 2 条第(2)款的规定,即如果所涉行为在新程序时间下已不算犯罪或应当减缓刑罚,则应按有此规定的法律来处理。

第十八,在遇到可溯及既往效力时,应注意合法性原则。在缓刑情况下,宣判缓刑的判决具有法律效力。如果后期法院停止缓刑而开始判刑,并且有新的轻缓法律已生效,那么就应依照新法律量刑。但这一规定与早期法律判决的评定及早期判决中的罪刑都无关,即便是按照新法律原定判决中的行为已不算犯罪(《刑庭裁断》,54)。

第十九,根据《刑法典》第 2 条第(2)款规定,并罚规定的适用是独立的。在并罚时,法官已将数项处罚结果汇总,并确定新的刑罚。如果基本判决生效之后,又有与原来法律规定不同的新法律来规定并罚条件,那么在司法过程中就会产生问题。比如新《刑法典》就与原来规定不同,不再允许并罚后的再次并罚。这一新规定对犯罪分子来说是不利的。根据我们的判断,如果并罚的可能性在新法律生效前就存在了,那么就应该按原有的对犯罪分子更有利的规定处理;在其他情况下,则应按照新的法律规定展开并罚程序(《法院判例》,2000,135;《法院判例》,2001,1)。

第二十,对于境外判决效力的认定是单独进行的。在这种情况下,匈牙利法院——首都法院——负责对境外判决进行转换。在转换过程中应该把境外判决当作匈牙利法院作出的期限内判决一样。而在确定应该采取的刑罚或处罚措施时,则应以案发当时生效时的匈牙利法律为准处理。如果在适用刑罚或处罚措施时,根据匈牙利法律,所涉行为已经不算犯罪了,或者可以减轻处罚,那么则应该以新法律为准进行处理(关于国际刑事司法协助的 1996 年第 38 号法律,第 48 条第(3)款)。因此判决的转换从时效角度来看具有审判的效力,并且会改变境外判决的法律效力。需要注意的是,在 2007 年以前,即上述《国际刑事司法协助法》出台以前,最高法院一直参考关于被判决人员的转移的协议第 22 条第(4)款规定作为解决方案。这一协议在 1983 年 3 月 23 日起草于斯特拉斯堡起草,并在 1994 年第 20 号法律中得以宣布。根据其规定,境外判决时生效的国内法规定也可作为对照的基础,并且只能把判决转换当时生效的国内法律法规作为主要审理依据。

第二十一,在提出重审申请的情况下,由《刑事诉讼程序法》规定应使用什么时候的法律。根据其主要规定,对于重审申请应以被指判决作出当时的生效法律为依据进行审判[《刑事诉讼程序法》第 423 条第(2)款]。然而在一般规定之外还有一些例外情况。如果有以下情况出现时,则应按重审时的生效法律为准对重审申请进行处理:

——如果已作出有效法律判决的刑事诉讼程序之重审是由宪法法院要求的,假设被告人尚未免除以前刑罚所带来的不良后果,或者已量刑罚或已采取处罚措施尚未执行或执行效力尚未终止;

——宪法法院断定原来的刑事责任确定、刑罚裁定或处分判处是在违反《基本法》的刑法规定基础之上作出的,但是被告人已经被免除以前刑罚所带来的不利制裁,或者刑罚执行已完成且可执行效力已停止或被告人已不受处置效力影响。

第二十二,在框架式构成要件的情况下,应考察构成框架的法律规定的变更。只有依据刑法条文才能确定犯罪行为。但是如果框架式构成要件中的框架是由《基本法》的下级法律构成的,则不能与《基本法》相违背,因为在这种情况下犯罪行为的证实依然是刑法的任务。但同时,构成框架式构成要件的法规的变更可以影响到刑事责任的追究,这时最高法院的刑法一致性决议仍然起统领作用。据此,如果《刑法典》分则部分的某一条文是框架式的,并且构成框架的法律条文在犯罪行为发生之后发生了较大程度的变更,比如变更到能以义务消除或禁令解除的方式取消届时为止的刑法保护的程度,那么这种变更就可以被当成审判时生效法律(仅有限时间内有效的法律除外)可溯及既往效力的依据(1991 年 1 月,刑法一致性决议)。该决议还规定,未达到这一程度的法律变更不能更改以前存在的刑事责任。

第二十三,如果在犯罪行为发生时与审判时之间的这段时间内,同时有多部法律法规生效,则应谨慎考察哪一部法律规定更加轻缓,并且在选择过程中应对总则和分则部分同样重视。显然,对于所涉行为来说,已不将其视为犯罪的法律是轻缓的。根据情况不同,应该在明确被告人所受整体影响的基础下,对哪一部法律更轻缓的问题加以分别考察。最高法院也曾指出,一部法律的轻缓与否,并不取决于其是否具有轻缓的定罪量刑,而取决于其所包含的刑罚宗旨是否轻缓(1991 年《刑法典》,62,18,22)。根据早期的最高法院行动,我们需要考虑的因素有所涉行为是不是自发的,针对过失所裁定的规定是轻缓还是严格,或是需要较少的条件,等等。另外,对新旧法律的结合使用是不允许的,因此也就不能以一部法律的总则和另一部法律的分则共同作为判决的依据,即便这样的组合能最大程度地保证犯罪分子的利益(《法院判例》,1994,117;《法院判例》,2010,264)。在犯罪行为整体化的情况下,效力问题无疑起着决定性的作用。如果整体化的犯罪行为一部分是在早期法律的生效期限内发生的,一部分是在新法律生效后才发生的,则就以新生效的法律为准对犯罪行为进行审判(《法院判例》,2011,268)。

在对数罪案件中的犯罪行为进行审判时,时间效力是自发造成的。如果数罪中的某些罪行是在审判时生效新法律生效前发生的,并且新法律中的轻缓判决适用于全部罪行时,则应审查案发时及审判时生效刑法的适用性。如果数罪中的一部分罪行在新刑法生效前发生,而另一部分罪行在其生效后发生,那么数罪所涉全部罪行均应依据新法律进行判决。有可能被告人数罪中的一部分行为在审判时已经不算犯罪了,这时则允许结合两部法律来处理,因为已经不算犯罪的那部分行为与新法律相关,而其余犯罪行为则与案发当时的法律相关(《法院判例》,1995,72)。

对于数罪中的犯罪行为,无论什么时候都可以审查其有无分别对待的可能性(Bfv. V.2443/2001 号决议)。这种可能性的一种标志性情况是犯罪行为价值边界的变化。在犯罪行为的价值边界发生变化,到审判时已经只算是违规而不算违法的情况下,则应保护被告人(《法院判例》,1990,124)。

第二十四,欧洲人权法院的法律活动也与可溯及既往效力相关。这里有一个理解上的问题,即在《欧洲人权公约》第 7 条第 1 款第二句话中出现的刑罚是否包含全部制裁,比如各种处罚措施。经法院确定,没收算是真正的刑罚(英国诉韦尔奇案)。

第二十五,根据立法者的意旨,2012 年第 100 号法律整体上比 1978 年第 4 号法律要严厉。根据民族合作计划,"法律的威严、刑罚种类的增多以及终身监禁实行频率的增加等都能对犯罪分子起到遏制作用,并能对全体社会成员起到警示作用,告诉他们:匈牙利并非犯罪分子的天堂"。因此,新《刑法典》的标志就是严厉性,而且这种严厉性不是无条件地降低入刑标准,而是对罪刑相当的刑法视角的强调。所谓严厉,主要是针对累犯而言的,而对于初犯来讲,从预防出发的措施也在加强。因此,当在具体案件中出现时效问题时,应该谨慎地检视一下,偏严厉的法律是否真的是新《刑法典》。

第二十六,在时间效力被误用的情况下,可以进行重审程序。然而,这种重审只有在法院因审定某犯罪行为违反法律或其他实质性法规而对其裁定刑罚或处置,且该刑罚或处置违反法律规定的情况下才可运用(《法院判例》,2002,467)。

第二十七,在有关时间效力的一般规定之外,新《刑法典》与以前的刑法典相比,还规定了一项新的例外情况。因此,如果案发当时某种行为按匈牙利国内法不为犯罪,但审判时国际法普遍认定其有罪,则新《刑法典》具有可溯及既往效力。关于《刑法典》的这一规定可以回溯到《基本法》。前面已经引述过的《基本法》第 28 条第(4)款规定:"任何人都不能因为发生当时按照匈牙利法律或(国际公约及欧盟法限定范围内的)其他国家的法律来说不算犯罪的行为而被定罪或判刑。"第(5)款则指出,第(4)款的规定并不影响那些发生当时按国际法公认规则来看属于犯罪的行为当事人被处决判罚。《欧洲人权公约》第 7 条也包含了这一原则。根据《欧洲人权公约》第 7 条第(2)款第 2 点规定,如果某种行为按文明国家公认的基本法律原则为犯罪时,即使与此条规定不符也可将当事人定罪。需要强调的是,这里所指的行为并不是国际习惯法认定的有罪行为,而应该与国际法普遍规定认为当罚的行为区分开来,因为在后一种情况下不允许法律的可溯及既往效力。而至于前一种情况具体包含什么样的行为,除了这里提到的两点特别规定外,《常设国际刑事法院规约》及其司法先例也都提供了相应参考。

第二十八,除上面提到的国际法律文件之外,从宪法法院的 53/1993.(X. 13.)AB 号决议中也能看出什么样的行为属于国际法普遍认定的当罚行为。

第二十九,《刑法典》第 2 条第(3)款中指出的行为进一步确定了国际法中所规定的不受时效限制的罪名划分。这类罪名主要包括《纽伦堡国际军事法庭宪章》第 6 条 c 点中规定的反人类罪,日内瓦 1949 年 8 月 12 日国际协议第 2 条中规定的国际武装冲突下的严重违法行为,以及日内瓦 1949 年 8 月 12 日国际协议第 3 条中规定的非国际武装冲突下的严重违法行为。

第三十,与时间效力相关联的,还不得不提及 2011 年第 210 号法律,这部法律的内容是关于反人类罪刑罚、时效限制免除以及共产主义时期所犯罪行的追究。这部法律在处理共产主义时期犯罪行为时,对时效限制的规定可以溯及既往。这一规定的法律依据是《基本法》临时约法第 2 条第(2)、(3)款。尽管宪法法院已经取消了临时约法的内容,但立法者在《基本法》第四次修订版的基本原理部分以一条编号为 U 的新条款对这部分内容进行了补充完善,第 U 条第 6、7、8 点与临时约法内容一致,为 2011 年第 210 号法律的可溯及既往效力提供了依据和保障。

二、地域和人的效力

第 3 条第(1)款　匈牙利刑法适用于:
境内犯罪行为;

匈牙利境外带有匈牙利徽标的水运或空运工具上的犯罪行为；

匈牙利公民在境外所犯的被匈牙利法律认为有罪的行为；

第(2)款 在以下情况下，匈牙利刑法也适用于非匈牙利公民在境外所犯罪行：

匈牙利法律认为所涉行为有罪，案发当地法律也认为其有罪；

反国家罪(反联合武装力量间谍行为除外)，无论案发当地法律是否认为其当罚；

第13章和第14章中所规定的犯罪行为，以及其他匈牙利法律认可的国际公约规定为应当追究责任的行为；

非匈牙利公民在境外所做的伤害到匈牙利公民、匈牙利法人及无法人身份的其他法律主体，且被匈牙利法律认为当罚的行为。

第(3)条第(2)款中所规定的情形，刑事诉讼过程的启动由最高法官决定

第一，地域和人员效力的规定可以回答《刑法典》在什么地方适用什么人的问题。尽管《刑法典》的运用源于国家主权性质，但需要注意的是，刑罚权力也可由多个主权国家一同执行。法律管辖权的原则，即地域和人的效力的准确界定是19世纪才形成的。有关这方面的观点直到1877年才被国际研究院汇总起来，它主要有以下内容：(1)在犯罪行为发生地应适用地域法律管辖权；(2)国家法律管辖权适用于本国公民，包括境内的本国公民和境外的本国公民；(3)国家有权对敌对国家的行为进行刑罚，包括在境外发生或由外国人所做的行为在内，不论所涉行为在所涉地域构不构成犯罪。

针对这一系列的原则，常设国际法院在《荷花号案》(1927，PCIJ，Ser.A，No.10，23)中指出，属地原则并不是绝对的。一个国家的法律管辖权也可以涉及由外国人在境外所犯的罪行。

第二，针对地域和人员原则，在历史上曾有过以下几种法律管辖权原则：

(1)属地原则。国家在属地原则基础上，对其境内全部犯罪行为行使刑事管辖权，无论所涉犯罪分子是本国公民还是外国公民，是流浪者还是避难者。这一原则有一定的绝对性，因为它忽视了境外发生的可能严重危害本国利益的犯罪行为。

(2)属人原则。属人原则中包括主动和被动两种情形。主动属人原则认为，一国的刑法效力及于本国公民在境外犯下的罪行。刑事责任由本国法律确定，而公民情况则可由与所涉国相关的联系来解释。不过在这种情况下，需注意一事不再理的规则。主动属人原则的缺陷是，国家无法追究在境内犯罪的外国人的刑事责任。

被动属人原则可以在涉及到境外犯罪的情况下保护本国公民。当国外司法机关所采取的处理方式强度不够或根本不予处理的情况下,则可适用本国刑法处理。

（3）国家自卫原则。国家自卫原则是指保护国家的内部和外部安全。在犯罪行为直接危险国家利益的情况下,无论犯罪地点在哪里,犯罪者是何人,一律可用本国刑法判处。该原则不允许按照国外法律追究外国犯罪者的刑事责任。

（4）一般或普遍性刑法权威原则。一般或普遍性刑法权威原则要求犯罪行为必须受到处罚,无论犯罪地点在哪里,犯罪者是何人。该原则是为了加强国家间团结,所涉及的主要为国际犯罪案件。例如,当比利时为处罚在反刚果民主共和国外交部长案中严重违反国际法的犯罪者所发出的国际通缉令就是以此原则为依据的。当时该案件由于外交豁免问题而移交国际法院处理,这是践行一般性刑法权威原则的一个好案例（比利时诉刚果民主共和国案,2002 年2 月 14 日判决;《国际法院报告》,2002,第 3 页）。

第三,除上述主要原则之外,法学理论界还有其他一些辅助性原则。虽然其中大部分如今都已失效,只在法学史研究中有价值。此类辅助性原则中的一个例子是保护主义原则。保护主义原则从本国公民角度出发,通过所谓的领事仲裁,使本国公民免受外国法律地域管辖权限制;还有一条是新框架下的代表原则,是指的当所涉人员的引渡或交接由于某种原则而无法完成时,由一国代替另一国行使刑法管辖权。

第四,上述原则因其缺陷,几乎从未发挥过实际效力。现代刑法典,包括匈牙利《刑法典》在内,都是结合这些原则来确定自己的刑法管辖权。

第五,《刑法典》第 3 条第（1）款 a 点中规定了地域原则。根据这一原则,对于在匈牙利境内地区发生的犯罪行为,应该依照匈牙利刑法处理。境内地区包括匈牙利领土范围内的陆地以及自然和人工水域,也包括边境河流位于匈牙利的河段。此外,匈牙利领地还包括陆地上方的大气层。这个范围并不包括海拔约 400 千米处的大气圈外壳,但将其一部分内壳（对流层、对流层顶）包括在内。

第六,关于犯罪行为发生地所在的国家,可能会发生争议。对于此类争议,法律本身并没有提供解释说明,不过在时间效力部分所用的理论同样也能为这个问题指引方向。在地域效力方面,匈牙利的司法机关一般沿用行为整体性理论。根据这一理论,只要整个犯罪行为中的任意一个实质性阶段与匈牙利境内有关,该犯罪行为就能被看作是境内犯罪行为,并受匈牙利刑法地域管辖权管辖。这里的实质性阶段可以是犯罪行为,也可以是犯罪结果（《刑法判例录编》,

4622)。

第七，《刑法典》第 3 条第（1）款 b 点对地域原则进行了补充说明（类地域原则）。根据类地域原则，匈牙利刑法不仅适用于在匈牙利境内发生的犯罪行为，同样也适用于在带有匈牙利徽标的水运或空运工具上发生的犯罪行为。在这种情况下，带有匈牙利徽标的水运或空运交通工具可以看作是匈牙利领土。有关水运的 2000 年第 42 号法律中确定了水运交通工具的概念范围，其中包括用于水路运输、水上作业或两项结合活动的水运工具、装置或设备。在 1978 年第 4 号法律（上一部刑法）中使用的还是"船只"而不是"水运工具"，但两者在内容上没有差别。与此同时，空运工具的概念在关于空运的 1995 年第 97 号法律中得以明确定义。该法第 71 条第 5 点指出，空运工具所指为任意一种在空中停留时所借外力来源与直接影响地表的空气作用力不同的装置。我们还可以肯定，该法也给匈牙利领空的概念下了定义，即位于匈牙利领土上方的为了航空需要——以各时代最高科技水平为基础——通过物质手段所能达到的高度下所包含的空间区域。

第八，如果某一犯罪行为可以看作是在多个国家境内所为，则可受多个国家的法律地域管辖权制约。

第九，与以往的法律规定不同，目前生效的匈牙利《刑法典》不再区分军用和民用水运工具及空运工具。无论哪种水运工具或空运工具，都算境内领域。

第十，在境内发生的犯罪案件中，犯罪分子的国籍并不是有关规定的重点。然而，在特定情况下，由外国人、流浪者或避难者所犯案件有其特殊重要性。因此，对于暂居匈牙利的人所犯的轻罪（如酒后驾驶），用附加刑罚代替主要刑罚而判处被告人驱逐出境是违法的（《法院判例》，1994，119）。针对外籍被告人所宣判的取消驾照处罚效力仅限于匈牙利境内（《法院判例》，1993，535）。对于在匈牙利境内旅游的外籍人员所犯的交通罪，不能使用缓刑处理（《法院判例》，1992，366）。

第十一，《刑法典》第 59 条规定，驱逐出境的处罚方式只能对非匈牙利籍犯罪者宣判。第 59 条第（2）款规定，不得将享有避难权的人驱逐出境。关于避难权的 2007 年第 80 号法律规定了什么样的人可以算作避难者，以及避难者享受什么样的权利。即使涉及外籍人的案件，也应该优先考虑享有自由迁徙和居住权或者在匈牙利境内享有定居或移民居留权的人的权益。这类人员的覆盖范围在关于自由迁徙和居住权的 2007 年第 1 号法律和第三部关于国家级公民入境及居留的 2007 年第 2 号法律中有所界定。此类人员只可在一种情况下被驱逐出境，即所涉罪行应当判处 5 年或 5 年以上徒刑。而对于那些已在匈牙利境内合法居留至少 10 年或者合法家庭生活权益受到伤害的人,则只有在判处 10 年或 10 年以上徒刑且在匈牙利的居留严重影响公共安全时才能将其驱逐出境[《刑法典》第 59 条第(4)款]。

第十二,对于外国公民不能处以限制参与公共事务的附加刑罚。这一点对于在匈牙利境内长期居住且根据相关规定可以参与当地选举(包括民选和全民创制)的外籍公民来说是一种例外。

第十三,依据外交法或国际法而享有其他豁免权的人员如果在匈牙利境内犯了罪,也有一套独立的刑事责任规定。尽管匈牙利刑法管辖权对他们也有制约作用,但在刑事责任的追究程序当中却存在障碍。之前生效的《刑法典》中有与此程序相关的条文,然而在新《刑法典》中由于其程序法的范畴属性而不再出现这条规定。与此同时,享有豁免权的人员类型和范围,在 1961 年 4 月 18 日签署于维也纳并在 1655 年第 22 号法令中宣布的有关外交关系的国际协议,以及在 1987 年第 13 号法令中宣布的有关领事关系的维也纳多边协议中均有明确界定。在涉及此类人员刑事责任的案件中,应主要参考国际公约及国际先例的处理方式。就国际先例而言,国际法院也会给出相应的指引。由此,依国际法而享有豁免权的人员可在其本国法院被追究刑事责任,而其在境外享有的豁免权也由派出国来处理。此外,这样的豁免在国际法庭上声明无效(比利时诉刚果民主共和国案,2002 年 2 月 14 日判决;《国际法院报告》,2002,第 3 页)。

第十四,所谓匈牙利水运或空运工具,是指带有匈牙利徽标或在匈牙利登记的船舶或飞机等。水运工具在关于水运的 2000 年第 42 号法律第 8 条第(1)款中有明确规定,而空运工具则在关于空运的 1995 年第 97 号法律以及关于登记列表的 32/2001.(IX.28.)KöViM 号法令中得以明确化。并且关于空运工具,在 1972 年第 8 号法令中宣布的关于制止非法劫持航空器的海牙公约以及在 1973 年第 17 号法令中宣布的关于制止危及海上航行安全非法行为的蒙特利尔公约中还有特别规定,要求所涉空运工具必须得到匈牙利法律批准。

《刑法典》第 3 条第(1)款 c 点内容还规定了主动人员原则。根据此项规定,对于由匈牙利公民在国外所犯的被匈牙利法律判断为犯罪的行为,应依据匈牙利刑法进行处理。针对匈牙利公民的刑法管辖权在效力方面没有一般性阻碍,可能遇到的限制是国内审判时的一事不再理原则。如果境外司法机关已对所涉匈牙利公民作出了判决,而该匈牙利公民认为该判决与匈牙利法律规定不一致,那么在这种情况下,在匈牙利进行的诉讼程序中,根据一事不再理原则,应当认可境外司法机会判处的刑罚。一事不再理原则在《公民权利和政治权利国际公约》第 14 条第 7 点中以优先于其他原则的地位获得了认可。

第十五，匈牙利公民身份的概念与获取途径，在有关匈牙利公民的 1993 年第 55 号法律中有所规定。根据该法第 2 条第(1)款的规定，匈牙利公民是指在本法生效时已是匈牙利公民、依《基本法》或本法律规定而成为匈牙利公民或者依据本法律规定获得匈牙利公民身份的人，且直到其公民身份到期为止，都算是匈牙利公民。如果所涉匈牙利公民在一段时期内也是其他国家公民，则如果法律没有特殊规定，就应将其按匈牙利公民身份论处。

第十六，如果外籍人员在犯罪后变成了匈牙利公民，则对人的效力的判定就可能出现问题。最高法院曾审理过一桩此类案件，犯罪分子在匈牙利境外作案后变成了匈牙利公民，虽然司法部长并没有要求对其发动诉讼程序，最高法院仍然对其提出了控告(4288/1906.《刑法判例集》.I.6.)。

第十七，由匈牙利公民在匈牙利境外所犯的交通违法罪行应按照《刑法典》审判，但在需要按交通法规处置时，则应参考案发当地的生效交通行政法规（《法院判例》，1982，122）。如果匈牙利公民因境外犯罪而被境外司法机关启动诉讼程序，且诉讼程序后来又将由匈牙利当局机关继续，而根据匈牙利法律规定刑事诉讼只能由私人发起，则处理该案的机关应向权利人提供发起私人诉讼的渠道（《法院判例》，1973，1）。

第十八，即使某种行为按照外国法律不为犯罪，也无法免除其刑事责任。即如果匈牙利公民在境外所做行为按匈牙利法律判断属于犯罪，则无论所涉外国法律是不是认为其有罪，都应依照匈牙利法律追究其刑事责任（《最高法院主要判例》，1973，301）。

第十九，《刑法典》第 3 条第(2)款第 a 点和第 aa 点规定，对于非匈牙利公民在匈牙利境外的行为，如果按照匈牙利法律和案发当地法律判定都为犯罪，则应依据匈牙利刑法进行判决。这一条法律管辖权规定是建立在国家间团结关系的基础之上的。与前面讨论过的属地和属人原则不同。在这里，我们所说的不是初始管辖权，而是派生管辖权。有时对于在境外由非匈牙利公民所犯罪行，匈牙利也会依照代表原则而承担起其刑事责任的追究。不过这种情况比单纯的属地或属人原则所要求的条件更多，其附加要求是双重控告。根据《刑法典》规定，只有当所涉行为在匈牙利属于犯罪行为，而在案发当时也按律当罚时，这种情况才成立。

第二十，双重控告分抽象和具体两种情况。抽象双重控告指案情与法律条文描述相一致，所以只要所涉行为与两个国家（即案发地所在国和审判地所在国）法律的相应案情描述相一致就可定性，也就是说由分则决定处罚。具体双重控告则仅当犯罪分子在两个国家内都因其行为而当受刑罚时才可定性，所以这种情况下还需审查总则中的当罚条件。显然,对于犯罪者来说,具体双重控告更为有利。然而不管是抽象双重控告也好,具体双重控告也好,都不要求对所涉行为有完全一致的评定,同时也不能把当罚行为与违法行为完全等同起来,因而双重控告并不能断定所涉行为依照外国法律是违规、违反行政法还是违反民法。

第二十一,匈牙利《刑法典》按语法理解要求的是抽象双重控告,因为其中所用的词语是"当罚"。然而,与此相对,在实际司法活动中更常运用的其实是具体双重控告。我们把这一点看作是不合法律规定的司法方式,即便这样更能保障公平性,保护犯罪分子权益。从另一面讲,要是最高法官不启动刑事诉讼程序,同样可以保障公平性。

第二十二,流浪者也被算作是非匈牙利公民。从公民身份审查角度看来,案发时间是一个相关因素。对于持双重或多重国籍身份的人员,只要其中有一个国籍是匈牙利,便可被算作是匈牙利公民。

第二十三,国家自卫原则的有关规定出现在《刑法典》第 3 条第(2)款第 a 点和第 ab 点中。由此看来,对于反国家罪(反联合武装力量间谍行为除外)应按匈牙利刑法处理,无论案发当地法律认为当罚与否。因此在这种情况下,法律不要求双重控告。

第二十四,《刑法典》第 24 章规定了与反国家罪相关的内容,其中包括暴力改变宪法秩序罪、反宪法秩序组织行动罪、暴乱罪、大肆破坏罪、卖国罪、叛国罪、支持敌方罪、间谍罪、反联合武装力量间谍罪以及对反国家罪知情不报罪等多项罪名。在这些罪名当中,立法者从地域和人员效力角度将反联合武装力量间谍罪单列出来,因为这种罪名需要双重控告作支撑。需要注意的是,根据法条描述,案发地算作是联合国家的区域。

第二十五,《刑法典》第 2 条第 a 点和第 ac 点反映的是无条件刑罚权威原则。根据这一原则,对于非匈牙利国民在匈牙利境外所做的犯罪行为,如果所涉行为是《刑法典》第 8 章或第 9 章中所明确罪行中的某一条,或者属于其他依照法律宣布的国际公约应当追究刑事责任的罪行范围,则应依照匈牙利刑法加以判决。在这种情况下也不需要匈牙利刑法当局的双重控告。《刑法典》第 8 章内容与反人类罪有关,其中包括种族灭绝罪、反人类罪、种族隔离罪、上级或机关领导责任,等等。《刑法典》第 9 章与战争罪有关,包括违法屯兵罪、违反停火罪、暴力伤害谈判者罪、暴力伤害受保护对象罪、屠杀幸存者罪、以人为盾罪、违法征兵罪、侵犯受保护财产罪、战争抢劫罪、违反国际公约使用武器罪、侵犯人道主义组织罪、滥用受国际法保护的徽章或标记罪、其他战争罪以及上级或机关领导责任,等等。

第二十六,几部法律宣布的国际公约硬性规定了对几种特定罪行的追究。下面为几个重要公约:

——1948年12月9日通过的关于防止和惩罚种族灭绝罪的国际公约;

——1949年8月12日通过的有关武装冲突中受保护人员处境的四项日内瓦公约;

——1973年11月30日通过的关于阻止和惩罚种族隔离罪的国际公约;

——1950年3月21日在纽约通过的关于贩卖人口与强迫卖淫罪的国际公约;

——关于制止非法劫持航空器的海牙公约;

——关于精神病治疗药物的维也纳公约。

上述国际公约全部是在匈牙利公开宣布的,因此后来都成为匈牙利法律的组成部分,在匈牙利《刑法典》中都有体现。

第二十七,《刑法典》中关于一般性刑罚权威(普遍性)原则的规定是建立在《基本法》相关条文基础之上的。《基本法》第28条第(4)款规定:"任何人都不得因为发生当时根据匈牙利法律或(国际公约及欧盟法限定范围内的)其他国家法律规定为无罪的行为而被定罪或判刑。"第(5)款规定:"第(4)款并不排除针对案发当时被国际法所普遍认为有罪的行为进行的定罪和判刑。"《基本法》中的这部分内容在《刑法典》第1条中的合法性原则部分也出现了。根据这一规定,行为当事人只有在其行为(被国际法普遍认为当罚的行为除外)按发生当时法律规定为当罚时才可被追究刑事责任。此外,同样的原则在时间效力规定的相关条文中也有出现。《刑法典》第2条第(3)款中规定,对于被国际法普遍认为当罚的行为,如果案发当时按匈牙利法律规定不认为是犯罪,则在审判时应赋予新刑法可溯及既往原则。

第二十八,与《基本法》中合法性原则部分和关于时间效力的条文规定部分相比较而言,《刑法典》中关于无条件刑罚权威的生效规定稍显狭义。这是因为,《刑法典》第3条中所涉规定仅仅是针对第8章和第9章中所明确的犯罪行为以及那些依照在法律中宣布的国际公约规定应追究刑事责任的行为而言的。一方面,国际公约中不一定会出现国际法普遍认可的规定;另一方面,也有可能有些国际公约尚未被匈牙利法律收归其中。然而在实际司法活动中,《刑法典》的这部分内容并不一定会显得那么重要。

第二十九,被动人员原则规定在《刑法典》第3条第(2)款第b点中。根据这一原则,对于非匈牙利公民在境外所做的伤害到匈牙利公民、匈牙利法人及无法人身份的其他法律主体的被匈牙利法律认为当罚的行为,应当依据匈牙利刑法进行判决。被动人员原则是经由 2012 年第 100 号法律(新《刑法典》)引入匈牙利法律体系中的。根据序言内容,立法者是注意到国际公约中出现的趋势之后才把这一原则引入刑法的。有了被动人员原则,对于那些在境外针对匈牙利公民或法人以及不具有法人地位的其他法律主体犯罪的非匈牙利公民,即使其行为按案发当地法律规定不当罚,也可追究其刑事责任。其当罚性可以由匈牙利法律来确定,而且也不需要双重控告。被动人员原则在前面已经提到的莲花号案中也被常设国际法院批准生效。

第三十,根据《刑法典》第 3 条第(3)款规定,涉及外籍公民在境外所犯罪行时,只有最高法官才能启动刑事诉讼程序。从这一角度看,流浪者也可算作是与外国公民同一类。序言指出,这一规定的依据是刑事诉讼程序关系到匈牙利的国际关系。因此,针对此类犯罪行为,应慎重审查刑事诉讼程序是否具备在匈牙利高效进行的条件。最高法官在决定要不要发起诉讼时应妥善衡量这些条件。而在我们看来,这不仅与国际关系有关,还与法律的合理性和公平性密切相关,而对于公平性的理解我们在前文已经阐述过了。

第三十一,这些由主权国家批准生效的法律管辖权原则是相互竞争的关系,而这种关系有可能导致法律管辖权的冲突。为了避免这种矛盾,我们可以采取多种措施,其中包括刑事诉讼案件的移送,以及与此相关的对外国判决效力的认可。在有关国际刑事法律协助的 1996 年第 38 号法律第 47 条第(1)款中规定,只要犯罪者在国外所经受的审判程序、刑罚及处置不违反匈牙利的法律,由外国法院作出的具有法律效力的判决就拥有与匈牙利法院所作判决一样的效力。第 47 条第(2)款中则规定,如果匈牙利法律管辖权之下所涉人员其行为在国外法院已经判决,且作出该判决的国外法院不是在匈牙利当局所提供的信息或移送的诉讼案件基础之上完成的判决,是否启动刑事诉讼程序就得由最高法官来决定。在这种情况下,匈牙利法院在裁定刑罚时,应该把在国外已执行的刑罚、提前进行的拘留以及家庭监管一并考虑在内。这里的国外法院也包括由国际公约甚至联合国安全理事会决议所成立的国际刑事法院。在欧盟国家里,相互承认原则具有特殊的重要意义。这一原则由坦培雷声明引入,并由全部欧盟成员国刑事法院共同发表决议宣布该原则在全体成员国内具有一致的效力。这一原则在里斯本公约中也被赋予法律效力,并且至今仍出现在多个框架决议中。例如,关于洗钱以及用于犯罪的工具和其收入的鉴别、查寻、封锁、扣押及没收的 2001 年 7 月 26 日框架决议和关于欧盟刑事案件中包含囚禁刑罚或剥夺自由的判决执行的 2008 年 11 月 27 日框架决议。根据里斯本公约

第 4 章第 82 条第 1 款规定:"欧盟各国在刑事案件中的合作是建立在法院判决和决议被各成员国相互承认的基础之上的。"而其第 83 条内容则规定了刑事实体法方面的内容。这一原则在严重犯罪案件中,比如在恐怖主义、人口贩卖、洗钱或腐败案中,也可接受欧洲议会和欧盟委员会在案情描述和刑罚方面的一些包含规定最少的指导性原则。

参考文献

阿达尼,托马斯·文思:《国际法中对最严重违法行为刑事责任的追究趋势——特别是国际刑事法院对法律管辖权的要求》,博士论文,2011,226 页. https://jak.ppke.hu/uploads/articles/12332/file/Ádány TamásPhD.pdf.

法尔卡什,阿科什:《欧洲法院及相互承认原则对欧洲刑法发展的影响》,《密什科尔茨法律视点》,第 6 年度,2011 特刊。

福高劳希,艾迪特:《刑法的可溯及既往效力》,《为庆祝退休老教授蒂博尔·霍尔瓦特 75 岁生日所编学术文集》,米克洛什·莱瓦伊-阿科什·法尔卡什[编].密什科尔茨:碧博尔出版社,2002。

久尔吉,卡尔曼:《刑法中可溯及既往规定的可能性》,《事实与展望——纪念蒂博尔·基拉伊》.布达佩斯:联合出版社,1995 年。

黑格,马丁:《欧盟法对国内刑法的影响》,《美中法律评论》,2011 年第 8 期。

霍兰,米克洛什:《欧洲人权公约视角下的剥夺财产制裁与可溯及既往效力的禁止》,《内事视点》,2003 年第 11~12 期。

霍尔瓦特,克里斯蒂娜:《欧洲人权公约实例中的时效问题》,《人类学报》,2000 年第 41~42 期。

基什,日格蒙德:《与时效相关的刑法规定中的可溯及既往问题》,《伊姆雷·贝凯什节日卷》,贝拉·布什,艾尔文·拜洛维奇,朵拉·托特编,布达佩斯:帕兹玛尼彼德天主教大学,2000。

科布勒什,阿代尔:《关于确定法律管辖权的一些思考》,《法律与合法化——为庆祝耶诺·西尔伯来基 90 岁生日所编学术文集》,伊姆雷·萨博编.塞格德:珀来·艾来梅基金,2008。

拉夫拉诺斯,尼古拉斯:《欧洲法院与其他国际法院及法庭之间的司法管辖一致性》,《欧洲环境法评论》,2005 年 8~9 月。

培什卡,威尔莫什:《法律的可溯及既往效力》,《为庆祝劳约什·维卡什 60 岁生日所编学术文集》,布达佩斯:罗兰大学法学系,1999。

波德果尔,艾伦 S.-丹尼尔,M.费勒:《21 世纪国际刑事管辖:再读美国诉鲍曼案》,《圣地亚哥法律评论》,2007 年第 44 期。

塔卡奇,彼德:《人类之敌:芬塔案中的法律管辖与可罚性问题》,《基础》,2001年第 4 期。

托特,米哈伊:《刑法时效问题数据集》,《致尤若夫·弗尔德瓦里的学术文集》,科里耐克·拉斯洛〔编〕.佩奇:1996。

维纳,A.伊姆雷:《国际刑事法院的法律管辖权》,《匈牙利法律》,2001 年第 8 期。

维纳,A.伊姆莱:《刑事法院与国际法》,《国家与法学》,1993。

司法实践

453/B/1999.AB 决议、11/1992.(III.5.)AB 决议、53/1993.(X.13.)AB 决议、1/1999.刑法一元性决议;《刑庭裁断》.54;《最高法院主要判例》1973.301;《法院判例》2005.88、《法院判例》2005. 165、《法院判例》2000.135、《法院判例》2000.184、《法院判例》2001.1、《法院判例》1994.117、《法院判例》2010.264、《法院判例》2011.268、《法院判例》1995.72、《法院判例》1990.124、《法院判例》2002.467、《法院判例》1994.119、《法院判例》1993.535、《法院判例》1992.366、《法院判例》1982.122、《法院判例》1973/1;《刑法判例录编》4622。

英国诉韦尔奇案,1995 年 2 月 9 日 17440/90 号判决。

荷花号案,1927,PCIJ, Ser. A, No.10, 23.

比利时诉刚果民主共和国案,2002 年 2 月 14 日判决;《国际法院报告》,2002,第 3 页。

第三章　刑事责任

（布劳什克·贝拉博士、教授）

一、犯　罪

犯罪的概念是刑法的一个中心元素（另一个同等重要的概念是《刑法典》中没有定义的刑罚概念）。犯罪概念是在 19 世纪形成的。19 世纪前期到中期，那些认同罪刑法定原则的法典率先记载了犯罪行为的描述性特征。然而，在这一时期内产生的法律原则（作为贵族与平民法律平等化的刑法体现）在犯罪这一概念里就其本身来说并没有实质性的内容体现。

到了 19 世纪后期，随着刑法学的发展，在犯罪概念中出现了一系列内容性元素。此时，"违法性"渐渐从"案情与法律构成要件相一致"的概念当中分离出来（案情与法律构成要件相一致并不绝然意味着行为违法，也有可能是正当防卫或紧急避险），随后又出现了主观犯罪与客观犯罪概念的区分。此外，犯罪（包括故意犯罪与过失犯罪）的范畴也开始形成。尽管在 19～20 世纪之交，欧洲刑法学中还不能说已经有了一致的犯罪概念，但是在 19 世纪末，人们基本上把犯罪的实质认定为案情与法律描述相一致、违法且犯罪的行为。这一定义的影响力在匈牙利《刑法典》所定义的犯罪行为概念中也有体现。《刑法典》第三章（刑事责任）对犯罪的概念给出了定义。

第 4 条第(1)款　犯罪行为是指因故意或过失（如果法律认为过失犯罪同样当罚）而做出的具有社会危害性且按法律规定应当处以刑罚的行为。

从这段法律条文中我们可以看出，立法者在定义犯罪行为这一概念时，主要考虑了以下几种概念元素，即犯罪行为是指：

——具有社会危害性，

——应当处以刑罚，并且

——有罪过（故意或过失）

的人类行为。

与合法性的概念相统一，我们努力通过审察这三点准则来理解犯罪行为概念的本质。不过在审察之前，我们还需要注意以下两点：

——在匈牙利国内出版的一些法律文件当中，有一些界定犯罪行为与非犯罪行为的观点并没有遵循和满足这三个概念元素，

——在不同编者的概念中，对于合法性概念的定义元素在理解上有偏差。

（一）社会危害性

所涉行为对社会的危害性在1950年第2号法律（《刑法典总则》）中正式成为犯罪行为概念的一条界定准则，而这一内容在之前的《刑法典》中也无一例外地都有规定。

第4条第(2)款　社会危害性行为是指对他人人身或权益以及匈牙利《基本法》规定的社会、经济、国家体系造成伤害或威胁的活动。

一切社会的存在都有一个根本条件，那就是其成员完成一系列活动、实施各种不同行为或者干脆远离一些特定行为。理论上认为，一个社会在其生活条件之内，可发生活动的数目和可实施行为的范围都是无限的。在可发生行为的范围内，那些保障社会生存条件的行为会被人们渴望并优先完成；然而还有一些行为方式是与大众利益背道而驰的，这类行为的实施会威胁社会利益、社会价值或者社会运作条件。

刑法的价值体系中仅涉及对威胁社会的人类行为的评定。根据立法者的价值评判的不同，其对于这类行为的当罚声明常常会变得违法，而且也常常会有行为从威胁社会的范围内被剔除掉。当然，所谓威胁社会的人类行为，指的不仅仅是"对他人（其他多人）人身或权益……造成伤害或威胁的活动"，而就算是仅仅对其他一人的人身或权益造成伤害或威胁的行为也算是威胁社会的行为。因此我们认为，在第4条第(2)款中所出现的上述法律条文在将来的法律中可以改述为"对其他一人或多人的人身或权益……造成伤害或威胁的活动"。人类行为对社会危害性的评定在立法和司法领域也具有重要意义。

对于立法者来说，对各种行为抽象社会危害性的认识对于当罚声明具有导向作用。可以说，一种行为的抽象社会危害性是其被判当罚的依据。而有时就算立法者没有意识到某种行为类型的社会危害性，这种威胁照样会存在。社会危害性不以立法者意愿为转移，而是一个客观范畴，而其判定标准也可能有所不同。例如，没有礼貌有时可能会威胁社会，而杀人和暴力毫无疑问也会威胁社会。

立法者会以特定社会在特定时期存在的价值体系为准来确定各类行为在多大程度上符合所谓的"客观准绳"，而一旦某种行为超越了这一准绳，则应通过刑法工具来保障社会不被其威胁。

由此看来，为了满足社会保护需要，立法者需正确识别哪些行为具有抽象社会危害性从而应受合理处罚，并承担刑事责任。这种行为识别总是先于其余步骤，且立法者应根据识别结果将相应行为确定为犯罪行为，同时还需确定其严重程度和犯罪级别。

司法人员可以从以下两点出发，把社会危害性作为解释性原则或"协助工具"，将其他一些虽然符合犯罪概念准则但社会可以承受、符合社会期待或社会危害性微小的行为类型排除在惩罚范围之外。

——一方面，无论一个国家的立法程序多么灵活，要跟上形势的变化总会有一定的时间差，而这些变化的形势常常会影响到某类行为是否值得刑罚。同时，这一点也会影响到一类行为抽象社会危害性的构成。

——另一方面，在实际的司法审判过程中，往往总是涉及具体行为（而非行为类型）的具体（而非抽象）社会危害性。

在大多数情况下，立法者给所涉行为类型所定的抽象社会危害性与司法者对具体社会危害性的评定会得出相同的结果。

例如，根据立法者的判断，通常来说杀人作为一种行为类型其社会危害性是抽象的，并且已达到可判刑的级别。而在具体案件中，如果 C 为了报复而杀了 H，那么司法者会一致认为 C 的行为具有具体社会危害性。

然而，就算某些具体案件中的行为根本没有具体社会危害性，这些案件也必须要有一个结果。如果在具体案件当中司法者得出的结论是所涉行为缺少具体社会危害性，那么也就不会认定其为犯罪，因为其性质无法满足犯罪概念的元素之一。同时，社会危害性作为犯罪概念所包含的元素在《刑法典》中的出现也进一步影响司法活动，因为这样一来法院的角色就得到了保障。此外，具体刑事案件中的社会危害性也须加以明确（确认）。如果缺少了这一项，即使所涉行为既当罚（案情与法律描述相一致）又有罪，法院也可作出无罪释放的决议，可参考《最高法院刑事责任审查（四）》（618/2000）或《托尔那州法院刑事责任审查》（246/2000）。

（二）当罚性

与前面所讲的社会危害性不同，当罚性被看作是犯罪概念的形式元素和行为特征。当罚行为必须在法律中有明文规定，即"必须有一段话"来对其加以描述。《刑法典》第 4 条第（1）款中"本法律规定当罚的犯罪行为"的表述与罪刑法定原则之间有着密切联系。当罚性的意思是《刑法典》在分则部分对某种行为有所描述，并且对行为人动用惩罚以威慑。需要注意，匈牙利国内有许多编辑会把"当罚行为"和"案情与法律构成要件相一致"两种表述当成同义词使用。

犯罪者的可罚性和行为的当罚性不可以混为一谈,因为后者从本质来看是一个客观概念。行为的当罚性只是犯罪者的可罚性原则中的一个。犯罪者的可罚性既是一个复合概念,又包含一些主观元素。只有当法律对某种行为有描述,并且以刑相胁时,其行为人才具有可罚性;只要一种行为是以犯罪的方式做的,就没有理由阻止其当罚性,也没有理由阻止犯罪者的可罚性。因此,可罚性的条件是:

——存在当罚性,

——有罪过(犯罪故意或犯罪过失),

——不存在可罚性障碍。

(三)罪过

在人类数千年的历史发展过程中,以"刑法工具"追究刑事责任的作法通常发生在某种行为会给社会、群体或群体首领招致或带来不被期待的后果时,而与行为发起者的内部(意识、情感)世界无关。

现代刑法典作为刑事责任的基础——作为规则——并不承认客观责任。在其条款中渗透着"没有刑罚就没有犯罪"的原则,也就是说如果没有罪过,就没有犯罪行为。如果一个人的行为虽然与某一罪行的法律描述客观元素相一致(存在纯客观起因),但在行为发生当时却由于处于酒后状态等原因而不为罪过(指由当事人自己引起的过错所致的),那么则只有在例外情况下才能对其追究刑事责任。

罪过在法学中有多种理解方式。在刑事诉讼程序的最后一步,法院可以审判过程中所审查的证据为基础判定被告人有罪,并在判决中声明其罪过。这种以刑事诉讼程序结果的形式呈现在判决中的有罪宣布被称为诉讼法罪过。诉讼法罪过是一个非常宽泛的概念,而实体法罪过只是其中一种组成类型。在接下来的述评中,再提到罪过均按实体法罪过(包含犯罪故意和犯罪过失在内的集合概念)理解。

在现代刑法法理学思想中以及许多论著作者笔下,罪过问题都出现在两种关系中:一方面,它是理解犯罪学相关问题的一条独立准则;另一方面,它又是一般性法律案情描述概念体系中靠近主体的故意与过失的集合概念。

从这一方面来说,到第二次世界大战结束为止,匈牙利刑法思想史可分为三个阶段。

第一个阶段是早期阶段,大约持续至 19～20 世纪之交,在这一阶段内刑法学代表并没有给犯罪这个概念下一个定义。当时罪过是作为故意和过失问题出现在法律案情描述范畴内的。劳约什·海度在其著作中指出,伟大的启蒙思想家费兰基里早就提过罪过的概念了,他将其看作是法律案情描述的一个元素。

蒂瓦达·鲍勒在犯罪要素(事实问题)中提到了故意性和有罪性两个无条件准则。早期阶段最突出人物之一伊雷什·艾德维也是从事实问题范围内来谈罪过的。他认为事实问题的本质是当罚行为,而这种当罚行为不仅包括所涉行为的形式特征,还包括与其罪过相关的全部准则。

第二个阶段是从 20 世纪初至 30 年代的这段时间,这一时期的显著特点是犯罪概念(犯罪学)的逐渐形成和罪过问题在犯罪学范围内的出现。盖佐·托卡伊认为这一阶段主要有两大流派:"一种流派认为犯罪行为就是违法且当罚的行为,在此,罪过尚未成为犯罪概念的独立元素,而故意性和过失性也都只是另一个犯罪学范畴——法律构成要件——中的内容。不过有了更完善的定义之后,罪过也进入了犯罪概念当中,所以犯罪行为的定义也就变成了违法、有罪且当罚的行为。"至于这一流派的代表人物,托卡伊提到了两个人,一个是芬凯,另一个是安吉尔;而另一流派的代表人物则是瓦姆贝利和厄克。

第三阶段从 20 世纪 30 年代开始,在匈牙利也出现了一种流派,将法律构成要件作为一个单独因素引入犯罪概念中来。根据这种理解方式,犯罪行为被定义为与法律构成要件相符合、违法且有罪的行为。

罪过作为犯罪行为的概念元素,在《刑法典》中共分两类定义。

第 4 条　犯罪行为是指因故意或过失(如果法律认为过失犯罪同样当罚)做出的……行为。

故意或过失形式下的罪过是追究刑事责任时不可或缺的主观条件。接下来我们将详细分析这一点。

小结:在与犯罪概念元素有关的内容里我们可以提炼出以下要点:《刑法典》中对犯罪概念作出了立法上的定义。犯罪行为与非犯罪行为的区分要看三条概念准则是不是同时符合,即行为的社会危害性、当罚性和罪过。这三条准则是实现犯罪的累积条件,只要缺少三条当中的任意一条,所涉行为就不是犯罪。

二、重罪与轻罪

《刑法典》根据犯罪情节的严重程度,将犯罪分为重罪与轻罪,例如盗窃罪又可分为重盗窃罪和轻盗窃罪。

第 5 条　犯罪分为重罪和轻罪。重罪是指按本法规定应当判处徒刑两年以上有期的故意犯罪,除此以外其余一切犯罪行为均属轻罪。

根据我们现行法典规定来看,重罪与轻罪的界线在于犯罪刑罚程度及犯罪形态上。立法者对一种行为的抽象社会危害性界定越高,该行为发起者所受的刑罚也就越重。与重罪相对应的刑罚超过两年有期徒刑规定在《刑法典》分则部分,对于无形态犯罪案件,或者基本、加重、最重形态三种犯罪案件,以及当罚预备犯罪案件,都有重罪和轻罪之分。

（一）轻罪

——以拘捕处罚的犯罪行为,如侵犯通信秘密罪[《刑法典》第 224 条第（1）款];

——过失犯罪行为,无论刑罚严重程度如何,如造成公路事故罪(《刑法典》第 235 条);

——最高判处两年有期徒刑及以下的故意犯罪行为,如非法狩猎罪(《刑法典》第 246 条)。

（二）重罪

——应处两年以上有期徒刑的故意犯罪行为,如违法组织动物战斗罪(《刑法典》第 247 条)。

重罪与轻罪的划分界线不是裁定的刑罚,而是对于所涉犯罪行为的法定刑上限。重罪和轻罪的界限问题与实体法有着重要的关联,后面我们将就其展开讨论。

三、数罪与连续犯罪

在一罪和数罪话题范围内,这里提到的问题是法学工作者必须关注处理并在法律文献中有所体现的"任务",因为立法者可以用数个《刑法典》条文就为司法者提供重要的活动范围保障。这类问题每天都会在司法层面大量涌现,它们的存在使得我们的司法活动还远远达不到稳定、成熟的水准。

通过考察刑法在匈牙利的发展,我们可以发现,我们的"旧"法律对犯罪行为的单一性、多重性和累积性问题均没有规定,因此在处理数罪时一直以来都只有累积性在起作用。到了 18～19 世纪之交,一位杰出的匈牙利法学家马迦什·乌切帝奇在对数罪概念的认识基础之上，又对其不同形态进行了区分。

早在 1843 年的迪亚克提案中已经有了概念数罪和实质数罪的区分。《柴迈吉法典》中保留了这种区分，而以今天的眼光来看，《柴迈吉法典》第 95～96 条对这两种数罪作了细致规定。

通过考察《柴迈吉法典》中与这个问题相关的内容，我们可以得出以下结论：我们以前的《刑法典》(1961 年第 5 号法律、1978 年第 4 号法律)本身并不完善。这些法律中关于数罪的问题甚至都是出现在同样的地方(第 65 条和第 12 条)。

新《刑法典》中不仅包含了之前的《刑法典》中的内容，还给数罪下了定义，将其分为两种类型，并进一步规定了相关条件。新《刑法典》中规定了在什么情况下应该针对单一罪名、什么情况下应该针对多重罪名追究犯罪分子责任。这个问题并不复杂，但是在解释过程中很有可能会出现新的问题，新《刑法典》中还针对这些可能出现的新问题作了相关说明。

正如我们在前面的讨论中所看到的那样，要回答上面这个问题，不能单纯看犯罪者是有单一行为还是多重行为，不是说所有单一行为犯罪者都适合判定一罪，也不是所有多重行为犯罪者都适合判定数罪。如果真是这样的话，那么这个问题也就没有必要展开讨论，也就不会存在单一、多重和累积的问题了。换言之，犯罪者在躯体意义上所做的行为数目完全不需要与因其所定的罪名数目相一致。

第 6 条第(1)款　数罪是指犯罪分子因单一或多重行为而触犯多项罪名，且这些罪名均在一次诉讼程序中审判。

如果犯罪者在同一次诉讼程序中因多重犯罪行为而被追究了刑事责任，那么这些不同行为就变成了数罪。与此相适应的是数罪刑罚。数罪的判决条件是刑事诉讼程序的统一性。由此我们可以断定，数罪不仅仅是刑事实体法的概念，同时也是刑事诉讼法的范畴。

（一）数罪

我们在前面已经见到过《刑法典》中对数罪这一基本概念的定义了。接下来我们将进一步了解数罪的不同类型及分类方式。数罪的实体法要素是犯罪行为的多重性，即犯罪者通过一种或多种行为触犯多重罪名。数罪的诉讼法要素则是在同一次诉讼程序中判决多重犯罪行为。数罪首先是在刑事实体法范围内出现的，而我们也应认真对待犯罪行为的多重要素，因为在数罪类型和判定当中澄清这一问题具有决定性意义。

（二）数罪的种类

根据《刑法典》相关条款的规定，我们可以把数罪分为两类：一类是形式（概念）数罪；另一类是实质数罪。

——形式数罪是指犯罪分子通过一种行为触犯多项罪名。

——实质数罪是指犯罪分子通过多种行为触犯多项罪名。

根据犯罪者行为所符合的多条法律构成要件相互之间的关系，形式数罪与实质数罪又都可再分为同质性数罪与异质性数罪。

1. 形式数罪

根据上述内容，如果犯罪分子通过一种行为触犯多项罪名，且这种犯罪行为的数罪判定无法排除，则可将其确定为形式数罪。

如果犯罪分子通过一种行为所触犯的多项罪名是多次对应于同一法律构成要件，则为同质性形式数罪。同质性形式数罪的判定取决于案件同一部分受害者的数目。然而需要指出的是，受害者数目并不是判定数罪的先决条件（比如在法律条文将多个受害者的案件划为一罪的情况下）。

对于那些法益复杂的法律构成要件来说，如果与受害者保护相关的社会利益仅仅属于从属法益，那么仅凭受害者数目一条就无法判定数罪（参考《刑庭裁断》34）。

如果犯罪分子通过一种行为所触犯的多项罪名所对应的是不同法律构成要件，则为异质性形式数罪。在异质性形式数罪中，这些不同的法律构成要件可以相互评定（参考《主席委员会法》43/1980、《最高法院判例》III.1487/1995、《刑法典》IV.144/1984 以及《刑庭裁断》34）。

2. 实质数罪

如果犯罪分子通过多种行为触犯多项罪名，且这些不同犯罪行为的数罪判定无法排除，则可将其确定为实质数罪。

如果犯罪分子通过多种行为所触犯的多项罪名是多次对应于同一法律构成要件，则为同质性实质数罪（参考《费耶州法院判例》43/1994）。

如果犯罪分子通过多种行为所触犯的多项罪名所对应的是不同法律构成要件，则为异质性实质数罪。在异质性实质数罪中，这些不同的法律构成要件可以相互评定（参考《最高法院判例》I.1099/1997）。

（三）连续犯罪（连续一罪）

根据目前生效的《刑法典》规定，一罪又分两种：天然一罪和法定一罪。

在 1978 年第 4 号法律(即上一部《刑法典》)生效之前,法律文件中一般把一罪分为三种:天然一罪、法定一罪和司法(连续)一罪。其中,司法一罪是由司法实践总结出的一罪类型。然而,在 1978 年第 4 号法律文件中因纳入犯罪的连续性,于是司法一罪就被归属为法定一罪的一种类型。

第 6 条第(2)款　　如果犯罪分子在短时间内被一次意志驱使对同一受害者多次做出同样伤害,则其所犯罪行不是数罪,而是连续犯罪。

在相当一部分犯罪行为中,犯罪者都会通过其行为对法益造成威胁或伤害。不过犯罪者对法益的这种威胁或伤害并不排除由多重行为引起的可能性,这时所涉多重行为往往彼此具有紧密的关联。

正如我们前面指出的那样,长期以来,连续性案件中的数罪总是在司法实践中被忽略。在有些案件中,虽然多种行为各自都能判为独立的一罪,但由于这些行为彼此之间联系紧密,且伤害了同样(不是同一个)法益,所以在欧洲大陆刑法文化圈内的国家中早在 19 世纪早期就被确定为连续犯罪了。

随着法律体系的完善和发展,当《刑法典》已经明确定义了连续一罪的条件之后,一罪的判定就不再是法官说了算了,而必须严格按照法律描述的条件来进行。

连续一罪的条件包括:

(1)同样的犯罪行为,

(2)单一的意志,

(3)对同样的受害者造成伤害,

(4)短时间内发生,

(5)多次犯罪。

在这些条件当中,我们认为单一的意志是连续一罪的主观条件,其余均为其客观条件。

注解 1:对于同样的犯罪行为的理解应该以与法律构成要件相一致为标准,因此,只有符合同条法律构成要件的犯罪行为才能被定为连续一罪,例如,盗窃罪要与盗窃相对应,侵吞公款罪要与侵吞公款相对应。受保护的法益相同并不能成为连续犯罪判定的依据,这或许能为交易型犯罪的判定提供基础。

连续犯罪是由能分别单独满足法律构成要件的多种分行为一起构成的整体犯罪行为。所以,如果不被定为连续一罪的话,各分行为也可以分别独立地被定罪。在这里我们需要关注一下《刑庭裁断》87 中的解释,即"……《刑法典》第 12 条第(2)款中假定各分行为具有独立成罪的属性"。

下面的情形不会成为判定连续一罪的障碍:

——某些分行为在所涉犯罪行为的基本形态和加重形态中发生碰撞；

——分行为中一部分尚处尝试阶段，另一部分已完成；

——某些分行为的行为人具有不同属性。

在后两种情况下，所涉分行为应作为单独完成的犯罪行为，并按严重型犯罪分子属性判定为连续一罪。而在量刑过程中则可以将一部分分行为判定在尝试阶段，或将相应犯罪分子属性定为社会危害性较轻。

连续犯罪中的部分分行为不具备独立可罚时效。因此，从可罚时效角度来看，连续一罪的可罚时效不是由各分行为分别的发生时间决定的，而是由与犯罪行为法律构成要件相符且最后完成的分行为或者——如果分行为尚在尝试阶段——由将要完成的最后活动的实现时间决定的，并应据此来计算连续犯罪与法律刑罚相应的失效时间。所以将要终结连续犯罪可罚性的期限起算日期，就是最后一个分行为的完成日期（参考《刑庭裁断》31）。

根据常规判决案例的做法，如果某个天然一罪或连续一罪框架内的某个分行为按照法律应该判处更严重的刑罚，这通常会影响到整个犯罪案件的严重级别评定。这是因为一罪需要作为一个整体来承担其立法要素的诸条准则。这种方式首先是在盗窃罪的判决中起着重要作用。除此之外，在侵吞公款罪、欺诈罪、处理赃物罪等类似罪行的审判中也经常使用这种方式（参考《刑庭裁断》40）。

注解 2：单一的意志是连续犯罪中最具争议的一个（主观性）概念要素。一些流派认为其可能性小一些，而另一些流派则认为大一些。然而各种不同的理解方式都一致认为，一旦法律把连续犯罪界定为单一意志性之后，过失犯罪就会因为缺少单一意志而无法相互或与其他故意犯罪行为一同构成一罪。因此，连续一罪只能是故意犯罪行为。

犯罪者要完成多次犯罪行为或者一桩整体行为的各分行为的话，其作案意志应该在第一次行动之前就已经形成了。换言之，正是由于第一次行动的"成功"，才使犯罪者心里形成了多次作案的动机，正是在对这一问题的解答过程中，才出现了连续犯罪的判定问题。我们认为，意志的一致性是以沿用于相同或类似场合或者多次作案中的想法为标志的。当然，这并不意味着犯罪者在第一次分行为之前就已经在头脑中准确地设想好将来要完成几次分行为了，但是对于多重作案来说——尽管具有偶然性——其作案动机却需要提前形成。

——"……一致性的意志想法并不是用于整个行为系列的'预谋'。一部分分行为之间的关系是通过第二次行为形成的，作案意志的意思不是说要提前设计好作案过程。只要犯罪者在进行接下来的作案时所持有的渴望、想象、动机或目标与进行第一次作案时是一致的，我们在前面所提到的主观性条件依然成

立。"(参考 FBK 1991/1)

——然而在判决实践中,判定连续犯罪的这一条件理解起来要宽泛得多。一般来说,只要判定连续一罪的其他条件也都能满足,而且所涉行为也属故意行为,那么在这种情况下就不会再去检视犯罪者是否在第一次作案行为发生时就已经有了统领更多分行为展开的意志,或者其是否明确期待只完成一次犯罪行为。

注解 3:对于相同受害者造成伤害的分行为可以划入连续一罪当中。

——根据《刑事诉讼程序法》第 51 条第(1)款规定,受害者的刑事诉讼程序定义为:"权利或合法利益受到犯罪行为伤害或威胁的人。"对于一部分犯罪行为来说,受害者有着根本的重要性。根据这一定义,对于受害者身份的鉴定相对来说是没有疑问的。但是也存在一些案件,根据前面的理解无法断定受害者。法院的刑事庭针对这种情况给出了许多解决办法。

——对于一部分犯罪行为来说,判定连续一罪的依据不是受害人鉴定,而是相同法益或基本法律关系的鉴定。

——在其他条件都符合的情况下,如果法益也一样,则可以确定为连续犯罪,如《刑法典》第 389 条提到的伪造假钞罪。

——依据相同基本法律关系而确定的连续犯罪,例如《刑法典》第 345 条提到的使用虚假个人文件罪(参考《刑庭裁断》36)。

当然,如果其他法律条件都符合的话,就算找不出受害人是谁,也照样可以判定连续犯罪。根据《刑法统一判例》II.4/2004 中的内容,"给同样的受害人造成伤害"这条规定作为连续犯罪的准则,对于没有被动主体的犯罪案件来说,可以不用考虑在内(参考《最高法院判例》II.8/2008)。

一桩犯罪案件中什么人的权利或合法利益受到了侵犯,这一点无法轻易决定,而必须根据所涉事件,经过构成要件分析才能得出结论。因此,对于侵犯财产权的犯罪行为来说,关于其连续犯罪判定条件我们还需要强调以下几点:

——作为连续一罪条件而提出的"同样的受害人"不仅包括自然人,也包括法人。具备一定财产且以多种形式经营运作的各类法人往往会成为犯罪行为的受害者,这些法人所拥有的财产均为出于一定经济目的而创收或圈定的,而这类犯罪行为的侵犯对象多为法人不具备独立法律能力的部门、所在地、仓库、商店等。此类案件中的犯罪受害者可以是具备独立法律主体地位的经营组织,也可以是私有企业经营者或者国有工业、贸易、服务企业,还可以是国家(国库)财产。因而从受害者一致性的角度来看,无论是所有者形式,还是犯罪行为所触及的自然人或法人,都不具有决定性意义,自然人或法人无论其性质是国家、组织或私人所有,是在国内还是在国外,都有可能成为连续犯罪行为的受害者。

——从连续犯罪一致性确认角度来说,受害人的相同或不同都是与犯罪分子意志毫无关联的客观标准。在行动完成的开始阶段,犯罪分子不必事先设想好受害人,也不必知道他侵犯的是一个还是多个自然人或法人的利益,而至于受害人是在所有权、财产权、使用权或是其他权利中的哪方面权益受到了侵犯,犯罪者对此知不知情也不重要(参考《刑庭裁断》43)。

注解 4:各分行为之间的最大时间差是无法准确计算的。这一时间差就算在连续一罪中也会因犯罪行为或犯罪方式的不同而有所区别。在《刑法典》中并没有关于这方面的规定。而根据常规司法经验,这一时间差在形式上可能会是几天、几周、1 个月甚至 1 年。而从内容上来说,两次分行为之间的时间差再长,也不可破坏相隔两次分行为之间的连续性。如果根据生活经验,两次分行为在作案意志上已经不能保证一致性的话,则视为其连续性受到了破坏。如果两次行为之间有一段较长时间差,并且该时间差前后的行为彼此区别大到无论按照法律还是按照通常理解都已无法将其视为一个整体了,那么这两次行为之间就不存在连续性。

注解 5:多重犯罪至少包括两次作案,分行为数目在理论上没有上限。

对于连续犯罪的量刑有加重效应,而且其中所含行为越多,其加重效应就越强大。

四、罪　过(犯罪故意与犯罪过失)

在过去许多年里,关于罪过的讨论有很多,对此我们不多赘述。不过值得提及的一点是,罪过的规范概念在匈牙利最早是由法理学大师拉斯洛·维什基(与他人一起)提出的。他把对社会有威胁的实质性意志提高到故意犯罪内容组成部分的高度。他认为,罪过是指"行为人与其所完成的对社会有威胁的行为之间(可以用故意或过失的形式描述的)心理关系",这种关系的存在使犯罪行为可以归因于犯罪分子。根据维什基的观点,在"最新"文献中又出现了关于可归因性以及可归因性与罪过之间区别的新内容。而根据其定义,罪过首先是一个法律范畴,但同时也可是一个植根于犯罪者心理和精神世界的主观性概念。

在匈牙利国内许多刑法文献当中,还存在另外一种观点,即把罪过看作是由多个元素构成的一个犯罪概念。这种观点认为:"罪过是犯罪者、犯罪者所做的社会危害性行为以及所涉行为的(单一或多重)后果之间存在的精神关系。"

毫无疑问,这种精神关系是罪过的基础,而如果在判定过程中不考虑这种关系,结果就会变成"广泛的罪过"。

按心理学方式来理解,罪过是指具有归责能力的人的一种特定意志属性。这种意志属性的形成过程如下:在违法与不违法两种动机的碰撞冲突之下,前一种动机占据上风并进而形成违法意图,或者在无意之中让违法趋势在思想中得以解放。然而,由于罪过还把评判寓于自身之中,所以通常人们不会从纯精神角度去讨论它,而由社会通过法律手段来完成负面评判过程。

尽管立法者并没有定义什么是罪过,但却从故意和过失两个角度对其进行了分类。事实上,刑法学直到今天都没有形成一种统一的、为所有人所接受的罪过概念。根据目前在理论层面接受最为普遍的一种理解,罪过就是指在犯罪分子意志和社会危害性行为之间以故意或过失的形式实现的现实性精神关系。而参考维什基的观点,我们还可以给这种解释补充一点:"这种关系的存在使犯罪行为可以归因于犯罪分子。"

只要不存在罪过判定的障碍因素,就可以为犯罪者行为所带来的后果而追究其责任,因为他在作案时本应该或本可以意识到自己的行为是什么性质,将会带来什么后果。这种本该有的意识或其缺失就是犯罪者认知状态和认知内容的特点。这种认知内容在对行为性质和行为后果的反思中展开,或者由于这种反思的缺失而成为犯罪者罪过的判定基础。而罪过之所以是一种"现实性"关系,则是因为它在犯罪行为(即错误和/或过失)开始时就该存在了。

(一)犯罪故意

犯罪故意是被立法者评定为对社会构成高度威胁的一种罪过。

第 7 条   如果一种行为的后果是行为人所希望或放任的,那么该行为人所犯罪行就属于犯罪故意。

《刑法典》中的故意与心理学中的故意有着本质区别,因为心理学中的故意是一个不可评判且没有感情色彩的概念。

故意可以进一步拆分为感情(或意志)和理智(或认知)两个组成要素。《刑法典》第 7 条中对故意的两种形式——直接故意和间接故意——作了区别,而这两者的区别是以感情要素为基础的。

现在让我们先来考察一下故意的感情(或意志)要素。刑法中所讲的三种关键心理现象包括理智、感情和意志。立法者所讲的希望或放任(即感情要素),是指可以用来区分两种故意的心理学元素。不言而喻的一点是,只有当我们可以预见(即认知要素)某种行为后果时,才有可能对其抱有希望或放任的态度。

如果行为人对其行为的后果抱有希望态度,那么他在犯罪时所持有的故意性在概念上就较严重,即为直接故意。

如果行为人知道其行为可能会带来威胁社会的后果,虽然对这些后果不抱希望态度,但却放任其发生而无动于衷,那么他在犯罪时所持有的故意性在概念上就较轻缓,即为间接故意。

故意的这两种形式从评定角度来看并没有区别。至于犯罪行为是在哪种形式的故意下完成的,这一点在量刑过程中与我们接下来将要讲到的故意强度评判方式相一致。而对于那些在法律构成要件中也包含意图内容的犯罪行为,则只能是直接故意,如盗窃罪(《刑法典》第 370 条)。

故意概念中的理智(或认知)要素是行为人感情(或意志)态度(即希望或放任)的基础,所以它应该是在作案之前就预先形成于作案人的意识中。这一点我们已经讨论过了。所以说故意概念的理智(或认知)要素是对行为后果的预期,这一点在故意的两种形式中是一致的。

如果行为人在对其行为的后果已有一定预期之后,依然完成了预期行为,那么这就意味着他在理智(或认知)中已经接纳了这些后果。心理学中那种不可评判性意图正是由于行为人在动机管理过程中所累积起来的错误(即明知自己的行为会对社会造成威胁却接受其后果)而变成了刑法学中的可评判性故意(故意作案)。最终成为确定犯罪分子与犯罪行为之间归因关系基础的也正是这种存在于犯罪分子心中的动机性错误,而不是其他什么条件(如规范条件)。

当行为后果在理智层面被接受之后,哪怕是感情层面想要排斥,也起不到什么作用(可以参考后面将要讲到的轻信概念范畴)。如此一来,所涉行为至少也是间接故意罪。

在考察故意概念的理智(或认知)要素时,我们需要注意区分这一要素的两个构成要素,即对事实的认知(或事实意图)和对行为社会危害性的认知(或违法意图)。

如果犯罪分子"反思"(或其认知内容覆盖)到了其所符合的特定法律构成要件所对应的客观元素,就形成了事实认知。当然,犯罪分子并不需要了解相应的法律术语或法律实践,而只需要对这些术语所标志和描述的生活事实加以"反思"。

如果犯罪行为是由特殊罪犯(主体)所为,则犯罪分子应该在其意识中认识到其特殊的罪犯(主体)身份。因此,比方说某一犯罪者在作案当时是士兵或机关人员身份,那么他就应该认识到这一点。

在作案时对行为社会危害性的认知是指犯罪分子清楚地知道或"反思"过其行为与社会希望相违反的性质,他知道自己的行为可能会遭到社会的负面评判,即使对社会危害性的认知只是以间接的形式通过间接的因素显示。因此,无论犯罪者清楚其行为的违法性、违反道德性还是威胁性,都可以判定其在作案时对自己行为的社会危害性有所认知。当然,在这里并不是以犯罪者自己的价值体系为标准的,即并不是由他个人决定什么样的行为具有社会危害性。

直接故意或间接故意既可能在犯罪者片刻的情绪中产生,也可能从更长时间的考虑中产生。由于上面所讲的故意概念一直没触及意图强度的问题,并且立法者本身也很少关注它,所以这一概念往往是在量刑过程中才会得到一席之地。然而在一些例外情况下,意图强度在故意评判中也会显现。

法律文献和判决实践中都会依据法律构成要件中所包含的结果类型来区分两类犯罪行为:一类是对法律对象造成伤害;另一类是对法律对象构成威胁。对于一部分物质性(结果)犯罪行为来说,其法律构成要件真正包含伤害性结果;而另一部分的法律构成要件则只是把危险性当成了结果来描述。在伤害性意图中应该含有实质性伤害(如死亡、疾病、损伤等),而故意威胁性犯罪行为的故意意图中则只含有危险情境,却并不包含实质伤害。这种有限范围的故意就是所谓的有限威胁性意图,持这种意图的犯罪者的故意仅仅是针对(作为结果的)危险的,而不包含超越危险情境的(伤害性)结果。在故意威胁性犯罪行为中,超出行为人所引发的危险情境的加重型结果仅仅可能在过失状态下达到。而只要是犯罪分子的故意已经超越了他所引发的危险情境,那么其行为就应该按实际发生的结果来评判了。因为在这种情况下,犯罪分子的行为已经不单具有威胁性,而是属于侵犯某种法律关系的更严重的犯罪行为了(参考《刑庭裁断》41、《最高法院判例》III.1393/1997)。

犯罪故意的间接性可以减轻情节的严重性,但有一种例外,即犯罪者的行为从结果来看就算是过失也可以完成作案的情况。与此相对,在行为完成过程中体现出的明显且坚定的故意或者预先谋划好的故意则会加重情节的严重性。对于所有那些结果为加重情形并且通过故意或过失形式都能引发同样结果的情况,如果从结果来看只能判定为过失,就可以减轻严重性(参考《刑庭裁断》56)。

(二)犯罪过失

犯罪过失是被立法者予以轻判的一种罪过。

第8条 如果行为人预先想到了其行为可能会带来的后果,但轻信其可以避免,或者由于失去了一贯的注意或审慎而没能预见所涉后果,那么该行为人

所犯罪行就属于过失犯罪。

通常来说，犯罪行为仅指故意犯罪。而如果立法者认为犯罪过失也有一定的重要性，就会明文要求处罚过失犯罪。如果按法律构成要件来看过失行为也算犯罪，则立法者要求在此框架内对过失犯罪判处较轻缓的刑罚。根据法律规定，犯罪过失共有两种形式需要区分。《刑法典》第8条首先规定了过于自信的过失，随后又规定了疏忽大意的过失。与犯罪故意相类似，犯罪过失的两种形式从评判角度看也没有区别。

按照法律理解，过于自信的过失的显著特征是对所涉行为可能后果的预知[理智（或认知）特征]和对后果可避免性的轻信[感情（或意志）特征]。

与犯罪故意一样，过于自信的过失的理智（或认知）特征也是对行为后果的预知，而这种预知所覆盖的情形也与犯罪故意一样。但是罪过的这两种形态理智（或认知）特征仅仅具有部分一致性。我们认为，间接故意和疏忽大意的过失之间的界限在理智（或认知）层面已经比较明显了。

故意犯罪者对其行为后果具有预见性（在间接故意犯罪中也是如此），而过于自信的过失者在理智（或认知）层面仅能够预见可能的后果。在过于自信的过失的情况下，犯罪者在心里并不接受其行为可能带来的后果，而是抱着一种后果可能避免的心态在行动。只有这种认知内容才会在感情层面伴随着与结果可避免性相连且具有感情排斥特征的轻信心理。

在分析过于自信的过失的感情（或意志）特征时，我们可以看到，行为人对其所预见的可能后果的感情态度带有排除性特征，而这种感情也能通过多种方式表达出来，所以也能表现为对自己可以避免这些可能后果的自信当中。自信可以是有根据的、轻易的或者没有根据的。如果行为人预先认识到其行为可能造成的后果，但是却有根据地相信这些后果可以避免，那么从刑法角度来看其行为就没有刑事责任。然而，如果这种自信是完全没有根据的，那么所涉行为至少也算是间接故意犯罪。

过于自信的过失行为在感情（或意志）层面上的特征是行为人对其行为可能引发后果的可避免性抱有轻信，所以他从感情上就排除了这些可能后果。这种轻信在一个假想标尺上位于有根据的信念与没有根据的信念之间。持有这种轻信的行为人对其行为后果可避免性所抱的希望并不仅仅是基于侥幸，而是基于其经验、能力、灵活性等一系列具体条件之上的，因此他也就不会认真考虑后果发生的可能性了。

至于犯罪分子在作案时所抱有的自信究竟是有根据的信念、没有根据的信念还是轻信，这一点要由法院来衡量。因而，轻信并不仅仅是一种存在于犯罪分子心中的心理活动,还是一种需要法院评判的等级范畴。

如果把我们目前为止所谈到的两种形式的罪过作为一种心理关系,则可断定,在犯罪故意或过于自信的过失的情况下,犯罪分子对其行为后果是有所"反思"的。我们把这种在反思过程中显现出来的预知称为犯罪故意或疏忽大意的过失的理智(或认知)层面。这种理智(或认知)层面是与在犯罪故意里的希望及放任中或在过于自信的过失里的轻信中显现出来的感情(或意志)层面相联系的。

在疏忽大意的过失中,在案发当时没有与犯罪行为相关的实际心理关系。犯罪者无论是在理智(或认知)层面还是在感情上都没有包含客观层面的准则。因为对于那些没有预见到自身行为可能后果的犯罪分子来说,也就不可能会产生相应的感情态度。对于那些我们没有意识到的东西,我们既不会期待,也不会放任,更不会对其产生轻信。与此同时,在疏忽大意的过失中还缺少理智(或认知)和感情(或意志)元素,因此我们不去考察疏忽大意的过失的心理学背景。

对于疏忽大意的过失犯罪者来说,其罪过在于其在行为过程中缺少应有的注意力和审慎(即缺少预见性),因此其意识中也就不会出现任何关于其(本可规避的)行为可能后果的概念。然而,预见性的缺失也只能算是疏忽大意的过失的一部分原因。只有对犯罪者来说有预见行为后果的可能性时,才可谈论疏忽大意的过失。而关于犯罪者本可以预见行为后果这一诊断,则须经法院评判得出。

与过于自信的过失里的轻信相类似,疏忽大意的过失也是一种需要法院评判的等级范畴。我们把对于疏忽者的希望分为客观和主观条件。即:客观注意义务和承担客观注意义务的能力。

注意义务的客观性特征在于其在相同情况下对任何人都有同样的约束。在一种给定情况下,行为人是否履行了注意义务应按以下标准来判断,即对行为人的具体行为和与他承担同样社会任务的人的理想化思想和行为表现加以对比。如果行为人本可以履行注意义务,在实际行动中却没有履行,那么就可判定其责任。如果某种社会任务的完成受相关成文规则(如职业、交通规则等)或已经成为固化传统的不成文规则制约,那么相应地,行为人的注意义务也须以这些制约(即所谓的特殊规范)为准。

如果某一社会任务的完成没有规则约束,那么对于客观注意义务就应以日常生活经验为准加以考察。由于客观注意义务是与行为人真诚与否无关的一种社会期待,所以并不排除有的行为人虽然也会"以最佳注意状态"行事,却因这种状态在实际案件中比重太小而照样违背客观注意义务的可能性。

同样地，如果行为人的行为并没有违背客观注意义务要求，那么就不能判定其罪过。

疏忽大意过失犯罪中适用于犯罪者的主观条件，是其履行客观注意义务的能力。其中，注意力和审慎能力是因人而异的。履行客观注意义务的能力有许多组成要素，而且多种要素都与行为人能力和受教育程度相关。法律对每个人注意力和审慎能力的期待都是与其能力和受教育程度相符的，都是行为人按其能力和受教育程度应该具备水平。

需要注意的是，如果某人所从事的社会任务超出了其能力范围，或者因自身状态（如疾病等）而无法完成该项任务（虽然在健康状态下可以完成），那么其从一开始接受该项任务时，就是违背客观注意义务的。

（三）以结果为评定条件的责任（狭义混合罪过）

在《刑法典》的分则部分，我们可以看到，立法者在不止一处构成要件中将加重情节也列了进去。加重情形常常与法律构成要件中的客观或主观要素有关。

在法律构成要件的客观要素范围内，加重情节的条件主要包括犯罪工具、犯罪时间、犯罪方式、犯罪地点以及犯罪对象的特定特征等。

在法律构成要件的主观要素范围内，加重情节的条件主要包括犯罪动机、犯罪目标以及犯罪主体的特定特征等。

按照法律规定，只有当这些加重情节（在基本情节故意性之外）最少以间接故意的形式进入罪过判定条件之中时，才可按其确定犯罪分子责任。

犯罪行为的加重情节常常体现在犯罪结果上。当犯罪行为的加重情节是犯罪结果时，除上述规则之外，《刑法典》还有一条例外规定：

第9条　当犯罪行为从犯罪结果来看至少属于过失行为时，可以把犯罪结果当作加重情节，并依此对犯罪者判处更加严厉的法律制裁。

《刑法典》内容显示，以犯罪结果为依据将故意犯罪升级为加重型时，并不必然要求犯罪分子的犯罪故意性也超越基本法律构成要件而涵盖加重型。就算所涉加重型结果只是犯罪分子在无意间造成的，也不影响故意犯罪加重情节的判定。这时所涉犯罪行为具有混合罪过。

事实上，在多数以结果为加重情节的故意犯罪案件中，犯罪分子的故意性在基本情节之外常常还会影响到加重型结果，虽然这并不会导致其罪名变化。这样的犯罪行为可能仅仅具有（同时影响基本情节和加重情节的）犯罪故意，也可能具有混合罪过（基本情节受犯罪故意影响，而加重情节受犯罪过失影响）。

在少数以结果为依据予以重判的犯罪行为中,犯罪分子的犯罪故意性只会影响基本情节而不会影响加重型结果。这样的犯罪行为只可能具有混合罪过,称为非故意结果型(或超故意型)犯罪。

关于超故意犯罪,我们与其他学者在法理方面所持观点有所不同。我们认为超故意犯罪属于过失犯罪。而从严厉制裁(如刑罚执行程度、豁免等)的运用视角来看——根据《刑法典》第 9 条规定——它与故意犯罪有着相同的法律处置。

除了上述内容以外,我们还可以一种更加广义的方式来理解混合罪过,即如果基本案情的一部分客观要素受犯罪故意影响而另一部分(至少一种)客观要素受犯罪过失影响,那么便是混合罪过。这类犯罪行为算作是过失犯罪,犯罪者不得被追究故意犯罪的刑事责任。

在过失犯罪中还有一类行为仅受上一段所讲的广义混合罪过影响,比如《刑法典》第 268 条第(5)款中关于过失诬陷罪的构成要件。

此外还有一类过失犯罪,若从部分行为的客观构成要件角度来看属于犯罪故意,但也并不一定就是混合罪过,比如《刑法典》第 235 条第(1)款中所记因过失造成公路事故的罪名。

五、犯罪行为的一般实施阶段

从导致犯罪行为发生的决定(意志决定)形成,到罪行被真正实施和完成之间会有或长或短的时间差。这一时间差从本质来看是犯罪行为实现的时间之"路",可以划分为多个阶段。犯罪行为包含如下阶段:

——犯意表示;

——犯罪预备;

——犯罪未遂;

——犯罪既遂。

按照匈牙利国内的传统,"犯罪实施阶段"还常常说成是"犯罪期段"或简称为"期段"。

然而,对于过失犯罪来说,不能简单套用我们前面所说的一般犯罪阶段划分方式。过失犯罪只有一个既遂期段。

而对于故意犯罪的完成来讲,实际上同样不一定需要有完整的全部期段。这样一来,当故意犯罪完成时,在时间上先于既遂期段的犯罪预备和/或犯罪未遂期段在罪名评定过程中不一定会派上用场,如此一来就显得无关紧要了;然而,在量刑时这些不同期段又会变得重要起来。类似地,如果一个犯罪行为只进行到了犯罪未遂阶段,那么在罪名评定时犯罪未遂阶段同样会"吞噬"掉在时间上先于它的犯罪预备阶段。

犯罪预备、犯罪未遂和犯罪既遂在与法律构成要件的关系上有区别,因此从这种关系来看,不排除同一个行为分属不同阶段的可能性。比如,犯罪分子在夜间撬开锁闯入别人家的房子里,该行为可以独立构成私闯民宅罪既遂;然而根据犯罪者动机的不同,该行为在定性时可以是盗窃罪未遂,也可以是杀人罪预备。

(一) 犯罪未遂

第 10 条第(1)款 如果犯罪分子已经开始了故意犯罪行为,但没有最终完成行为,则应当按犯罪未遂处以刑罚。

如果犯罪分子实施了法律构成要件中的行为,则故意犯罪就到了犯罪未遂阶段。这可能意味着犯罪行为的完全开始(在物质性犯罪中结果还未形成前)或者犯罪行为的部分开始(在非物质性犯罪和物质性犯罪中都是如此)。

接下来要讨论的犯罪预备阶段与犯罪未遂阶段的界线划分对于一部分案件来说会引发一些问题。对于犯罪者何时开始实施构成要件中的行为这一问题,只有在准确认清一系列法律构成要件中所陈述的犯罪行为的基础之上才能给出正确回答,然后作出正确评定。

可以用行为来完成的犯罪,是通过犯罪行为的开始而进入犯罪未遂阶段的(参考《最高法院判例》IV.1683/1998)。

伴有暴力或威胁的犯罪,作为构成要件要素中所陈述的行为,是以暴力或威胁的开始为标志进入犯罪未遂期段的(参考《最高法院判例》III.2073/1994)。

对于多步犯罪行为来说,如果能证明作案动机对犯罪行为的第二步也有影响,则可认定犯罪行为以其第一步的开始为标志进入犯罪未遂期段(参考《诺戈拉德州法院判例》204/1998)。

非物质性的纯过失性犯罪行为在概念上没有犯罪未遂期段,故而针对我们此处的问题,只可以考察物质性过失犯罪和混合性过失犯罪(必然结果型犯罪的一种可能形式)。在这后两种情况中,如果犯罪分子因其犯罪故意而未能履行特定义务,且其犯罪故意影响到犯罪结果的引发,并因而对所涉法律对象造成了直接威胁,那么犯罪行为就是在犯罪分子过失发生时进入犯罪未遂阶段的(参考《主席委员会法》1029/1982)。

1. 犯罪未遂的种类

刑法学从多个角度对犯罪未遂的种类作了划分,例如以距犯罪既遂的时空距离和法律对象受威胁的程度为基础可以区分远犯罪未遂和近犯罪未遂。这种区分在今天的判决实践中对量刑很有帮助。现代刑法学通过与犯罪既遂期段的对比，以犯罪行为的开始为基础，通常把犯罪未遂分成终了未遂和未终了未遂两种。

终了未遂只可能发生在结果型犯罪中。一部分刑法流派甚至把它看成是犯罪既遂。在终了未遂中，犯罪分子已经完成展开犯罪行为，但其行为由于犯罪结果还未引发而停留在未遂期段。

在未终了未遂中，犯罪分子尚未完全展开犯罪行为。未终了未遂在物质性犯罪和非物质性犯罪中都有可能发生。

从犯罪行为开始到犯罪既遂，这中间的过程都算作是犯罪未遂。而根据犯罪行为是结果型（物质性）还是非结果型（非物质性）犯罪，犯罪未遂与犯罪既遂之间的分界线还可能会有所变化。

在物质性犯罪中，这个分界线就是结果的形成。如果在由犯罪行为引起的关联中实现了符合构成要件的结果，则犯罪就进入了既遂期段。

在非物质性犯罪中，在犯罪行为没有完全开始前，就没有进入既遂期段。与此相关，在法律实践中还常常会出现另外一些较难回答的界线问题，因为除了犯罪期段，这些问题还常常包含对犯罪者性质（正犯—从犯）的不同理解（参考《最高法院判例》V.346/1978）。

犯罪未遂的主体方面是完整的。这一点可以理解为，未遂行为的动机内容、取向和影响范围需要与既遂情况下保持一致。只有在犯罪动机下开始的犯罪行为才能被看作是犯罪未遂。这一犯罪动机的影响超越了真实发生的未遂行为，而持续至整个犯罪行为的始终。

当罚的犯罪预备行为（正如我们将要讲到的）——从目的性上来看——在任何情况下都会"吸引"直接故意。而与此相对，如果某一犯罪行为通过间接故意也能达到既遂阶段，则在间接故意罪中也会出现犯罪未遂阶段。如果说动机和目标都是犯罪构成要件中的要素，那么在犯罪未遂中也应该存在这样的主观要素。

2. 犯罪未遂的排除情况

我们接下来会讲到，只有当《刑法典》有特别要求时，犯罪预备阶段的行为才具有当罚性。而与此相对，犯罪未遂的当罚性则不需要立法者特别要求。由此，除了以下可以排除犯罪未遂的情况以外，所有的未遂犯罪行为（在其他当罚性条件都满足时）一律当罚。

下列情况中没有犯罪未遂阶段：

——过失犯罪；

——混合罪过型犯罪,也包括超故意犯罪;

——纯过失犯罪;

——威胁性犯罪(虽然从理论上来说抽象危险在时间上先于直接危险,但是由于危险本身也是犯罪结果的一种,所以威胁性犯罪尽管理论上不能排除犯罪未遂的可能性,但在实践中却常常予以排除);

——犯罪预备和犯罪未遂(在《刑法典》分则部分出现的特殊预备罪在理论上并不排除未遂可能,但在实践中却常常予以排除);

——从犯;

——在性质上不包含未遂阶段的犯罪行为,如非物质性言语犯罪。

3. 犯罪未遂的当罚性

第 10 条第(2)款 对于犯罪未遂应判处与犯罪既遂同样的刑罚。

匈牙利《刑法典》所采用的是所谓的等同性体系,对于停留在未遂阶段的犯罪行为没有设立单独刑罚。根据《刑法典》规定,我们对犯罪未遂判处的是与犯罪既遂同样的刑罚。当然,这并不是说应该把犯罪未遂当犯罪既遂来判刑,而是说法院可以对犯罪既遂刑罚进行"经营管理"。根据规定,法院在对犯罪未遂量刑时既不能达不到这一框架的下限,也不能超越其上限。但是在这一框架内部,《刑法典》则为法院提供并保障了酌情权衡量刑的可能性。参照《刑法典》第 80 条中的量刑原则,并对照法院判决常规做法,我们发现在犯罪未遂的案件中,法院通常会予以轻判。这种做法也反映出停留在未遂阶段的犯罪行为与既遂犯罪行为相比,对社会的客观威胁性要小。

关于刑罚下限规定,《刑法典》第 82 条第(4)款中还规定了可以减刑的例外情形,即在犯罪未遂的情况下,法律规定可以实行二次减刑。这样一来,如果第一次减缓后的刑罚仍然显得太过严厉,还有再次减缓的可能性。针对特定案件中的未遂犯罪者,立法者通过《刑法典》第 82 条中的等同原则规定,法院可以不顾及比例性而对其判处重刑(参考《法院最高判例》I.2060/1994)。

4. 不能犯未遂

第 10 条第(3)款 如果未遂犯罪是对不能犯对象、用不能犯工具或以不能犯方式进行的,则可无限减轻刑罚或免除刑罚。

我们已经说过,未遂犯罪的主体方面是完整的,所以未遂犯与既遂犯的犯罪故意是一致的。在不能犯未遂情形中,虽然犯罪者有犯罪故意,但却由于犯罪对象、犯罪工具或犯罪方式的不能犯而导致故意犯罪行为无法完成。而对象、工具和方式的不可犯性则是犯罪行为客观威胁性的影响条件。

法律中还区分绝对不能犯的对象和工具与相对不能犯的对象和工具。

如果犯罪行为无论如何都无法在犯罪对象身上完成,则该对象为绝对不能犯对象;如果犯罪行为只有在特定条件下或以特定方式才无法在犯罪对象身上完成,则该对象为相对不能犯对象(参考《最高法院判例》IV.1683/1977)。在对象不能犯未遂犯罪案件中,犯罪分子实施了符合法律构成要件的行为,但由于犯罪对象的缺失而未能对法律对象造成伤害。

如果犯罪工具不是由于具体案情原因,而是因其本质属性而无法引发法律构成要件中的后果,则该工具为绝对不能犯工具;而如果犯罪工具只有在特定的情况下、在其他条件得到满足时才能引发构成要件中的后果,但在所涉具体案情中未能完成犯罪目标,则该工具为相对不能犯工具。因此,使用绝对不能犯工具无论在什么情况下都无法完成犯罪行为,而使用相对不能犯工具则只有在特定条件下、用特定方式、在特定的规模和强度下才无法完成犯罪行为(参考《最高法院判例》II.210/1990)。

能犯未遂是指对不在场对象所做的行为,例如扒手掏了空口袋,或者入室盗窃犯本以为保险箱里有好多钱,但撬开一看才发现是空的。在这种情况下,应该根据犯罪者的动机影响范围,将其行为判定为欲盗财物盗窃未遂罪。

如果某种工具用犯罪分子认为的方式无法引发犯罪结果,但用别的方式可以,那么就不能判定为工具不能犯未遂罪(参考《最高法院判例》IV.188/1977)。

《刑法典》并不区分犯罪对象或犯罪工具的绝对或相对不能犯特征,因而无论犯罪对象或犯罪工具是出于何种原因而无法引起犯罪分子动机中的外界改变,都应对犯罪分子追究刑事责任,而对其行为也应按故意犯罪未遂予以判定。然而,考虑到不能犯未遂罪的威胁性很着很大的浮动空间,与其相应的法律制裁也可从免除刑罚到无限减轻刑罚直到刑罚上限酌情变化。

在判决实践中,对于犯罪工具是否引发犯罪结果这一事实问题并不能抽象判断,而是应该在对犯罪的具体条件加以谨慎考察之后才能作出判断。如果使用所涉工具在具体案情条件之下事实上可以引发犯罪分子意图中的外界变化,则不可对其作无限减刑或免刑处理。而就算在使用所涉工具在具体案情下确实无法引发犯罪目标结果的情况下,也应该先考察该工具在其他环境条件、案件情形、不同条件假定及其他数量规模下是否能够引发所涉结果。如果能,则还是应该依据《刑法典》第10条第(3)款的规定进行判决处理(参考《最高法院刑法主席委员会判例》533/1969)。

5. 犯罪未遂中的可罚性消除事由

如何避免犯罪行为或者如何避免已开始犯罪行为的完成,这一问题有着重要的社会价值。为了实现这一目标,在犯罪分子符合刑法规定条件时,法律为其提供不当罚判定的可能性。关于自行停止犯罪行为或自行消除犯罪后果的法律制度的目标是：

——让犯罪者避免其行为对社会造成的损害性后果，或将损害性后果尽可能减到最小，即

——通过这样的法律制度，使可能造成此类后果的犯罪者采取既对社会有利、又对其自身有利的行为方式。

——能避免社会损害性后果及将损害性后果降至最小的犯罪者行为，一方面可以保证社会保护目标的实现效率，另一方面也可以为降低犯罪分子社会危害性提供推论基础。

第 10 条第(4)款　具有以下情节的未遂犯罪者不可罚：

a）犯罪分子因自行停止而未完成犯罪行为，或者

b）犯罪分子自行避免犯罪后果的发生。

根据《刑法典》规定，可以消除犯罪未遂可罚性的事由包括：（1）自行停止犯罪行为，以及（2）自行避免犯罪结果。其中，自行停止犯罪行为是针对未终了未遂的，而自行避免犯罪结果则是针对终了未遂的。与犯罪预备阶段一样，在犯罪未遂阶段的自行停止犯罪和自行避免犯罪结果都应该是犯罪分子的内心自发决定，并且停止犯罪要彻底，犯罪结果避免要有效（参考《最高法院判例》III.1959/1996）。

注解 1：自行停止犯罪的意思是犯罪分子放弃犯罪行为的继续进行或中断犯罪行为的进一步完成，或者单一犯罪分子的行为足够停止犯罪。但如果犯罪分子停止犯罪是出于其自身无法克服的障碍，则在司法实践中不将其判定为自行停止犯罪（参考《最高法院刑法》III.92/1978）。

注解 2：自行避免犯罪结果的意思是犯罪分子自行阻止犯罪结果发生的过程并以此避免犯罪结果。从这个定义可以看出，这一条可罚性消除事由只适用于主动行为。根据过去 20 年来的法院实践，如果犯罪分子在避免犯罪结果发生的过程中寻求了他人帮助，这种情况也可算作是自行避免犯罪结果。同时，如果犯罪结果的避免是由突发情况所致，或者是在由犯罪分子未曾求助过的其他人的介入或是受害人的活动下实现的，那么就不能算作是自行避免犯罪结果（参考《最高法院判例》III.1036/2007）。

6. 残余行为责任

第 10 条第(5)款　在第(4)款所规定的情形中，如果未遂行为本身还导致了其他犯罪行为的实现，则犯罪分子应当因该犯罪行为而受到处罚。

在可罚性消除事由（自行停止犯罪、自行避免犯罪结果）的运用过程中，可

能会出现残余行为责任的问题。在此类情况下，犯罪者在行为"撤销"之前已经有过一定的既遂行为了。这一既遂行为称为残余行为。残余行为作为既遂罪行，《刑法典》中并没有保证其可"撤销"性，因此此类行为在可罚性消除事由之下依然当罚（参考《最高法院判例》III.2074/1998）。

（二）犯罪预备

第 11 条第(1)款 对于那些为犯罪提供必需或辅助条件或者号召、提议、承担犯罪或同意共同犯罪的人，如本法律有特别规定，则应以预备犯罪之由予以刑罚。

在犯罪意志形成之后，犯罪行为实施的第二个阶段就是犯罪预备。犯罪预备期段和犯意表示期段的区别在于，在犯罪预备期段，犯罪行为已经以可依刑法评判的有罪（故意）行为形式出现在外部世界里。不过这种行为还不是犯罪分子意图中的犯罪行为，而只是为后面的犯罪所做的按刑法判定的预先准备。因此，犯罪预备和犯罪未遂这两个期段之间最重要的区别在于，犯罪预备是法律构成要件之外的行为，也就是说犯罪预备不存在于法律构成要件之中。

《刑法典》并不是对所有犯罪行为的预备阶段都处罚，而只会选择处罚最严重的犯罪行为或者那些出于法律政策原因而需要处以刑罚的犯罪行为，也只有这些类型的犯罪才会涉及预备阶段的当罚性。因此，在认识到安全保护特定法益的重大社会价值之后，对于特定法律对象，立法者对于那些尚不构成法律构成要件的未遂行为、但对法律对象的威胁性已经显现的行为也会予以刑事追究。尽管绝大多数故意犯罪行为都包含一些作案准备，但严格（刑法）意义上的犯罪预备期段仅仅在所涉案件按法律须特别处罚时才存在。

《刑法典》对于犯罪预备（概念、可罚性消除事由）是在总则部分下的定义，而在分则部分则是在特定法律构成要件的特定条款中对其当罚性作了规定。犯罪预备期段的存在并不是非得需要所涉犯罪已进入犯罪未遂阶段，从理论上来说没有未遂期段的犯罪行为也可能有预备期段。不过与犯罪未遂不同的是，预备犯罪者的当罚性判定需要在《刑法典》分则部分有相应处罚要求。

1. 犯罪预备的概念要素

犯罪预备行为并不会使法律对象进入直接危险境地。这种行为的社会危害性在于其先决条件的奠定会对法律对象带来远距离危险。立法者以犯罪者的罪过和法律对象远距离威胁中的社会危害性为基础，要求对预备犯罪行为加以处罚，如此一来，刑法的保护效应就提前了。如我们刚才讲过的那样，在犯罪预备的情形中，由于法律构成要件还未能开始实现，所以法律对象的威胁也还距离较远。因为预备犯罪行为的社会危害性程度相对较低,所以《刑法典》在为其量刑时也会在独立刑罚中判处相对轻缓的刑罚。

预备犯罪行为可分为两类:

——根据《刑法典》规定,那些"为犯罪提供必需或辅助条件"的人,其犯罪预备性质体现在实际行为中。这种情况所包含的一般是主动行为。而那些过失性犯罪预备行为虽然在理论上不能排除,但在实践中却不是关注重点。

——根据《刑法典》规定,那些"号召、提议、承担犯罪或同意共同犯罪"的人,其犯罪预备性质体现在思想传达中,因而对犯罪同样有责任。这些行为作为不同的意志表现,其信息传递可以有文字、口头、录音、图画等许多不同方式,而犯罪预备可以通过其中任意一种方式来实现。在这些不同类型的意志表现中,一类具有单向影响和主动发起特征(如号召、提议),另一类具有单向影响和被动接受特征(如承担),还有一类具有双向影响和发起—接受相结合的特征(如同意共同犯罪)。号召、提议、承担犯罪或同意共同犯罪等行为并不一定是以获取物质财产为目标。从罪名评定的角度来看,预备犯罪者的内部动机是中性的,因此在量刑过程中可以作为参考。

当罚预备犯罪行为属于有目标的犯罪。在日常活动范围内相同条件下人人都能完成的累积性行为中,只有那些以犯罪为目标的行为才能成为刑法意义上的预备犯罪行为。这也就意味着此类行为的罪过形式只能是直接故意。

在讨论完预备犯罪行为类型之后,我们可以总结,犯罪预备开始于这些以犯罪为目标的行为的展开,而结束于犯罪分子真正开始法律规定的犯罪行为之时,因为从这一刻开始,犯罪行为已进入未遂阶段。

《刑法典》在总则和分则部分对刑法责任所规定的条件之间有着本质区别。分则部分描述了一系列犯罪行为,而总则部分则在第 11 条中规定,如果中性(指本身在刑法上属中性)行为——如我们所见——是"以犯罪为目标"展开的,则判定为预备犯罪行为。《刑法典》总则部分的规定及一般性犯罪学条目对犯罪预备来说也都应该适用,但其差异应该符合逻辑。例如,由于在犯罪预备期段犯罪主体尚未完全实现其预备所针对的犯罪行为,因此犯罪预备阶段不分正犯和从犯,且犯罪预备内部不再划分更细致的期段,故犯罪预备行为本身不再有预备期和未遂期。(在《刑法典》分则部分出现的特殊预备罪在理论上并不排除未遂可能,但在实践中却常常予以排除。)另外,停留在预备阶段的犯罪中也可能有被动主体(受害者)(参考《刑庭裁断》61)。

2. 犯罪预备的可罚性消除事由

立法者之所以要制定可罚性消除事由,是因为在犯罪预备阶段阻止犯罪比在犯罪发生后再惩罚犯罪者更具社会价值,因为如此便可预先阻止犯罪行为对法律对象的伤害或者直接威胁。如果犯罪者放弃把其犯罪行为推向未遂或既遂阶段,并且符合《刑法典》中所要求的条件,则其已经实施的预备犯罪行为有可能不被追究责任。根据法律政策,如果犯罪者在犯罪预备阶段就已经放弃了正式开始(真正完成)犯罪行为,也就没有必要再追究其刑事责任了。

第 11 条第(2)款 在下列情形中的预备阶段犯罪分子不具有可罚性:

a) 因自行停止而未开始实施犯罪行为的人;

b) 出于避免犯罪的目的而撤回先前所做犯罪号召、提议或承担者,或为使犯罪行为(出于任何原因)无法开始而尽力制止其他参与者犯罪的人;

c) 在犯罪行为开始之前向当局举报预备犯罪的人。

注解 1:自行停止犯罪是指犯罪分子出于内部动机而决定的不作为。如果犯罪分子是出于被动原因而未开始犯罪的话,则其免罚须依此条规定为依据。

——当犯罪者只有一个或者犯罪提议和承担只是针对唯一正犯行动时,犯罪者通过简单的不作为即可满足免罚条件。当号召人只有一个,且此唯一号召人彻底自行停止犯罪行为时,要满足免罚条件还需要使提议者和承担者也都知情。如果只有号召者自己想要完成犯罪,而其他被号召者只是提供帮助(即犯罪协助),只凭号召者一人的停止也能满足免罚条件,因为其行为尚未进入犯罪未遂阶段。

——如果在犯罪预备阶段有多个犯罪分子参与,则只有当全部犯罪分子都满足自行停止犯罪条件时,才能作出免罚判定。

——在有多个犯罪分子的情况下,如果只有其中一人放弃实施犯罪行为,且其犯罪停止对其他人也具有彻底阻止效果(例如,当犯罪行为离不开特定信息时),则只有停止犯罪的这一个人可以免罚,其他人则还属预备犯罪。

——如果在正式开始之前停止犯罪行为是由全体犯罪分子自行决定的,则其联合停止可使所有犯罪分子都免除刑罚。

——为了能适用本条可罚性消除事由,犯罪分子必须是自行放弃犯罪行为的正式开始。所谓自行放弃,是指犯罪分子并没有受到外部条件的强迫,而是完全出于内部动机的驱使而自愿在犯罪预备阶段停止犯罪行为。可罚性的消除与否和驱使犯罪分子停止犯罪的内部动机道德定性无关。

——自行停止犯罪必须是犯罪分子的严肃决定,即犯罪分子必须完全放弃犯罪计划,因为具体犯罪计划的实施如果只是被推迟而非彻底放弃的话,则不符合可罚性消除事由。

注解 2:在有多个犯罪分子的情况下,如果案情无法满足单个犯罪分子就能自行停止犯罪行为的条件，还有其他获得免罚的准则。当放弃犯罪预备的犯罪分子开始主动行为后，为了避免犯罪发生，还应撤回之前所作的号召、提议、承担或（在同意共同犯罪的情况下）应尽力阻止其他参与者犯罪。

——免罚的客观条件是通过任何方式阻止犯罪行为的开始。所谓通过任何方式阻止犯罪就意味着决定性标准并不是停止犯罪者所作上述努力和主动行为成功与否，或者其他参与者是否也停止了犯罪行为的开始。就算自行停止犯罪的人未能成功阻止其同伴开始作案，只要其他人因为外部条件制约而事实上未能实现犯罪，同样也算满足了免罚的客观条件。所以在撤销或劝诱行为与对犯罪行为开始的阻止之间不存在必然因果联系，因而其余犯罪同伙的犯罪预备可罚性依然存在。

注解3：向当局举报犯罪，只有当举报真实有效时才可为举报人免刑，而且举报人不能故意在犯罪行为已无法阻止时才去举报。

——有效举报必须完成于当局得知所涉犯罪预备之前和犯罪进入未遂阶段之前。如果举报人同伙在举报人不知情的情况下已经开始了犯罪，则将犯罪预备告知当局的人可以免刑。

——当局在收到举报之后有办法阻止犯罪的发生。正是因为这一点，故意在犯罪行为已经无法阻止时才去举报的举报人不能被免刑。

《刑法典》对残余行为责任做了如下规定：

第11条第（3）款　在第（2）款所规定的情形中，如果预备行为本身还导致了其他犯罪行为的实现，则犯罪分子应当因该犯罪行为而受到处罚。

如果犯罪分子因满足了上述可罚性消除事由中的某一条而免除了可罚性，但同时其行为又符合了另一项罪名的构成要件，那么对于该犯罪分子就应当追究这另一项罪名的责任。这项导致犯罪分子再次可被判定刑事责任的罪名我们称为残余行为。

在关于犯罪预备行为被判为单一或多重犯罪预备的条件以及预备杀人罪被定为多重犯罪预备条件的5/1999《刑法统一判例》中有如下规定：

——根据法律特别规定，当罚犯罪预备行为根据预备行为是针对犯罪主体的单一或是多重犯罪行为，可以判定为单一或者多重犯罪预备。

——如果犯罪主体的目标是杀害多人，则应判为多重预备杀人罪。

（三）犯罪分子

1. 犯罪分子概述

立法者把"犯罪分子"定义为一个集合概念。犯罪分子是指正犯和从犯，或者说是按匈牙利刑法规定所有参与犯罪的人。

这一集合概念的两个成员——正犯和从犯——不能看作是从属关系。他们之间关联的结构特征是非相互替代性。

在正犯与从犯的逻辑关系当中,他们的处境地位是不能颠倒的。关于这一点,伊斯特万·洛顺齐作出了正确的论断,他说:"在(正犯和从犯)这两个概念中,正犯是首要而独立的,而从犯是次要和派生的。它们之间的逻辑关系是,正犯概念的构造不需要从犯,但从犯概念的构造却只能建立在正犯基础之上。"

然而值得一提的是,在当代人的理解当中,从犯独立性理论在大范围内受到推崇,这一理论认为:"……当犯罪行为有多个人共同参与时,这些人的罪过和刑罚判定不依赖于所谓的正犯行为或基本行为,而是需要各自独立判定,因此每个参与犯罪的人所受惩罚只能以他本人的所作所为为准。"我们认为,帕尔·安加尔博士并不接受这种从犯独立性理论。

第 12 条　犯罪分子包括单独正犯、间接正犯、共同正犯(以下统称正犯),以及教唆犯和帮助犯(以下统称从犯)

在详细区分各个犯罪参与者的具体特征之前,我们先来总体看一下所有犯罪分子的一般性特征。成为犯罪主体的一般性条件(或要求)对所有犯罪分子来说都成立,换言之,只有具备以下所列特征的人才能成为犯罪分子:

——犯罪时年满 14 周岁(特殊情况下只需年满 12 周岁);

——起码具备有限归责能力;

——自然人属性。

《刑法典》在一部分犯罪行为的构成要件当中,对所有犯罪分子规定了同样的刑罚。

第 14 条第(3)款　对于从犯的处罚方式与正犯相同。

2. 正犯

尽管《刑法典》对于两大类犯罪分子——即正犯和从犯——以同等的严重程度处理——即对他们处以相同的刑罚——但这种同等性在现实中仅仅是表面现象。正犯的社会危害性大,因为他们的犯罪行为与法律构成要件相符合。如果没有正犯行为,犯罪行为就不可能成立,而从犯行为也总是与某种正犯基本行为相联系。

《刑法典》在分则部分的一系列法律构成要件中对正犯行为作了规定。在匈牙利《刑法典》中,正犯一般用 aki(译者注:匈牙利语关系代词,相当于英语关系代词 who)这个词标记,广泛代指一般性主体。正犯也可以是所谓的特殊正犯,这类犯罪分子除了法律中对犯罪主体的一般性规定条件以外,还满足法律规定的特殊条件、特征或标志。

这说明正犯必须具备一定的躯体能力和特征，即正犯必须处于某种社会、法律或血缘关系当中（详情参见间接正犯相关内容）。

在2009年第80号法律第3条中对《刑法典》作了修订，将正犯分为两类：单独正犯和共同正犯。该法律文件于2009年8月9日生效。从那以后，这一在法学研究和法律实践形成的第三类正犯（即共同正犯）也被纳入犯罪分子的集合概念中。

（1）单独正犯。这一犯罪分子形式在《柴迈吉法典》中并没有规定。尽管"在我们的《刑法典》中那些标准情况下犯罪行为仅由一人完成"，但是"《刑法典》在总则部分对正犯概念的规定并没有表明通过参考分则中所含的构成要件要素就必然能确定出正犯身份来"。

第13条第（1）款　正犯是行为与法律构成要件相符合的犯罪分子。

单独正犯，也叫单一正犯或直接正犯，是最常见的正犯类型，过失犯罪的单独正犯就是其唯一犯罪分子。单独正犯完全通过自己的行为单独完成法律构成要件中陈述的全部或部分内容。在犯罪过程中任何工具、机器、装置、仪器或者动物的使用都不会改变单独正犯的评定，但是也不能有其他人的参与。虽然单独正犯的行为也可能会牵扯其他人的行为，但只能是构成要件以外的行为，即从犯行为。犯罪预备行为只可能有独立犯罪分子，而过失犯罪则只可能有单独正犯。

如果《刑法典》在概念上把从犯行为表述成单独正犯行为，则是指特殊教唆犯罪或者特殊帮助犯罪的情况。在这两种情况下应该适用和正犯一样的规定。

一部分犯罪行为中还可能有多个单独正犯，例如必要共同犯罪需要多人参与。当然，这种情况事实上涉及几种不同的法律构成要件。这类犯罪行为的特征是，只能由多个正犯共同完成。此时，不需要考虑共同正犯的判定，所有正犯均是单独正犯。

必要共同犯罪包括两种类型：

——聚合性共同犯罪。在聚合性共同犯罪中，各个正犯有共同希望达到的"外部"目标，差不多是齐头并进式，例如共同违反宪法秩序罪（《刑法典》第255条）和囚犯叛乱罪（《刑法典》第284条）；

——集团性共同犯罪。在集团性共同犯罪中，各个正犯的行为互为趋向、相互补充，例如乱伦罪（《刑法典》第199条）。

（2）间接正犯。间接正犯的问题自从19世纪中期就已经出现在刑法文献中了，然而除了德国刑法学者外，匈牙利、英国、法国等其他国家的法学研究者很少深入分析过这个话题。到了 20 世纪前期，匈牙利的刑法文献中也开始探讨间接正犯了。

根据匈牙利国内主流观点的理论与实践，当时间接正犯被当作是单独正犯，因此间接正犯也像单独正犯一样独自完成犯罪行为。根据其理论定义，间接正犯是指以他人为工具完成故意犯罪的人。间接正犯所利用的人通常是满足可罚性消除事由的人。这样一来，犯罪的客观方面和主观方面就发生了分离。客观方面构成要件的要素（如犯罪行为等）由不可罚之人来完成，其可罚性因以下事由而消除：

——未成年人，或者

——无归责能力（包括精神病人），或者

——在强迫或威胁下发生意志屈服或意志能力（作为归责能力的一个组成元素）完全消失，以及

——认识错误。

第 13 条第(2)款　间接正犯是指利用未成年人、精神病人、因强迫或威胁而不可处罚的人或者对实情有认识错误的人来完成故意犯罪法律构成要件的人。

构成要件主观要素应该针对可罚者，即间接正犯展开调查。间接正犯符合犯罪主体一般条件，应对犯罪行为承担罪过。

间接正犯的罪过形式只可能是故意，因为他已经利用了不可罚之人为其充当作案工具。在其意识中应该能够反映并希望看到被利用人所做的行为及其可能后果，或者至少对其持放任态度。他还应该清楚，犯罪行为是因为他的行为才发生的，这一点与我们后面将要讨论到的教唆犯罪者的犯罪故意内容十分相似。间接正犯的犯罪故意还包括更多内容，因为他知道他所利用的人因尚未成年或无归责能力而完全没有罪过或是不可罚。

在这种特殊犯罪形式中还有一个问题，既然《刑法典》为特殊犯罪行为设定了一个特殊主犯，那么符合特殊主犯条件的人究竟是间接正犯还是被利用的人。在回答这一问题之前，我们先考察一下犯罪行为从犯罪分子角度出发有哪些分类方式。

我们已经了解到，犯罪行为从不同角度可以有不同分类方式，比如按照犯罪严重程度可分为轻罪和重罪，按照犯罪结果可分为物质性犯罪和非物质性犯罪，按照罪过形式可分为故意犯罪和过失犯罪，等等。除了这些分类方式之外，犯罪行为的类型划分还有一种方式，即看正犯是一般主体还是除一般犯罪主体

条件以外还有其他特征。前一种类型的犯罪称为非身份犯,而后一种类型的犯罪称为身份犯。非身份犯的例子可以参见《刑法典》第 195 条中的强迫罪以及《刑法典》第 370 条中的盗窃罪。这些例子中的犯罪分子可以是任何符合犯罪主体一般条件的人,而身份犯的例子有军人犯罪(《刑法典》第四十五章)以及机关人员犯罪(《刑法典》第二十八章)等,这些犯罪行为的正犯不仅要满足犯罪主体的一般条件,还需要满足一些其他方面的身份资格。

对于身份犯还可以从特殊性上分为特殊身份犯和一般身份犯。特殊身份犯的可罚性条件中除了犯罪主体一般条件之外还有其他特殊条件(如军人犯罪、机关人员犯罪等);而一般身份犯就算满足不了附加身份条件也照样可以实现犯罪,只不过通常在定罪判罚时可以作轻缓处置[例如《刑法典》第 282 条第(3)款 d 点中所规定的纵容教唆罪只能由机关人员完成,而其他纵容教唆罪则可由任何人完成]。

特殊身份犯还可以继续分成两种类型:

正犯须具备特定躯体能力或特征[如《刑法典》第 163 条第(4)款规定的的由孕妇单独所犯的人流罪],或者正犯须处于某种社会、法律或血缘关系当中(如《刑法典》第 258 条规定的卖国罪、第 259 条规定的叛变罪、第 28 章中规定的机关人员犯罪、第 45 章中规定的军人犯罪和第 199 条规定的乱伦罪等)。

第一类特殊身份犯的犯罪行为中,被间接正犯所利用之人应该具备作案所需躯体能力。从犯罪实现角度来说,间接正犯有没有这种躯体特征并不重要,例如强迫孕妇自行流产的间接正犯可以是另一个孕妇——即另一个具备特殊特征的人,也可以是一个男人。

第二类特殊身份犯——即处于某种特定关系中的特殊身份犯——与第一类特殊身份犯相比有所不同。在这种情况下,处于特定关系之中的可以是被利用之人,也可以是间接正犯本人。

——被利用之人处于特定关系中。在这种情况下,间接正犯是否也处于特定关系中这一点并不重要。例如,《刑法典》第 199 条规定的乱伦罪中要求,间接正犯在教唆朋友与所涉女人发生性交之时应该清楚该女人是其朋友的姐姐或妹妹,与此同时,发生性交的男女并不知道他们是兄妹或姐弟关系。

——间接正犯或被利用之人处于特定关系之中。这种情况常常发生在机关人员犯罪或军人犯罪的案件中。例如,强迫机关人员或军人犯罪的人可以是机关人员或军人,也可以没有此类特殊身份。

包含最重情节的特殊身份犯罪中,间接正犯在满足犯罪主体一般条件外,还须具备相关特殊标志或特征(参阅《最高法院判例》IV.1467/1999)。

第 130 条第(2)款　对于听从命令的军人的犯罪行为,如果执行命令的军人知道执行命令会犯罪,则命令发起人也算是单独正犯;否则,命令发起人算间接正犯。

如果执行命令的军人处于对事实的错误认识当中,即不知道执行所涉命令会构成犯罪,那么毫无疑问发出命令的上级可判定为间接正犯;但是如果执行命令的军人知道执行命令会犯罪,则另当别论。在后一种情况下,命令发起人和命令执行人都有刑事责任,这一点与间接正犯的形式不同。上面引述的《刑法典》第 130 条第(2)款规定,在这种情况下,对于发出命令的上级应按单独正犯追究责任。虽然这时命令发起者的行为既不符合单独正犯一般准则,也不符合间接正犯一般准则,但是由于这些与正犯相关的一般规定都是立法者在《刑法典》第 13 条第(2)款中确立的,所以没有什么可以禁止不同于这些一般规定的情况。实际上,《刑法典》第 130 条第(2)款中就出现了不同情形,并以此构造了一种特殊的正犯形态。有一种观点认为在这种情况下发起命令的上级所做的其实是教唆行为,而且"教唆"是以命令的形式发生的,这一点在量刑时可以用作加重刑罚的条件。对于这种观点我们并不认同。

对于间接正犯,还值得一提以下特殊犯罪情形。《刑法典》第 342 条第(1)款 c 点规定,根据《刑法典》中对间接正犯的本质规定,在伪造公证文件罪中,如果将虚假信息写入公证文件的人处于认识错误当中,则可将其看作是类特殊间接正犯。

(3) 共同正犯。

第 13 条第(3)款　共同正犯是指那些在清楚彼此活动的前提下共同完成故意犯罪的法律构成要件的人。

如果犯罪行为是由至少两个可追究刑事责任的人用以下方式参与完成的,则可以算作是共同正犯:

a. 共同完成,

b. 动机一致。

根据法律规定,共同完成和动机一致是共同正犯判定的累积条件。只要这两个条件中缺少了任意一条,就无法判为共同正犯。

注解 1:共同正犯判定的客观条件是犯罪行为的共同完成,即对犯罪行为的共同参与。当然,共同完成的意思不是说共同正犯中的每一个人都要全面展开犯罪行为,而是说两个人共同实现犯罪行为的每一个要素和阶段。

如果没有参与犯罪行为的话,与正犯合作的犯罪者最多算是帮助犯的罪名。

犯罪行为的共同完成和共同犯罪的判定条件在不同类型的犯罪中有所不同。

——在只能通过着手去做才能完成的物质性犯罪和纯活动性犯罪中,必须以主动犯罪行为参与到犯罪实施过程当中。

——在多步骤犯罪中,例如在《刑法典》第 197 条 a 点规定的性暴力罪中,如果一个犯罪分子完成犯罪活动的第一步,另一个犯罪分子完成第二步,这样形成的一种"分工"也算共同正犯。

——在反人类暴力犯罪中(例如在《刑法典》第 160 条 a 点规定的故意杀人罪中),同伙共犯的判定除了要满足其他条件外,最少还须犯罪同伙之一对受害人实施暴力影响,并从躯体上阻挡或妨碍其保护行为。

——在纯过失犯罪中不存在同伙犯罪。这时需要对各个犯罪分子分别定罪量刑,且其过失与法律构成要件所包含的犯罪结果也无关联(因为该罪名是非物质性的)。

——在混合过失犯罪中(考虑到必要结果犯罪的一种过失性情况),假设法律构成要件中的结果是由共同正犯中每个人各自的过失共同造成的,则需要根据上一条来判定共同正犯。

注解 2:共同正犯判定的主观条件是共同动机。共同动机的意思是:

——共同正犯只能对故意犯罪加以判定,过失犯罪中不存在这种犯罪分子性质。

——共同正犯应该有一致的动机,因此可以说,他们希望实现的是同一种犯罪行为。

——每个共同正犯都应在其意识中对自身行为和行为结果有所反映,并带着对这些结果的希望或放任来完成犯罪行为。

——共同正犯除了要在意识中对其自身动机有所反映外,还应同时反映其同伙的动机,并且应该清楚他们要通过共同行为一起实现犯罪。法律把这一点表述为"……知道彼此的活动……"。

如果犯罪同伙中的一人罪过形式是直接故意,而另一人的罪过形式是间接故意,也可以判定其为共同正犯。在有些犯罪中,共同正犯可以提前确定,而且不需要以动机一致的提前确定为前提条件。一致的动机可以形成于犯罪发生前(例如没有预谋的犯罪),也可以形成于犯罪过程中。

理论和实践一致证明,只有当多个犯罪分子的行为符合相同的法律构成要件规定时,才可判定为共同正犯。这一点在最高法院的多个判决案例中都有所体现。要构成共同正犯,两个或两个以上犯罪分子需要在知晓彼此活动的前提下,共同完成符合同一法律构成要件中规定的行为。换言之,共同正犯的构成条件就是全部犯罪分子在同一种动机的驱使下,实现了同样的法律构成要件;同时,每个犯罪分子还应知晓他的活动对另一个(或其他)犯罪同伙的活动来说是一种补充;最后,犯罪同伙还应至少实现法律构成要件中的部分内容(参阅《主席委员会刑法》835/1983)。

在受相同动机驱使所犯罪行基础之上,每个犯罪同伙不仅要对自己的行为负责,还要对其同伙的行为负责。然而,也有可能犯罪同伙中的某一个会在犯罪过程中改变其动机。

——如果犯罪分子之一了解到了同伙的动机变化,并在了解的基础上继续与之合作,则动机一致性仍然存在。

——如果某一犯罪同伙的动机变化没有被其他同伙知道,那么就会产生过限的问题。在过限发生的情况下,一致动机就会被打破。

根据规定,犯罪同伙无需为其动机内没有意识到的性质过限而负责。在过限发生时,应对各个犯罪分子分别定罪。

——性质过限。如果犯罪同伙中的一人做了另一人的没有预料到的行为,则构成性质过限(参阅《最高法院判例》V.1291/1997)。

当犯罪同伙成员发生数量过限时,我们认为需根据情况确定罪责,并且各个犯罪分子的罪名判定没有区别。

——数量过限。如果犯罪同伙中的一个人所做的行为数量比另一人预料中的多,则构成数量过限。

如果根据基本案情可以判定动机一致性,那么混合罪过性犯罪和超故意性犯罪中也可能会有共同正犯。在此需特别注意《刑法典》第9条中关于加重型结果责任的规定。《刑法典》规定当共同正犯中的一人做出过限行为时,如果加重型结果仅存在于其过失之中,即如果从基本案情中可以断定动机一致性,则犯罪同伙中的另一人也有责任(参阅《最高法院判例》III.2585/1993)。

关于共同正犯,我们还想谈及以下几点:

——在特殊身份犯的情况下——如果不能排除共同犯罪的可能性(如《刑法典》第199条规定的乱伦罪)——只有当所有犯罪同伙都满足构成要件中的身份要求时,才可判定为共同正犯。例如,我们认为,军人犯罪或机关人员犯罪中的共同正犯都只能是军人或机关人员。

——单独正犯中所用的刑罚对于共同正犯同样是主导刑罚。然而,按照《刑法典》第80条中规定的量刑原则,具体的刑罚轻重仍会有区别,甚至在共同正犯的各同伙之间还会有刑罚轻重的差别。

——根据《刑庭裁断》56.II/8 规定："如果犯罪行为是由多人共同完成的，那么多名犯罪分子可以互相强化彼此的动机和自信，如此一来他们最终便可能完成独自一人没有能力完成的行为，除此之外，受害人面对多个犯罪分子时也难以进行防御。一般来说，共同犯罪是犯罪中危害性较高的形式，因此在共同犯罪当中，实体性犯罪协助以及（当实体性犯罪协助不能作为判定条件时）团体作案常常是加重刑罚的条件；尤其是在暴力性犯罪中更是如此。"

——也有一些故意犯罪类型属于必须多人参与的情形，不过这些犯罪行为不能以共同正犯的形式来完成，因为所涉构成要件只与一人相关。例如，《刑法典》第 214 条规定的重婚罪中，犯罪分子只能是在已婚状态下再次结婚或者与已婚者结婚的个人。

3. 从犯

通过法律构成要件内容之外的行为参与到犯罪过程中的犯罪分子称为从犯。没有正犯的基本行为，也就不可能形成犯罪；而从犯性的参与并不是实现构成要件的必要条件。因此基本可以确定，从犯是社会危害性比正犯小的一种犯罪分子形态。

第 12 条　犯罪分子包括[……]教唆犯和帮助犯（从犯）。

在具体讨论各种形式的从犯的具体特点之前，我们先来看一下包括教唆犯和帮助犯在内的从犯的共同特征。教唆犯和帮助犯的共同特点是：

a）都具有伴随性，

b）刑罚相同，

c）都是法律构成要件之外的行为，

d）除自身故意性以外，与纯故意犯罪之间的关系相同，

e）与正犯基本行为之间的时间关系（时间因果关系）。

注解 1：我们把从犯行为的次要性特征理解为从犯行为——至少在犯罪未遂期段——总是只与主犯基本行为一同出现。但这并不意味着基本行为主犯总是应当受到刑罚，我们应当避免这样的误解。从犯和主犯行为的关系是客观性的，就算主犯出于某种原因而失去了可罚性，也不能将从犯的可罚性一并免除（在从犯情节满足可罚性其他条件时）。此外，就算无法确定是主犯是谁，也不会影响从犯责任的追究（参阅《最高法院判例》III.1612/1997）。

从犯的刑事责任和主犯相同，即应为与主犯相同的犯罪行为负责。然而，在从犯的概念里也有可能会出现过限（对教唆犯来说是授意过限）——即数量过限（对教唆犯来说是授意数量过限）和性质过限（对教唆犯来说是授意性质过限）——的问题。如果正犯做出了从犯不知道或从犯预料之外的犯罪行为，则

正犯和从犯的定罪可能会有所不同。

在有些情况下，一名犯罪分子（主犯）所想的行为与另一名犯罪分子（从犯）所想的行为所对应的构成要件要素不一致，例如主犯行为有可能：

——比从犯预料中少；

——比从犯预料中多；

——与从犯预料的不同。

当主犯行为与从犯认知中所预料的行为相比偏少或者偏多时，即构成数量过限。

——如果正犯行为比从犯预料的少，则从犯不必为其预料中多出的行为负责，因为从犯的犯罪故意弥补不了正犯实际所做行为与从犯预料中有但没有真实发生的行为之间的空缺。从犯应负的责任应以正犯实际犯下的罪行为准来衡量。从犯的意志动机没有"独立的生命"（参阅《最高法院判例》III.1135/1996）。

——如果正犯行为比从犯预料的多，或者说正犯行为在同一法律构成要件框架内比从犯预料得更加严重，这时从犯通常也要为正犯行为中比其预料多出的部分负责（参阅《最高法院判例》III.2585/1993）。

注解 2：对于犯罪分子在相同刑罚下的一般性特征我们已经讨论过了〔《刑法典》第 14 条第（3）款〕。与我们之前在犯罪未遂部分所看到的一样，匈牙利《刑法典》在此处所采用的也是等同性体系，或者说匈牙利刑法体系中对于从犯的行为并未规定独立刑罚。不过从法院判决的实践来看，对于从犯一般会判处较为轻缓的刑罚。

当然，对从犯处以轻缓判决并不是法院必须要做的，因而根据从犯行为的严重性和特征，并考虑进其他条件，从犯的刑罚有可能比正犯还要严厉。

——这种比正犯还要严厉的从犯刑罚首先是对教唆犯而言的。在刑法发展史上，我们可以发现有些条款规定的教唆犯刑事责任比正犯还要严重，这通常是由于教唆犯的案情细节所致。

——值得一提的是，《刑法典》第 82 条第（4）款中还在上述一般规则之外对协助罪（包括未遂）做了例外规定，在其量刑过程中可以出现二次减刑。

注解 3：从犯行为全都是构成要件以外的行为，因而从犯无法实现构成要件的要素。这就意味着从犯不能参与犯罪过程，因为那样就是共同正犯了。教唆犯作为从犯的一种，其行为最终会融入正犯行为当中，而如果教唆犯不仅劝诱别人犯罪，还与被教唆者一起完成犯罪行为，那么就应该算作共同正犯了。与此相对，帮助犯作为从犯的一种，也可融入教唆犯当中。

注解 4：从犯除了有其独立的犯罪故意外,还有一个特征,即只能伴随故意正犯的基本行为出现。

因此,一方面,从犯与纯故意犯罪行为之间的关系也就意味着从犯的行为只能是与故意犯罪的基本行为相关联的。

这样便会出现一个问题,那就是超故意犯罪可不可以有从犯。对此,我们认为,这里讨论的是混合罪过性犯罪,而超故意犯罪从法理上来讲不算故意犯罪;《刑法典》第 9 条中也没有将超故意犯罪的罪过形式归为犯罪故意。然而《刑法典》第 9 条同时也明确指出"……可以处以加重型法律制裁……"或者说满足条件的超故意犯罪——仅从法律制裁角度来说——可以处以与故意犯罪相同的刑罚(《刑法典》正是因此才规定其为重罪)。然而仅凭这一点超故意犯罪在法理上还是无法变成故意犯罪,尽管法院的判决案例似乎为其故意犯罪属性提供了支持(《刑法判例》I.1268/1990)。需要提到的一点是,在司法实践中一般把超故意犯罪算作故意犯罪,所以这种犯罪类型按照实践理解也能与从犯行为发生联系。

另一方面,从犯行为本身也只能以故意形式完成,甚至可以说从犯的动机在内容上比正犯还要多。这是因为在从犯的意识中除了要反映正犯的动机以外,还须反映出其自身行为在多大程度上有利于正犯行为的展开。

注解 5：考虑到匈牙利刑法不承认事后从犯,从犯行为与正犯基本行为之间的时间关系具有根本的重要性。在两种不同形式的从犯罪行中,与时间因果相关的规定有所不同。

——教唆行为只能发生在正犯基本行为开始之前;

——协助行为可以发生在正犯基本行为开始之前或进行过程中。

最后,我还想重申一下在讲犯罪未遂时已经提到过的一条判定原则:从犯罪行没有未遂阶段。

(1)教唆犯。罗马法中把教唆犯称为"犯罪的根由",用"auctor"(译者注:拉丁文,意思是"发起者,支持者")一词来表示。而一些早期刑法规定——如《柴迈吉法典》——也都沿袭了这一理解,并对教唆犯处以比正犯更严厉的刑罚。

第 14 条第(1)款　教唆犯是故意劝诱别人犯罪的人。

对于教唆犯的行为是用"劝诱"一词来定义的。劝诱是没有固定形式的意志表明,目的是使被劝诱者的思想中形成犯罪动机。

这种劝诱可以通过劝说、鼓励、提供各种好处和奖励来实现;甚至有的教唆者还会以貌似劝别人不要犯罪的方式来教唆犯罪,因为他知道这样的方式恰恰会让被教唆人产生犯罪动机。这类劝诱通常是"不要做，反正你也做不到，你太懦弱、太笨拙了，你不会成功的"云云。这里还包括不排除归责能力的暴力或威胁。而在其他情况下，如果别人已经尝试了犯罪行为——正如我们之前所提到的——"劝诱者"就变成了间接正犯。

与其具体实现形式无关，劝诱的内容是使正犯思想中形成犯罪意志。换言之，这种劝诱具有形成动机和意志的功效。如果没有教唆犯的劝诱活动，正犯也就不会形成犯罪意志和相应的犯罪活动。按这种方式来理解，教唆犯的"劝诱"行为在今天来看仍然是犯罪的"根由"。

对于那些在教唆犯实施劝诱活动之时已经在思想中形成犯罪意志的人，刑法中称为"已有犯罪决意之人"；这类犯罪者不可教唆。而对于"已有犯罪决意之人"的"劝诱"至多会因其意志强化效果而被判为精神帮助犯罪行为。

"我们需要注意，试图教唆已有犯罪决意之人者之所以不能免刑，而至少也得按精神协助罪论处，是因为教唆者在其劝诱活动中已经包含了强化正犯动机的目标，这与其教唆性精神活动是否真的强化了正犯的犯罪动机没有关系。"

对于教唆罪的另一条要求是教唆要具体。

——一方面，这意味着教唆或"劝诱"行为必须是针对特定之人（即潜在正犯）的。这一条件实现于教唆者与目标正犯接触之时，不过只存在于特定的人之间。

——根据前面所讲，对于聚在一起的人们（群众）或四处分散的不确定之人无法号召犯罪行为，即无法教唆他们犯罪；另一方面，前面提到的教唆或"劝诱"行为必须是针对具体的一项或多项犯罪行为的。

——对犯罪和暴行的一般性鼓励和劝说就算导致了被劝说者犯罪也不会被看作是教唆行为。

教唆罪的罪过形式是犯罪故意。而正如我们前面已经提到过的，教唆故意的影响范围不仅包括正犯的动机，还包括教唆者本人"劝诱"别人犯罪的行为和这种"劝诱"行为对意志和动机形成的作用。

对于教唆者意志内容和动机的考察之所以不可或缺，是因为没有这种动机就无法判定教唆罪。比如，对于那些出于玩笑而提议犯罪的人，就算别人受其玩笑的影响真的做出了犯罪行为，我们也不能判定开玩笑的人为教唆罪。

其于教唆罪的伴随性特征，只有当"劝诱"成功时，教唆罪才能成立。"劝诱"的成功是指受其影响，被教唆之人至少把正犯基本行为进行到了犯罪未遂阶段。

如果所涉犯罪行为的预备阶段按照法律规定也应该处罚，那么未能成功的教唆则可作为犯罪号召而判为犯罪预备行为。如果所涉犯罪预备行为不当罚，则未能成功的教唆者通常不用负刑事责任。当《刑法典》把未能成功的教唆（或"努力劝诱"）定义为特殊犯罪行为或独立终了正犯行为（实际上是特殊犯罪预备行为）时，则本段所述为其例外情形。

如果《刑法典》把"劝诱"行为定为独立犯罪行为的话，就会产生特殊教唆罪，例如威胁未成年人罪[《刑法典》第218条第(1)款第一节]。这种犯罪行为的正犯除了不具备故意罪过之外，还不受教唆罪准则的制约，尽管作为一种犯罪行为来说，当犯罪动机在目标人思想中形成时"劝诱"就算完成了。

与此同时，还有诸多其他构成要件将"劝诱"定义为犯罪行为。然而在这些情况中，由于"劝诱"针对的并不是犯罪，所以也就不能说成是特殊教唆罪。此类犯罪行为有参与自杀（《刑法典》第162条）、性虐待[《刑法典》第198条第(1)款]、帮助卖淫（《刑法典》第201条）、投资诈骗（《刑法典》第411条）等。

法律文献中还有所谓的多人教唆（或团伙教唆）的情况。如果劝诱犯罪的是多个人，则一个正犯也可能有多个教唆者；同时，还有可能一个教唆犯同时劝诱多个正犯完成一项或多项犯罪活动。根据《刑法典》第6条第(1)款中规定，在后一种情况下，实际发生了多少犯罪行为，教唆者就是多少犯罪行为的从犯，进而也就应该被追究多少刑事责任。与此相应，教唆者责任不仅要视被劝诱者而定，还要视被劝诱者完成的犯罪行为而定。

如果教唆者背后还有另外的教唆者，则另一个教唆者的行为也应判为教唆罪。这就是所谓的间接教唆罪。这项罪名来自于《刑法典》中"……使他人犯罪……"的内容。而对于犯罪行为来说，可被教唆的不仅是正犯，还有同属犯罪分子行列的从犯。同样地，帮助犯的教唆者也是教唆犯。

（2）帮助犯。尽管协助罪的形态在今天已经被简化了，但我们还是作为法学知识认识一下，在以前的匈牙利刑法中都有什么类型的协助罪。以前的匈牙利刑法中所包含的协助罪类型有：①身体和心理协助罪；②积极和消极协助罪；③主要帮助犯和次要帮助犯；④间接协助和直接协助；⑤一般帮助犯和特殊帮助犯；⑥简单帮助犯和有组织帮助犯；等等。

第14条第(2)款　帮助犯是故意为他人的犯罪活动提供帮助的人。

协助罪中包含的犯罪行为有：故意为犯罪提供帮助（通常表现为活动）。我们在前面已经提到过，帮助犯不参与犯罪，不展开犯罪行为各阶段，而只是让犯罪变得更容易，推动正犯行为的成功完成。

即使帮助犯故意提供的帮助并没有使犯罪成功完成，协助罪也能实现。例如，正犯的犯罪行为有可能刚好是因为使犯罪不被干扰而站岗放哨的帮助犯所显露出的不安神情和可疑张望被警察察觉而遭到阻止破坏。

根据帮助犯所提供的帮助性质,法学在传统意义上将协助罪分为两类:身体协助罪和心理协助罪。

注解 1:身体帮助犯为犯罪提供身体的、客观的帮助。这种帮助可以表现为参与反抗或排除犯罪阻碍、为正犯提供犯罪工具、在现场放哨等形式。身体协助罪一般来说要求主动行为,但有时也可能由过失实现。

例如,商店店主在正犯说好的前提下可能会提前打开仓库门,这样便会方便盗窃。需要特意注意的是,在这种情况下通过过失实现的身体帮助行为与我们后面将要讲到的被动(过失)协助罪是不同的。

注解 2:心理帮助犯可以对正犯的动机施加强化效果,或者仅仅是强化正犯思想中已经成形的犯罪意志。这种帮助可以表现为犯罪建议、犯罪鼓励、提前保证为正犯提供犯罪后帮助等形式。这些都是主动心理协助的例子。

所谓的被动(过失)帮助罪是指心理协助罪在司法实践中形成的独立形式。这种形式的帮助罪是通过对正犯动机的另一种形式的强化来实现的,即不去满足避免或阻止犯罪所需的特殊法律关系要求。这种要求的最常见根源是家庭关系,但同时也可能源于工作关系或民事公约。理论上讲,所有可能出现在所谓的开放式法律构成要件型犯罪中的关系要求都在此范围内,这些关系都能当作是过失判定的依据。另外,就算在正犯不知情的情况下,这种帮助也可以确定。

在没有前面所讲的特殊障碍或避免关系要求时,单纯只是出现在犯罪现场并不构成犯罪(参阅《最高法院判例》I.858/2001)。

然而在有些情况下,从犯的被动在场也能成为帮助犯责任确定的依据,如在法律中把鼓励性在场算作是心理帮助罪。在这种情况下,帮助犯的被动在场对被告人来说是一种鼓励,而对受害人来讲则具有恐吓打击效果,如此一来在犯罪分子和协助者之间就形成了一种相对明显的意志一致性。这种鼓励性在场的动机强化作用是通过给予正犯对在场者介入的指望来实现的,而这种介入是对正犯有利或者说与正犯站在同一边的(参阅《最高法律判例》IV.1354/1993)。

对于正犯来说,同属意料之外、让其惊讶且没有好处的被动在场则不能被判定为心理帮助罪(参阅《最高法院判例》III.1135/1997)。

与教唆罪类似,帮助罪的成立也要求协助成功有效。在这里可以理解为正犯行为至少要进入犯罪未遂阶段。这说明身体或心理的帮助是可以推动正犯行为发展的。如果这些条件无法满足,就不能因为实际帮助的提供而判定从犯刑事责任。

帮助犯罪行为属于故意行为。与教唆犯的犯罪故意类似,帮助犯的犯罪故意中也不仅包含正犯的动机,而且同时还能反映自身行为以及自身行为与正犯行为之间的关系;这一点反过来则不成立。正犯不是必须知道帮助犯的动机,甚至正犯有可能完全不知道帮助犯的参与(例如上面提到的被动协助案例)。

如果犯罪帮助是在犯罪完成之后提供的,那么只有当这种帮助是提供者在正犯犯罪前就承诺提供之时,才可判定为帮助罪。此时实质的帮助犯罪行为是事先的承诺。

如果没有正犯基本行为,那么帮助犯罪行为应当判定为犯罪预备;这一结论是从帮助罪的伴随性特征中得出的。例如,某人可以通过为正犯准备某种犯罪工具来使其犯罪简单化。如果所涉具体案件的犯罪预备不当罚——也无法判定为帮助罪——则不能判其为犯罪。

《刑法典》中有时把某些犯罪中发生的协助提供行为——从内容上来看是帮助从犯罪——定义为独立终了罪行,即所谓的特殊帮助犯罪行为。

这种特殊协助罪的案件有《刑法典》第 354 条中的协助非法居留罪,在这种情况下正犯的行为是为非法居留提供的帮助;再如《刑法典》第 260 条中的支援敌方罪,其中正犯的行为之一就是帮助派人与敌方接触。与此类似的还有一类只能被当作"类"特殊帮助罪的行为,因为这些罪名中的犯罪分子行为虽然是在提供帮助,但这种帮助并不是针对某种罪行的犯罪分子或犯罪行为的。例如《刑法典》第 353 条中的人口走私罪,在这种情况下正犯的行为属于为非法越境提供的帮助;再如《刑法典》第 282 条第(1)款 a 点中的纵容教唆罪或《刑法典》第 162 条中的帮助自杀罪。

帮助犯的帮助者或教唆犯的帮助者,其行为可判为间接帮助罪。

在教唆犯和帮助犯这两种形式的从犯当中,帮助犯的社会危害性相对较低,因而根据《刑法典》第 82 条第(4)款的相关规定或有二次减刑的可能性。

参考文献

贝凯什,伊姆雷:《法治国家刑法的犯罪学基础》,《西欧对匈牙利法律体系发展的影响》(罗兰大学法律系编)布达佩斯,1994。

拜洛维奇,艾尔文:《违法与社会危害性的矛盾》,《致意平等正义》,2007 年第 3 期。

拜尔凯什,久尔吉:《无社会危害性时的刑法审判》,《匈牙利法律》,1999 年第 12 期。

布劳什克,贝拉:《犯罪故意》,《狱事视点》,1994 年第 4 期。

布劳什克,贝拉:《法治国家—刑法—罪过》,《匈牙利法律》,1995 年第 4 期。

布劳什克,贝拉:《刑事责任的哲学基础》,《法学公报》,1995 年第 2 期。

布劳什克,贝拉:《部分学者对"公民"刑法和刑法学中罪过问题的思考》,《匈牙利执法》,2005 年第 5—6 期。

布劳什克,贝拉:《罪过的刑法和刑法学问题》,布达佩斯:内务部出版社,2004。

艾尔德希,艾米尔:《现代匈牙利犯罪学和社会现实》,《法学公报》,2005 年第 2 期。

法西,拉斯洛-斯塔尔·尤若夫:《犯罪中的间接故意未遂问题》,《匈牙利法律》,2011 年第 10 期。

弗尔代西,托马斯:《关于社会危害性概念刑法必要性的思考》,《内务视点》,2003 年第 11—12 期。

弗尔德瓦里,尤若夫:《犯罪概念与拟议法问题》,《匈牙利法律》,1999 年第 1 期。

霍兰,米克洛什:《关于社会危害性与物质性违法区别的思考》,《匈牙利法律》,2004 年第 12 期。

厄克,费伦茨:《过失犯罪新编理论》,《法学公报》,2002 年第 3 期。

基什,诺贝尔:《论刑法中罪过原则的式微》,布达佩斯:联合出版社,2005。

科哈米,拉斯洛:《社会危害性讣告》,《警界视点》,2007 年第 7—8 期。

马达奇,伊姆雷:《累犯与商业化问题》,《刑法汇编》,2002 年第 1 期。

马茨,科特吕迪格:《严重犯罪之未遂阶段能否将终了轻缓犯罪压作背景》,《匈牙利法律》,1997 年第 10 期。

梅萨洛什,亚当:《决议法中关于从犯伴随性及从犯刑罚法规的问题》,《刑法汇编》,2003 年第 4 期。

梅萨洛什,亚当:《一般正犯概念的现在与未来》,《社会研究》,2004 年第 4 期。

米什科尔茨,拉斯洛:《英国刑法中的基本罪过范畴》,《匈牙利法律》,2002 年第 2 期。

纳吉,费伦茨:《从法律比较视角看犯罪概念》,《刑法汇编》,2001 年第 1 期。

纳吉,费伦茨:《混合罪过型犯罪的法理问题》,《刑法汇编》,2005 年第 2 期。

纳吉,费伦茨:《关于违法性的想法与问题》,《刑法汇编》,2008年第2期。

纳吉,费伦茨:《不合法性(违法性)与罪过的分离》,《法学公报》,2008年第6期。

纳吉,费伦茨:《犯罪期段、犯罪分子与法律制裁》(对《刑法典》总则体系的思考和反思),《匈牙利法律》,2008年第12期。

内迈锡,安德里亚:《匈牙利、德国及奥地利刑法中的犯罪未遂适用问题》,《法学公报》,1998年第11期。

帕拉吉,阿尼科:《形式数罪》,《公安执法学》,柔特·内迈特-阿尼可·帕拉吉[编],布达佩斯警察学院,2010。

坡伊纳,佩特拉:《商店盗窃案中连续性及商业化判断的实践问题》,《检察官报》,2008年刊。

拉德内,尤若夫:《从量刑角度看犯罪过失形式的重要性》,《伊姆莱·贝凯什节庆卷》,贝拉·布什-艾尔文·拜洛维奇-朵拉·托特[编],布达佩斯:帕兹马尼彼德天主教大学,2000。

萨博夫人,索什伊迪科博士:《多犯罪分子案件中的刑事责任问题》,《治安手册》,2000年第10期。

托特,米哈伊:《刑事联盟及其周边》,《法学公报》,1997年第12期。

乌伊瓦里,阿科什:《关于社会危害性(物质性违法)未来法律命运的思考》,《法理视点》,2003年第1期。

温纳,A.伊姆雷:《经济领导与其下属犯罪相关的刑事责任》,《匈牙利法律》,2003年第12期。

兹瓦达,卡塔琳:《德国刑法中的当罚犯罪预备及其撤消》,《法学博士学刊》,2003.3/13。

司法实践

35/1999.《法院统一判例》、4/2002.《法院统一判例》、3/2007.《法院统一判例》、6/2009.《法院统一判例》、3/2011.《法院统一判例》、2/2000.《法院统一判例》、4/2005.《法院统一判例》、4/2007.《法院统一判例》、3/2011.《法院统一判例》;《刑庭裁断》8、《刑庭裁断》10、《刑庭裁断》29、《刑庭裁断》31、《刑庭裁断》34、《刑庭裁断》36、《刑庭裁断》37、《刑庭裁断》39、《刑庭裁断》40、《刑庭裁断》41、《刑庭裁断》42、《刑庭裁断》43、《刑庭裁断》49、《刑庭裁断》57、《刑庭裁断》61、《刑庭裁断》87;《法院判例》

1996.179、《法院判例》2002.123、《法院判例》2005.5、《法院判例》2005.92、《法院判例》2005.338、《法院判例》2006.178、《法院判例》2007.33、《法院判例》2008.236、《法院判例》2009.169、《法院判例》2010.179、《法院判例》2010.239、《法院判例》2011.56、《法院判例》2011.57、《法院判例》2011.123、《法院判例》2011.184、《法院判例》2010.208、《法院判例》2012.146、《法院判例》2012.166、《法院判例》2013.1、《法院判例》1998.470、《法院判例》1998.570、《法院判例》1999.434、《法院判例》2000.238、《法院判例》2000.339、《法院判例》2001.211、《法院判例》2001.408、《法院判例》2002.339、《法院判例》2004.267、《法院判例》2007.4、《法院判例》2009.135、《法院判例》2009.135、《法院判例》2011.32、《法院判例》2012.233、《法院判例》2013.31、《最高法院主要判例》1999.87；《最高法院主要判例》2009.2024、《最高法院主要判例》2009.2029；《法院判例》1993.73、《法院判例》1994.168、《法院判例》2001.211、《法院判例》2002.294、《法院判例》2003.396、《法院判例》2005.167、《法院判例》2006.39、《法院判例》2009.210、《法院判例》2010.58、《最高法院主要判例》2005.1289、《法院判例》1997.565、《法院判例》1998.518、《法院判例》1998.526、《法院判例》1998.573、《法院判例》1999.2、《法院判例》1999.488、《法院判例》2000.1、《法院判例》2000.280、《法院判例》2000.285、《法院判例》2000.1、《法院判例》2000.437、《法院判例》2000.522、《法院判例》2000.523、《法院判例》2001.3、《法院判例》2001.255、《法院判例》2001.256、《法院判例》2003.1、《法院判例》2003.2、《法院判例》2003.138、《法院判例》2004.174、《法院判例》2004.215、《法院判例》2005.3、《法院判例》2007.1、《法院判例》2009.36、《法院判例》2011.3、《法院判例》1995.325、《法院判例》1996.182、《法院判例》1997.427、《法院判例》1997.511、《法院判例》1998.573、《法院判例》1999.538、《法院判例》2000.236、《法院判例》2001.257、《法院判例》2001.511、《法院判例》2005.3、《法院判例》2008.6、《法院判例》2009.36、《法院判例》2010.31、《法院判例》2010.174、《法院判例》1977.523、《法院判例》1998.110、《法院判例》1999.53、《法院判例》1999.96、《法院判例》1999.486、《法院判例》2000.185、《法院判例》2000.186、《法院判例》2000.191、《法院判例》2001.308、《法院判例》2001.513、《法院判例》2003.2、《法院判例》2003.271、《法院判例》2003.309、《法院判例》2003.486、《法院判例》2004.270、《法院判例》2005.43、《法院判例》2005.89、《法院判例》2005.131、《法院判例》2005.417、《法院判例》2010.60、《法院判例》2010.172、《法院判例》2010.319、《法院判例》2011.59、《法院判例》2011.123、《法院判例》2011.299、《法院判例》2013.7、《法院判例》2006.73、《法院判例》2006.207、《法院判例》2006.239、《法院判例》2008.173、《法院判例》2009.40、《法院判例》2009.264、《法院判例》2010.318、《法院判例》2012.111、《法院判例》2012.186、《最高法院主要判例》2008.1849、《法院判

例》1999.398、《法院判例》2000.89、《法院判例》2000.284、《法院判例》2001.53、《法院判例》2001.256、《法院判例》2002.211、《法院判例》2002.474、《法院判例》2003.48、《法院判例》2004.42、《法院判例》2004.168、《法院判例》2004.271、《法院判例》2004.310、《法院判例》2005.271、《法院判例》2005.307、《法院判例》2006.75、《法院判例》2006.240、《法院判例》2006.277、《法院判例》2006.384、《法院判例》2007.77、《法院判例》2007.177、《法院判例》2007.401、《法院判例》2008.79、《法院判例》2008.262、《法院判例》2009.344、《法院判例》2012.213、《法院判例》2012.255、《法院判例》2013.2、《法院判例》1996.348、《法院判例》1999.398、《法院判例》2006.40、《法院判例》2006.72、《法院判例》2006.174、《法院判例》2008.262、《法院判例》2012.167。

第四章　可罚性的排除或限制事由

（布劳什克·贝拉博士、教授，莱塔尔·伊斯特万博士，艾来克·巴拉日博士）

第 15 条　以下事由可以排除或限制犯罪分子的可罚性及其行为的当罚性：

  a）儿童身份，

  b）精神病患者身份，

  c）强迫或威胁情节，

  d）认识错误，

  e）正当防卫，

  f）紧急避险，

  g）法定许可，

  h）其他法定事由。

第 130 条第(1)款　军人不可因执行命令的行为而受到处罚，除非其在执行命令之前就知道所涉命令中的行为是犯罪行为。

刑事责任的正面条件是由犯罪概念定义的。根据这一定义，犯罪是指因故意或——如果法律认为过失犯罪同样当罚——过失而做出的威胁社会且法律规定应当处以刑罚的行为[《刑法典》第 4 条第(1)款]。然而，并不是所有与刑法规定相冲突的行为（即符合构成要件或法律处置的行为）都必然会引起刑事责任，也有些事由可以从构成要件、社会危害性（违反刑法性）或者罪过角度将刑事责任免除。在这种情况下，犯罪在概念上其实并未实现，因此也就不能追究当事人的刑事责任。另外，这些事由中有一部分在给定情况下只能限制刑事责任的大小（《刑法典》第 4 章）。在这种情况下，犯罪在概念上已经实现，也可追究行为人刑事责任，但存在无限制减轻刑罚的可能性。因此，这些条件只能在量刑过程中发挥作用和具有意义。同时，还有一些条件能直接消除可罚性（《刑法典》第 5 章）或者对刑事责任追究造成障碍（《刑法典》第 6 章）。在能够消除可罚性的事由当中，犯罪也是已经实现，只是犯罪发生后出现了使犯罪分子不能被罚的情况，例如犯罪分子死亡。对刑事责任追究具有法律障碍意义的事由的特征是刑事诉讼程序因法律条件不足而无法启动,所以也就无法追究其刑事责任,例如轻微身体伤害罪[《刑法典》第164条第(2)款]和性强迫罪[《刑法典》第196条第(1)款]的犯罪分子只有在有人提出刑事立案申请时才可予以刑罚[《刑法典》第164条第(10)款及第207条]。

这些事由和条件在以前的匈牙利国内法中就已存在,只不过在新《刑法典》中改变了可罚性障碍体系。新刑法作出如此规定的原因是可罚性障碍可从根本上分为两类:一类所包含的条件使得所涉行为就算与构成要件相符合也不能构成犯罪;另一类所包含的条件虽然不能阻碍犯罪行为的构成,但却能使犯罪分子免于刑罚。在这两类可罚性障碍事由之外,还有一些其他条件既有可罚性免除特征,又有可罚性消除特征,这类事由对刑事责任追究的障碍不是通过其存在而是通过其缺失而形成的。

由此可在法律体系中作如下区分:

a)免除或限制行为当罚性及犯罪分子可罚性的事由;

b)消除可罚性的事由;

c)既能构成可罚性障碍,又能构成刑事诉讼程序障碍的其他事由。

与1978年第4号法律相比,新《刑法典》对刑事责任的免除(和限制)事由所作规定更符合其本身特征,也更为准确。新刑法考虑到了刑事责任免除事由的法律性质,并根据其免除的是行为的当罚性还是犯罪分子的可罚性(或罪过)对各种事由加以区别。

行为当罚性免除事由是有客观基础的,并且触及到犯罪实现的客观方面。在行为当罚性免除事由成立时,所涉行为即便符合构成要件,也不被判为违法(或具有社会危害性)。正是由于这些事由具有客观性特征,所以其免责效力对参与犯罪的所有人都适用。行为当罚性排除事由有:

a)正当防卫,

b)紧急避险,

c)法定许可。

与此相对,犯罪分子可罚性(或罪过)排除事由是以主观为基础的。这些事由的成立并不影响行为当罚性,即符合构成要件的行为仍然是违法(或具有社会危害性)的,只不过犯罪分子由于其自身条件而不可追究刑事责任。正是由于这些可罚性排除事由的基础是主观的,所以也就只能排除事由成立者的刑事责任;换言之,这一主观事由成立与否要因人而定、因人而异。需要注意的是,在特定情况下,如果犯罪有多人参与,且其中一人符合主观性免责事由(比如获证在符合构成要件的犯罪行为发生当时正处于罹患精神疾病状态),则该事由对其他参与者刑事责任的影响能达到改变其犯罪分子性质的程度。例如在共同正犯中,如果其中一个犯罪分子是精神病人或儿童,则另一个犯罪分子将被当作单独正犯来追究刑事责任。同样地,如果教唆犯在作案当时患有精神病,则将变成间接正犯。

犯罪分子可罚性(或罪过)排除事由包括:

a) 儿童身份,

b) 精神病患者身份,

c) 强迫或威胁情节,

d) 认识错误。

上述两类事由都有一个共同特征,即无论是哪种事由,一旦成立,在行为发生时就已经排除了犯罪的概念性落实——因为该事由导致了犯罪概念中的某种要素(即与法律构成要件相符合、社会危害性或罪过)的缺失。

新刑法中就一些免责事由明确指出,这些事由的成立可以排除行为的当罚性或犯罪分子的可罚性(或罪过)。

在1978年第4号法律所列内容[第22条第h点]的基础之上,新《刑法典》中把缺少上诉申请转移到刑事责任追究的其他障碍之下,并补充了缺少举报的新内容(第30条)。

一、儿童身份事由

第 16 条 作案当时未满 14 周岁的行为人不可刑罚,作案时年满 12 周岁且对犯罪结果具有认知判断力的杀人犯[《刑法典》第 160 条第(1)、(2)款]、情绪激动杀人犯[《刑法典》第 164 条第(8)款]、抢劫犯[《刑法典》第 365 条第(1)至第(4)款]和掠夺犯[《刑法典》第 366 条第(2)、(3)款]等除外。

年龄是刑事责任追究过程中具有传统性重要意义的一个因素。在匈牙利第一部刑法典——1878 年第 5 号法律(即《柴迈吉法典》)中,将 12 周岁定义为刑事责任追究的年龄下限(第 83 条)。尽管在《柴迈吉法典》中并没有使用青少年的概念,但却规定了对于作案当时年满 12 周岁但未满 16 周岁且对其行为罪过性不具备判断能力的犯罪分子不能处以刑罚,而只能判决将其送至教养所(第 84 条)。这里所说的行为人对其行为罪过性的认识判断能力是建立在 1810 年法国《刑法典》(第 66 款)基础之上的,这一点在 19 世纪得到了诸多欧洲国家《刑法典》的接受。在匈牙利,《柴迈吉法典》的第一次修订法案——1908 年第 36 号法律文件——抛弃了这种区分依据,而是将可罚性判定需要的智力和道德发展水平作为追究青少年刑事责任的依据和条件(第 16 条)。不过,此时法律仍将 12 周岁定为儿童时期的标准下限(第 15 条),随后的法律也都沿用了这一标准,但同时也将可罚性年龄下限上调至 14 周岁(1961 年第 5 号法律第 20 条、1978 年第 4 号法律第 23 条)。

在这一问题上,新《刑法典》中又作了改变,重新回到了对犯罪后果的认知判断能力概念之上。新《刑法典》一方面根据主要规定将可罚性年龄下限调整至 14 周岁,因为大多数儿童在这个年龄已经完成了小学教育,并达到了可以追究刑事责任的身体和智力发展水平;另一方面,新法律又对这一概念作了调整,因为今天的儿童生理发育普遍加速,出现"早熟"现象,尤其是在信息革命之后,孩子们在 14 岁之前就接受到从前的孩子在这个年龄所接受不到的社会性影响。除此之外,随着越来越多 12～14 周岁的孩子学会使用暴力获取利益,新《刑法典》对于具有明显侵略性的行为、危害生命的行为以及其他严重犯罪行为降低了可罚性年龄下限。此类未成年时期的行为可能会导致的结果是这些孩子如果没有适当帮助,长大后将无法适应遵纪守法的社会生活,因此有必要采取一定的刑法手段来防止这种情况的出现。法律对未满 14 周岁的犯罪者最严厉的制裁方式是教养所教育,为期 1～4 年[参考《刑法典》第 106 条第(2)款及第 120 条第(2)款]。

在刑法意义上的儿童时期直到 12 周岁或 14 周岁结束的那一天结束。如果有人刚好在 12 周岁或 14 周岁生日那天做出了《刑法典》分则构成要件或总则处置条例认为当罚的行为,根据法定可罚性排除事由仍不可追究其刑事责任,因为刚满 12 周岁或 14 周岁生日那一天仍然算是儿童身份。如果某犯罪行为实施于所涉青少年犯罪分子法定未成年之时,而结果出现在其达到法定可罚年龄之后,同样也不能追究其刑事责任。

儿童身份对犯罪分子性质有影响。因而如果多个犯罪分子做出了符合构成要件且具有社会危害性的行为,而且其中有一个是儿童身份,则不存在共同正犯的可能性,只能把适龄犯罪分子当作单独正犯来追究其刑事责任。如果某人利用未成年人犯罪,则其因满足未成年免刑事由不属于教唆犯,而只能算是间接正犯[《刑法典》第 13 条第(2)款]。

由于儿童不能因犯罪行为而被追究刑事责任,所以也就不能对其量刑;然而作为处置也可对其处以没收[《刑法典》第 72 条第(4)款]、财产没收[《刑法典》第 75 条第(2)款]、电子数据永久性封禁[《刑法典》第 77 条第(2)款]等措施。除此之外,不得对儿童处以其他刑事制裁。另外,还可以关于儿童保护和监护人管理的 1997 年第 31 号法律第 15 条第(4)款为基础对未成年犯罪分子加以处置。在儿童保护框架内有如下处罚措施：

a）予以保护，

b）家庭收养，

c）临时收留，

d）暂时抚养，

e）长期抚养，

f）安排抚养监督，

g）安排后期教养，

h）安排后期教养员。

未成年证人审讯和专家诉讼程序参与义务方面可能会出现一些实际问题。证人——与受害人一样——必须接受专家审查和介入［《刑事诉讼程序法》第106条第（1）款］，但对其应适用《刑事诉讼程序法》中关于证人口供障碍的规定［《刑事诉讼程序法》第81—82条］。

在《刑事诉讼程序法》中，未满14周岁单独来说对证人口供既不能构成绝对法律障碍，也不能构成相对法律障碍。然而未满14周岁者只有当其所提供的证词在其他人无法补全时才可作为证人接受审讯（《刑事诉讼程序法》第86条第［1］款）。此外，证人口供还可能会有诸多其他法律障碍。

如果所涉未满14周岁者——或出于年龄原因——受身体或精神状态所限而无法提供正确的口供，则可构成绝对口供障碍［《刑事诉讼程序法》第81条第（1）款c点］。在这种情况下，也不能对其进行专家审查。

如果未满14周岁者在《刑事诉讼程序法》第82条第（1）款规定基础之上可对口供提出否认，则可能会有以下两种情况：

a）如果大家一致认为没有办法判定其口供否认的重要性，则同样构成绝对口供障碍［《刑事诉讼程序法》第81条第（1）款c点］。

b）如果对其口供否认重要性的判定只是由于其精神或其他状态而受到了限制，则只有同时满足以下两个条件时才能对其进行证人审讯：一是本人愿意作证；二是法定代理人或证人审讯者所提条件对证人有利［《刑事诉讼程序法》第86条第（2）款］。只要这两条中缺少任意一条，就不可对证人展开审讯。另外还有一个问题，就是《刑事诉讼程序法》第106条第（4）款中规定只是针对第81—82条内容的，而并不针对第86条；然而毫无疑问的是，立法者的意旨是想让证人口供障碍对专家诉讼程序也适用［《刑事诉讼程序法》第106条所附部长声明］。因此，对法律的正确理解应该是在这种情况下，对于未满14周岁者既不能展开专家审查，也不能要求其接受专家审查。

二、精神病患者

第 17 条第(1)款 对于因精神活动处于病态而无法认识到行为后果或无法按照对行为后果的认知来行事的犯罪分子不可处以刑罚。

第(2)款 如果精神活动的病态限制了犯罪分子对犯罪后果的认识或限制了其按此认知行事,则其刑罚可无限制减轻。

与未成年身份一样,精神病状态也是传统意义上的免刑事由。《柴迈吉法典》在《罪责免除或减缓事由》一章中首先规定了不能对无自觉意识的人或者因精神错乱而对意志没有自由支配能力的人进行定罪(《柴迈吉法典》第76条)。1950年第2号法律(《刑法典总则》)中规定,如果犯罪分子处于精神病或自觉性混乱状态之下,且这种精神病或自觉性混乱状态使得其无法意识到自身行为的社会危害性或者无法依自主意志行事,则可以免除其刑罚;而如果这种精神病或自觉性混乱状态对犯罪分子只有限制性影响,则只可无限减轻其刑罚而不能免除刑罚[第10条第(1)款和第(3)款]。1961年第5号法律规定,如果犯罪分子犯罪时处于精神病、精神崩溃或意识障碍等状态下,且这种状态使得其无法意识到自身行为的社会危害性后果或无法按照对行为后果的认知来行事,则可以排除其可罚性;而如果这种状态对犯罪分子只有限制性影响,则只可无限减轻其刑罚而不能免除刑罚(第21条)。在1978年第4号法律中进一步扩充了精神病状态的涵盖范围,包括精神病、弱智、痴呆、意识障碍和人格障碍等。然而,立法者在此却犯了一个错误,即在定义精神病状态的范围时,用了"尤其是"的措辞。这样一来,法律规定的几种精神病状态就只能被看作是举例了。另外,这部法律在修订时还忽略了一点,即辨别认知能力应该与社会危害性后果联系在一起(第24条)。

新《刑法典》纠正了之前《刑法典》中出现的这一法律结构错误,不再以举例的口吻叙述构成精神病态的生理性异常症状。除此之外,其他内容没有变化。

精神病状态是使犯罪分子失去归责能力的内部条件(精神状态)。只有对自身行为的社会危害性有清醒认识且能按照自己的认知和意志行事的人才有归责能力。虽然法律没有规定这里的认知辨别能力必须与社会危害性后果联系在一起,但是这一概念事实上仍然需要保留这一要素。尽管法律把精神病病态归为罪责免除事由之一,但是犯罪行为(或当罚行为)的要素则是社会危害性。

因此,归责能力事实上包含两种能力:认知辨别能力和意志能力。认知辨别能力是指一个人对其行为社会危害性后果的预见;而意志能力则是指具有认知辨别能力的人自主形成意志并按自主意志行事的能力。

归责能力同时涉及外部条件和内部条件,从程度上来说可以分为完整归责能力、有限归责能力和无归责能力。在审查归责能力时,一定要依据具体行为来判定犯罪时的具体意识状态,因为有可能同样一个人在一种行为情况下的精神状态不具备归责能力,而在另一种情况下则具备有限归责能力或者直接与归责能力无关。

精神病状态起源于当事人内部,并且会造成其归责能力的丧失。与此相对,强迫和威胁则是起源于外界影响,并影响当事人的意志能力。

对于精神病这种心理状态存在与否、严重程度如何的问题,法院只能在医生意见的基础之上作出决断。因此,在这种情况下律师或法院必须安排司法专家[《刑事诉讼程序法》第99条第(2)款a点],且对于精神病的专业审查必须由两位专家共同完成[《刑事诉讼程序法》第101条第(2)款]。如果专家意见认为对于被告人的精神状态诊断需要更长时间的观察,则法院——在律师申请下到控告提交为止——应安排对被告人精神状态继续观察。对于被拘捕的被告人应送至司法看管或精神治疗机构观察,而对于自由被告人则应送至法定精神科医院观察。继续观察最多可持续1个月,但法院可参考观察机构意见再适当延长1个月[《刑事诉讼程序法》第107条第(1)款]。如果医学专家无法就被告人精神状态的准确鉴定达成一致,则法院对于相关争议应按照对被告人有利的方式来判断所涉犯罪是否是在使当事人无法或只能在有限程度上认识到自身行为后果,并按照其对行为后果的认知行事的精神病状态下所犯(《法院判例》2004.43)。

精神病状态要么会使行为人无法认知到自身行为的后果并无法按照自己对行为后果的认知行事,要么会对行为人的这种认知辨别能力和意志能力产生限制影响。在这种前提下,法律又从可罚性角度对精神病状态作了两类区分:一类是可以排除可罚性的精神病状态;另一类是可以无限制减轻刑罚的精神病状态。

可以排除可罚性的精神病状态成立时,犯罪行为从概念上来说(由于行为人无罪过而)并未实现(法律中使用了"当罚行为"的说法),因而就会出现对当罚行为的行为人不能量刑的情况(法无明文规定不为罪)。不过,虽然不能对其量刑,但还是可以对其判处没收[《刑法典》第72条第(4)款]、财产没收[《刑法典》第75条第(2)款]、电子数据永久性封禁[《刑法典》第77条第(2)款]等处置方式,而当法律条件成立时,还可对其实行强制医治[《刑法典》第78条第(1)

款]。强制医治需满足的条件是行为人的行为因对他人构成暴力威胁或者引起公共危险而当罚,而又由于其作案当时处于精神病状态而不可罚,但必须防止行为人再次做出类似的行为,且如其可罚则需对其判处比1年有期徒刑严重的刑罚方式。但是如果犯罪分子在犯罪时还没有处在使其丧失归责能力的精神状态之中,则不能对其判处强迫医治。如果被告人在审判时变成了精神病,则刑事诉讼程序应依《刑事诉讼程序法》第266条第(1)款规定——并参考《刑事诉讼程序法》第188条第(1)款b点规定——而中止(《法院判例》1992.747)。

可以限制可罚性的精神病状态成立时,即当精神病状态并未让行为人完全丧失归责能力,而只是对其归责能力造成限制时,犯罪行为从概念上来说能够实现。虽然一般来说犯罪行为都会被判刑,但是在精神病状态下,由于归责能力受限,所以法律允许对犯罪分子无限减轻刑罚。

和儿童身份一样,精神病状态也能影响犯罪行为的性质。因此,如果被利用犯罪之人因患有精神病而不可罚,那么利用他进行犯罪的人就不是教唆犯,而是间接正犯[《刑法典》第13条第(2)款]。同样地,如果多个犯罪分子当中有一个是精神病患者,那么就不能将其判定为共同正犯。在这种情况下,具备归责能力的人应作为单独正犯为其犯罪行为承担刑事责任。然而,这里还有一种例外情况,对于多人强奸罪,即使两名犯罪分子的其中一个因患有精神病而不可罚,也不影响其罪名判定(《刑庭裁断》27/2007)。

三、醉酒或眩晕犯罪责任

第18条 不适用于犯罪分子在自己造成的醉酒或眩晕状态下的犯罪行为。

关于醉酒状态下犯罪的判决,《柴迈吉法典》并未做特别规定,而只是规定了不能对无自觉意识的人或者因精神错乱而对意志没有自由支配能力的人进行定罪(第76条)。然而这条规定只适用于无意识醉酒状态,因为有意识醉酒状态下的短时意识障碍和自主决断能力的弱化和受限与第76条中规定的自主意识完全丧失的情况并不相同。此外,关于归责排除的规定对于(故意或过失性质的)原因自由行为也不适用(在原因自由行为当中,行为的决定性事由是犯罪分子尚在可归责状态下时作出的可追究行为,但随后当构成要件中的结果和构成要件的客观要素显现出来时,行为人已使自己进入了某种不可归责的状态)。《柴迈吉法典》第三次修订版,即1948年第48号法律文件中为醉酒或眩晕状态下的犯罪行为引入了特殊构成要件,对于在自己造成的醉酒或因服用药物所致的眩晕状态下所犯的刑法意义上的重罪或当处比 1 年有期徒刑更重刑罚的轻罪——假如这种状态使犯罪分子免于归责——应处以 1 年以下有期徒刑(第 14 条)。1950 年第 2 号法律中则规定,那些可以使精神病状态或意识障碍状态下的犯罪行为排除当罚性的相关规定不得用于为了犯罪而故意使自己进入所涉状态或处境当中的犯罪分子[第 10 条第(4)款]。在《刑法典总则》中也提到了故意原因自由行为(将《柴迈吉法典》时期生效的、建立在理论基础上的实践经验编入了法典),其中就包括在自己造成的醉酒状态下的犯罪行为。随后,在 1961 年第 5 号法律中也规定了精神病、弱智及意识障碍等状态不可排除或限制自己造成醉酒或眩晕状态的犯罪分子的可罚性(第 22 条)。1978 年第 4 号法律中继续沿用了这一规定(第 25 条)。

新《刑法典》中仍然保留了关于精神病状态规则不可用于在自己造成的醉酒或眩晕状态下所犯罪行的规定。基于此项规定,处于这种状态下的犯罪分子具备归责能力,且应根据其实际行为来追究其刑事责任。也就是说,由醉酒引起的认知辨别能力受限情况中不包括自己造成的酗酒状态,对后一种状态下的犯罪分子应按其行为的客观方面加以审判,对于其罪过形式问题也应从客观因素出发来定夺(《法院判例》2009.3、《法院判例》1993.73)。同样地,对于加重型后果罪责的审查和追究也应建立在外界客观标准的基础之上(《刑则决议》III.5)。

而对于犯罪主体方面的考查,法院只需要调查清楚导致犯罪分子出现意识障碍的醉酒状态到底是不是由其自己造成的。如果犯罪分子的醉酒状态完全不是自己造成的,则可适用《刑法典》第 17 条的相关规定。完全不属醉酒者自己造成的醉酒情形有以下两种:

a) 醉酒者完全不知道饮料当中含有酒精,或者

b) 醉酒者错误估计了酒精饮料的度数。

醉酒状态是意识障碍的特殊形式,眩晕状态则是由能够造成意识障碍的药物(通常是麻醉药物或具有麻醉功效的物质)引起的状态。自己造成的眩晕状态是指自己服用酥麻药物后进入的意识障碍或幻觉状态,因此不能用作可罚性排除事由(《法院判例》2000.432)。

法院应特别注意仔细检查被告人在犯罪当时有没有能力意识到其行为的社会危害性后果,有没有能力按这种认知行事。关于这一点只有综合考察案情中的全部条件才能得出结论。仅凭醉酒一条,哪怕是严重醉酒,也不能作为判定排除归责能力的依据。类似地,仅凭被告人没有犯罪理由或动机这一条也不能排除其归责能力。

不过,如果犯罪分子行为显得相对没有逻辑,或者对其陈述内容不清楚,再

或者除去醉酒症状之外还出现了理解力下降、对人事物的反应能力下降等其他症状,这样的的的条件则可以作为依据用来得出结论。法院对所有这些条件不是分别考虑,而是看作整体综合考虑,在这个过程中,如果有需要也可以听取医生专家的意见。然而在由酒精导致的精神病、病理性醉酒或半病理性醉酒的情况下,则必须听取医生的意见(《刑则决议 III》第 4 点)。

《刑法典》第 18 条 a 点是与所谓的一般性或典型醉酒案情相关的规定。一般性醉酒应与所谓的病理性或半病理性醉酒区分开来。

病理性醉酒表现为精神活动的不同障碍,这些障碍都是暂时性的,且伴有在性质上与普通醉酒不同的意识混乱症状,这些形式的意识障碍可看作是急性精神病症状。病理性醉酒与一般性醉酒不同,其判定标准是饮酒者的耐酒能力由于先天或后天病变或者性情因素(包括暂时性性情因素)而发生了变化(即量或质上的不耐性)。耐酒性的量变通常指酒量变小,即与以前相比喝较少量的酒就会醉;耐酒性的质变则可能会有以下多种症状:

a) 交流困难,

b) 出现幻觉,

c) 行为失常,

d) 行为不合情境,

e) 激烈、无故而夸张的躁狂发作,

f) 终结性睡眠,

g) 全部或部分记忆障碍。

在这些情况下,不应根据《刑法典》第 18 条处理,而应按照第 17 条相关规定免除行为人刑事责任。

所谓半病理性醉酒,是指精神病理症状的严重性没有达到完全病理性醉酒的程度、与一般性醉酒相比意识障碍程度又更加急剧和强烈的醉酒状态。另外,与完全病理性醉酒中的记忆障碍相反,半病理性醉酒者并不会完全丧失对联系和处境状况的辨认以及对场所的定位能力。这些症状在许多情况下会与饮酒量不成比例,饮酒量小也不是一个必要条件。从刑法判决角度看,这种病理性醉酒的不完全形态只能限制犯罪分子对自身行为社会危害性的认知和按这种认知行事的能力,因而适用《刑法典》第 17 条第(2)款的规定。

因服用麻醉药物或麻醉性物质而导致的状态与一般性醉酒相似,并不能排除或限制犯罪分子的刑事责任。麻醉药物依赖只有当其所造成的人格障碍、精神病或精神崩溃达到疾病程度时才能算作是限制或排除犯罪分子归责能力的条件。而因为得不到麻醉药物而出现的相关症状也是只有严重性达到疾病程度时才能限制或排除犯罪分子的归责能力(《刑庭裁断》57/2007)。

与之前的《刑法典》相似,新《刑法典》在要求对由自己造成的醉酒或眩晕状态下的犯罪行为定罪并处以刑罚时,也认定了其刑事责任。新《刑法典》中规定,对于在由自己造成的醉酒或眩晕状态下做出符合犯罪构成要件行为的人,应当认为其具备归责能力(《刑则决议》III.2)。这样一来,新《刑法典》就打破了建立在罪过基础之上的刑事责任原则,准确地说,行为人的罪过不是在作案当时犯下的,而是与作案之前的醉酒和导致醉酒或眩晕的行为相关联的。

四、强迫或威胁

第 19 条第(1)款 如果行为人的犯罪行为是在受到强迫或威胁的状态之下所为,且这种强迫或威胁让其无法按照自己意愿行事,则该行为人不可罚。

第(2)款 如果所涉强迫或威胁限制了行为人按照自己的意愿行事,则可无限减轻其刑罚。

《柴迈吉法典》规定,如果某行为人在行为当时受到了不可抗力或威胁的逼迫,而这种逼迫对行为人或其家属的生命或人身安全构成了直接威胁,并且无法通过另外的方式规避危险,则所涉行为不能归责(第 77 条)。不可抗力包括身体强迫和心理强迫。身体强迫是以外在暴力的形式不容抗拒地掌控别人的决定和行为,使别人的意志成为自己的犯罪工具;心理强迫则是以威胁的形式——并且是通过对行为人自身或其附属者生命或人身安全的直接威胁——迫使别人犯罪,并且被威胁者除了完成犯罪行为以外没有别的办法摆脱威胁。1950 年第 2 号法律认为,在强迫或威胁之下犯罪的人,如果其在犯罪时的处境使其无法按照自己的意愿行事,则不可罚;而如果其在犯罪时的处境只是限制了其按照自己意愿行事的能力,则可无限减轻其刑罚[第 10 条第(2)款、第(3)款]。实际上,这种解决办法后来在 1961 年第 5 号法律(第 23 条)、1978 年第 4号法律(第 26 条)和新《刑法典》中也得以沿用。

强迫和威胁通过意志能力影响归责能力的外部条件。这两者的共同之处在于,在有此状态和无此状态的情况下行为人的行为会有不同。

法律并没有给强迫下定义,但在司法实践中往往会把它与身体强迫和暴力联系在一起。根据这种情况,暴力是为了制服反抗而对别人施加的直接身体力量(《刑庭裁断》34.III.1)。值得一提的是,这一暴力概念对于刑法中可以排除和限制刑事责任的暴力的理解起着关键作用,因为这种暴力与法律在其他地方所使用的暴力行为之间是有区别的。后一种暴力出现在干扰官方程序罪[《刑法典》第 279 条第(1)款]和暴乱罪[《刑法典》第 339 条第(1)款]的法律构成要件当中。按照法律规定,这种暴力是指对别人实施的攻击性身体作用力,未造成身体伤害的情况也算[《刑法典》第 459 条第(1)款第 4 点]。另外,在某些犯罪行为中,暴力还可以指犯罪的方式,比如性暴力犯罪[《刑法典》第 197 条第(1)款]。对于此类犯罪所适用的是暴力的前一种定义方式。暴力和暴力性行为之间的区别就在于暴力行为——即便是带有攻击性特征——比纯暴力的程序要轻,而且造成轻度身体伤害也不是其必要条件,因此暴乱罪和轻度身体伤害罪中也可能出现累积的情况。与此相对,暴力犯罪则常常伴随着轻度身体伤害,因此此类犯罪行为一旦累积就不能判为轻度身体伤害了。

对于威胁,法律中给出了明文定义。按照法律规定,威胁会把人置入严重不利处境预期当中,令被威胁者心中产生巨大恐惧[《刑法典》第 459 条第(1)款第 7 点]。从客观方面来说,威胁中所预期的严重不利处境是指可构成犯罪的行为,例如身体伤害等。同时,威胁的内容也可以是用于违法目的的合法行为,例如违法或违规举报、公开各类数据等本属合法行为,但如果这些行为触及被威胁者的财产、存在、家庭关系或者信誉,则可构成法律威胁。从主观方面来说,威胁中所预期的严重不利处境须使被威胁者心中产生巨大的恐惧。

强迫和威胁从作用来看都可分为绝对胁迫和相对胁迫。

绝对胁迫的特征是被胁迫者完全无法按照自己的意愿行事,即具有麻痹性特征。这种特征的后果就是在绝对胁迫之下的行为人不会犯罪(因为没有罪过)。对于受绝对胁迫而做的当罚行为,应该对利用他人犯罪的人判处间接正犯的罪名[《刑法典》第 13 条第(2)款]。

相对胁迫的特征是被胁迫者并非完全没有反抗的可能性,但最终还是在胁迫之下做出了违背自己意愿的行为。虽然这种强迫或威胁并不能排除被胁迫者行为构成犯罪的可能性,但就像精神病状态一样,这种情况下也有可能对其无限减轻刑罚。然而,由于这样的事由无法排除所涉行为的犯罪特征,所以相对胁迫的发起者可以判定为被胁迫者犯罪的事实教唆犯[《刑法典》第 14 条第(1)款],而被胁迫的正犯则可无限减轻刑罚。

五、认识错误

第 20 条第(1)款　如果行为人在行为当时对所涉事实不知情,则不可被处罚。

第(2)款　如果行为人在行为当时误认为所涉行为对社会没有危害,并且这种预设有可以依据的理由,则行为人不可罚。

第(3)款 如果所涉认识错误是由犯罪过失引起的,且法律要求对过失犯罪者也应处罚,则这种认识错误事由无法排除行为人的可罚性。

在认识错误的情况下,犯罪分子的意识中会形成与事实不同的认识,但他会误以为自己的认识是真实的;还有可能犯罪分子的意识当中根本没有形成认识,即处于不知情状态下。认识错误影响的是犯罪故意的意识层面,是意识层面的错误。新《刑法典》沿用之前的规定,仍将认识错误分为两类,即事实认识错误和社会危害性认识错误。如果认识错误所涉及的是犯罪故意当中应当包含的事实,则称为相关认识错误。

一是如果实现构成要件中行为的人在行为当时并不清楚具体犯罪行为法律构成要件的全部客观方面准则,那么其认识错误就是事实性的。而在评判其行为时,应当假定这些事实根本不存在。

第一,犯罪故意的概念准则是犯罪分子清楚法律构成要件中的全部要素。如果犯罪分子对法律构成要件中的某种元素发生了认识错误,那么这种认识错误就排除了其故意犯罪的可罚性。而法律关注的重点在于那些与犯罪事实相关的认识错误,即被错误认识的事实是犯罪实现的一部分。如果事实认识错误是由犯罪过失引起的,且所涉犯罪行为在过失形态的罪过之下无法实现,那么这种事实认识错误可以完全排除其可罚性。例如,偷猎罪(《刑法典》第245条)就没有过失形态,因而如果某外地猎人因搞错了猎区边界,误以为所涉区域内允许打猎而进行了杀害或捕捉野生动物的活动时,这种认识错误就可以为其排除可罚性。

如果某人在援助责任范围内没有劝服受害者接受援助,但是从案情条件中无法找到确切事由来证明事故中无人受伤、无需救援,则不能以事实认识错误为名义为被告人免除罪刑(《最高法院判例》Ⅱ.221/2007/5)。还是就这一条法律构成要件来说,如果被告人对于"事故中无人受伤、无需救援"这一假设有确切事由为证,比如说在事故发生后受害者又站了起来,并且挥手表示他不需要帮助,然后又继续走掉了,这时法院则可接受事实认识错误的说法(《法院判例》2005.274)。

第二,如果事实认识错误是由犯罪过失引起的,而且所涉犯罪行为也有过失形态,则对于所涉过失行为人应当判定罪责。如此一来,对于部分犯罪者的行为就可以判为过失性致命身体伤害罪而非杀人未遂罪了(《法院判例》2005.274)。

第三,然而,有些行为就算是在相关认识错误的情况下所为,也应当判为故意犯罪。如果由于认识错误事由而无法判定所涉行为为某一种故意犯罪,则起码应根据犯罪者所实现的构成要件元素来对其判处一种相应的故意犯罪。例如,如果被告人因对受害者年龄的错误认识而不能被判以强奸罪[《刑法典》第197条第(2)款],而且其对未满12周岁的受害者的性行为是在受害者同意的情况下发生的,则可将其判为性侵犯罪[《刑法典》第198条第(1)款]。

第四,如果犯罪分子对于除结果以外的某种重判条件发生了认识错误,则其应该为其故意犯罪基本情节和其所认识到的加重型情节而负责。对于分尸案来说,如果被告人在分割被害人尸体时以为被害人已经死了,则不能判定该杀人罪是以特别残忍的手段犯下的,因为手段特别残忍的杀人罪的一条判定条件是犯罪分子对其杀人行为的特别残忍和极不人道之处有清醒的认识(《法院判例》1999.495)。类似地,如果盗窃者不知道其所盗窃的物品是受保护的文物,则不能对其判处加重型盗窃罪[《刑法典》第370条第(3)款bb点]。

第五,在物质性犯罪中,在犯罪分子的动机同时影响到犯罪结果的情况下,如果犯罪分子在因果关系这一关键问题上出现了认识错误,并由于某种动因——例如因被害人的某一未知性身体系统紊乱——而引发了犯罪后果,则只需为其行为的未遂阶段负责,因为这时因果关系和结果都不属于他的责任。

判决实践中通常把对人或物的认识错误及失误都作为事实认识错误来审判。

第六,对人或物的认识错误是指犯罪分子原本想对别的对象实施犯罪行为。如果被动主体——即犯罪对象——的特定属性从构成要件角度来说具有重要意义,则其中的认识错误就是关键性的。这样,如果被害人是机关人员,但是犯罪分子不知道这一点的话,就不能对其判处与机关人员被害相关的加重型法律制裁。不过,这种行为虽然不能被判为暴力侵犯机关人员罪(《刑法典》第310条),但却可以被判为暴乱罪(《刑法典》第339条)和/或身体伤害罪(《刑法典》第164条)。

第七,出于失误把犯罪目标搞错时,犯罪分子的行为在另一个人身上得以实现,而这个人并不是犯罪分子一开始想要犯罪的对象。在这种情况下,犯罪分子对其原定犯罪对象的行为应判定为故意犯罪的未遂阶段,而其对实际受害人的行为——根据其当罚性——则是过失犯罪的既遂阶段(《法院判例》1992.618)。

二是根据司法实践,不能充当可罚性免除事由的无关认识错误有更多可能的情形分类。

(1)如果某种事实认识错误所涉事实不是犯罪故意中必须包括的,则这种事实认识错误就是中性的,其法律构成要件的要素可能会是一些细节性问题,比如受害人的具体情况等。受害人的一致性或区别性从连续一罪判定角度来看是与犯罪分子意识无关的客观准则,因而在犯罪行为发生当时不需要被犯罪分子所认识。而犯罪分子是否知道他对受害人的所有权、财产权、使用权或其他权益造成了侵犯或威胁也不重要。这样一来,从判决角度来说,这些与犯罪分子认识无关的客观因素就成了判定连续一罪的客观条件或者数罪成立与否的关键条件。

对人或物的认识错误只有当被错误认识的对象具有特殊性质时才具有重要性。比如,当被偷走或毁坏的物品是博物馆藏品时,或者受害人是机关人员时,因为犯罪分子应该清楚这些特殊性质;如果犯罪分子在完成符合法律构成要件的行为时误以为其行为没有受害人,或者误以为其所带走的物件是他自己的,则其可罚性也可被排除。逆向认识错误是指行为人误以为其行为是犯罪,但其实并不是,比如被其拿走的东西实际是他自己的。在这种情况下,行为人认为的犯罪其实不是犯罪。

(2)对于非关键性因果关系问题的认识错误也是中性的。如果犯罪分子确实想致受害人于死地,并且对受害人进行了暴力攻击,随后又误以为身受重伤的受害人已经死亡而将其掩埋,但其实受害人的真正死因是被掩埋后的窒息,那么犯罪分子的认识错误就是非关键性的。如果孕妇在生产之后立刻将其刚生下的婴儿扼杀,并把她认为已经死掉的婴儿装进塑料袋扔进垃圾箱,虽然无法确定受害婴儿是被其生母扼杀而死还是被封入塑料袋后窒息而死,但其生母仍可被判为伤害未满 14 周岁儿童的既遂杀人罪(《法院判例》1996.239)。

(3)在混合罪过型犯罪中,构成加重条件的结果认识错误是中性的,因为对于这种认识错误来说犯罪过失的影响已经足够。

(4)由犯罪分子自己的认识错误而造成的醉酒或眩晕状态也不能算作是对犯罪分子有利的条件。如果某犯罪行为是在由犯罪分子自己造成并引起(使犯罪分子对其行为后果失去认知辨别能力的)意识障碍的醉酒或眩晕状态下完成的,则这种醉酒或眩晕状态不可用作对犯罪分子有利的事由,而对于所涉行为则可依据其客观方面判为故意或过失犯罪。

三是对行为的社会危害性的认识错误是指行为人不清楚其行为是违反法律、危害社会的。

(1)关于社会危害性的认识错误的典型情形是错误地认为存在某种社会危害性消除事由,或者对行政规范内容产生的认识错误。

如果犯罪行为是在行为人明知其行为被法律所禁止、有违道德或具有社会危害性的前提下完成的,则我们认为犯罪分子认识到了其行为的社会危害性。犯罪分子对其行为社会危害性的认识可能来源于所涉行为的违法性、违反道德性或其他不被社会赞许的性质。有时,凭借道德评判并不能证实某种行为的社会危害性,在这种情况下,只要所涉行为造成了物质性或非物质性的伤害、损害、危害或损失,就可判定其具有社会危害性。犯罪分子对其行为违法性的认识并不一定需要知道其所违反的是刑法,而只需知道其行为违反了某种法规就够了。如果这些条件任何一条都不能满足,则可认为犯罪分子的确没有认识到其行为的社会危害性。当犯罪分子所做的刑法禁止行为实质上违反的是构成法律构成要件的行政规范时,这种社会危害性评判方式尤为常见。对于带有行政特征的规定,我们通常只能期待三种人对它们有真正的了解:一是经常与法律打交道的人;二是机关人员;三是出于其他事由经常受行政条例约束的领域内活动的人。而对于其他人来说,如果只是不经意间纯属偶然地违反了平常对其来说都很难接触到的那种复杂的行政规范条款的话,有时在有充分依据时,是可以将其判为对行为社会危害性的认识错误的(《最高法院判例》II.360/2007/5)。

在因破坏环境罪而启动的刑事诉讼程序中,最高法院会根据所涉行为所违反的条款性质来判定犯罪分子对其行为社会危害性的认识错误,即犯罪分子所违反的法律禁止内容与那些众所周知或因当局宣传而易于了解的法律条款相比更难察觉和了解。有许多植物和动物品种是受保护的,有的还是受到特殊紧急保护或者国际公约的保护,与这些动植物相关,有一个内容复杂、规定繁多的列表。要想探究和了解这个长长的列表,首先需要有一定的专业知识——尤其是法律知识——作为前提,而且要去查阅和对照各种相关法律和国际法文件也不是一件简单的事,再加上这个列表也在时时发生着变化,因此对于其确切内容,一般来说都是在所涉行为发生当时去了解的(《最高法院判例》II.360/2007/5)。

由于犯罪分子对其行为社会危害性的认识错误与实时认识内容相关,所以对这种认识错误的判定也会因人而异,并且还会以时间为转移,因为有可能某条之前很少被了解到的规定后来又变成了常识性内容。与社会危害性认识错误相关的法律条款需要司法人员根据每个案件中的具体行为来评判。而在某案件中,由于犯罪分子是一名优秀猎手,并且还经常在国外参与打猎,那么他应该对与打猎(职业)相关的法律规定十分了解。考虑到这一情节,虽然该案所涉法律构成要件与前文所述情况类似,但法院最终没有接受犯罪分子对其行为社会危害性出现了认识错误这一说法(《最高法院判例》III.843/2008/5)。如果对法律内容和与之相关的行为社会危害性发生认识错误的犯罪分子是具备特殊专业知识的人员，则对其认识错误的判定需要有更多条件的支撑。

仅凭法律文件中出现的法律推理还无法判定犯罪分子对社会危害性的认识错误，因为判定认识错误的首要条件就是对犯罪分子犯罪当时认识内容的考察。因此，要引用法律文件中的内容作为判定认识错误的条件，至少需要满足一个前提条件，那就是犯罪分子有可能在行为发生前就找到某部法律，并且在考量过内容之后，又对比了其在自身领域中的生活经验，最后才做出了他自己也认为正确的行为。对于法学专业的学生来说，不同派别的法学代表针对同一生活（社会）现象有着截然不同的法律或刑法解释是学习过程中常有的事，不过这样大学生也能获得一些特殊的专业知识。法律教育最重要的内容之一就是要告诉学生，与自然科学不一法，在法律当中答案从来都不是唯一确定的，而永远都是权衡考量的结果。因此，不同人对同一现象有截然不同的处理和评判也是有可能、有先例的。例如，以客观主义为中心和以主观主义为中心——或者从行为出发和从行为人出发——作为两种不同的研究方式，伴随着刑法学研究的始终；这两种不同研究方式之间在出发点上有着明显的区别和对立，从而会对同一问题给出迥异的解答，不过在两种不同解答之间通常又会形成一种折衷的答案。因此，刑法中对一个问题的回答总是评判的结果。而对于上面提到的高期待类犯罪分子来说，就算是能够证实其在犯罪前对可接触到的法律文件作了谨慎的考察，也不能仅凭其对学科式法律回答的认识来判定其对社会危害性的认识错误。而要想对这种认识错误加以判定，还需要与可了解到的观点相统一，也就是说不能与所涉时间下的主流评判相异。而对这里提到的问题来说，要做到直接评判几乎是不可能的，因为在大家都读得到的——首先是专业人士都能读得到的——法律文献当中充斥着各种相左相斥的观点。对于法律内容的认识错误可以司法机构的判决和信息为依据加以判定，对法律内容的主流理解一般都来自公开的法院案例（《刑庭裁断》II.13/2009/5）。

还有可能会对认识错误的判定起到作用的一点是犯罪分子毕业于法律或国家政治类高校的情况，因为在这种情况下，犯罪分子就实际或应该知道与之相关的法律规定。另外，如果犯罪分子自己给自己作证的话，就不可能涉及到社会危害性认识错误，因为众所周知自己不能给自己作证，而且这也是不被允许的（《首都高级法院刑庭判例》5.1017/2004/9）。

如果被告人的职业是要求特殊专业知识的清算人，而作为证人接受审讯的清算人被法官认为是清算人组织圈内所谓"框架式融资"的实例，也无法判定社会危害性认识错误。如果犯罪分子是大学毕业并已从事清算工作数年，则不可以说自己不了解其职业实践中不可缺少的法律规定以及相关司法过程中不可缺少的法律实践。刑事法庭不可批准与刑法相冲突的实践。如果某些管理机构在一定时间、一定地点内进行了违法活动，哪怕是在国家机构知情的情况下，也不能仅仅以此为条件来使同类实践活动合法化。这一条件对于刑事案件执行权威来说，最多也就是要求其对社会危害性认识错误的审查更谨慎一些而已（《最高法院判例》II.763/2008/6）。

对社会危害性的认识来自对违法性、不道德性以及行为危害性的认识，这样的认识对低学历者同样适用。例如，偶尔借钱给亲戚、朋友或熟人对社会没有危害，也不属于违法行为；然而如果根据法院确定的构成要件来看，借钱行为频繁发生，中间产生了大笔经济利润，同时还形成了一定的组织，并且这种组织在准确的债务显示清单、债款讨回技术的形成以及分期付款的允许等过程中都有可能出现，则可判定其为违法行为。这种活动——至少在部分上——构成了被告人的生活来源。由此可以得知，被告人肯定已经认识到其行为对应于某种商业经营概念，且要想合法进行这种商业经营，就必须具备多种经营许可证，并且向税务机关报告，因而他们也就应该清楚自己的行为是违法的。此外，考虑到这种情况下每月利润都高达百分之百，那么这一投资每年就会有 4 000 倍的收益。无论是否了解与金融活动相关的法律规定，连小学文凭的被告人都应知道这种高利贷式的贷款活动是不被社会秩序允许的（《最高法院判例》III.1.161/2001/4）。

在某案例中，犯罪分子请求在警察局工作的熟人（第一被告人）为其传送与车辆注册数据相关的信息，而该警局工作者为其办事的同时也僭越了自己的职权范围，在这种情况下法院没有接受被告人关于社会危害性认识错误的声明，因为被告人出于不道德动机而选择不通过官方正规渠道办事，却找机关熟人帮忙，为的是不用交钱纳税就能获得所需信息。在需要获取信息时，避开官方正规渠道，而打电话给熟人、朋友或家属来解决，这种处理方式是不合规定的（《德布勒森高级法院判例》839/2011/10）。

在另一案件中，被告人作为一家有限责任公司的员工和所涉银行的客户被起诉挪用公款，但其行为符合当时的情境和日常习惯，所以最高法院以社会危害性认识错误的名义为其免除了罪责。这种判定是有确切依据的，银行职员认识第二被告人，且当被告人要求其将几分钟前已经完成转账的款项撤回时，该银行职员是按照官方规定的手续办理的（《最高法院判例》II.797/2007/5）。

如果某犯罪行为的可罚性是由犯罪过失引起，但所涉罪行按照法律即使是过失犯罪也须处罚，则社会危害性认识错误不能用作可罚性排除事由。

（2）法律对"法律认识错误"没有单独规定。如果被告人由于对法律不了解而误认为所涉行为对社会没有危害,那么应该在社会危害性认识错误的框架内加以判处。《柴迈吉法典》第81条规定:"对法律的不了解或者错误理解不能免除归责。"这一规定在当时就已经与刑法有了关联,并且当时也出现过被告人证实自己不了解相关不成文法或其他法律规定的情况,而如果这种不了解对案情具有关键影响,则其罪责就有可能被免除。

而如今,对刑法的认识错误已经成为无关事由。法律认识错误指的不是犯罪分子对其行为违法性的认识错误,而是对其行为法律评判的认识错误,而这一点从责任角度来看是不重要的。如果犯罪分子在犯罪时误以为其行为最多算是违法,而不是犯罪,这种认识错误作为事由来讲也是没有分量的。这种情况尤其可能出现在从违规转入刑法中的新罪名。例如,非法狩猎在以前算是违规行为,如今上升到了刑法犯罪的高度(《刑法典》第245条),但是这种变化并不影响犯罪分子对其行为社会危害性的认识,犯罪分子最多可能在对其行为的具体法律评判中出错,而这种认识错误又无法为其免除刑事责任。

如果犯罪行为的特定部分规定是由相关行政管理条例来完成的,则基于此行政管理条例运作的当局决议也可以作为社会危害性认识错误的判定基础。例如,在与偷税漏税(如今称为金融诈骗罪,《刑法典》第396条)相关的案件中,如果犯罪分子对税务法规定出现认识错误,并且税务机关的决议可以为这一认识错误提供确切依据,则犯罪分子有可能被免除罪责。与刑事责任相关的关键性事实与行政机构的决议无关,只能由刑事法庭单独决断,但是如果在所涉案件当中,二级税务机关认为在具体的税法关系之中被告人并没有纳税义务的话,这一点从被告人认识错误角度来说就具有重要性了。因为我们虽然可以期待纳税者做出合法行为,但是却不能指望其能在税务机关本身都不能作出确定决断的具体税务问题上违背自己的利益行事(《法院判例》2004.311、《最高法院主要判例》2003.931)。

说到社会危害性认识错误,则仅仅与犯罪当时的认识错误有关。如果被告人在偷税漏税(如今称为金融诈骗罪)完成之后才有了与自我审查或附加税缴纳相关的错误认识,则不管这些认识错误是事实性的还是法律理解性的,一律算是中性认识错误,与其既遂犯罪行为的责任判决无关。而就算犯罪分子在犯罪完成后,在行政程序中努力改变了其犯罪行为所导致的后果,这种情节条件在其罪过判决中仍属中性(《法院判例》2007.399)。

(3)在事实认识错误中,犯罪分子没有认识到某种事实,而在社会危害性认识错误中,犯罪分子认识到了这种事实,只是在对行为的社会影响判断中得出了错误结论。对于假想防卫的情况,司法实践中直接将其按认识错误规定进行判决。假想防卫是指行为人把对其发生的假性攻击当成了真的，或者把不是针对他的攻击当成了针对他的，并根据其假想中攻击的客观特征做了自我防卫（《刑法判例录编》4673）。事实认识错误和社会危害性认识错误是相互影响的，关键性的事实认识错误也能影响对社会危害性的认识，因为行为人在事实认识错误的基础上对行为的整体特征就有了错误的评判。正当防卫中的错误假设是关于攻击行为有没有在事实上触及所涉人员的认识，因此案件就可以事实认识错误论处，然而也有判决会把它当作社会危害性认识错误（《法院判例》1983.261）。

在一个与假想防卫相关的案件中，某入室盗窃者晚上爬进被告人的房子，在触发警报发出声音后想从窗户逃跑时被被告人捅伤致死，最后法院按假想防卫规定判处被告人无罪，原因是在当时的情境下被告人没有办法采取冷静周全的行为方式。正是由于犯罪当时被告人正处于强烈不安和极度惊慌之中，并感受到了严重的威胁，所以才错误估计了形势，对其所受到的间接威胁和攻击做出错误判断，并做出了犯罪行为，因而法院应当对其按假想防卫规定进行判处（《德布勒森高级法院判例》II.602/2006/5）。同时，这一案例也表明，除了具体当事人的认识内容以外，对于认识错误相关规定还需要根据实际法律环境进行考察，这样也就不能回避正当防卫中发生变化的规定。而且就算有了新规定，如果入室盗窃者在对人或住宅发生侵犯行为的过程中放弃了攻击动机并已经开始逃离现场的话，同样不能称之为攻击。《刑法典》第22条第（2）款中的法律推定只适合于非法攻击的情形，而不适用于已经收手逃离的早期攻击者。

然而，《刑法典》第20条第（3）款中的规定对假想防卫来说也适用。根据这一条款规定，如果假想防卫下的认识错误是由过失引起的，但法律对所涉行为的过失形式也要求处罚，则认识错误不能成为免罪事由。在这种情况下，如果所涉犯罪行为是行为人在包含法律构成要件客观方面在内的直接动机支配下完成的，则行为人同样须为其过失犯罪行为承担刑事责任。例如，本来属于故意身体伤害罪的犯罪分子在这种假想防卫式认识错误中应判为过失身体伤害罪（《刑庭裁断》III.359/2010/5、《法院判例》1997.427）。

在由疏忽大意的过失造成的犯罪行为中也无法排除社会危害性认识错误的判定，因为在这种情况下行为人能够认识到应当遵循的注意义务要求，并且也能预料到可能发生的后果，所以其对所涉行为的社会危害性也应该可以有所认识。相比之下，在由非疏忽大意的过失造成的犯罪行为中，行为人则对其行为的社会危害性没有认识，因为所涉行为既没有理智层面，也没有感情层面。至于犯罪分子是否能够预见到客观来说可以被预见和避免的后果，以及如果犯罪分子表现出对其期待的注意和谨慎,是否有可能避免其行为后果,这些问题都应该根据犯罪分子的具体情况来回答。在这种情况下,由于行为后果的客观可预见性,行为人对社会危害性的认识可能性将一直存在。

六、正当防卫

第一,关于对正当防卫这一法律制度起缘的考察,我们可以追溯到法律出现和形成的时期。这种法律制度背后的基本思想作为人类与生俱来的权利,早在最古老的法律中就已经存在了。

在罗马法中就有允许以暴制暴的原则,即法律允许以暴力对抗暴力。

根据天赋人权的理解方式,正当防卫是人与生俱来的权利。而我们的观点则是上面引述的罗马法原则的延续。西塞罗曾经说过:"法非书就而乃天生。"意思是说法律不是写出来的,而是人类与生俱来的事物。

在法国《刑法典》中是在危害人的生命和人身安全的犯罪行为范围内规定的正当防卫。在一定条件下,法律允许当事人与危害其人身安全和财产的侵害做斗争。

在英国司法实践中,通常允许针对"重罪"——即可判死刑罪(例如杀人、强奸等)——行为展开正当防卫。

斯莱迈尼奇和乌切蒂奇是"19世纪上半叶两位杰出的匈牙利刑法学家,在费尔巴哈的影响下创立了正当防卫的理论;他们两人均将正当防卫看作是一项古老的权利,人们在进入社会之后自动放弃了这一权利,但在缺少国家帮助的情况下它又会得以苏醒。"

第二,与我们的刑法传统相一致,新《刑法典》也规定,为阻止不法侵害而实施必要行为的犯罪分子——在其行为没有社会危害性的情况下——可罚性可以排除。与此同时,我们还应关注一下《基本法》的相关规定,其第2条声明:"任何人都有生命权……";而在第4条第(1)款中又声明:"任何人都有自由权和人身安全权。"

《基本法》第5条为正当防卫奠定了形式和内容基础,其规定:"任何人都有权利阻止法律认为对其人身、财产造成正在进行的损害或直接威胁的不法侵害。"正当防卫之所以能得到法律许可,是因为合法的自卫者阻止的是不法分子的侵害,即正当防卫所基于的是法与不法的对立。正当防卫的行动对社会、国家和被攻击者来说是一种帮助,因而是一种值得认可的行为。由这种正当防卫下发生的行为引起的违法情形只是看上去与构成要件相符合,而实际上则因缺少犯罪的本质要素——社会危害性——而不构成犯罪。

根据《刑法典》意旨，在阻止不法侵害过程中出现的危险性应由不法侵害者来承担，而对于被侵害的阻止者行为应合理公平地审判。立法者把这一点看作是正当防卫定义的刑事政策学出发点。为了突出正当防卫法律制度的刑事政策学目的，新《刑法典》明确规定正当防卫的作用是为了防止不法侵害对自己或他人的人身或利益造成侵害，或者为了预防未来可能发生的不法侵害行为。

第三，《刑法典》第21条对预防性正当防卫做了如下规定：**"为了阻止侵犯自己或他人的人身或利益的不法侵害行为，用非致命性自卫工具造成不法分子受伤的行为人的行为不当罚，但其不当罚的前提是在所涉情境中，自卫者已经尽了最大努力避免其所使用的自卫工具给对方造成伤害。"**

在上一部《刑法典》的修订版中，即2009年第80号法律中，对正当防卫相关规定做了内容上的修改，同时还增加了所谓的"预防性正当防卫"。这一修订于2009年8月20日正式生效。新《刑法典》还超越了旧《刑法典》中"更新"的内容。正如我们在新《刑法典》第21条中所看到的那样，如果正当防卫所阻止的是在未来可能会对自卫者自身或他人的人身或利益造成损害的不法侵害，则称为预防性正当防卫，可作为免罪事由排除所涉行为的当罚性。

在预防性正当防卫中，只能使用对可能会对（自己或他人的）人身和/或利益造成损害的不法侵害起到必要预防作用的自卫工具（如捕狼坑、捕熊陷阱、经过训练的看家动物等）。为使正当防卫的刑事政策学目的得以实现，这种新定义的、预先进行的预防性正当防卫的"关键"在于，未来可能发生的犯罪危险后果由将要进行侵害行为的不法分子来承担。为了预防可能将要发生的对自卫者或他人的人身或利益造成损害的不法侵害的发生——在自卫者保证避免过度防卫的前提下——可以使用相应的自卫工具。

需要承认的一点是，不法侵害者身上承受的危险实际上是已知的。不过在这里我们同意立法者所表达的观点（即《刑法典》的意旨），即未来犯罪危险后果不仅是由将要进行侵害行为的不法分子来承担的。一方面，自卫者只要不是预言家，就不能确定谁会成为不法侵害者，而最多只能对其进行假设；另一方面，考虑到前面的内容和严格的保证规则，我们可以推测，合法自卫者也会承受一部分危险，且轻重亦是未知。至于在预防性正当防卫中可以使用的工具，仅仅参考《刑法典》中规定的准则就已经足够了。《刑法典》中规定预防性正当防卫者只能使用符合以下准则的自卫工具：

a) 不会造成生命危险，

b) 能给不法侵害者造成伤害，

c）自卫者需在所涉情境中尽到其能达到的最大努力来确保其所使用的自卫工具不会造成伤害。

注解1：这是一条客观硬性准则。使用预防自卫工具进行正当防卫的人面临着巨大的危险因素，因为生存和死亡没有公分母。当然，我们可以找到大量不会造成伤亡的自卫工具（如结实的门、横杠、栅栏等），但法律在这里只允许"仅可以"造成伤害的预防自卫工具。当然对于一个偷西红柿的7岁小孩和一个体重120公斤的锅炉工人来说，能够将其致死的工具肯定是有区别的；而如果自卫者是用电流作防卫工具的话，对于一名电工和一名带着心脏起搏器的邮递员而言，其致死性又是不同的。在这条规定还没诞生——或者说还被禁止——之前，在此类案件中有时也会组织司法精神病专家对工具使用者进行审察。而如今，在这条规定被有条件允许的时期内，可以想见，有时仍然需要这种审察。

注解2：这也是一条客观硬性准则。通过概率计算可以证明，根据大数定律，正当防卫的工具——与不法侵害者相比——更有可能会对无辜的人造成伤害。这一危险因素也应由预防自卫工具的使用者来承担。

注解3：这条准则属于司法衡量范畴。这里所涉及的可期待水平是因人而异的，而且呈现大幅度的分散分布。有可能正是因为这一水平的低门槛值才使得犯罪分子能够逃脱刑事责任的追究。例如，在某案例中，有一个住在偏僻的野外环境中的75周岁老人利用本来不危险的工具来进行自卫，老人由于行为大幅受限而没有来得及帮助"闯入者"，导致闯入者没有注意到墙上的危险警示牌，由于自己不慎而被门前埋进地里、露出地面以上15厘米高、水平宽1米的铁条绊倒了，然后就摔进了入口门玻璃里面，割断了大腿动脉，在5分钟内流血而死。对于闯入者的呼救，几乎无法移动而只能慢慢向门处踉跄挪动的老人没有办法及时作出反应。而事实上，地上那个铁条无论是幼儿园小朋友还是这个75周岁的老人都能轻易地迈过去，尽管老人可能动作会慢一些。

在一定时期内，与预防性正当防卫相关的法令也会具有一定的重要性和必要性。而在那之前，如果自卫者为了避免伤害而做的——与其可期待水平相当的——保护措施（如危险警示标记等）也未能避免伤亡的后果，则犯罪分子将有可能会被判处疏忽大意的过失罪。

第四，《刑法典》第22条第(1)款中对正当防卫做了如下规定：**"为了阻止不法侵害对自己或他人的人身和利益或者对公共利益造成的正在进行的损害或直接威胁而采取的必要行为不当罚。"**

关于对正当防卫的理解，我们需要考察以下几个问题：

——什么是不法侵害？

——什么时候阻止不法侵害的必要（自卫）行为是合法的？

——判定"防卫过当"的条件有哪些？

一是根据对不法侵害的理解，我们可以断定，正当防卫制度所能阻止的仅仅是由人发起的侵害行为。

法律文献和法律实践一致认为，就其内容来说，不法侵害只能通过人的主动行为来实现。而对于由于动物侵害、自然力影响或者人的过失而形成的危险处境，应当看作紧急状况来评判。

有些文献中说正当防卫也可能由过失形成。对于这种观点我们并不赞同。其理由很简单，过失行为并不等同于被动行为。如果某人什么也不做——即采取被动行为——那么认为其在刑法概念中也可能出现过失的观点就是错的（详情参见过失分析部分内容）。在过失引发正当防卫情形的可能性问题上，常常被引用的是法院判例（《最高法院判例》III.1970/1996）。简略的主要构成要件是：到 1994 年 12 月 9 日为止，第一被告人和第二被告人被 5 名俄罗斯人囚禁于室内，并且他们的手都被反绑在一起。是日，5 名俄罗斯人中的 4 人都离开了该处住宅，只留下 B.V. 在房子里看着被绑在一起的被告人。B.V. 手中有武器，正在看电视，这时被绑在一起的被告人征得 B.V. 准许之后去上厕所，第一被告人在厕所里成功松开了绑上他身上的绳子，把手抽了出来。随后，两名被告人攻击了 B.V.（殴打其头部，并捅了他数下），并逃离了住宅。结果 B.V. 死亡。经检验，其死是因为剧烈的带有撕裂特征的头部皮肤损伤、由肺部损伤引起的内部出血以及创伤性休克。高级法院判处两名被告人杀人罪，但最高法院又以正当防卫的名义宣布无罪。对法院的无罪宣判我们持赞成态度；然而同时也认为，作出无罪宣判的法院委员会其实是出于错误的理由作了正确的判决。

法院的判决理由简单来说就是：法院在判断某一案情是否属于正当防卫时，首先应该搞清楚的一点是，在被告人发动自卫行动的过程中，是否真实存在法律制定者所规定的不法侵害；而需注意的是，根据构成要件来看，由于当被告人开始其行动时，看守他们的俄罗斯人 B.V. 正在看电视，故 B.V. 的行为属于被动行为。根据审判实践经验，只有面对主动发起的攻击或暴力行为时才能有正当防卫的提法。［到此为止我还持赞成态度——B.B.（译者注：可能为本章作者之一贝拉·布劳什克的姓名首字母缩写）］不过，让我们继续看接下来的判决理由：因此对于不法侵害的概念需要做进一步的理解。关于这一点，法院决定，应该把不法侵害的概念放在一种更加宽泛的范围内来理解，同时还不能忽略最高法院第 15 号指导原则的要求，即只有在对案件所涉全部事件经过及行为系列加以综合考察的基础上才能断定在所涉行为发生当时是否存在正当防卫的情形。因为如果被害人（一个或多个）的被动行为目的是维持某种不法状态，且导致这种状态的行为本身就是犯罪的话，也就是说受害人的被动行为本质上是为了延续其已经犯下的罪行的话，就算被害人在其行为阻止的时刻并没有发起主动攻击，也照样构成不法侵害。因此，为了改变由犯罪行为所造成的状态而采取的行动不被看成是违法行为。这种行动之所以不违法，是因为被害人所发起的违法性暴力还在持续，而这种暴力的延续不仅体现在被害人的被动行为之中，还体现在法律对象身处的持续危险处境里。在考虑到所有这些方面的基础上，法院判定被告人在犯罪当时面临着直接威胁性不法侵害，且除了采取自卫行动之外没有别的办法可以将其阻止，而这种不法侵害则正是看守他们的 5 个俄罗斯人所犯罪行的后果。

正如笔者之前所提到的，对于这一判决理由笔者只是部分赞成，不过可以肯定，在这段得以公布的判决理由全文当中没有一处出现"过失"一词（也没有其变形）。法院从头到尾都——非常明确地——只是在讲"被动行为"，而非"过失"，而这一情况也非偶然。简言之，从这段得以公布的判决理由来看，笔者可以明确的一点是，作出这一判决的专家团最起码也清楚——且其理解方式与引述这段判决的人不同——刑法的基本法理规则就是：被动行为不等于过失。或者说，他们清楚刑法意义上的过失并不等同于单纯的"什么也不做"，即被动化。我们在之前的章节里也曾解释过，过失的内容大于被动行为是刑法学和审判实践中流传已久的一种主流观点，在此不再赘述。刑法意义上的过失是指行为人对可能行为（本体元素）采取的与违背义务（规范元素）的不作为。笔者在讨论过失时指出了从规范角度来看，构成过失的义务违背可能有哪些，而令笔者无法理解的是参与绑架的死者 B.V. 所具备的到底是这些义务中的哪一条。显然，5 个绑架犯没有任何构成过失的义务让他们可以被任意杀害。所以，B.V.的行为——尽管毫无疑问造成了违法状态（在这里我们先不提绑架的构成要件）——在刑法意义上不属于过失，而只是被动行为，因为他没有义务一定要消除这种违法状态（"最多"是有刑事责任）。

笔者认为，这一判决的问题在于，其在对最高法院第 15 号指导原则的引用之下，把"不法侵害的概念"放在了一种"更加宽泛的范围内来理解"。而按照这种方式理解的话，过失就也可以"被解释为"单纯的不作为了。而法院做这一切的目的都是为了对两名被告人作无罪宣判。我们看不出来也无从得知作出这一判决的人是否考虑过换一种方式来看待 B.V. 的行为，或许这并不是"什么也不做"型的不法侵害，而是以不法侵害对所涉情境造成直接威胁的情况。对于

（正在进行的）侵害行为而言，不存在像"什么也不做"这么宽泛的理解（但可以理解为"看电视"）。而法院也没有必要用不法侵害的说法将直接威胁的范畴加以"暴力化"处理。所以，如果真的是想以一种更加宽泛的方式来理解的话，或许直接威胁的范畴会比被动侵害的提法更加现实，当然也更加符合法理。而在那种形成之后又因 B.V. 的参与而得以存续的不法情形中，要是两个被绑架的人都是笨手笨脚的，并且 B.V. 也意识到了他们两人想干什么的话，又可能会是什么原因使得已经"准备就绪"且刚好什么也没在做的 B.V. 用手中的武器真的对俘虏发动"攻击"呢？事实上，在 B.V. 在场所造就的情景中，其中被绑架的两人可以——而且有权——脱离其人身所受的直接威胁。而在不法侵害的后果是直接威胁的情况下，或许就可以说"被动行为"了（当然这时仍然与过失无关）。

同时，关于过失引起不法侵害的可能性——即"过失侵害"的可能性——许多学者都引述了以下案例：一个妈妈长期对自己的婴儿不管不顾（过失），在这种情况下，有人以暴力或威胁的方式强迫她照顾孩子。笔者认为在这个案例以及与之相似的其他"过失性"案例中，在明确正当防卫"法与不法的对立"模式的前提下，如果按照广义的理解把"不法侵害"看作是"过失侵害"的话，就没有必要找出那个引发正当防卫行为的人。在上述妈妈的案例中，毫无疑问出现了刑法意义上的过失（而不仅仅是纯被动行为）。而从法律中可以得知，这种过失恰恰就是触发不法侵害前序情境的原因。这一前序情境由于在时间上直接先于不法侵害，并已经出现了不法侵害的威胁，所以在这种情境下允许正当防卫的发生。正是这一情境的出现为针对上述案例中的妈妈发生的——正当防卫性——事件提供了依据。具体来说，正是由于妈妈对婴儿生命、人身安全和健康的不管不顾将其置于直接危险当中，才使得旁人的干涉有了正当理由。这一因果过程所涉及的情境是由过失造成的，对于这一点毋庸置疑。然而，笔者认为其中为正当防卫情形奠定基础的直接威胁性情境不能看作是"过失性"不法侵害，因为过失无法导致侵害。

正当防卫的情境只有在刑法意义上的不法侵害下才能形成。而在此范围内，只有那些能满足犯罪法律构成要件的侵害（如身体伤害）才可判为不法侵害。而刑法意义上的不法性下也有例外，那就是侵害构成违规、并且所涉行为同时也有犯罪（如盗窃，参阅《刑法典》第 370 条）和违规[如侵犯所有权的违规，参阅 2012 年第 2 号法律第 177 条第（1）款 a 点]形式的情形。在这种情况下，违规行为也可以生成正当防卫情境。

"不法性"作为一个客观范畴，既不要求侵害者有罪过，也不要求其有归责能力，并且与其个人价值体系无关。因而小孩和精神病人的行为也可能构成

"不法侵害"，并为正当防卫提供依据，不过其行为在法律允许的情况下则不具有违法性。

在《刑法典》中列举了一系列价值和利益，违反了它们就等于触发了正当防卫情境，其中包括：

——自己的人身和利益，

——他人的人身和利益，

——公共利益。

不法侵害可能针对人的生命、人身安全、健康、人身自由、性自由（性自主权）等方面和利益发生。针对上述法律对象的不法侵害须"正在进行"，或者对其构成直接威胁。

侵害人的名誉的言语性和非物质性罪行不能为受害人引发正当防卫情境。而判决实践在这方面持一致态度，即诽谤性言语不能为被诽谤者造就正当防卫的情境，即使所涉诽谤对其造成了"道德性"伤害。而诽谤性言语的使用既不能构成对生命、人身安全或财产的正在进行的不法侵害，也不存在对这些法律对象的侵害性威胁（《最高法院主要判例》1999.85.）。反过来说，如果某人受到了诽谤性言语的侵害，则可以参照正当防卫情境并根据其规则进行自卫。

如今，正当防卫的目标也可以是保护绝对财产权（即所有权和占有权）以及这些权利所涉及的对象和财产。这与《公民法》的规定是一致的，即通过所有权自治的方式可以避免一切有碍于所有权行使的违法性影响，而且通过占有权自治的方式也能阻止针对占有权的不法侵害。不过在这种情况下正当防卫情境下的行为人依然需要遵守比例原则。

因而，立法者认为针对公共利益的不法侵害也能引发正当防卫情境。公共利益包括公共秩序和公共安全的保护、国家行政和管理事务的有序运作以及公共财产性的利益。因为按照《刑法典》的规定，人们不仅在不法侵害正在损害自己的人身或利益或为其本人带来直接威胁的情况下有防卫权，而且在他人的人身或利益受到不法侵害的正在进行的损害或者直接威胁的情况下也有防卫权，所以我们可以说，正当防卫权是正当自卫。

刚刚我们已经看到，诽谤等名誉损害不能为被害人制造正当防卫情境。在匈牙利国内的法律文献中——尤其是最近几年——越来越多地出现了一些担忧和考虑，认为目前在政治意见表述过程中常常会出现对公共名誉和专制特征的利用或毁损，而针对这些现象立法者也应该采取一定的措施，如在法律中添加新的构成要件等。针对大规模人群（即群体）的言语毁谤在多大程度上能被看作是对公共或公众利益的不法侵害（或者不构成不法侵害），而这种言语毁谤行为又可不可以为站出来反抗的人制造出正当防卫情境（或者不能）。对于这些问题的回答需要法律实践的支持。

《刑法典》在判断给定生活场景是否属于正当防卫情境时作为一般性准则推导出两条要求，其中涉及的行为均带有不法性特征：

——出现在外界主动行为过程中并在法律中表述为"侵害"的行为。其特殊标准是"正在进行"。

——在形成过程中存在侵害威胁直接性的情境。其特殊特征是造成这种情境的行为（包括作为和不作为）与直接侵害威胁性情境的形成之间存在因果关系。

说一种侵害"正在进行"，是指它已经在"延续"，即处于已经开始的过程中。以不法侵害构成"直接威胁"的行为不是侵害，而是指侵害的开始没有阻碍，即应当阻止侵害的马上开始。因此这种行为也可以是不作为。法律不要求被侵害者等到侵害真正开始（如侵害第一击）后才开始行动，但前提条件是其所面临的威胁必须是直接的。

笔者想提醒大家注意一种可能会从法律规定中误读出错误结论，即"直接威胁性不法侵害"是指侵害的特征。事实上，侵害的特征是"不法性"和"正在进行"。侵害不可能是"直接威胁性"的。

尽管从犯罪分子的行为中可能可以推断出其将要进行侵害，然而这种行为本身——如笔者上面所言——还不是侵害；因此，这种行为也可以通过不作为来实现。立法者用"直接威胁性"所强调的实际上是一种特定的场景，在这种场景中已经存在侵害的威胁，但侵害不可能已经形成。"直接威胁性"所说的恰恰是侵害尚"无"或尚未进行，但已经出现的情境可能会导致侵害的立即发生。

如果某人错误地认为别人想对自己发起侵害，则其所处情境为假想防卫情境。在这种情况下，应该对其适用的不是正当防卫规定，而是社会威胁性认识错误的相关规定[《刑法典》第 20 条第（2）、（3）款]。正当防卫和假想防卫的一致性在于其行为人想努力达到的目的都是合法的，然而前一种情形是有客观条件为基础的，后一种情形则没有。在后一种情形中，行为人基于对已经形成的情境的误解而以为自己的行为是合法的。假想防卫中的认识错误一方面可能出现在对正当防卫前提条件的错误判定中（如犯罪分子以为被害人的行动是侵害或直接侵害威胁，但其实并不是）；另一方面可能出现在对阻止侵害或直接侵害威胁所需行动强度的错误判断中，这种错误判断的原因可能是行为人错误估计了侵害的特征、强度或危害性。而如果侵害者和被侵害者都处于不法性的处境之中——如互殴的情况——则任何一方都不能声称其为正当防卫。但是当互殴双方其中一方因第三方的介入和攻击而陷入了不利境地时,其行为也可以判为正当防卫。也就是说,如果在互殴过程中,互殴双方的力量对比因为其中一方——没有预兆地——有其他侵害者的加入而发生了变化,则因此而陷于劣势的一方就有了被判为正当防卫的可能性(《最高法院刑事判例》III.644/2007)。

受挑衅激发的侵害不能制造出正当防卫情境来。侵害者也没有被剥夺自卫的权利。判决实践一致表明,言语诽谤并不能剥夺当事人在生命或人身安全受到暴力侵害时——在必要范围内——展开合法自卫的权利(《刑法》第4章416/1983)。

二是阻止不法侵害所需要的(自卫)行为什么时候是合法的?

笔者认为,(阻止不法侵害的)自卫行为在以下情况下是合法的:

——有必要,

——成比例。

《刑法典》第22条中并没有使用"成比例"的表述,但其序言中却——正确地——指出:"匈牙利刑法对防卫行为有两点强制性要求:一是必要性;二是成比例。"

在继续讨论之前,必须先指出一个事实,即在《刑法典》制定时,"成比例"该不该作为正当防卫情境的条件之一出现在法律当中曾经是一个备受争议的问题。最终,"成比例"没有能够进入我们所讨论的这部法律当中。由此,我们可以认为匈牙利刑法中对成比例的条件没有必然要求。毫无疑问,目前在司法实践当中时常会审查比例性问题,但这一做法并不是参照刑法条文规定而来的。根据我们刚刚提到的这种观点,成比例很明显可以包含在必要性当中,然而这是一个自由裁量性问题。

注解1:根据《刑法典》规定,防卫行为如果对于阻止具体侵害而言是必要的,那么它就是合法的。而必要性的意思首先一点就是所涉侵害只能以形式上构成犯罪(符合法律条款)的行为来阻止。对于成功阻止侵害所需行为的必要性应根据侵害性质、程度和对所涉情境的衡量来判断。对于正当防卫必要性的判定不能仅限于对侵害者和防卫者所持工具危害性的机械审查,而是应该在对具体危险境况、双方人员的能力、侵害者和防卫者的人数比例和体力优势以及与这些因素相适应的侵害与防卫的可能性的综合考量基础之上加以判定。

与防卫行为的必要性判定相关的还有逃离要求(或逃避义务)的问题。在面临不法侵害时通常允许与之对抗,这是在司法实践中许久未被打破的一个规定。

在 2009 年第 80 号法律，即旧《刑法典》2009 年修订版中，又对这种规定做了一点"强化"，即对逃避义务的取消。所谓逃避义务，是指自卫者在阻止不法侵害时，有义务选择在刑法上属于中性的阻止方式；这种义务从前也只是以例外的形式存在［参阅《刑法典》第 22 条第（4）款"被侵害者不是必须逃避不法侵害"部分规定］。

注解 2：《刑法典》没有规定成比例的条件。这一条件的内容是在司法实践中形成的。"在比例性问题上，法院会在必要性的法律概念框架内，根据对案情细节的具体了解，对每个案件予以单独考察。"（《刑法典》序言）成比例的意思是说防卫行为对侵害者造成的伤害不能大大超过不法侵害本来可能给被侵害者造成的伤害。在不法侵害对被侵害人生命构成直接危害或威胁时——依据受保护法律对象的平等性——则不必考量比例性问题。但当不法侵害针对的是人身安全时，情况则又有不同，这时防卫行为应该与不法侵害成比例；而如果在阻止致命身体伤害性不法侵害的过程中造成了侵害者的死亡，也并不算违反了成比例要求。

在比例性考察的过程中需要重点考虑以下几点：

——遭受侵害的社会关系的性质（对生命、性道德、财产等的侵害）；

——被侵害者与侵害者的力量悬殊；

——侵害者所使用的工具和使用方式。

这种比较是非常困难的，因为一方受到的是确定程度的伤害，而另一方则只有预期伤害。而在判定预期伤害时，如果根据日常生活经验将不法侵害可能造成的最大危害考虑在内的话，就能与正当防卫的社会功能相符合了。

受到不法侵害的人在自卫过程中应从可以阻止侵害的可能办法中选择最轻缓的一种，在多种适用工具和方式之间则应——与需要相适应——选择能侵害者可能造成伤害最小的一种。

此外，侵害者与防卫者之间的身体和年龄差距也是在正当防卫范围内应当考察的对象。例如，在某案例中，喝醉酒的被害人非法闯入了被告人的度假屋，被害人年龄比被告人小许多，且具有身体优势。被害人使用铁叉子强迫被告人到楼上的房间里去。被告人虽然一开始对被害人的威胁并没有当真，但此时已经确定了被害人真的可能做出威胁中的事来，于是就被迫上了楼。在楼上的房间里，被害人向被告人要钱，并再次威胁要杀死被告人，随后就开始打被告人耳光，并且边打边出言威胁，这一切都使被告人感觉已经到了最坏的地步，于是被告人拿出匕首捅了被害人一刀。但这一刀让被害人更加具有攻击性了，他一下子掐住了被告人的脖子。这一举动已经构成危害生命的不法侵害了，因为如此大力地掐脖子有可能会导致反射性心脏抑制死亡。这时,被告人又捅了被害人的脖子两刀,导致其当场死亡。众所周知,掐住脖子可能会对被掐者造成生命危险,被告人也感觉到了这一点,于是他作为最后的解决办法捅了正在对他进行不法侵害的被害人两刀。法院在审判此案时认为,被告人的防卫行为是必要且成比例的。在大多数情况下,对人体的伤害——与侵害者意图无关——本身就暗含着死亡、生命危险、终生残疾等危害,而本案例中的掐脖子举动也有可能会导致死亡。而且其中危险的性质与(被侵害者所不知道的)侵害者意图无关,只有从外界现象中才能得知。因为被告人的杀人行为是为了阻止在客观上带有死亡威胁的不法侵害,所以属于成比例的正当防卫。不过,成比例并不意味着完全一致,而且被侵害者也不必等到侵害完全开始并已明显可以确定侵害者意图是危害人身安全还是危害生命之后再根据情况选择防卫方式,因为如果是那样的话可能就没有自卫的可能性了。与以前相比,现在的判决实践对正当防卫行为的必要性接受度更加宽泛了,并且缩小了防卫过当的判定范围。这一形势的出现是时代的要求。因为在当今时代,出现了越来越多袭击老年人、独居者以及自卫受限者的事件,也出现了越来越多侵害人身和利益的事件,而且这些事件还呈现出非但谋财而且害命的趋势。在这种情况下,正当防卫情境作为可罚性排除事由的适用范围也变得更加广泛了。此外,在对正当防卫的必要性和比例性加以判定时,法院优先采取的角度也不是立于不法之地的侵害者的立场,而是被侵害者的立场,而正当防卫行为所引起的危险和后果也应一并由侵害者承担。考虑到所有这些方面,法院对本案例中根据《刑法典》第166条第(1)款规定犯下杀人罪的被告人以《刑法典》第29条第(1)款中所规定的正当防卫名义为免罪事由排除了其可罚性(佩斯州法院5.B.673/1994)。

在团伙性的带有"私刑"特征的不法侵害中,侵害者与防卫者相比的数量优势会导致其在力量上也超过防卫者,这时双方的数量差异就变成了性质差异,因而防卫者也就不需要做任何情势估量了。例如,在某一案件中,一个约有10人的持械团伙对两人发动侵害,这时被侵害的两人无论用什么工具都可以合法自卫,而根本不会出现比例性或必要性的问题(《法律主席委员会》590/1969)。

三是"防卫过当"的判定条件。

在这个范围内,应该提到的是防卫行为尺度过当的情况。如果侵害行为和防卫行为在强度或所引起的伤害程度上存在明显的比例失调,则为防卫过当。正当防卫判定标准中的比例性规定并不像"天平"那样严格精确,不是说唱歌给侵害者造成了比其侵害行为的客观威胁程度更甚的伤害就要受罚。因此,如果某侵害行为会对被侵害者造成严重身体伤害,那么在正当防卫过程中就算给侵害者造成终生残疾[《刑法典》第 164 条第(6)款 d 点]也不为过当。

如果自卫者对侵害者造成的伤害比阻止侵害行为所必需和足够的程度严重,并且多出的伤害明显是不成比例的,则构成防卫过当,《刑法典》第 22 条第(3)款中规定的情形除外。对正当防卫行为的判定应先于对盛怒之下杀人罪责的判定。如果处于正当防卫情境中的行为人在可以谅解的盛怒中超过了阻止侵害所需尺度,做出了符合构成要件的杀人行为,那么对其行为应根据《刑法典》第 160 条(杀人罪)进行判处,对其刑事责任则应参照《刑法典》第 22 条第(3)款规定加以判定;而如果行为人在由不法侵害导致的可以谅解的盛怒之下,在正当防卫情境结束之后才做出了符合构成要件的杀人行为,则应根据《刑法典》第 161 条(盛怒之下杀人罪)对其行为加以判处。如果防卫者对暴力诽谤威胁性侵害用足以造成致命伤害的暴行来阻止,则构成防卫过当。有时在扭打或争吵的激烈情绪中,被侵害者并不总是能够弄清楚其所遭受的侵害行为有多严重、有多强烈,以及什么时候结束的。立法者也注意到自卫者的这种特殊心理状态,并在《刑法典》第 22 条第(3)款中对由特殊心理状态(即震惊或可以谅解的盛怒)造成的防卫过当作了相关规定。

震惊或可以谅解的盛怒也分不同等级,因而其对认知辨别能力的影响也会有所不同。如果被侵害者在震惊或可以谅解的盛怒之下对阻止侵害所需行为尺度的比例性要求失去了认知辨别能力,并由此造成了防卫过当,则可排除其可罚性[《刑法典》第 22 条第(3)款]。可见,立法者在这种情况下打破了与防卫尺度(自卫比例性)相关的规定。只要在《刑法典》第 21 条中所规定的正当防卫情境中的防卫者能够通过"阻止侵害所需要的"行为——即成比例地——展开自卫,那么在我们这里所说的情况下,防卫者的震惊或可以谅解的盛怒——在自卫行为与不法侵害不成比例的情况下——就可以为其排除可罚性。例如,在某案例中,体重 38 千克、曾做过多次手术的女性被告人,在丈夫的不断殴打之下,用刀捅死了他。从法院所做的无罪宣判来看,被告人正是因为没有能力考量阻止不法侵害所需的防卫尺度,才对被害人造成了致命伤害。在正当防卫范围内,对于震惊或可以谅解的盛怒情绪及其对被告人的影响的判定不是医学问题,而是法学问题。考虑到其特征,我们可以断定震惊或可以谅解的盛怒情绪作为主观性免罪事由,与其对归责能力的实际影响无关,在任何情况下都可排除防卫者的可罚性。

可以作为规定加以确定的一点是,只要不法侵害还存在,正当防卫情境就不会结束。正当防卫框架内的时间过当并不能为《刑法典》第 21 条的适用提供依据。因此,也就根本不会出现检查防卫行为比例性的问题。正当防卫在下列情况下也会发生时间过当问题：

——防卫行为"过早"开始或者违反了上述规定；

——防卫行为在超出阻止不法侵害所需时间之后继续进行。

如果正当防卫发生时可以通过因果关系（以不法侵害的形式）引发直接威胁性情境的行为（错误或过失）还未出现，则可判定其为时间过当。另外，如果早些时候真的存在过正当防卫情境，但是在不法侵害或以不法侵害构成的直接威胁已经结束之后，防卫者仍然在之前的不法侵害影响下（比如因为受情绪影响）继续行动的话，也可判定其为时间过当。与防卫过当相关的条款［《刑法典》第22条第（3）款］只与正当防卫情境下发生的活动相关，却无关时间过当的问题，因为——正如笔者之前指出的那样——在时间过当问题出现时，正当防卫情境已经结束了。如果被侵害者由于没能意识到正当防卫情境的结果，而在假想防卫情境下继续作为的话，那么在这种情况下就应适用与认识错误［《刑法典》第20条第（2）、（3）款］相关的规定了。如果被侵害者在危害其身体安全的行为结束以后，又出于报复而对之前伤害他的人施以暴行，只要侵害者已经彻底放弃了侵害行为，就不能再算作是正当防卫情境了。例如，如果之前的被害人又出于报复而追赶之前的侵害者，或者对已经失去战斗力的侵害者施以暴行，那么该前被害人的行为就应被判为独立的不法侵害。

在正当防卫情境存在与结束的问题上，最高法院根据多条原则在具体案件中作出相应决断，例如：

——"如果被侵害方为了阻止预期之内将会继续发生的不法侵害而拿起工具继续行动，则不算时间过当，因为在这种情况下正当防卫情境并未结束，而被侵害方的继续自卫也不会进入不法之地。"（最高司法法庭1.758/1975）

——"如果不法侵害者决定放弃对侵害行为的继续进行，则只有当其在客观上也明显已经放弃了侵害举动时，才能真正终止正当防卫情境。"（最高法院主席委员会刑法759/1978）

——"拿走侵害工具并不会停止正当防卫情境。"（最高司法法庭II.1061/1975）

四是关于正当防卫范围内的问题。

这是在《刑法典》第22条第（1）款中新作的规定。内容如下：**"如果不法侵害人**

a) aa）在夜间，

    ab）持有武器地，

    ac）有武装准备地，或者

    ad）以团伙形式

对被侵害人施以不法侵害,

  b) ba) 在夜间,

   bb) 持有武器地,

   bc) 有武装准备地,或者

   bd) 以团伙形式

  非法闯入住宅,或者

  c) 武装闯入住宅周围用围墙圈起的区域内

  的话,则可看作其意在杀害自卫者。"

《刑法典》"为了更有效率地打击严重暴力犯罪行为,拓宽了正当防卫情境的范围;如果不法侵害发生的方式让被侵害者可以依法假定所涉侵害具有致命性,那么此时不法侵害的条件特征就为防卫过当创造了可能性,在这种情况下法律为自卫者提供保护。在此类情况下,法院不必检查防卫必要尺度的问题。法律规定,在公共区域遭夜袭或武装袭击的人有理由认为不法侵害会使其丧命,并作出相应的自卫方式选择。这种不法侵害致命性的假定也可以基于侵害者的人数优势来作出。"(《刑法典》序言)

在此处讨论的条款中,立法者也为自卫者提供了法律保护。据规定,如果不法侵害人 a)aa)在夜间,ab)持有武器地对被侵害人发起不法侵害,则应认为所涉不法侵害意在杀害自卫者[参阅《刑法典》第 22 条第(2)款]。

针对自然人生命、身体安全、健康以及基础权利发起的所有侵害都应判为危害人身的不法侵害,其中也包括损害名声、荣誉的多阶段性言语侵害。

对于这类情况不需要审查防卫行为的必要性。然而为了完整性,还应对扩充的正当防卫条件加以考量。

七、紧急避险

《刑法典》第 23 条　(1)为了从直接的、用其他方式无法阻止的危险中拯救自己或他人的人身或利益,或者为了保护公共利益而做出相关行为的人,在其行为不会造成比其努力阻止的危害更严重的伤害的前提下不当罚;(2)造成了比其努力阻止的危害更严重的伤害的人,如果其行为是在震惊或可以谅解的盛怒情绪下因无法辨识伤害程度而做出的,则不当罚;(3)如果某人所处的危险情境是可归因于其自身的,或者承担危险是其职责义务,则不能判定其处境为紧急状况。

与正当防卫类似,紧急避险也能消除行为的社会危害性。紧急避险下的救援者即使做出了在其他情况下可判为犯罪的行为并引发了伤害,也可被判无罪。然而,与正当防卫不同的是,紧急避险并非由不法的、主动的人类行为所引起,而是由无法归因于阻止危害者的危险情形(如自然灾害)所引发。然而不能排除的是,紧急避险下的行为人也有可能从别人制造的危险(如火灾)中逃离。这后一种情形就与正当防卫有所不同了,因为在正当防卫中——除预防性正当防卫外——自卫者总是直接面对着不法侵害者。

能够引起紧急避险的危险来源一般包括自然事件(如地震、火灾等)和动物袭击,但也可能会是无辜人员行为、不法人员侵害(假设侵害者已经不在现场)以及违法性过失。这种危险只能是"实质性"的。而对于行为人因错误假定危险而做出的行为,则应根据社会危害性认识错误相关规定[《刑法典》第 20 条第(2)、(3)款]加以判处。

那些在《刑法典》中关于正当防卫的规定里反映出的刑事政策学概念,同样存在于关于紧急避险的刑法规定中。在紧急避险中,有两种受法律保护的利益发生冲突,且只有通过损害其中一种利益才能保护另一种利益。处于紧急状况之中的当事人所要阻止的要么是由非人类行为在因果关系中引起的危险,要么是由他人制造出现的危险。在紧急状况下(或面对过失罪过性行为时)任何人都有阻止危险的权利。(《刑法典》序言)

这种危险境地还必须是"直接的"。这种直接性的意思是,所涉危险在短时间内或立即就会引发伤害。此外,这种危险境地还有另一准则,即"用其他方式无法阻止"。也就是说,只有通过符合《刑法典》中某一法律构成要件的行为才能终止危险。在危险引发时其阻止者应该是"无辜的",无论危险是由于故意还是过失所致均非其责任。例如,在某案例中,当事人的家属出了事故,身受重伤,需要马上手术,当事人在没有别的办法的情况下只得在喝过酒的状态下开车送其去医院抢救,最终法院以紧急避险为由宣判其无罪(久尔-摩松-索普隆州法院刑事法庭 667/1992)。在另一案例中,一辆车在铁路护栏放下的瞬间,违反交通规则地闯入并被拦在了铁路交叉道口上,被告人为了避免事故只能冲破栏杆逃出岔道。法院对其同样以紧急避险为由宣判无罪。不过,对于出于自残目的而将自己置于危险境地之中的人则不能判为紧急避险(《刑法判例录编》8526)。

紧急避险的判定并不要求与身处紧急状况中的当事人对立的人(如遇到麻烦或蒙受损失的人)也是无辜的。根据一直以来的判决实践,在由他人引发的突发性危险情境中,即使试图阻止危险的人未能选择最幸运的方式,也不能判处其为有罪(《刑法判例录编》4118)。

对于从危险中挽救利益的必要性和比例性来看,可挽救的对象与正当防卫中规定的可防卫对象具有一致性,即:

——自己,或

——他人(一人或多人)的人身、利益或者,

——公共利益。

在《刑法典》第 21 条第(1)款中没有包含"他人(多人)的人身"。对此,我们不知道为什么? 所以在此,我们也将关系到其他多人的情况考虑在内。

如同正当防卫的情况一样,在紧急状况下的避险行为也只有在有必要和成比例的情况下才能免罚。所谓必要性,在《刑法典》中是以"用其他方式无法阻止"的表述来规定的,这一点我们之前已经讲过。这也就意味着,如果所涉危险用不触及法律构成要件的行为也能阻止的话,就应当选择这样的方式来阻止。自卫者的行为也只能造成阻止侵害所需程度的伤害。立法者认为,在紧急状况下所做行为只有当其所造成的伤害程度超过所涉危险情境本来可以造成的伤害程度时,才具有社会危害性。

与比例性判定相关的刑事政策学变化在这一范围内也可看作是规范模式的变化。《刑法典》序言中提到:如果解除危险所采取的行动造成的伤害规模小于或等同于所涉危险威胁的伤害规模,则解除危险的行为不具有社会危害性;而如果在解除危险过程中放出和牺牲的法律对象或引发的伤害的价值比需要挽救的价值还要大,则只可以围绕当罚行为犯罪分子的罪过免除展开讨论。

在紧急状况下,新《刑法典》比旧《刑法典》在界定危险解除行为时所规定的范围更加宽泛。相比之下,旧《刑法典》不仅在规定上更加严格,而且还偏好使用行业术语,例如,在规定处于紧急状况下的当事人的行为比例性时,使用了"天平般精确"的表述;这一点在正当防卫相关内容里也有体现。

在与行为过当有关的问题上,新《刑法典》第 23 条第(2)款一改旧《刑法典》中的无限减刑规定,对完成危险解救行为的过当行为人规定了更加公平合理的判决方式。

正如前文指出的那样,震惊或可以谅解的盛怒情绪与其对归责能力的实际影响力无关,在所有情况下都可以排除紧急状况当事人的可罚性。换言之,如果在紧急状况下,当事人的行动造成了比其想尽力阻止的危险程度更加严重的伤害,且这种程度过当是在震惊或可以谅解的盛怒情绪之下造成的,则当事人不可罚。

处于紧急状况下的当事人也有可能做出符合过失犯罪法律构成要件的行为,但紧急状况的成立则可免除过失犯罪者的刑事责任。例如,在某案例中,一

名高危妊娠孕妇躺在一座乡间房子里，夜里突然要分娩了。城里的妇产科早就打电话向所涉夫妻强调过在家分娩的危险性：在没有专业医护人员的情况下，很容易出现在家分娩并发症，从而危及母亲和胎儿的生命。为了避免这种情况的发生，丈夫将妻子扶进照明系统有故障的车里，想开车载她去城里的医院生产。然而在去医院的途中，丈夫却因为汽车照明故障而造成了损伤性交通事故。

《刑法典》第 23 条第（3）款规定在下列情况下不得算作紧急状况：

——当事人所处的危险情境可归因于其自身，或者

——当事人有承担危险的职责义务。

其中后一种情况不能排除当事人可罚性被其他事由（如正当防卫、履行机关或服务义务等）排除的可能性。立法者只是想防止当事人在自己脱离人身或利益危险的同时又把危险转移到别人身上去。

在假想紧急状况下——与假想防卫情境相似——也应根据社会危害性认识错误相关规定［《刑法典》第 20 条第（2）、（3）款］加以判处。

八、法定许可

第 24 条　经法律许可或声明为无罪的行为不当罚。

在匈牙利国内体系中，刑法目前还没有包含有关法定许可的免罪事由。但这并不意味着它不能成为我们熟悉并承认的罪名的免罪事由。从前伊姆雷·维恩纳曾经建议过将法定许可作为法律允许的行为编入刑法。其建议认为，如果某种社会习惯或专业实践已经作为免责事由得到了法律或法院的认可，那么其所规定或允许的行为就不能被认为是当罚行为。相比之下，在欧洲体系中已经有不少国家的刑法典对这种许可作了认可和规定。比如，法国《刑法典》第122-4 条规定，如果当事人所做行为是受到法律或法令内容的规定或许可的，或者是建立在当局政令的基础之上的，则就算该行为也可判为违法行为，当事人也没有刑事责任；比利时《刑法典》第 70 条规定，法律或当局所规定的行为不构成犯罪；而瑞士《刑法典》第 14 条则规定，如果当事人是遵循法律要求或许可做事的，则就算其行为被本部或其他法律认为当罚，也算合法行为。

法定许可的法律基础是由法律来奠定的。在特定情况下，除《刑法典》以外的其他法定许可也可为符合法律构成要件的行为免除违法性。需要注意的是，在对法定许可的规定上，与伊姆雷·维恩纳的建议相比，真正的法律条文采用了相对狭义的理解方式，即只有当法律明确允许所涉行为或声明其为无罪时，

其无罪性才能成立。

法定许可有两种情况,即所谓的抽象法定许可和具体法定许可。

如果许可直接来自于法律,则称为抽象法定许可。例如,古代罗马法中有一条原则是任何人都可以逮捕被当场抓获的小偷,而《刑事诉讼程序法》则把这一原则固定了下来,即任何人都可以逮捕在犯罪过程中被当场抓获的犯罪嫌疑人,但抓住之后必须立即将其送至调查机关,或者在没有办法做到这一点时必须立即通知警察局[《刑事诉讼程序法》第 127 条第(3)款]。但同时,这一规定当中还包括各种不同的诉讼程序强制措施,如看守监督(《刑事诉讼程序法》第126 条)、预先拘留(《刑事诉讼程序法》第 129 条)或暂时性强制医治(《刑事诉讼程序法》第 140 条)等措施,而这些不同措施同样也都伴随着人身自由的剥夺。

而如果许可不仅需要法律授权,还需要某一机构或机关的法令作媒介,则称为具体法定许可。例如,虽然终止妊娠构成犯罪(《刑法典》第 163 条),但在关于保护胎儿生命的 1992 年第 79 号法律中在特定条件下也为妊娠的终止提供了可能性。根据这部法律的规定,如果终止妊娠的理由不是与健康有关的原因,并且有孕妇的书面申请,则可合法执行[第 7 条第(1)款]。然而,在此过程中,还需让孕妇向家庭保护组织成员当面提交妇产科医生开具的证明,并当面提出申请[第 8 条第(1)款]。

九、上级命令

第 130 条第(1)款　军人不可因执行命令的行为而受到惩罚,除非其在执行之前就知道所涉命令中的行为是犯罪行为。

第(2)款　对于听从命令的军人犯罪行为,如果执行命令的军人知道执行命令会犯罪,则命令发起人也算是正犯;否则,命令发起人算间接正犯。

武装部队和治安机构只有当具有军人身份的人[第 27 条第(1)款]之间有严格的上下级关系时才能完成任务。作为上级,有权对下级发号施令,指挥其行动;而命令中规定的活动或任务则须在特殊指令下执行。发出命令者应对其命令负责,其所发布的命令不能让接受命令的下级产生误解,且必须是接受命令的下级有能力完成的任务。军人对命令不得违抗,且必须在规定时间内尽其所能、不少分毫地完成任务。只要所涉军人对于其所接到的命令不能立刻、准确地从其内容和条件中找出违法之处,那么他由于执行命令而犯的罪行就不当罚(《法院判例》1998.210)。在这种情况下,军人不可因为执行命令而被处罚,因为法律为其免除了刑事责任。这一规定的唯一一种例外情形是尽管下级军人在接到命令时就意识到了完成命令会导致犯罪，但还是按上级指示执行了命令。这时执行命令的军人应作为正犯为其犯罪行为负责。也就是说，军人只有在对其所接命令不能立刻、准确地从其内容和条件中找出违法之处时，才不会因为执行命令导致的犯罪而受罚。

对于下级军人因执行命令而犯下的罪行，如果下级军人在接到命令之时就知道执行命令会导致犯罪，则发出命令的上级军人也应负正犯罪责；而如果下级军人不知道执行命令会导致犯罪，则上级军人应负间接正犯罪责。

十、法律规定的其他事由

在《刑法典》更多条款中还规定了一系列其他免罪事由。

在《刑法典》总则部分规定的此类事由有犯罪预备阶段[《刑法典》第 11 条第（2）款]及犯罪未遂阶段[《刑法典》第 10 条第（4）款]的自愿停止犯罪。

而在《刑法典》分则部分则在多处构成要件中同时也规定了与所涉犯罪行为相关的刑事责任免除事由。例如，在中伤（《刑法典》第 226 条）、诽谤（《刑法典》第 227 条）、亵渎（《刑法典》第 228 条）等罪名中，如果毁谤所涉及的事项经证明属实的情况下，该属实事实就可作为免责事由[真实性证实，《刑法典》第 229 条第（1）款]。

十一、超出法律的刑事责任免除事由

并不是所有的犯罪分子可罚性和犯罪行为当罚性排除或限制事由都会被写进法律，被写进法律的主要是那些在实践中常常出现以及——因其重要性而——大多数欧洲国家刑法典中都包含的事由种类。而在司法实践中新形成的一系列刑事责任追究障碍一般来说也不会再件件编入法律之中。究其原因，一方面是因为司法实践日新月异，新的刑事责任免除事由源源不断、层出不穷，法律没有办法将它们全都编录在内；另一方面则是因为司法实践还总是不断地变更着免责事由的界限，比如父母或教师管教权的尺度变化以及经济风险行为的司法判决。

所谓的超出法律的免责事由，主要涉及的是符合法律构成要件的行为的刑法违反性（社会危害性）和犯罪分子的可罚性（罪过）。

A）以下事由可以消除构成要件中行为的刑法违反性（社会危害性）：

a) 所涉行为得到了被害人的同意（或许可），

b) 所涉行为是为了行使各类权利或履行各种义务，

c) 所涉行为中含有自愿风险承担，或者

d) 所涉行为中存在可以免罪的义务冲突。

ⓐ 被害人的同意是许可的一种，但并不以法律为基础。被害人的同意只有在严格条件下才可消除行为的违法性。这些条件包括：

——被害人必须具有支配权；

——被害人必须具有适当的辨别判断能力；

——被害人的同意必须是发自内心且严肃的；

——被害人的同意必须是在犯罪发生之前或者最迟在犯罪发生过程中做出的；

——被害人的同意不能带有对社会有害的目的。

根据这些条件，被害人对于危害生命性的犯罪行为不可能做到具有法律效力的同意；一种例外情况是关于医疗健康事业的 1997 年第 154 号法律（《医疗健康法》）中与重病患者相关的规定。根据《医疗健康法》规定，对于重病患者来说，如果其病症已经严重到所有医学观点都认为——就算提供充分医疗条件也——已无法医治的、且短时间内就会死亡的地步，则病人可以要求撤销对其生命的维持或救治［《医疗健康法》第 20 条第（3）款］。不过这种情况下的程序规定是非常严格的：病人必须由 3 名医生代表检查，且 3 名医生必须以书面形式作出一致声明，证明病人的决定是在清楚后果的基础上做出的；然后，在医生代表做出声明后的第三天，病人还须在两名证人在场的情况下再次声明其撤销医治的意志［《医疗健康法》第 20 条第（4）］。

ⓑ 各种权利行使和义务履行是超越法律的违法性消除事由之中的一类集合范畴，其中包括许多不同生活领域的现象，比如医生行为的合法性、言论自由权以及家庭或教师管教权的实施等问题。

此类事由可以建立在一般性法律授权、具体法律条款、专业实践或公认社会惯例的基础之上。这些事由均不属于法定许可的范畴。

《基本法》第 9 条第（1）款中声明了言论自由权。然而，这一声明并不等同于像人身自由受到侵害时可采取的处置方式那样的"授权"。当人身自由受到侵害时，还有一项一般性基本法规定，即任何人都享有自由和人身安全的权利，但《基本法》同时也授权给了其他法律，规定任何人都不能因法定理由以外的原因或以法定程序以外的形式被剥夺自由［《基本法》第 4 条第（1）、（2）款］。与此相比，与言论自由相关的免罪事由则有所不同。与言论自由相关的是各种权利的行使及各种义务的履行。各种权利的行使例如在科学、艺术或社会活动过程中出现的评论，在特定情境中可能会带有毁誉性特征，但司法实践把这看作是批评活动，并因此免除评论人的刑事责任。同属这类免罪事由的还有机关人员在办公过程中或在与之相关的事务当中、在机关权限内所做的评判，这类评判既不违法，也不构成中伤或诽谤，这是因为在机关运作中出现的权利行使和义务履行可以作为免罪事由消除行为的违法性，从而所涉行为不能构成犯罪（《法院判例》1991.338）。义务履行事由的例子，比如：证人有说真话的义务。证人的口供肯定不会通篇都是褒奖的话，但如果证人还得担心会不会因为毁誉性口供而被起诉的话，那么作证制度就无法正常运作了。

医疗干预可以涉及多种活动，而且也会触及多种不同的免罪事由。一是法定许可事由。关于医疗健康事业的 1997 年第 154 号法律规定病人有自主支配权，但仅限于法律规定的情形和形式[第 15 条第（1）款]。一是与医疗事故问题相关的被害人同意、自愿风险承担以及职业性权利行使和义务履行等事由。例如，如果某医生遵守专业规定施行了某种医疗行为，但是却在医疗行为进行过程中或结束后出现了并发症，这种情况下医生行为不算违法。也就是说，在这种情况下医生不能因其在工作范围内造成的威胁（《刑法典》第 165 条）而被追究刑事责任。而至于医生有没有履行义务，则可以根据医疗条例和与医疗活动相关的专业规定及教科书等来判定。

几十年来，社会和法院对于父母管教权的尺度问题已经可以用一种较为广义的方式来理解和接受了。但是在出现比暴力诽谤和短期自由限制更加严重的情节时，法院则不能以父母管教权为由为当事人免罪。需要指出的是，父母只有出于被社会所明确接受的教育目的才可行使管教权；但是如果孩子受到的暴行是经常性的、严重伤害其人格或者羞辱性的，则其父母不能逃脱罪责和刑罚。

与父母管教权相比，教师管教权的适用范围更为狭窄，连暴力诽谤的程度都达不到，最多只能限于言语诽谤和人身自由短期剥夺的情形。教师的管教权只能以教育为目的。为了保证教学质量，教师对课堂秩序的维持不仅有权利，而且有义务。对于反复严重扰乱课堂秩序的学生，教师有权采取一定的处罚措施。

ⓒ 自愿风险承担是第一个未能写进法律的免罪条件。在风险状况下，有可能会出现某一犯罪构成要件中规定的后果（如死亡、身体伤害、损失、妨碍等），但同时也存在某种对社会有利的目标达成的真实可能性。自愿风险承担旨在为尚可承担的危险和承担该危险可带来的社会好处之间创造出一种优化比例。对于此类案件，法院最早是从主观方面、在疏忽大意的过失框架内进行判决的（犯罪分子对有害结果的避免可能怀有轻易的或有基础的信心）；后来又

发展为以客观评判为基础免除所涉行为的违法性；最终，随着职业违规或交通违规等违规现象逐渐作为犯罪行为进入多部法律的构成要件，法院对风险承担的判决又转入了职业（或交通）违规的框架内。如此一来，自愿风险承担这一超越法律的免罪事由在很大程度上就失去了独立性，而只能在极其狭窄的范围内发挥作用。例如，在某些财产或经济犯罪案件中，可能会出现关于被委托处理外国资产的人所做经济决定之风险是否合理的疑问。

ⓓ 所谓可以免罪的义务冲突是指两种或两种以上权重相同的义务同时出现时所形成的冲突。例如，当坐在岸边的父亲或母亲发现两个孩子都沉入了水里，但却只能够救出其中一个时，便形成了这种义务冲突。在这种情况下，只有当义务冲突的出现不是当事人责任，并且当事人至少履行了其中一项义务时，其过失性刑事责任才免除；当然，如果当事人有办法随即履行另一项义务的话，那么也应该完成另一项义务。

B) 超越法律的当事人可罚性（罪过）免除事由包括不可指望事由。

不可指望事由是指在某种情形下不可指望当事人会做出合法行为。在以前，《刑法典》总则中所讲的紧急避险比例过当——如果不是建立在震惊或可以谅解的盛怒情绪基础之上——就属于这一情形。然而，新《刑法典》中对紧急避险作了重新规定［参阅 1978 年第 4 号法律第 30 条第（1）款以及 2010 年第 100 号法律第 23 条第（1）款］。同时，不可指望事由还有可能出现在相对胁迫的情形中。

在《刑法典》分则部分也包含一些可用不可指望事由来免罪的情况。例如，对犯罪行为隐瞒不报的犯罪分子亲属不可罚［如对《刑法典》第 263 条第（2）款中规定的反国家罪、第 297 条第（2）款中规定的腐败贿赂罪、第 328 条第（2）款中规定的违反国际经济禁令罪的隐瞒不报］。同样建立在不可指望事由基础之上的还有另外一条规定：如果当事人作假证或者对免罪条件保持缄默，并在揭露事实时指控自己或其家属有罪的话，也不能对其判处刑罚［《刑法典》第 275 条第（1）款 a 点、第 281 条第（4）款 a 点］。最后一点，行为当时未满 14 周岁的儿童不能被判处乱伦罪［《刑法典》第 199 条第（3）款］。

参考文献

安加尔，帕尔：《个人特点与案情研究》，布达佩斯：星格沃夫纳出版社，1902。

巴洛格，耶诺：《精神病与弱智在刑事归责中的重要意义》，《法学公报》，1905 年第 35 期。

拜洛维奇，艾尔文：《当罚性排除事由》，布达佩斯：HVG-ORAC 出版公司，2009。

拜尔凯什，久尔吉：《可归责性与关于醉酒刑事评判法典化的设想》，《匈牙利法律》，1977 年第 2 期。

拜尔凯什，久尔吉：《刑事责任条件》，《刑法汇编》，2002 年第 3 期。

贝诺拉克，南多尔：《刑法中的认识错误研究》，喀沙：圣伊丽莎白出版社，1910。

碧托，卡塔琳-阿科什·乌依瓦里：《有关归责能力与精神病状态的几个法律和医学问题》，《律师报》，2010 年第 6 期。

布劳什克，贝拉：《匈牙利刑法总则》（教科书），第五次修订版，布达佩斯-德布勒森：密码出版社，2013。

波德罗吉，卡洛伊：《酒后犯罪的刑事评判》，《警界视点》，1962 年第 10 期。

多莫科什，安德莉娅：《谈犯罪的精神能力：不同时期精神病状态评判的变化》，《法学史视点》，2005 年第 3 期。

艾德维，伊雷什·卡洛伊：《刑法修订案口袋书》，布达佩斯：雷瓦伊兄弟文学院股份有限公司出版社，1908，63。

艾来克，巴拉日：《法律认识错误不可免罪吗？经济刑事诉讼案件中法律认识错误的判定》，《警界视点》，2009 年第 7～8 期。

艾尔德希，艾米尔：《匈牙利刑法中胁迫的两种形态》，《庆祝尤若夫·弗尔德瓦里教授 75 岁生日学术汇编》，佩奇，2011。

费耶，拉斯洛：《匈牙利刑法手册》，布达佩斯：富兰克林集团，匈牙利文学院出版社，1895。

费赫尔，兰可：《精神病、刑法与可归责性》，布达佩斯：经济与法律出版社，1993。

弗尔德瓦里，尤若夫：《匈牙利刑法总则》，布达佩斯：奥西里斯出版社，1998。

久尔科，西尔维娅-玛丽娅，海尔丘格：《未成年的界限问题》，《警界视点》，2008 年第 7～8 期。

哈拉斯，山多尔-亚诺什，赛凯伊：《匈牙利法律中醉酒状态刑事判定的发展》，《法学公报》，1960 年 6 月。

哈蒂，奇拉：《社会危害性认识错误》，《刑法视点》，2012 年第 3 期。

霍尼阿克，萨博尔奇：《未成年期与其刑法评判》，《纪念大学老师拉斯洛·瓦尔格哈诞生 90 周年》，乔保·费涅维西-仲果·海克编，佩奇，2003。

艾萨克，久拉：《刑法典》，布达佩斯：格里尔出版社，1928，57（参考艾萨克：《刑法典》）。

库察尔,加布列拉:《与精神病状态规定相关的一些问题》,《警界视点》,2007年第7～8期。

梅萨洛什,亚当:《刑法中的意志自由与共同犯罪之间的关系》,《检查》,2004年第1期。

梅萨洛什,亚当:《犯罪分子:基本理论与实践问题》,布达佩斯:致书出版社,2008。

梅萨洛什,亚当:《刑法编撰的黄昏与黎明》,佩奇:花仁出版社,2012。

纳吉,费伦茨:《匈牙利刑法总则》,布达佩斯:皇冠出版社,2001。

纳吉,费伦茨:《新刑法典中的可罚性障碍规定——尤其是违法性排除事由》,《刑法汇编》,2001年1月。

纳吉,费伦茨:《匈牙利刑法总则》,布达佩斯:皇冠出版社,2001(参考纳吉:《匈牙利刑法》)。

舒尔泰斯,艾米尔:《犯罪性军事命令》,《为纪念帕尔·安加尔60岁生日及做法学教师35周年的刑法学术汇编》,艾里克·海勒-久拉·莫尔-久尔吉·拉兹编,布达佩斯,1933。

萨博,安德拉什:《可归责性与醉酒的刑法评判》,《匈牙利法律》,1976年第3期。

托卡伊,盖佐:《匈牙利刑法中的犯罪学基础》,布达佩斯:经济与法律出版社,1984。

托特,巴拉日:《几部20世纪匈牙利刑法教科书中意志自由问题的出现形式》,《法学公报》,2005年第7～8期。

特鲁,布兰卡:《德布勒森高级法院关于假想防卫的法令》,《法律案件解读——2011年大学生特刊》。

瓦尔格哈,费伦茨:《刑法中的暴力与威胁概念》,《匈牙利司法》,1892年第1～2期。

瓦什库提,安德拉什:《匈牙利刑法中的年龄与辨别能力》,《犯罪学公报》,65.布达佩斯:2008。

维格,卡洛伊:《基于匈牙利和国际刑法之上的间接命令责任》,《法学公报》,2010年第7～8期。

维恩纳,A.伊姆雷[编]:《当罚性与可罚性的刑法学探讨》,布达佩斯:匈牙利科学院法学院,经济与法律出版社,2000。

维恩纳,A.伊姆莱:《刑法未来法总则部分》,布达佩斯:匈牙利科学院法学院,2003。

司法实践

57/2007.《刑庭裁断》、27/2007.《刑庭裁断》、3/1998《刑法统一判例》；III.《刑法决议》；《法院判例》1991.265、《法院判例》1982.361、《法院判例》2011.215、《法院判例》2009.3、《法院判例》2004.43、《法院判例》2003.393、《法院判例》2000.432、《法院判例》1998.516、《法院判例》1993.132、《法院判例》1992.747、《法院判例》1992.217；《最高法院主要判例》2009.1937、《法院判例》2009.36、《法院判例》2009.3、《法院判例》2000.432、《法院判例》1997.565、《法院判例》1993.73、《法院判例》1979.351；《最高法院主要判例》2004.1102、《最高法院主要判例》2000.182；《法院判例》1998.111、《法院判例》1998.210、《法院判例》1991.338、《法院判例》2005.274、《法院判例》1983.142、《法院判例》1999.495、《法院判例》1992.618、《法院判例》1996.239、《法院判例》2004.311；《最高法院主要判例》2003.931、《法院判例》2007.399、《法院判例》1983.261、《法院判例》1997.427。

第五章　可罚性消除事由

（布劳什克·贝拉博士、教授，艾来克·巴拉日博士）

在前文中，我们已经讨论过可罚性障碍的一系列情形，当代法律文献中都将这些情形看作是应当与免罪事由（缺少可归责性、罪过和不法性）严格区分开来的免罚事由。免罚事由是"对刑罚要求形成或实施的阻碍，并可根据以下情况取消刑事诉讼程序的启动或者刑罚的执行：（1）被告人或被判决犯人死亡；（2）皇家赦免；（3）追诉时效过期（仅可免除刑罚的执行）；（4）缓刑期限结束后刑罚执行被有条件搁置"。

安加尔·帕尔将可罚性障碍分成了四类，并把被告人死亡和赦免作为诉讼法条件列入了第三类障碍当中。"（3）诉讼程序法条件，其特点是：正性条件的缺失（或负性条件的存在）会对已经诞生的——即现存的——国家刑罚需求在程序上造成障碍，即会导致尚未启动的诉讼程序无法开始、正在进行中的诉讼程序被迫停止。"

根据现行刑法规定，可罚性消除事由是刑事责任追究障碍的第二大类。在可罚性消除事由成立的情况下，虽然犯罪行为是在行为着手后已经实现，但随后从犯罪实施到法院审判的这段时间内，又出现了《刑法典》第 25 条中规定的条件，正是这种条件导致了犯罪分子可罚性的事后消失。

第 25 条　可罚性消除事由包括：

a）犯罪分子死亡，

b）超过追诉时效，

c）赦免，

d）积极悔改，

e）法定其他事由。

一、犯罪分子死亡

"犯罪分子的死亡意味着其在人间所涉司法制裁的终结。对于已经死亡的犯罪分子不可发起诉讼程序，已发起的诉讼程序也须停止；对其不可判处刑罚，已经判处的刑罚也不可执行。"

"中世纪的刑法出于震慑目的,对已经死亡的犯罪分子的尸体也会规定一些象征性的刑罚方式,如对犯人尸体施以绞刑、车轮刑等刑罚;而在 20 世纪已经消失的酷刑体系中,还会对尸首执行一些事实上无法执行的刑罚。与此相对,在今天的法律体系中,已经正式免除了对死者的刑罚。"

早在我们的第一部《刑法典》(《柴迈吉法典》)的第 105 条中就已经有了在犯罪分子死亡的情况下应当免除诉讼程序的规定,但是如果其生前已被判处了罚款,则在其死后仍可对其遗产加以执行;另外,无论是物主还是被告人,都不会因其判决前的死亡而阻止没收刑罚的执行。

可以说,犯罪分子的死亡从物理上消除了刑罚的可能性。如果犯罪分子死于作案和法律判决之间的这段时间内,那么其死亡就可以用作可罚性消除事由。已被判决的犯罪分子如果在判决生效后死亡,则可免除已判处刑罚尚未执行部分的执行。因为对于死人来说不可能达到刑罚目的,所以这种刑罚就变得没有意义了。对于已经死亡的犯罪分子不可发起诉讼程序,已发起的诉讼程序也须停止。死亡虽然可以消除犯罪分子的可罚性,但却无法取消没收或财产没收处罚的实行。与没收或财产没收相关的客观诉讼程序就算犯罪分子已经死亡也可以进行到底,并且法院也可以要求执行这类处分(《刑事诉讼程序法》第334 条)。

如果法院在判决宣布之后、正式生效之前发现被告人已经死亡或者处于赦免之中,且并未对该判决提出上诉,则法院应将尚未生效的判决或判决中涉及该名被告人的部分做无效处理,并停止诉讼程序[《刑事诉讼程序法》第 332 条第(5)款]。在这种情况下,法院应保留之前所做的判决中与没收或财产没收相关的处罚效力(《刑事诉讼程序法》第 334 条)。

二、超过可罚性追诉时效

第 26 条第(1)款 除第(2)、(3)款中规定的情形外,在法律中不涉及与犯罪无期性相关的特殊规定时,犯罪分子的可罚性在达到所涉刑罚时间上限后即过期失效,但这一时限不得少于 **5** 年。

第(2)款 对于盛怒杀人罪、可判处比 **3** 年有期徒刑更为严厉刑罚的严重故意身体伤害罪、抢劫罪、人口贸易罪、侵犯人身自由罪以及侵犯性自由和违反性道德的犯罪行为来说,如果案发当时被害人年龄未满 **18** 周岁,且犯罪行为的可罚性要到 **23** 周岁才过期,则其可罚性追诉时效可延长至当事人年满 **23** 周岁或应当年满 23 周岁时。

第(3)款 《刑法典》第 13、14 章中规定的可判处终身监禁的犯罪行为之可罚性追诉时效无限期。

追诉时效是指时间流逝对可罚性的终止性影响。此外,追诉时效对已裁定刑罚的可执行性也有重要影响。可罚性追诉时效将由犯罪引起的刑事责任追究限定在一定时间期限之内,而刑罚时效则是为法律判决中刑罚的执行规定一个截止日期。追诉时效制度具有可罚性消除效力,从根本上来说是服务于法律安全的,因为它意味着国家刑罚需求的满足和实现都被限制在一定时间范围内。国家通过可罚性消除事由和追诉时效的规定,首先是给自己的刑罚权威划定了一个界限[11/1992.(III.5)AB 判决]。

关于犯罪行为的法律判决以及刑事责任的追究和后果,刑法既不想让社会也不想让犯罪分子处在长时间的不确定中。追诉时效制度的确立动机就是如果犯罪行为已经过去了很长时间,或者说犯罪分子的刑事责任是在犯罪发生好久之后才开始追究的,那么刑罚也就无法或只能在很小规模上达到其目的了。另外,从刑事责任追究的角度来说,如果犯罪发生好久之后才追究刑事责任,其目标性同样会大大减弱,因为随着时间的流逝,不仅证据会逐渐消减,而且证明过程也会给刑事司法机关造成与预期结果不成比例的负担,并且还会加大被告人辩护的难度。最后,追诉时效的设置也是为了确保法律的公平性。如果犯罪行为都已经被世人所遗忘了,可当事人却还究其一生都无法脱离可罚性,这也的确不公平。

追诉时效一到,犯罪分子就有了不再可罚的主观权利。究其原因,是缘于国家在法律中为自己规定的一个时间期限,国家机关只能在此期限内行使刑罚权威、追究处罚犯罪分子,而如果在这个期限内没有追诉结果的话,国家的刑罚需求也就随即消失。正因此,犯罪分子才拥有了这一主观权利。

与旧《刑法典》相比,新《刑法典》进一步强化了对追诉时效的规定。根据法律规定,可罚性追诉时效的内容就是整部刑法内分则部分所规定的刑罚的时间上限,且不得少于 5 年;而总则部分所规定的加重型刑罚从时效角度看则应忽略。这种规定见于刑法中关于犯罪集团[《刑法典》第 91 条第(1)款]和数罪[《刑法典》第 81 条第(3)款]的部分。

未成年人犯罪的情况有着特殊的追诉时效规定。一般来说,对于未成年犯罪分子所判处的刑罚时间上限比成年犯要低[《刑法典》第 109 条第(2)、(3)款]。而对于未成年犯罪分子可罚性追诉时效的计算,也应沿用相对轻缓的规则[《刑法典》第 109 条第(4)款]。

在由两种犯罪行为组成的数罪中,如果其中一种罪名追诉时效的到期催生了另一犯罪行为的完成,则这两种犯罪行为应各自保持其不同的追诉时效(《刑法判例录编》201,3640)。对于同一被告人不同犯罪行为的追诉时效也应分别加以考察和确定。

追诉时效的概念、条件和后果都是实体法的问题,而其如何生效则是程序法的问题。追诉时效的流逝与刑事诉讼程序的规定无关,而当追诉时效截止日期到来之后,可罚性障碍就会在与追诉时效开始日期相应的那一天形成,不管这一天是不是工作日。追诉时效一旦过期,以后就不会再重新出现了(《最高法院主要判例》2009.2032、《法院判例》2010.8.204)。如果当事人罪过是在可罚性追诉时效过期之后判定的,或者说判决是在没有考虑追诉时效的情况下做出的,则应根据《刑事诉讼程序法》第416条第(1)款a点的规定对其加以实体法检查,而对于违背追诉时效的违法判定则应根据《刑事诉讼程序法》第416条第(1)款c点的规定加以程序法检查。

在刑法中时间效力相关规定的运用过程中,还应考虑行为可罚性的相关规定。如果法院是以案发当时处于生效期内的刑法为依据对所涉行为加以定罪的,那么对于追诉时效问题的考查也应以案发当时的法律规定为准,而不管在此期间法律是不是有变化,所涉刑罚是不是变得更加严厉(《最高法院判例》I.47/2008/7)。同样地,如果法院定罪时所用为案发当时法律的话,新法律中后来被延长的时效期限亦不能再被使用。因为如果对同一案件的审理采用了互相冲突的法律理解方式,法律安全、可预见性、可归责性以及宪法对可溯及既往效力的禁止等诸多规范都会受到违反[11/1992.(III.5)AB决议]。

《刑法典》在第26条第(2)款中罗列的犯罪行为追诉时效有些与众不同,这是为了让被害人在年满18周岁以后——如果之前没有适时地行使其合法权利的话——还能发起举报或提出上诉。新《刑法典》与旧《刑法典》相比的一个不同之处在于,在新《刑法典》中,那些在妓院从事性交易活动的人和操控性交易活动的人的年龄从追诉时效角度来看并没有被赋予重要意义,这两类人也没有被从违反性道德罪的受害者中单独分离出来。然而,虽然侵犯性自由和违反性道德的罪名在章节上具有一致性,但这并不意味着只有通过广义的理解方式才能把操控性交易活动的人或者妓院工作者一并纳入程序法中的受害者概念里。因此,在协助卖淫罪(《刑法典》第201条)和利用儿童卖淫罪(《刑法典》第203条)的情形中也应该用特殊的追诉时效计算方式来衡量其年龄。

《刑法典》第26条第(3)款中罗列了一系列可罚性追诉时效无限期的犯罪行为。对于这些行为,国家无限期地保持着刑罚需要落实的可能性。这些行为多为反人道犯罪及战争犯罪等罪名。

关于反人道犯罪的当罚性与其无限期追诉时效以及共产主义时期部分犯罪行为追究的 2011 年第 210 号法律第 1 条规定，如果所涉犯罪行为按照国际法规定不受追诉时效限制，那么就算其在案发当时按照国内法规定不属于不受追诉时效限制的罪名行列，也不影响其在实际上不受追诉时效限制的事实。相应地，《刑法典》第 26 条第(1)款中则指出，这部法律是特殊追诉时效规则的判断基础。如果所涉行为虽然在发生当时不算犯罪，但是按照国际法一般规定却属于犯罪，则应适用《刑法典》第 2 条第(3)款中规定。

在旧《刑法典》中所规定的可判处终身监禁的犯罪行为中，一部分罪名的追诉时效被定为 20 年，而另一部分则被列入了无限期追诉罪名的行列。针对这一点，新《刑法典》首先取消了这种旧规定，然后又统一规定可判处终身监禁的犯罪行为其可罚性一律不受追诉时效限制。

第 27 条　追诉时效的开始日期：

a) 对于既遂犯罪行为来说，是法律构成要件实现的之日起，

b) 对于未遂犯罪和预备犯罪来说，是用于实现犯罪未遂或预备阶段的行为完成的之日起，

c) 对于纯粹由于未能履行义务而导致的犯罪行为来说，是犯罪分子还能在不致造成本法律中所述后果的情况下完成其义务的之日起，

d) 对于在违法状态下发生的犯罪行为来说，是该违法状态结束的之日起。

在对追诉时效开始日期的计算上，新《刑法典》与之前法律的规定是一致的。

a)点是关于既遂犯罪的。在既遂犯罪的情况下，追诉时效开始于所涉犯罪行为的法律构成要件中的所有元素全部实现的时候，而追诉时效开始之日就是法律构成要件实现的那一刻。对于形式犯罪来说，这一刻就是犯罪最后一步开始的时候；但对于包括结果的犯罪来说，追诉时效开始的时刻不是引发犯罪结果出现的行为开始的那一天，而是犯罪结果出现的那一刻，因为犯罪结果的出现才真正标志着犯罪的完成。对于混合性过失犯罪来说，由于其构成要件中也包含犯罪结果，所以也应根据 a)点来计算其追诉时效开始日期，也就是犯罪结果出现的那一刻。

b)点是关于未遂犯罪和预备犯罪可罚性追诉时效的计算，这时应把按刑法判定的犯罪活动的最后一步作为其可罚性追诉时效开始日期。

c)点是关于纯过失性犯罪。这类犯罪的可罚性追诉时效开始于犯罪分子

还可以在不致造成本法律中所述后果的情况下完成其义务的那一天。

如果构成天然一罪的行为是由一系列过失所致,例如赡养过失的情形,这时各项过失就失去了独立的可罚性追诉时效(《法院判例》2004.307)。

d)点是关于判决实践中一类被称作状态犯罪的犯罪行为。此类犯罪的实现是以违反状态的形成为标志的。状态犯罪的追诉时效开始时间是所涉违法状态消失的那一天,但这一天不一定与违法行为的结束时间重合。通过违法状态的维持而实现的犯罪行为如侵犯人身自由罪(《刑法典》第 194 条)等。这类犯罪的追诉时效起算日期不是犯罪开始之时,而是犯罪结束、违法状态消失之时。

有些犯罪行为具有持续性、过程性或重复性特征,如操控性交易罪(《刑法典》第 202 条)、招摇撞骗罪(《刑法典》第 187 条)、非法占用电车能源罪(《刑法典》第 370 条、第 383 条 a 点)、骚扰罪[《刑法典》第 222 条第(1)款]等,在天然一罪范围内,此类罪名没有独立追诉时效。在可以判为天然一罪的犯罪案件当中,一些分行为的犯罪时间并不重要,因为它们没有独立的追诉时效。但是这些犯罪行为又不是由于某种违法状态的维持才实现的,所以对于它们的追诉时效应该按照 a)点来计算。

连续犯罪情况类似,追诉时效也是从最后一个分行为发生之日起算(《刑庭判例》31)。连续犯罪属于一罪,它是由多项分行为一起构成的单一罪名,而其所包含的各分行为也可以各自单独实现构成要件。因此,从可罚性追诉时效角度来看,连续犯罪的追诉时效不应按各分行为的情况单独计算,而是应该以犯罪法律构成要件中所含的最后一项分行为完成的时间为准计算;在犯罪未遂的情况下,则应以意在完成犯罪的最后一项分行为实现的时间为准来计算连续犯罪法律刑罚的追诉时效。

诽谤罪和假证罪的可罚性追诉时效开始时间有特殊的规定,因为除涉案机关的举报之外,可罚性追诉时效都是从基本案情终了之日起开始的(《刑法典》第 270 条第[1]款、《刑法典》第 274 条)。

第 28 条 (1)法院、刑事律师、调查机关以及在国际案件中为司法事务负责的官员或外国机关针对犯罪分子实施的刑事诉讼程序行为可以中断追诉时效。

(2)如果刑事诉讼程序被暂停,则这段暂停时间不得计算在追效时效内。但是如果刑事诉讼程序的暂停是由调查过程中犯罪分子的不确定性、行踪不明或病理性精神状态所致,则不适用此条规定。

(3)有时,公共职务可以为当事人提供一定的豁免权,由于判决者不能中断这种法定豁免权,所以在一定时间内刑事诉讼程序就会无法开始或不能继续,而这段时间不能算入追诉时效内;然而这一规定不能适用于因自诉人所提控诉而当罚的犯罪行为。

（4）上诉延期、缓刑以及赔偿工作所需的时间不计算入追诉时效内。

关于追诉时效的中断和中止,在旧《刑法典》中的条款中就有所规定了,而与之相比,新《刑法典》的规定在本质上并没有发生变化。此外,在这一点上实体法在 1878 年第 V 号法律文件第 108—109 条中也展示了本质上的一致性。追诉时效中断的法律影响在于中断发生前的时效期应忽略不计,而追诉时效的计算应从中断结束后重新开始。追诉时效的中断措施只能在其过期之前发生。

《刑法典》列出可以通过自身行为来中断追诉时效的刑事案件审理机关,其中有法院、检察官、调查机关以及在国际案件中的司法事务部长或外国机关。

根据上述规定,在追诉时效内向当局机关提交的情报并不能中断追诉时效,因为这还不算是当局机关所采取的措施(《最高法院判例》I.335/2008/5)。

检察官的决议可以中断可罚性追诉时效,这种决议常常是在谴责警告之余作出的,可以停止调查或是使调查失效,并且具有号召或要求上诉的性质。在提出上诉之后,检察官在所涉刑事案件中就已经站到了当事人的位置上。在这种情况下,他可以不以刑事案件审理机关的身份对法院所作的判决提出申诉。根据对《刑法典》第 28 条第(1)款的正确理解,具有追诉时效中断效力的不是当事人针对犯罪分子所实施的诉讼程序行为,而是审理机关针对犯罪分子所实施的诉讼程序措施。诉讼程序到了法院审理阶段,检察官的任何申请都不能中断追诉时效了,此时检察官就算对初审法庭所作判决提出申诉,也无法中断当事人可罚性的追诉时效了。而在上诉提出之后,检察官最多只能在控告扩展时可以被看作是刑事案件审理机关,因而在上诉提出之后,检察官可以通过其行为来中断追诉时效(《德布勒森高级法院刑事判决》II 285/2011)。这一点也适用于重复性诉讼程序中,这时检察官可以对控告加以补充和修改,因而追诉时效也应该中断(《最高法院刑庭裁断》I. 737/2012/4)。

检察官针对被告人提出的检察申请也不能中断可罚性追诉时效(3/2010.[XI.8]《刑法统一决议》)。在有法律效力的法院决议做出之后,刑事诉讼程序的过程就已经结束了,而检察官之所以有针对被告人提出例外法律检察申请(检察申请、诉讼修订申请)的权利,也是因为其在基本诉讼程序中站到了当事人的位置。这一点与代理自诉人和自诉人的情况是一样的。

代理自诉人的诉讼申请尽管同样是以犯罪为由针对犯罪分子所实施的刑事诉讼程序措施,但是代理自诉人却并非刑事案件审理机关。这是因为虽然代理自诉人在法律没有特殊规定的情况下可以行使检察官权利,但这并不意味着他的法律地位也和检察官相同而成了刑事案件审理机关。《刑事诉讼程序法》明确区分了刑事案件审理机关(见第 2 章至第 4 章)和刑事诉讼程序参与人员(见第 5 章),而代理自诉人则属于后一类别。因此,代理自诉人以犯罪为由对犯罪分子所实施的刑事诉讼程序措施不能中断可罚性追诉时效(《法院判例》2010。204)。

根据法律规定,犯罪分子是指那些实现了《刑法典》总则和分则中所规定的犯罪构成要件的人。根据经验,在有些情况下,犯罪分子由于身份无法确定而永远不能被指控;而在另外一些情况下,被指控人实际上并不是所涉案件的犯罪分子。被指控人是指被正式怀疑犯罪的人,因而会受到刑事诉讼程序追究。由此可见,犯罪分子和被指控人不是同一概念,彼此之间不相重叠(《最高法院判例》II.1. 103/2009/5)。犯罪分子是实体法的概念,而被指控人(包括犯罪嫌疑人、被告人和被判人)则是程序法的概念。被指控人的称呼是在程序法实践中形成的,其中包含的全都是身份确定之人;而犯罪分子的概念中则既包含身份确定之人,也包含身份不确定之人,因为这一称呼是与刑罚需要的实现联系在一起的。追诉时效的起算与刑事诉讼程序是否已启动、何时启动均不相关,而刑事诉讼程序行为也可以不管犯罪分子身份是不是确定就将其中断。

另外,这两种不同概念的使用也说明刑罚需求的实现与程序法可执行性的启动并不重合。两者区别的原因在于,刑罚需求源自犯罪分子的行为,而刑事案件审理机关要想实现这种刑罚需求,则需要确保一系列诉讼程序法实践措施执行的可能性,且这一过程不可逆转(《最高法院判例》III.1.002/2009/16)。而从追诉时效中断的角度来看,对被告人有没有先作为犯罪嫌疑人加以审讯并不重要(《法院判例》2007/363、2008/204.I)。

"根据对法律的合理解读,追诉时效可以为调查机关、检察官以及法院发起的刑事诉讼程序行为所中断,但这些行为都必须要以推动案件审理向前发展为目的,并且须是实质性行为、针对某一特定的人(即实体法中的犯罪分子)、与基于同样事实的罪名相联系。如果针对犯罪分子的诉讼程序行为是基于与所涉犯罪行为不同的其他罪名而发起的,则无法中断所涉犯罪行为的可罚性追诉时效。"(23/D/2007.AB 决议判定理由 III/2.2.pont)

对于犯罪分子身份的确认并非调查机关发起调查的条件,而是其最高目标。根据《刑事诉讼程序法》第 164 条第(2)款规定,司法调查的任务之一就是查明犯人身份。犯罪分子身份的未知性并不意味着犯罪者不是一个具体的人,而仅仅是指其身份还没有被调查机关所了解。因此,当调查机关针对未知之人发出调查令时,该调查对象不仅从客观上来说是确定的,而且从主观上来说也是确定的,因为其所针对的一定是犯罪分子。通过这种调查所追究的不仅是行为本身,还包括犯罪分子。当然,不管是行迹调查还是身份调查,都应看作是针对犯罪分子展开的。不过,要对某人施加某种刑事诉讼程序行为,并不需要以其知情为前提条件。与此相对,还有另外一种理解方式,认为可罚性追诉时效不能因对已经明确身份但尚在逃窜中的人发布的逮捕令而中断,而只能被逮捕或逮捕之后确证为犯罪嫌疑人的事实所中断。显然,这种理解是错误的(《最高法院判例》III.950/2009/5、11/1992.[III.5]AB决议判定理由 V/2—3 点)。

就算调查机关仅仅为了寻找调查一个未知犯人而行使了刑事诉讼程序行为,其所采取的措施仍然可以中断追诉时效。在对一部分被指控人做出逮捕之前,调查机关所作的调查很明显是针对全部被指控人进行的,就算调查机关对于数人犯罪并不知情也没有关系(《最高法律判例》I.397/2007/5)。

第一,可以中断追诉时效的刑事诉讼程序行为。

司法实践根据过去几十年的经验,最终总结出一条与法治国家的要求相符的结论,即在法定调查期限内所实施的一系列法律程序行为都是为了推动诉讼程序的向前进行,并且都能造成追诉时效的中断。

刑事诉讼程序行为是指那些在《刑事诉讼程序法》中明确规定的行为,其执行得到了《刑事诉讼程序法》规定的授权,其完成有利于刑事诉讼程序的进行。

刑事案件审理机关所实行的刑事诉讼程序行为中,有一部分(如搜查令、上诉、判决等)的完成——与其内容无关——本身就与《刑事诉讼程序法》的影响息息相关;而另一部分(如搜查房宅、拘捕、逮捕令、逮捕、传票、引渡等)则是某种具体、事实行为的实施。

司法实践对于那些可以中断可罚性追诉时效的程序法行为有许多要求:

——实施者须是刑事案件审理机关,且刚好正在审理所涉刑事案件(主体要求;《法院判例》1998.162.II)。

——事实依据应与在检查追诉时效问题时构成诉讼程序对象的行为相同。正是由于其与犯罪行为有着相同的事实依据,所以才需要在以之为对象的诉讼过程中实施[事实一致性要求;《刑法判例录编》3640、4696、7884,(《法院判例》2007.363)]。

——内容须是直接针对犯罪分子,而不是仅仅与之相关(针对性要求;《刑法判例录编》4696、7884、《法院判例》1998.162. II、2007.363.I)。

——意义须是实质性的,须能推动诉讼程序的进行,而不应仅以中断追诉时效为目标,不应仅仅是行政性的或是对以前的重复(实质性要求;《刑法判例录编》206、2486、2493、4696、5692、5693、7087、7884;《法院判例》1996.567.Ⅰ、1998.162.Ⅱ、2003.99.Ⅱ、2005.163、2007.363.Ⅰ)。

当上述条件都成立时,不管刑事诉讼程序的启动针对的是后来成为被告人的未知之人,还是别的已知之人,不管司法机关有没有针对被指控人的犯罪行为发布有据怀疑、有没有对犯罪嫌疑人进行审讯,追诉时效都会随之中断。

有追诉时效中断效力的首先是被派出的住址观察员及其住所调查;此外,听证阶段的第一次住所调查也可以中断追诉时效,但这种中断仅仅对于被调查的被指控人有效(《法院判例》2005.378、《法院判例》1977.176、《最高法院判例》Ⅰ.3.227/2002/2.sz)。

可以中断追诉时效的有搜查令的下达和延长、控诉提交、逮捕令的下达、强制措施、住宅调查、拘捕令的下达和实施以及专家派遣等诉讼程序法行为。对犯罪嫌疑人发出的传票无论被指控人收到没有、知不知情,都会中断追诉时效(《最高法院判例》Ⅲ.120/2009/5)。此外,可以中断追诉时效的还有嫌疑人审讯、嫌疑公布、证据采纳以及对受害人和证人的审讯等。

调查机关为证人寻求和审讯而采取的措施也会中断追诉时效,这些措施都是以推动刑事诉讼程序的进行为目标,而证人寻求和审讯则有助于澄清所涉行为参与者的角色。在这些措施的实施过程中,证人逮捕令状的发出也会中断追诉时效。如果在审讯过程中所获资料数据显示证人本身也有作为从犯参与犯罪的嫌疑,则追诉时效会被中断;但是证人审讯不仅只在这一种情况下才会中断追诉时效。追诉时效在证人审讯过程中中断的原因最主要的还是其对构成程序法对象的罪名(一项或多项)的犯罪分子范围的确定以及由此对诉讼程序进度的推动作用(《最高法院判例》Ⅱ.129/2011/5)。

司法实践所一致认定的是,只有那些可以推动刑事诉讼程序进行的程序法行为才可以中断追诉时效。当然,我们不能排除在逮捕令生效期限内也可能会有可以推动刑事诉讼程序进行的程序法措施出现,进而中断追诉时效。虽然这样的措施中不包含发出逮捕令之后为确定被指控人住址所采取的行政措施,但对被指控人的拘捕却当属此列。拘捕传票已经超出了持续关注和常规检查的范围,而成了需要在具体的时间和地点内完成的措施,这种措施的成效也确实没有被实践排除。这些措施并不是刑事案件审理机关可以按其喜好随时实施的,也不是纯行政性或者为了实施而实施的;相反,这些措施中的任何一种都是审理机关只有在因犯罪行为而启动的诉讼程序中才能实施的法定行为。没有任何合法事由能够让我们得出追诉时效的中断可被阻止的结论(《最高法院判例》Ⅰ.39/2005/7)。

在关于国际搜捕令和引渡请求的追诉时效中断效力问题的讨论中所作出的第 1/2005 号刑法统一化决议 a 点规定，在国内搜捕令发出之后下达的欧洲逮捕令也具有追诉时效中断效力。

听证会的筹划、与传票相关的司法措施的实行、完成以及听证会的举办也都可以中断追诉时效。但如果仅仅是确定听证会时间和目标而没有随即发出传票和通知，则这种单纯的听证会筹划自身并不能中断追诉时效（《法院判例》2003.99）。此外，宣判被指控者在所涉行为中有罪的判决的公布，以及具有诉讼程序终止效力或能令其他裁决失效并推动诉讼程序继续进行的最终决议的制定也都能中断追诉时效（《最高法院判例》III.208/2010/14）。

命令移交转审的裁决和能为刑事责任的判定提供协助的程序法行为一样，也以诉讼程序的向前推进和案件审理的实质完成为目标，并能中断所有被指控者的可罚性追诉时效。而如果诸被告人的行为彼此关联，则应在考虑到重判可能性的基础之上，以控书构成要件为依据向更高级法院移交送审。关于移交转审的决议是针对全部被告人的，因为无论是检察官的检察、辩护律师的辩护，还是法院的最终判决，都需要在听证程序顺利完成的基础之上并参照其结果才能为各被告人判处刑事责任的性质和界限（首都高级法院，第二刑庭，10863/2009/3）。而法院或其他实施刑事诉讼程序法行为的刑事案件审理机关有没有刑事诉讼程序法中所规定的管辖权或审理权则无关紧要；但它们需要满足的条件必须是被授权可以审理刑事案件的机关或法院。这一条件也适用于案件审理所涉的国外机关。

具有委任特征的内部措施或者终止诉讼程序的法院判决都无法中断追诉时效，因为这些措施都不是针对被指控者的；因此，与之相关的案件处理措施（如以执法或传票递送为目标的住址调查等）也都没有中断追诉时效的效力。控书递交（《刑事诉讼程序法》第 263 条）本身也不是能够推动诉讼程序进行程序法行为，因而凭其自身也无法中断追诉时效。

新的犯罪行为或因其他犯罪行为而对犯罪分子实施的程序法行为也不能中断追诉时效（《刑法判例录编》3640）。一种刑事诉讼程序行为要想中断追诉时效，必须同时满足两项条件：一是必须要以已经或尚未确定的犯罪分子为针对对象；二是要以对所涉具体案件诉讼程序的实质性推进为目标。因此，一项特定的程序法行为无法中断之后才被认识到的进一步犯罪行为的追诉时效（《最高法院判例》III.818/2006/5）。

上诉的延期不会造成追诉时效的中断，但是延期的时间不计入追诉时效期内（《刑庭裁断》4/2007）。

对于与军人相关的《刑法典》第131条中规定的特殊可罚性消除事由来说，追诉时效中断规定无效。

第二，事实一致性。

搜查令属于刑事诉讼程序行为，有助于推动刑事诉讼程序的启动和进行。在发出搜查令时，调查机关不是必须要按名字标识可能的犯罪嫌疑人，而随后对所涉行为也不是必须要作出正确且完整的评判，因为调查机关在记录中只需记载从诉讼程序角度来看最为本质的事实。按照法律规定，在含有举报内容的书面记录中也可以包含搜查令，且后来的被告人在此搜查过程中有没有提及姓名，以及某一罪名在该搜查报告中有没有提到，都无关紧要。从追诉时效角度来看，重要的是搜查令是不是根据受害人所举报的内容。搜查令应与受害人所举报的犯罪时间和地点具体内容相适应，且会涉及举报内容所涉行为的真实性。

此外，从追诉时效角度来看，在犯罪嫌疑阶段对所涉行为的定性也不重要。完全符合法律要求的诉讼程序行为则无论如何都会中断追诉时效（《最高法院判例》II.129/2011/5）。

事实一致性和行为定性正确与否是两个不同概念，我们完全不能将两者等同起来；就连刑事诉讼法内与控告相关的内容里都没有这样的要求。根据《刑事诉讼程序法》第2条第(4)款规定，控诉者会根据《刑法典》对所涉行为进行定性后再将其作为控诉对象，然而这种行为定性与法院并没有关系，只有通过可诉性表述的构成要件与之相关［《刑事诉讼程序法》第2条］。在搜查令发出时，特别是在难于做出法律判决的、包含多重构成要件的财产侵犯案件中，还难以确定能将犯罪嫌疑人置于审讯之下的行为中哪些具有犯罪嫌疑，尤其是考虑到搜查行动有时还会持续多年。因此，与追诉时效相关的司法检查并不是为了查明在搜查令发出时的记录中有没有包含全部与犯罪相关的构成要件要素，而只能检查这些要素是否包含在了被全盘接受的举报和有成果的举报补充中（《首都高级法院刑庭》3.121/2011/11）。

从追诉时效角度来看，在提交上诉时应当检查作为控告内容提交的事件构成要素是否包含法律构成要件与之相同的犯罪行为。如果控告内容中缺少法律构成要件行为的话，就算提交了控告书也无法将其看作是可以中断追诉时效的程序法行为（《最高法院判例》II.98/2010/8）。追诉时效期限应与犯罪行为的法律评定相适应，就算控告书中对行为的定性是错误的也不例外（《法院判例》2012.86）。

法院所做的可罚性追诉时效决定和诉讼程序终止决定在生效后都属于判

决。追诉时效作为一种可罚性消除事由，须在《刑法典》第 26—28 条相关规定基础之上加以确定。因此，法院决定的主导构成要件都必须包含对《刑法典》第 26—28 条规定的适用具有关键意义的事实；只有这样才能使遭受非议的法院决定完整、肯定地回答因追诉时效事由导致的可罚性消除规定能否站得住脚的问题。所有这些条件都要求法院决定的主导构成要件——在所有单一犯罪的情况下——都必须包含构成诉讼程序对象的罪名的法律定性、实现时间以及（可能）使其追诉时效期限发生中断的程序法行为措施发生的准确时间。只有在这些信息得到确认核实之后才能判定遭受非议的法院决定中的决议性规定是否与刑事实体法规定相一致，以及所涉追诉时效是否已实现（《最高法院判例》III.208/2007/5）。

对于追诉时效的成立需要提出检查申请，而要想对这一申请作出实质性判定，就必须同时检查为追诉时效的成立或排除提供确定基础的全部搜查行为。根据《刑事诉讼程序法》规定，这些搜查行为的资料没有必要记入判决构成要件之中。因此，以与追诉时效相关的一系列最高法院搜查行为及其完成时间为基础作出的判决，并不意味着对审查程序中规定的构成要件绑定要求的违反（《法院判例》2005.163）。

对于犯罪所引起的损失而言，只要引起损失的犯罪行为可罚性追诉时效尚未过期，对损失的补偿要求时效同样也不会过期。因此，如果某种刑事诉讼程序行为中断了可罚性追诉时效，那么相关民法要求的时效期限也会随之延长（《法院判例》2009.366）。

《刑法典》第 28 条第（2）款规定，如果刑事诉讼程序被暂停，暂停时长不被计入追诉时效期限内。但是如果刑事诉讼程序被暂停的原因是在搜查过程中无法确定犯罪分子的身份、处所或发现犯罪分子处于精神病状态之下，则不能适用此条规定。

追诉时效的中断和中止是两个不同概念。追诉时效的中止是由刑事诉讼程序的暂停引起的。刑事诉讼程序的暂停是指由于暂时性阻碍而没有办法继续进行调查或法院诉讼程序，所以在刑事诉讼程序暂停期间追诉时效也随之中止〔《刑事诉讼程序法》第 188 条、第 266 条、第 307 条、第 359 条第（3）款、第 392 条第（1）款 a 点〕。

因刑事诉讼程序暂停而中止的追诉时效不可中断，因此在刑事诉讼程序暂停期间针对犯罪分子所实施的可以推动刑事诉讼程序进行的程序法行为对追诉时效没有影响。追诉时效期限在中止结束之后也不会重新开始计算（《法院判例》2008.110）。

从概念上来说，处于中止状态之下的追诉时效不可能被中断，因为追诉时效中止的作用就是使犯罪行为的可罚性在此期间不存在追诉时效问题。因此，在给定案件当中，追诉时效中止多长时间都没有影响，即使追诉时效中止时间比追诉时效本身的期限还长也无所谓。在追诉时效中止期间不仅不存在追诉时效问题，而且中止前后的时间还应连续算入追诉时效期限内，所以说，追诉时效中止和追诉时效中断的不同之处还在于追诉时效的中止不会导致追诉时效的重新计算（《法院判例》2008.110）。

为了概念的准确性和用词的统一性，新《刑法典》在第 28 条第（2）款中一改先前《刑法典》中"精神病"的措辞，而改用了"病理性精神状态"的说法。根据《刑法典》第 28 条第（3）款的规定，如果在一段时间之内，由于建立在公法规定基础之上的特许的存在，刑事诉讼程序因为有判决权限的机关无法中断豁免权而无法继续进行或顺利启动的话，则这段时间不能算进追诉时效期限之内。但是如果所涉刑法起诉的控告是由自诉人代理的，则不能适用这一规定。

《刑事诉讼程序法》中实质性地规定了所涉当事人为特权享有者的案件的诉讼程序，并且对建立在公法规定基础上的特许和建立在国际法基础上的特许分别作了一系列规定（《刑事诉讼程序法》第 551—554 条）。法律对满足公法规定之人的范围有特殊规定。在由建立在公法规定基础上的特许造成的追诉时效中止问题上，与之前的《刑法典》相比，新《刑法典》在第 28 条第（3）款中规定仅仅发生了技术性改变。新《刑法典》摒弃了原来对诉讼程序启动或继续支持的不予许可，因为这一规定如今已经不复存在。

《刑法典》第 28 条第（3）款第一句话中的规定不适用于控诉由自诉人代理的自诉型犯罪案件中。在这条规定的适用范围内，《刑事诉讼程序法》第 52 条第（1）款中规定占有主导地位。按照该条款规定，如果关于刑事诉讼程序的法律（《刑事诉讼程序法》）没有特殊规定的话，在所涉犯罪分子可因自诉申请而被判罚的前提下，与轻微身体伤害罪、隐私侵犯罪、通信秘密侵犯罪、诽谤罪、中伤罪和信仰侵犯罪等相关的控告可由受害人自己作为自诉人来代理。而如果控告代表权由检察官作为公诉人来接手，并由他来提出控告的话，则应适用《刑法典》第 28 条第（3）款第一句话中的主要规定，因为这时控告已经不是由自诉人代理了（《刑事诉讼程序法》第 496 条）。如果一开始控告是由自诉人代理的，随后所涉行为追诉时效又到期了，则在后期检察官就会由于追诉时效的障碍而无法接手其控告代理权了。

对于追诉时效中断和中止的期限计算规定，新《刑法典》在第 28 条第（4）款做了与之前《刑法典》一致的规定，只是加了一点补充，即除了缓刑期（《刑法典》第 65 条）时间以外，上诉延迟期（《刑事诉讼程序法》第 222 条）时间及赔偿工作（《刑法典》第 67 条）时间同样不被算进追诉时效期限内。如果没有这一补充规定的话，就会因出现追诉时效事由无法停止缓刑的状况。而在上诉延期的情况下则会形成一种二分情境，即假如上诉的延期是有成效的，诉讼程序就会终止；而假如上诉的延期是没有成效的，控告就需要照常提交。正是考虑到这种二分情境，追诉时效的中止才被写入了法律中。

三、赦　免

"赦免实质上对法律具有暂停功能，属于国家主权意志管辖范围之内，所以它在理论上是立法机构的一种权力，体现在刑法领域里就是对刑罚需求的放弃。""立法者没有能力使法律行文准确到偶然的不公性全无的程度，因而就需要通过统治者行使其赦免权来使这种法律不公性所造成的后果得以解决。当然，统治者的赦免权总是有利于被告人的。这里也再次显示了国家把哪种不公性看得更重：是个人不公性，还是国家刑罚需求不公性"。

所以说赦免是国家放弃——部分或全部——刑罚需求的一种方式。有赦免权限的机关或个人在一定的诉讼程序秩序框架内以国家的名义行使赦免权。赦免权的行使可以免除犯罪分子的全部或部分刑事诉讼程序、处罚以及刑罚的执行。

我们可以根据犯罪分子获得赦免时正处于刑事诉讼程序的哪一阶段来区分不同的赦免类型。由此我们可以把赦免分为三类：

第一类是诉讼赦免，或称为诉讼程序赦免。这种赦免方式可以发生在犯罪发生后到法律判决前（最终决议尚未公布之前）的这段时间内。这种情况下的赦免会终止诉讼程序并最终完全消除当事人的当罚性。

第二类是刑罚执行赦免。这种赦免方式所终止的是已判处刑罚的执行或已开始但尚未执行完成的刑罚的执行。

第三类是罪责免除赦免。这种赦免方式可以为被判刑者免除之前刑罚记录带来的不利（《刑法典》第 104 条）。

根据《刑法典》第 25 条 c 点规定，（具有可罚性排除效力的）赦免是指诉讼程序赦免，所以在接下来的讨论中我们所说的也是这种类型的赦免。虽然诉讼程序赦免可以排除当事人可罚性，但却不能对扣押和财产没收等处置决定形成障碍（《刑事诉讼程序法》第 334 条）。

而从所涉人员范围来看,赦免令又可分为:(1)个人赦免,(2)大赦。

注解1:《基本法》第9条第(4)款规定,共和国元首"g)行使个人赦免……"在个人赦免的情况下,共和国元首衡量的是所涉具体犯罪分子或被告人的个人情况(如重病等),并自主确定其是否应当予以赦免。

赦免提议可以由不同的人——以官方名义或应当事人一方请求——向共和国元首提出。在控告书上交之前,以终止诉讼程序为目的的赦免可以先由最高法官向司法部部长提出,再由司法部部长向共和国元首提议;而以实现对尚未执行的刑罚、缓刑和教养所教养等处置的免除或减轻以及对被判刑者之前刑罚记录不良影响的免除为目的的赦免则直接由司法部部长向共和国元首提议。而对于上述没有提到的处置的减轻或免除,以及对已执行刑罚或处置的后期免除,则不可做出赦免提议。赦免请求可以由被指控人、辩护人、未成年人的法定代表人以及被指控人的家属来提出[《刑事诉讼程序法》第597条第(1)—(3)条]。

包含判决所需资料的文件以及赦免请求

a) 在控告书上交之前,由检察官向最高法官提交,

b) 在控告书上交之后由法院向司法部部长提交。赦免请求对诉讼程序的推进没有延缓效力[《刑事诉讼程序法》第598条第(1)款]。

需要提到的是,最高法院法律一致性委员会于2003年5月12日在布达佩斯召开的内部会议上,对基于最高法官的申请并由共和国元首行使的个人赦免的法律理解作了讨论,并将结果作为规定记录在了3/2003《刑法统一判例》中。根据规定,《刑法典》第19条中的规则是与由共和国元首行使的个人赦免相关的,这些规则不可与大赦混为一谈。按照《刑法典》中与此相关的规定,对于基于1990年第×××1×号法律规定基础之上执行大赦中所涉及的被告人也应看作是自由剥夺期满的人。

注解2:根据《基本法》第1条规定,国会"j)行使大赦……"国会在法律中声明,在大赦情况下——与犯罪分子无关——部分犯罪种类的刑事诉讼程序无法启动或进行。大赦对全部三种赦免类型(诉讼程序赦免、刑罚执行赦免、罪责免除赦免)都适用。

如果被指控人因为大赦而获得了自由剥夺刑罚特定部分的执行赦免,则审判豁免的等待期应以判决中的原始刑罚期为准来看待。从审判豁免时间先决条件的角度来看,自由剥夺刑罚不能被大赦削减,而是以判决中的原始刑罚期为转移。这是因为刑罚执行赦免并不能改变已经判处好的自由剥夺刑罚的规模,只有法律才有权力决定不需对被指控者执行一部分自由剥夺刑罚。因为审

判豁免所需的时间条件还没有得到满足,所以对被指控人不可施行审判豁免(参阅《最高法院判例》I.3479/1993.)。

四、积极悔改

第29条第(1)款 危害生命、人身安全和健康,侵犯人身自由,伤害名誉尊严以及其他根本权利,违反交通法、财产保护法以及非物质产权法的轻罪罪犯或严重性低于3年有期徒刑的重罪罪犯,如果在犯罪之后、被追诉之前认识到了自己的罪过,并通过仲裁程序框架——或者在仲裁程序之前,但遵循在仲裁程序框架内形成的协议——以受害人可以接受的方式和尺度对其犯罪行为造成的伤害做了补偿,便不再具有可罚性。这条规定对以危害生命、人身安全和健康、侵犯人身自由、伤害名誉尊严以及其他根本权利、违反交通法、财产保护法以及非物质产权法的罪名为决定性部分的数罪来说同样适用。

第(2)款 在第(1)款中所列罪名之下,如果犯罪情节严重性在5年有期徒刑以下,而且犯罪分子在犯罪之后、被告之前认识到了自己的罪过,并通过仲裁程序框架——或者在仲裁程序之前,但遵循在仲裁程序框架内形成的协议——以受害人可以接受的方式和尺度对其犯罪行为造成的伤害做了补偿,则可对其无限减轻刑罚。这条规定对以危害生命、人身安全和健康、侵犯人身自由、伤害名誉尊严以及其他根本权利、违反交通法、财产保护法以及非物质产权法的罪名为决定性部分的数罪来说同样适用。

第(3)款 如果犯罪分子

a) 属多次犯罪或特殊惯犯,

b) 是在犯罪团伙中完成的犯罪行为,

c) 其犯罪行为造成了死亡,

d) 其故意犯罪行为是在自由剥夺刑罚暂停缓刑期间,在自由剥夺刑罚判决以后、执行以前,或者是在缓刑或上诉延期之下完成的,或者

e) 之前由于故意犯罪参与过仲裁程序,并被适用过第(1)款或第(2)款中的规定,且从上次法律判决生效到犯下新的故意罪行之间所隔时间不满两年,则不可对其适用第(1)—(2)款中的规定。

我们在此所讨论的法律制度通过于2007年1月1日正式生效的2006年第51号法律被写入了旧《刑法典》中。从这部法律生效到现在,已经参考更新中的司法管理视点以及刑事调解在过去多年中积累的实践经验做了多次修订。积极悔改(作为一项法律制度)实际上正是为了使犯罪分子能够遵循在仲裁程

序（即调解）中形成的协议，以被害人可以接受的方式和尺度对其犯罪行为所造成的伤害进行弥补。积极悔改制度的目标是通过仲裁程序协助弥补犯罪后果，并帮助犯罪嫌疑人日后遵纪守法。

与该问题相关的《刑事诉讼程序法》修订案前言中指出："犯罪分子与被害人之间的协议的促进作用以及对该种协议的注意都作为预设目标以十分醒目的形式出现在了欧盟委员会关于被害人刑事诉讼程序法律状态的 2001/220/IB 号框架式决议中。根据该决议第 10 条规定，各成员国须在其本国法律体系内确立的罪名范围内协助展开刑事案件中的调解。按照对该决议中所做规定的理解，各成员国还应确保被害人和犯罪分子在调解过程中达成的一致在刑事诉讼程序中能被予以关注。根据与欧盟相关的公约第 34 条内容，该决议还规定'在预达结果方面需由各成员国负责，而在形式和方式的选择上则应由各国家机关来管'。这一规定实质上意味着这项决议不能直接作用于成员国的内部法。这一框架式决议不仅定义了调解制度的框架和一般诉讼秩序，同时还规定其内容的适用必须与各成员国的内部法相协调，也就是说各成员国在自由选择形式和方式的同时，也有义务制定与其内部法相符合的执行规则。"仲裁程序的作用是在刑事诉讼程序中为受害人创造更为有利的处境。在上述修订法案之前的法律规定中，只是部分实现了对犯罪行为所造成的有害后果其他方式的弥补，因为之前的法律规定主要集中于对"受害人所遭损失"的弥补，所以就需要更加重视关于调解的诉讼经济学视点，并为受害人利益的关注提供更加广阔的空间。而且除了对受害人进行金钱赔偿之外，通过调解还能发现许多其他不同的弥补方式，如犯罪分子的公开忏悔、对受害人及牺牲者的安抚、按照被害人要求对犯罪所致伤害的弥补，等等。犯罪分子的当罚性与被害人所收到的赔偿性付款无关。

综上所述，如果犯罪分子能在上诉提交之前认识到自己的罪过，表现出悔改之意，并以被害人可以接受的方式和尺度对其犯罪行为造成的伤害加以补偿，则其可罚性便可排除。在其他条件一应满足时，调解的可能性是自然存在的，就算在被害人为法人的情况下也是如此。

在《刑法典》第 29 条规定范围之内，成功的仲裁程序可以终止刑事诉讼程序或者无限制减轻被告人刑罚，而积极悔改则可为这一制度奠定刑法（实体法）基础。

《刑法典》第 29 条第（1）款和第（2）款中对于积极悔改的规定，制定了基本一致的适用条件。但从积极悔改制度的角度来看，其中所涉犯罪行为的客观危害及其所对应的法律后果之间却有所不同。其不同之处在于：

——在第（1）款中，当积极悔改条件得到满足时，如果所涉罪名为轻罪或严重性低于 3 年有期徒刑的重罪，则可排除犯罪分子可罚性；而

——在第（2）款中，如果所涉罪名为严重性低于 5 年有期徒刑的重罪，则有无限制减轻犯罪分子刑罚的可能性。

下面让我们再来看一下第（1）款和第（2）款规定中相同的——主观性——条件。

第一，《刑法典》在考虑到犯罪行为客观危害的同时，还会对积极悔改的适用情形加以审查。

根据《刑法典》中的说明——正如我们在前文中所指出的那样——只有在危害生命、人身安全和健康罪（《刑法典》第 15 章）、侵犯人身自由罪（《刑法典》第 18 章），伤害名誉尊严及其他根本权利罪（《刑法典》第 21 章），违反交通法（《刑法典》第 22 章）、财产保护法（《刑法典》第 36 章）以及非物质产权法（《刑法典》第 37 章）等罪名情况下才可考虑积极悔改的可能性。积极悔改：

一方面，在轻罪或严重性低于 3 年有期徒刑的重罪情形下，可以免除犯罪分子罪责[《刑法典》第 29 条第（1）款]；

另一方面，在严重性低于 5 年有期徒刑的重罪情形下，可以无限为犯罪分子减缓刑罚[《刑法典》第 29 条第（2）款]。

第二，犯罪分子必须在上诉提交之前承认其罪行，并且同时还应承认其罪过。

如果被指控人在上诉提交之前对其罪行和罪过做了承认口供，那么法官就可以使案件进入仲裁程序。如果调解程序有了成效，法官就应——以犯罪分子的积极悔改为参考——终止刑事诉讼程序。

如果被指控人紧临上诉提交之前做了承认口供，法院照样也可以为案件开启仲裁程序。而在这种情况下，如果调解成功，则应由法院参考犯罪分子的积极悔改终止诉讼程序。

在《刑法典》第 29 条第（2）款规定的情形下，就算仲裁程序有了成效，刑事诉讼程序还是得继续进行。这样一来，考虑到只有法院才能作出减缓刑罚的决定，犯罪分子在审判阶段依然可以有积极悔改的机会。

为了使受害者的要求能更有效率（更快）地得到实现，新《刑法典》中还——作为更新——规定犯罪分子在仲裁程序之前对受害人所作的弥补也可以用作诉讼程序终止或无限制减轻刑罚的基础事由。不过在这种情况下，还需要满足一个条件，即犯罪分子应随后使其弥补同在仲裁程序框架内达成的协议统一起来，以使诉讼程序可以终止，或者要确保同时满足无限制减轻

刑罚的其他条件。

第三，积极悔改制度还有一个条件，那就是被害人和犯罪分子必须同时且自愿要求仲裁。

第四，积极悔改制度的另外一个条件是，犯罪分子必须要以被害人所接受的方式和尺度对其犯罪行为所造成的伤害进行弥补。

积极悔改不但要求犯罪分子承认其罪过，还需要犯罪分子与被害人就弥补方式达成一致，并按协议完成弥补。

积极悔改中的弥补可以是被害人所接受的任何方式和尺度的补偿，并且这种补偿不一定非得是金钱补偿，还可以是支付租费、部分损失弥补、以体力劳动"抵消"损失等多种不同方式。

《刑法典》第 29 条第（1）款和第（2）款中体现出立法者想要拓宽仲裁程序适用范围的意图和努力，比如其中规定：

在数罪情况下，如果数罪中包含的各犯罪行为之中起决定性作用的是我们在此讨论的罪名类型，无论数罪中的其他罪名是与它们紧密相联的还是别的（当处刑罚与它们相比较轻的）犯罪行为，都不会对仲裁程序构成阻碍。

此外，本条内容还规定，就算所涉犯罪没有受害人（如环境污染罪、侵犯消费者权益罪等），法官或其他审理机关也可以"展开谈判，并完成仲裁程序"（《刑法典》前言）。

"当前面已经提到的《刑法典》第 29 条第（3）款中所述事由成立时，就算其他条件都成立，也没有积极悔改的可能性，同时也不可能开启可以实现积极悔改的仲裁程序。《刑法典》第 29 条第（3）款中所述的事由一方面与犯罪分子相关，另一部分则与构成犯罪嫌疑和控告内容的行为的特征及客观危害相关。"

至此，我们已经可以看出，积极悔改就其法律属性来说，既是一种刑事实体法制度，也是一种刑事诉讼程序法制度。

在实体法中所规定的犯罪行为当中，仲裁程序可以用作一种诉讼程序法工具。《刑法典》对仲裁程序不能适用的事由作了相关规定，同时还规定了有成效的仲裁程序的实体法后果，即何时可以免除可罚性，何时可以对犯罪作无限轻判。所以说，从实体法角度来看，仲裁程序的成果是积极悔改，而其后果则是基于犯罪刑罚的可罚性消除事由或刑罚无限减轻事由。

下面将引述《刑事诉讼程序法》第 221/A 条中关于仲裁程序特别提到的仲裁程序的目标和条件，同时还指出，仲裁程序的具体细节由相应的具体法律来规定。根据关于在刑事案件中可适用的仲裁活动的 2006 年第 123 号法律中的界定:"第 1 条　本法律适用于检察官或法院认为按照与刑事诉讼程序相关的 1998 年第 19 号法律(《刑事诉讼程序法》)规定应当启用仲裁程序的刑事案件中。"

五、刑法规定的其他免罪事由

《刑法典》第 25 条 e 点中指出,法律中规定的一些其他事由也可消除可罚性。这些事由一部分在《刑法典》总则部分,另一部分在分则部分。

在《刑法典》总则部分可以找到以下可罚性消除事由:

——发生在犯罪未遂阶段的自愿停止及对犯罪后果的自愿阻止[《刑法典》第 10 条第(4)款];

——发生在犯罪预备阶段的自愿撤销[《刑法典》第 11 条第(2)款];

——缓刑情况下缓刑期的成功度过[《刑法典》第 66 条第(2)款];

——军人正犯已结束服役期满一年后,不再因服役期间所犯轻罪而具有可罚性(《刑法典》第 131 条)。

在《刑法典》分则部分也有诸多其他的可罚性消除事由,比如:

——在赡养过失的情况下,在第一阶段审判作出之前将财产义务履行完成的话,可以消除可罚性[《刑法典》第 212 条第(3)款]。

——对于暴力改变宪法秩序以及组织违反宪法秩序运动的犯罪分子来说,如果在其自愿停止之后,犯罪行为或组织运动都没有继续进行,或者其主动阻止了犯罪行为或组织运动的继续进行,则其可罚性也可消除[《刑法典》第 254 条第(3)款、第 255 条第(2)款]。

——对于暴乱罪的参与者来说(不包括组织者和领导者),如果在暴力行为开始之前,出于自愿或应当局要求而自动放弃群众暴乱行为,则可消除其可罚性[《刑法典》第 256 条第(4)款]。而在间谍罪当中,如果承担或自荐承担间谍活动的犯罪分子在开始进一步间谍活动之前,将所涉间谍活动向当局作了主动报告并且完全断绝了与外国方面的联系,则其可罚性也可消除[《刑法典》第 261 条第(4)款]。

——对于暴力侵犯机关人员的团伙犯罪参与者来说(不包括组织者和领导者),如果出于自愿或应当局要求而退出了犯罪团伙,则可消除其可罚性[《刑法典》第 310 条第(7)款]。

参考文献

安加尔,帕尔:《刑法讲座》第二卷,佩奇,1906～1908,589。

安加尔,帕尔:《匈牙利刑法教材》,布达佩斯:雅典大殿文学与印刷出版社,1920(参阅安加尔:《匈牙利刑法教材》)。

艾来克,巴拉日:《刑事诉讼程序中的法律力量》,布达佩斯:富兰克林集团,1905。

弗尔德瓦里,尤诺夫:《匈牙利刑法总则》,布达佩斯:奥西里斯出版社,1998。

科哈米,拉斯洛:《法律安全与刑法制定——关于刑法追诉时效的几个问题》,《基本刑法问题》,乌厄[著],佩奇,2012。

纳吉,费伦茨:《匈牙利刑法总则》,布达佩斯:皇冠出版社,2001。

纳吉帕尔,萨博尔奇:《刑法仲裁(调解)的法律理论》,《公正·平等·致敬》,2011 年第 1 期。

尼拉什,卡塔琳:《刑事案件调解与欧盟要求》,《青年学习》,2011 年第 1 期。

沙利,帕尔:《可罚性障碍的罗马法根源》,《法学公报》,1999 年第 12 期。

施葳格哈特,扎内特:《匈牙利刑法调解初体验》,《匈牙利法律》,2010 年第 3 期。

瓦姆贝里,卢斯特姆:《刑法 I—II》,布达佩斯:卡洛伊格里尔出版公司,1913(参阅瓦姆贝里:《刑法 I—II》)。

司法实践

11/1992.(III.5.)AB 决议,23/D/2007. AB 决议。

3/2003《刑法统一判例》、1/2005.《刑法统一判例》、3/2010.《刑法统一判例》、3/2007.BK;《刑庭裁断》3、《刑庭裁断》67、《刑庭裁断》69、4/2007《刑庭裁断》、《刑庭裁断》31;《法院判例》1995.3、《法院判例》1995.202、《法院判例》1995.443、《法院判例》1995.686、《法院判例》2007.149、《法院判例》2009.132、《法院判例》2010.30、《法院判例》2011.88;《最高法院统一判例》2008.1851;《法院判例》1977.176、《法院判例》1996.567、《法院判例》1998.162、《法院判例》2003.99、《法院判例》2004.307、《法院判例》2005.163、《法院判例》2005.378、《法院判例》2007.363、《法院判例》2008.110、《法院判例》2008.204、《法院判例》2009.366、《法院判例》2010.204;《原则》2009.2032;《刑法判例录编》201、206、2486、2493、3640、4696、5692、5693、7087、7884。

第六章　其他刑事责任追究障碍

（艾来克·巴拉日博士）

第 30 条　a)上诉,或 b)举报的缺失会对刑事责任的追究造成障碍。

除了行为当罚性和犯罪分子可罚性排除或限制事由以及可罚性消除事由之外,还有第三类可罚性障碍,即刑事责任追究障碍条件。这些可罚性障碍从其法律性质来看,具有不同质的特征,一部分是实体法障碍,而另一部分则是程序法障碍。这第三类可罚性障碍并不能排除所涉行为的犯罪性特征,但却可以对可罚性及刑事诉讼程序构成障碍。在部分犯罪案件中,《刑法典》规定根据特定人员的意志及意志声明来确定是不是需要启动刑事诉讼程序。在刑事责任追究的其他障碍中,犯罪当时已实现了所有法定犯罪条件,但却因缺少法律进一步要求的条件或法定人员的意志声明而无法启动和完成刑事责任追究程序。

这一类可罚性障碍中主要包括上诉或举报的缺失,此外还有外交豁免、豁免权以及其他个人赦免的情况。刑事诉讼程序的完成所需的条件及其缺失一部分是由《刑法典》规定的,一部分则是由其他法律——主要是《刑事诉讼程序法》——规定的。以前的《刑法典》总则部分把与上诉相关的规定放进了可罚性排除事由的章节内。对此,新《刑法典》作了调整,而把这一类可罚性障碍单独列成一个章节。

一、上诉缺失

第 31 条第(1)款　按照本法律规定,只有在有上诉提出时,犯罪分子才具有可罚性。

第(2)款　受害人有权提交上诉。

第(3)款　如果受害人行为能力受限,则上诉也可由其代理人提交;如果受害人完全没有行为能力,则上诉只能由其代理人提交。在这些情况下,监护当局也有提交上诉的权限。

第(4)款　如果有权提交上诉的受害人死亡,则其家属获得提交上诉的权限。

第(5)款　针对任意一名犯罪分子提出的上诉都对全部犯罪分子有效。

第(6)款　上诉提交之后不可撤回。

上诉是指被授权提交控告的人明确表达与犯罪分子刑事责任追究与刑罚相关意愿的声明。与旧《刑法典》总则部分规定一致,新《刑法典》中对上诉的形式也没有定义,上诉的实质是包含受害人的意志声明,而法院也总是应该根据上诉的内容来作出判决。

在《刑法典》的分则部分规定的情形中,上诉属于可罚性条件之一,其缺失可以对刑事责任的追究构成障碍。当国家向受害人授权自行决定是否追究犯罪分子的刑事责任时,有时哪怕所涉犯罪行为的客观危害并不突出,也有可能成为只能应上诉而产生的可罚性的法律政策学原因。而还有一些时候,可罚性与上诉之间的绑定关系是由受害人的容忍导致的。

《刑事诉讼程序法》在基本原则范围内规定了官方诉讼程序——即官方性——的原则(《刑事诉讼程序法》第 6 条)。该项原则规定,法院、检察官及调查机关在刑事案件中的职责就是启动和完成诉讼程序,而与受害者同意与否无关。

例外的情形是刑事诉讼程序的启动依赖于有上诉权的个人或机关的意志的情况。自诉型犯罪行为主要包括:轻度身体伤害罪[《刑法典》第 164 条第(2)款]、性胁迫罪基本型[《刑法典》第 205 条第(3)款]、性暴力基本型之一[《刑法典》第 197 条第(1)款 a 点]、猥亵罪[《刑法典》第 205 条第(3)款中规定的基本型]、医疗卫生自治权侵犯罪(《刑法典》第 218 条)、非法闯入私宅罪(《刑法典》第 221 条)、骚扰罪(《刑法典》第 222 条)、个人隐私侵犯罪(《刑法典》第 223 条)、通信隐私侵犯罪(《刑法典》第 224 条)、侮辱无防备人员罪(《刑法典》第 225 条)、诽谤罪(《刑法典》第 226 条)、中伤罪(《刑法典》第 227 条)、亵渎罪(《刑法典》第 228 条)等。而当受害人是犯罪分子家属时,还有盗窃罪、损毁罪、滥用罪、欺诈罪、利用信息系统诈骗罪、不诚实交易罪、非法侵占罪、收赃罪和擅自挪用交通工具罪等更多罪名(《刑法典》第 382 条)。

然而,如果侵犯性自由或违反性道德的犯罪同时还与其他不因上诉而当罚的罪名相关联时,则犯罪分子不能因上诉而被追究刑事责任。法律对医疗卫生自治权侵犯罪也有规定[《刑法典》第 231 条第(1)款]。上诉的缺失属于《刑事诉讼程序法》第 416 条第(1)款 c 点及第 373 条第(1)款 I 点 b 项中规定的可以导致无条件失效的诉讼程序法规则违反情形。然而,如果根据已生效法律决议的内容,上诉的缺失由于前文提到的罪名关联而构不成可罚性障碍的话,要是被指控人对其罪过裁定提出异议要求审查,则该审查对象在这种情况下不是诉讼程序法问题,而是实体法问题。如果对因上诉而当罚的行为的共时勘察(构成障碍的上诉)的缺失可以排除因官方要求而被追究的犯罪行为的勘察及其构成要件的澄清,则可确定因上诉而当罚的犯罪行为与不因上诉而当罚的犯罪行为之间的关联。因为这时《刑法典》所规定的主要利益是对官方发起追究的犯罪行为的勘察利益,而不是与受害人的容忍相联系的——在当罚性与上诉的关联中表现出的——利益(《法院判例》2009.97)。

从刑事诉讼程序法角度来看,因上诉而当罚的行为中有一部分是自诉,即控诉由受害者本人代理,但也可以转交检察官处理。然而,因上诉而当罚的行为中更大的部分所涉为公诉,即控告由检察官来代理。在因上诉而当罚的犯罪行为中,上诉形式为自诉的有轻度身体伤害罪、个人隐私侵犯罪、通信隐私侵犯罪、诽谤罪、中伤罪和亵渎罪。尽管中伤罪和诽谤罪都属于因上诉而当罚的犯罪行为,但是如果这类罪行是在机关诉讼程序之下针对机关人员所为,或者以与机关运作相关联的方式针对当局所为,则应因公诉而当罚[《刑事诉讼程序法》第52条第(4)款]。根据《刑法典》第231条第(2)款规定,如果中伤罪是针对治安机关人员所为,则不会因上诉而可罚[《刑法典》第231条第(2)款]。这条规定显然是把治安机关人员也与机关诉讼程序联系了起来,因此这一点可以看作是我们所引述的程序法规定之下的例外情况。由于治安机关人员之间有着特殊的上下级规则,所以与其他类型的机关人员不同,在涉及治安机关人员的情况下不能由他们本人来决定刑事诉讼程序何时开始。而当中伤罪与机关诉讼程序没有关联时,受害人的这一性质可能并不会被犯罪分子所了解,所以就应适用一般规则。有行为能力的受害人自己就可以行使其与上诉提交相关的权利,但这并不意味着其不能委托他人代为提交[《刑事诉讼程序》第57条第(2)款]。如果受害人的上诉是由其配偶代为提交的,则需进行授权手续。这一期限在上诉时效过期之后依然有影响(《刑庭裁断》7)。

如果受害人行为能力受限,且除他本人以外只有其法定代理人或监护当局有权代其发起上诉,则上诉也可由法定代理人或监护当局发起。如果受害人所受伤害是其代理人所为,则监护当局也有权代为发起上诉。

发起上诉的权限同时涉及具有有限行为能力的受害人、受害人的法定代理人以及监护当局三方。由于这三方的上诉发起权限是各自独立、彼此不相关的,所以时效也是各自独立的。如果在因犯罪而发起的官方诉讼程序中,只有到了后来才发现构成诉讼程序内容的犯罪行为只能因上诉而被追究,则根据《刑事诉讼程序法》第173条第(2)款规定,案件审理机关或法院有义务取得上诉授权声明。在这种情况下,30天的上诉时效应该从被授权发起上诉的机关获悉上诉要求的那一天起算。被同时授予上诉发起权限的监护当局则可在获悉上诉要求之后的 30 天内行使上诉权,不论受害人是否已行使过这一权利或者对这一权利的行使过晚。监护当局的上诉发起权限并不会因为受害人的成年而消失,即使受害人在成年后已不能发起上诉(《最高法院判例》L.505/2007/5)。

如果有上诉权的受害人死亡,则其家属有权代为发起上诉。对于亵渎罪的上诉可以由死者的家属及继承人发起。家属的概念在《刑法典》第 459 条第(1)款第 14 点中有所定义。对于医疗健康自主权侵犯罪(《刑法典》第 218 条第[2]款)的上诉除了医疗健康法中规定的行为能力受限的、已故的受害人的法定代理人以外,还可由死者的家属代为发起[《医疗健康法》第 211 条第(1)款]。

针对任意一名犯罪分子发起的上诉对案件所涉全体犯罪分子都有效力,上诉是不可分割、不可撤回的,但是在自诉或代理自诉程序中受害人可以放弃控告,受害人放弃控告之后诉讼程序随即终止。上诉的不可撤回性并不意味着有上诉权限者在法定上诉期限内不可变更之前所作的中性声明。

关于上诉发起的细节性规定包含在《刑事诉讼程序法》第 173—174 条中。上诉的发起在已经开始的刑事诉讼程序之下还可作继续补充。在获悉上诉要求之后的 30 天内,直到法院与实质性判决相关的委员会之前,有上诉权限者均可发起上诉,并可以在二期诉讼程序中继续做补充(《法院判例》2001.508)。

如果在刑事诉讼程序过程中发现由于资料或事实的缺失而只能因上诉而可罚的话,也可以应当局要求提交上诉增补。对于正在观察刑事诉讼程序的启动和进程的受害人或其他有上诉权限者来说,在没有当局要求的情况下特别作出新的声明,显然会显得有些不合逻辑,因为对犯罪分子的责任追究也正好是在进程当中。所以说,法院的过错以及指导或要求过失并不是有上诉权限者的责任,对这些过失的弥补也是合法的。同时,还有非常关键的一点,即要把受害人和有上诉权限者(即法定代理人)区别对待。尽管对于受害人来说,在犯罪发生当时就可以认识到犯罪分子是谁,但是对受害人的法定代理人来说却可能只有等到刑事诉讼程序启动之后才会了解犯罪分子的身份,尤其是当其直到刑事诉讼程序启动之后才了解到所发生的犯罪行为时更是如此(《法院判例》2001.58)。

上诉具有双重法律性质,但上诉期限同时也是诉讼程序的期限。实体法期限和程序法期限的本质区别在于,前者将开始日期计算在内,而后者不计算在内。这种区别的原因是因为实体法期限与对上诉要求的获悉无关,直接与追诉时效等的发生相关联,而程序法期限则实际上与对上诉要求的获悉相关联[《刑事诉讼程序法》第 173 条第(3)款]。然而,在错过上诉发起期限的情况下,只有当所涉罪行因公诉而被追究时才可使上诉合法化[《刑事诉讼程序法》第173条第(4)款]。

在《刑事诉讼程序法》第497条第(3)款中规定的相互轻度身体伤害罪、诽谤罪以及中伤罪等罪行的上诉发起时效可适当延长。

法律并没有为上诉的发起规定形式上的要求,这样一来,上诉就可以不受形式限制地以书面或口头形式呈送法院,但其同时也可将处理案件的警察的意思包含在内(《法院判例》1983.272)。如果上诉是通过向法院所作的口头声明发起的,则无论法院是以何种方式将其固定下来的,都不影响上诉的有效性(《最高法院判例》II.851/2010/5)。具有上诉权限的人所表达的全部希望追究犯罪分子刑事责任的声明都应看作是其上诉内容。在判定上诉的法律效力时,不应以有上诉权限者所作的断定为准,而应考虑受害人是因为什么样的违法行为而希望追究犯罪分子的刑事责任,并以此为主导因素来判定上诉的法律效力(《法院判例》1984.184)。

但是有一个条件是从上诉中应当可以确定受害人是希望追究犯罪分子的刑事责任的(《法院判例》2003.106)。

根据《刑事诉讼程序法》第173条第(3)款规定,从有上诉权限者获悉犯罪分子的身份的那一天开始的30天内都可以发起上诉。但是这条规定并不意味着不可以针对未知犯罪分子发起有效上诉,因为这样的话就等于是将举报驳回了[《刑事诉讼程序法》第174条第(1)款e点];相反,查明犯罪分子的身份正是调查机关的目标之一。有效上诉的关键在于其要追究刑事责任的对象必须是一个具体确定的人。对于在刑事诉讼过程中才被明确身份的犯罪分子不必重新发起上诉,因为那样的话就相当于对之前上诉的撤回了。

然而,如果在所涉案件中犯罪分子与受害人之间是家属关系,且这种关系在案情中具有关键性,则只有当受害人明知犯罪分子身份却还是坚持要对其完成刑事诉讼程序时,才可将对未知正犯的举报看作是有效上诉(《刑法判例录编》1500)。因上诉而可罚的财产侵犯罪在考虑到受害人与犯罪分子之间存在的家属关系之后才可当作是因上诉而可罚。因此,如果受害者直到调查结果出来之后才获悉犯罪分子原来是其家属的话,则其针对未知正犯所做的举报不可看作是有效上诉。而当犯罪嫌疑出现在这类人身上时,则法院在听取受害人的声明时,必须注意受害人是否希望对犯罪分子追究刑事责任。

在违反性道德罪案件中,就算正犯在被举报时身份尚未查明,则在其身份查明以后该举报仍可看作是有效上诉,因为这类罪名的特征就意味着未知犯罪分子与受害人之间不可能存在某种关系使得受害人必须在了解犯罪分子身份之后再根据其姓名发起上诉(《刑法判例录编》1268)。

上诉的缺失会对刑事责任的追究构成障碍,但是其所阻碍的并非罪名的成立,而只是刑事诉讼程序的启动或继续进行。而在自诉程序中,控告实际上并非上诉,而是举报。这种举报中包含了上诉内容,同时也能满足控告的法定要求。

然而,作为法定控告的上诉及自诉的无条件要素是对被指控人肯定确切的指认。"因此,对于身份未明之人从概念上来说不可发起上诉,这同时也意味着自诉并不是合法的,不能建立在法院诉讼程序的基础之上。"(《最高法院主要判例》2012.B.17)上诉的发起时间是一个需要在决议的历史性构成要件当中加以确定的事实问题。与此相关,根据主要司法实践,二级决议中可能出现的一个错误是上诉材料提交日期的错误记录,而与上诉迟交相关的无其他错误的结论也是建立在这一事实判定的基础之上的,且在审查范围内不可纠正,因为这一判定已成为构成要件的一部分了(《最高法院判例》III.1.645/1998)。

上诉的性质是一个事实问题,同时也是一个法律问题。所谓事实问题,是指要求上诉的时间、获悉上诉的要求时间以及上诉发起的时间这三个时间点。而至于需不需要发起上诉,上诉是否有法律效力,则已经是法律问题了。上诉的法律效力从根本上来说有两点要求:一是上诉发起人声明想要追究犯罪分子的刑事责任;二是上诉人的法律声明必须在规定时限内提交。

同时,在审判事实范畴中需要确定下来的问题还包括上诉要求是何时提出的,以及有上诉权限者是何时获悉这一上诉要求的(《最高法院判例》I.505/2007/5)。而最终决议的构成要件中还需包含有上诉权限者是何时获悉所涉罪行是由被指控者所犯这一事实的,且最终决议的构成要件还应可以作为依据来判定所涉上诉是否与《刑事诉讼程序法》的规定相符合,是否具有法律效力。所以这一条件的满足也需要证据来证明,因为如果缺少这一条件的话,就有可能造成上诉的无效(《最高法院判例》III.700/2007/6)。而对于案情涉及亲属关系的犯罪行为来说,还需查明受害人与犯罪分子的亲属程度,否则就可能导致判决没有根据。因为在不弄清两者亲属关系的情况下,无法确定所涉行为是否应当因上诉而追究刑事责任。

二、举报缺失

第 32 条　在本法律所规定的情形中,只有当举报是由有举报权限者做出时,犯罪分子才可罚。

根据《刑事诉讼程序法》第 171 条第(1)款规定,任何人都可以对犯罪行为进行举报。而《刑法典》则考虑到司法犯罪中假诉和伪证的情况而规定了有限的举报权,即只有当举报是由有举报权限者做出时,犯罪才具有可罚性[《刑法典》第 270 条第(1)款、《刑法典》第 274 条]。在有限举报权的情况下,举报的缺失会对刑事责任的追究构成障碍。这一点在《刑事诉讼程序法》中与举报驳回、调查终止和诉讼程序终止相关的条款规定中也有体现[《刑事诉讼程序法》第 174 条第(1)款 e 点、《刑事诉讼程序法》第 190 条第(1)款 g 点、《刑事诉讼程序法》第 267 条第(1)款 e 点、《刑事诉讼程序法》第 332 条第(1)款 b 点]。《刑法典》在第 32 条中规定了在有限举报权之下举报缺失构成可罚性障碍的实体法依据,并以此明确规定,只有在刑法中所确定的情形之下,才可与当局所定的诉讼程序原则有所不同。

参考文献

贝洛维奇,艾尔文-巴拉日,盖雷尔-费伦茨,纳吉-米哈伊,托特:《刑法 I——总则》,布达佩斯:HVG-ORAC 出版公司,2012。

弗尔德瓦里,尤若夫:《匈牙利刑法总则》,布达佩斯:奥西里斯出版社,1998。

纳吉,费伦茨:《匈牙利刑法总则》,布达佩斯:皇冠出版社,2001。

司法实践

《法院判例》2009.97、《法院判例》2001.508、《法院判例》1983.272、《法院判例》1984.184、《法院判例》2003.106;《最高法院主要判例》2012.B.17。

匈牙利新《刑法典》述评
第二卷　总　则

主编:珀尔特·彼得博士
匈牙利公共服务及教科书出版社
布达佩斯
2013

目 录
CONTENTS

第七章 刑 罚

（加尔·伊斯特万·拉斯洛博士,许驰·安德拉什博士）

刑法的三个基本问题:什么是犯罪行为? 犯罪分子可以是谁? 应当判处什么刑罚? 我们把所有与刑事制裁及其适用和执行相关的刑法规定的集合称为制裁体系①。对于新《刑法典》的制裁体系,我们可以总结出以下五个特点:

首先,制裁的双重性特征被保留了下来:除刑罚(以及与之相关联的唯一附加刑罚)之外,还可适用各类处罚措施。

而根据主要规定,各项刑罚也可以同时裁定。

对于绝大多数犯罪行为,新《刑法典》都像以前的《刑法典》一样地判处监禁刑罚(然而在将来量刑实践可能会表现出不以监禁为伴随的新的主导制裁趋势,这是可以预见和很有希望的)。

根据主要制裁规定,法律对于监禁刑罚还规定了一个下限和一个上限(没有下限规定时则以一般性最低限度处置)。除主要规定外,新《刑法典》中还遵循了 1978 年第 4 号法律的 2010 年修订版中规定的"三击"规则,即在一些案件中,不存在法官判处刑罚严重程度的可能性,而必须对犯罪分子判处终身监禁的刑罚。这项规定也可视为绝对制裁。

处罚措施是以教化、纠正或保护社会等为目标的,其可以代替刑罚适用,也可与刑罚并行或在刑罚之后追加。

根据一种先前的、现在已被看成经典的定义,刑罚是国家针对犯罪主体所确立的一种法律制裁,这种法律制裁是在犯罪行为发生前就已经定好的,并由刑事法院来判定,其中包含贬斥性的道德价值评判,并以保护社会为目标②。

根据法学界在今天最倾向于接受的定义,刑罚是"有刑罚权力的国家机关为了维护社会安全、防止再次犯罪而用法律规定的方式针对犯罪分子判定并强制执行的制裁手段,其所表达的是社会对所涉犯罪行为的贬斥性价值评判"③。刑罚概念的实质,或者说其最近的种,是对被罚者的某种制裁。我们会剥夺被罚者的某种价值、自由、自由时间、金钱或是某种机会(包括驾驶、从业就职、在特定地点居留、参加运动活动或在匈牙利居留等)。刑罚除了制裁性质以外,还有一些其他特点,这一点从上面的定义中也可以看出来。刑罚当中必然会有社会贬斥性价值评判。刑罚判处的前提条件中一定会有犯罪行为的发生,这是刑罚的一个最本质条件,相比之下,制裁体系的另一主要分支——处罚措施——中则没有这样的硬性规定;处罚措施的适用不需要以犯罪行为的发生为条件,而只需要有(符合法律构成要件的)当罚行为即可。刑罚的判处只有通过司法判决、在严格遵循法定形式要求开展的刑事诉讼框架内才能实现。此外,强制性也是刑罚的最重要特征之一。换言之,法律规定不仅为刑罚的判处,也为刑罚的执行奠定了可能性。刑罚的目标具有双重性:一是维护社会安全;二是防止再次犯罪。我们把后一种目标称为预防性目标。这一目标又可分为角色作用可大可小的两种形式,即一般预防(即防止其他社会成员犯罪)和个别预防(即防止被罚者再次犯罪)。

自从体制改革以来,每一届匈牙利政府都尝试过用自己的犯罪政策达到减少犯罪这一唯一现实目标。在与犯罪作斗争的过程中,自由轻缓的犯罪政策和保守严苛的犯罪政策在相互改变中带来了一种来回摇摆的局面。新《刑法典》在制裁体系中也体现了较为严苛的一种方向。而在 21 世纪第二个 10 年伊始之际,刑事制裁之所以会形成一种新的体系,是由制裁体系所需要填补的任务决定的。今天,在带有贬斥性的按比例偿复和预防之余,还有一个理念也越来越被接受了,即刑事制裁同时也是为了抚慰被害者或被伤害的群体。因而,新《刑法典》的"明确目标就是为修复式的司法行政工具体系提供更大的空间。与此相应,对于重罪和造成加重型威胁的犯罪分子应当判以能体现出国家刑罚权威的制裁严厉性;而对于严重程度不那么高的犯罪行为则应把受害者的利益放到国家刑罚要求前面,并敦促犯罪分子改过自新"[④]。

匈牙利的刑事制裁体系无论从形式上来看,还是从内容上来看,都已经完成了转型。一方面,首先被废除的是死刑。几年之后,劳动刑罚的早期形式(即劳改劳教和重度劳改劳教)也被废止了。此外,主要刑罚和附加刑罚之间的区分也渐渐被淡化了(在现行《刑法典》中只有一种主要刑罚了),一系列刑罚和处罚措施也变得可以同时适用了。另一方面,新《刑法典》又增加了拘留和禁止参与体育活动等刑罚,并且使得禁令刑罚可以单独被适用了,同时还将劳动形式服刑和电子数据永久性封禁归入处罚措施中[⑤]。另外,新《刑法典》生效以后,还进一步拉近了分属刑法和违例法领域的两套法律制裁体系之间的关系。

在过去的 10 年间,根据统计数据显示,刑罚在实践中的运用呈现出非常有意思的现象。在新《刑法典》生效以前,运用比例更大的主要刑罚是罚款(所占比例约为 40%～45%),紧随其后的是所占比例约为 30% 的监禁刑罚(然而这类刑罚中约有 60% 被搁置在了年复一年的缓刑当中)。尽管在新《刑法典》生效之后,这一趋势也不会有什么可预期的重大变化,但是在新《刑法典》生效之后被判处的监禁刑罚的数量和比例都有了切实提高。终身监禁刑罚的判处数量在 21 世纪第一个 10 年间曾为每年 8～12 例。而在"三击"规则出台以后,这一数字也有望会提高。社会服务令刑罚所占 7% 的比例则进一步说明这种刑罚尽管有着广泛的运用范围,但仍然无法成为其他法律制裁的真正替代品。而其余的刑罚(除两种新刑罚外)到目前为止一直是作为一个整体以"独立适用的附加刑罚和处罚措施"为名出现在统计数据之中的(因为我们今天所见的刑罚中的大多数在以前都曾是作为附加刑罚实现的),其在全部被量制裁中所占的比例也作为一个整体在 1/5～1/4 徘徊。

最后还应提及的是,我们与尤若夫·弗尔德瓦里观点一致,认为"刑事处罚作为与犯罪作斗争的一种工具(且不是第一位也不是最重要的工具)应当能达到一定的教化功效,应当对公民的思想和行为起到一定程度的塑造作用,并对其人格起到一定的规范作用"⑥。

在制裁体系的两大分支之中,作为第一位的刑罚的列举及彼此同时或互为替代的适用条件在新《刑法典》中有如下规定:

第 33 条第(1)款 刑罚包括

a) 监禁,

b) 拘留,

c) 社会服务令,

d) 罚款,

e) 从业禁令,

f) 驾驶禁令,

g) 居留禁令,

h) 体育活动参与禁令,

i) 驱逐出境。

第(2)款 附加刑罚包括禁止参与公共事务。

第(3)款 刑罚(除第(5)、(6)款中规定外)可以彼此同时判处。

第(4)款 如果对所涉犯罪的刑罚上限严重性不超过 3 年有期徒刑,则以拘留代替监禁。

第(5)款 如果本法律要求对所涉犯罪行为处以拘留刑罚,则作为该项刑罚的替代或与该项刑罚同时还可判处社会服务令、罚款、从业禁令、驾驶禁令、居留禁令、体育活动参与禁令或驱逐出境等刑罚中的一项或多项。

第(6)款 a)在判处监禁刑罚的同时不可判处拘留或社会服务令的刑罚，b)在判处驱逐出境刑罚的同时不可判处社会服务令或罚款的刑罚。

法律对各种刑罚是根据其严厉程度来排序的。之前的法律规定——在1978年第4号法律基础上——一开始只包含三种主要刑罚。后来,在新《刑法典》生效前的10年内,一部分附加刑罚逐渐变成了主要刑罚,而由于如今只剩下一种附加刑罚(即禁止参与公共事务)的缘故,"主要刑罚"分类的保留及其概念的使用也变得没有必要了。另外,由于新《刑法典》中又增加了两种对匈牙利刑法来说是新类别的刑罚,所以在现行匈牙利刑事制裁体系中就总共包含9种刑罚和1种附加刑罚了。

各项刑罚还可以组合——即彼此同时——运用,如此便可达到尽可能高效的遏制力。而在这条主要规定之下,在第33条第(4)、(5)款中还规定了相关的例外情形。根据对所有这些规定的综合理解,可以得知,倘若所涉犯罪行为按照刑法分则规定当判处拘留或至少3年有期徒刑的话,则可同时判处社会服务令、罚款、从业禁令、驾驶禁令、居留禁令、体育活动参与禁令或驱逐出境等刑罚中的一种或多种。而在这两种当中的后一种情况下,或者说如果预期刑罚最多只有3年有期徒刑时,则也可判处拘留刑罚(单独或与其他刑罚相结合)。

在判处监禁的同时就不能再判处拘留,这一点是不难理解的。因为拘留本身也是具有监禁性质的刑罚,其本质是"小型监禁"。监禁和拘留的执行地点是一样的,区别只在于时间长短。就其本质而言,拘留的最长时间与监禁的最短时间是一致的。

在判处监禁的同时也不能再判处社会服务令。这是因为在监禁的同时很难实现社会服务令(但是在短期拘留的同时则可判处社会服务令,因为短期拘留在期满之后就不会再对社会服务令的执行形成障碍了)。

在判处驱逐出境的同时也不能再判处社会服务令或罚款。因为可以理解,被驱逐出境的人就不可能完成社会服务工作了,而被驱逐出境之后罚款——如果未上缴的话——也无法再用监禁来代替了。

因此,根据第33条第(4)款规定,对于刑罚严重程度不超过3年有期徒刑的犯罪行为,就算没有使用第82条中规定的所谓减缓刑罚阶段,也可以用拘留、社会服务令、罚款、从业禁令、驾驶禁令、居留禁令、体育活动参与禁令或驱逐出境等刑罚中的一种或多种来代替监禁刑罚的判处。

一、监　禁

第 34 条　监禁的期限可以是一段确定的时间,也可以是终身。

第 35 条第(1)款　法院对犯罪分子判处监禁刑罚之后,在重刑监狱、监狱或看守所中执行完成。

第(2)款　量刑时,可以根据主导条件,按照比法律规定高一个级别或低一个级别的执行程度来判定。此条规定不适用于在第 44 条第(1)、(2)款和第 90 条第(2)款基础之上判定终身监禁刑罚的情形。

第一,早在《柴迈吉法典》的刑罚体系当中,监禁就已经扮演着决定性的关键角色了。《柴迈吉法典》中对有期监禁和终身监禁的对待方式是一致的(事实上,刑法中也只是指出了监禁的特殊性质而已,而其中终身监禁只能在高级戒备监狱中执行)。此外,在 1950 年第 2 号法律(《刑法典总则》)中也是将有期监禁和终身监禁同样作为主刑看待的(尽管其当时被为"监狱刑罚")。在 1961 年第 5 号法律中只包含了与有期监禁相关的规定,但是对主要刑罚的表述已经开始使用今天所用的术语了。后来,到了 1978 年第 4 号法律当中,就开始区分有期监禁和终身监禁了,而新《刑法典》在这一点上也没有发生实质性的改变。

《柴迈吉法典》和 1879 年第 40 号法律文件(关于轻罪的匈牙利刑法典)中对监禁刑罚分成了 5 种不同性质,即从重到轻依次是重刑监狱监禁、监狱监禁、国家看守所监禁、看守所监禁和拘留。与此相对,《刑法典总则》从执行统一化的角度将监狱监禁规定为监禁刑罚的唯一形式。后来,在 1961 年第 5 号法律中对监禁刑罚作了两种执行方式的区分(即监狱监禁和劳改所监禁)。1966 年第 20 号法律显示出进一步的细致分化,在前面两种执行方式的基础之上又将监禁刑罚划分为四种级别的执行方式,即重刑监狱、监狱、重刑劳改所和劳改所。这一法律的颁布使得监禁刑罚执行级别的判定成为法院的任务,法院有职责在其判决中声明所判为何种级别的监禁。法律——主要是考虑被告人的可教化性——还规定了在判决中在什么情况下应判定何种级别的执行方式,但同时也允许法院根据案情对执行方式做出一个级别的例外提高或降低。1978 年第 4 号法律——与新《刑法典》所用的解决办法类似——规定了三种执行级别,即重刑监狱、监狱和看守所。确切地说,这种相似性体现在,1978 年第 4 号法律条文将监禁刑罚分成了重刑监狱、监狱和看守所监禁三种,而新《刑法典》规定的则是法院应对监禁刑罚做出正确合理的裁定,同时还规定了这一刑罚应在什么样的制度下——即是在重刑监狱、监狱还是看守所中——执行。此外,

1978年第4号法律也规定了法院可以根据具体案情对监禁执行方式作出一个级别的例外提高或降低。而新《刑法典》中关于此解决办法的具体规定则在性质上与先前的刑法发生了区别。1978年第4号法律强调的是犯罪分子的个人情况其及犯罪动机，而新《刑法典》中则没有提及这样的优先考虑性。除此之外，这两部法律在关于此问题的规定上还可作出更为本质的区分，按照1978年第4号法律的规定，理论上在任何情形下都可作此区别，而新《刑法典》则规定只能在有限情形下作类似处理。

第二，监禁是最一般的刑罚类别，它首先是通过对犯罪分子的隔离来实现维护社会安全的目的。而监禁刑罚的必要性还缘于这种刑罚能够对潜在犯罪分子起到最大力度的震慑作用。

监禁在新《刑法典》的制裁体系内占据着中心地位。与这一刑罚类别的法律规定、裁决判处及执行完成相应的区别性确保了其为了达到刑罚目标的使用。这种区别性有多种实现方式，其中包括监禁的不同期限、相互区别的执行级别、不同的方式和执行秩序，等等。

刑法对监禁的规定是以其最重要的一个特征，即对监禁期限的规定开始的。根据法律规定，监禁的限期可以是有期，也可以是终身。因为终身监禁是一持续到被告人生命终结为止的，而这一时间是无法提前预计的，所以这种监禁是无限期的。在《刑法典》分则部分的刑罚中，终身监禁从不单独出现，而只能作为有期监禁的一种可能选择而出现。从这个角度来看，可以认为这种刑罚具有例外性特征。只有在可以假定刑罚目标只有通过对犯罪分子的无限期隔离才能实现的情况下才可为其判定提供依据。此外，法院在判处有期监禁时，同样应该考虑到刑罚目标的有效实现[⑦]。

监禁是一种统一的刑罚类别，《刑法典》分则部分对一部分犯罪的犯罪人以监禁相威胁。然而，监禁刑罚在执行已经有所差异了，这种个别化区分也是监禁刑罚不同执行级别的要求。法律将监禁刑罚分成三种执行级别的理由是，大多数被告人也可被划分成三种基本类型：多次重复犯罪者和重罪犯者、之前已受过刑罚的犯罪者（多为重犯）以及因过失或故意犯罪而被判处短期监禁者。除此之外，超过三个级别的判定就会使法律规定变得复杂化，并且那样的话在一些级别之间也不能作出实质性区分。

刑罚的执行级别由法院在法定条件和框架的基础上在决定中加以确定。为了使个别化区分得以恰当实现，法律规定法院在理由充分的情况下——考虑到犯罪行为的客观严重程度、罪过的级别、犯罪分子的社会危害程度以及其他减缓或加重型情节——可以对刑罚执行方式作出一个级别的减缓或加重。这一规定不得用于实质性终身监禁的情形中。这在实践中就意味着这时关于已经判定的监禁刑罚的执行,法院在判决中规定其必须在重刑监狱中完成执行。

监禁刑罚的执行级别对被告人造成的罪责改变不受刑罚加重禁止的限制,所以说二级法院即使在没有加重刑罚申请的情况下也可以宣判加重型的执行级别,同时二级法院还可以改变(修正)一级法院错误做出的一个级别的减缓执行决定。如果法院根据《刑法典》第35条第(2)款中规定做了减缓或加重一个级别的执行方式判决,则这一规定与案件审理法院的关联将会贯穿整个刑罚过程。对于执行方式比法定级别减缓或加重一个级别加以判处的做法就其主导观点而言,司法实践早在1978年第4号法律相关规定的运用过程中就已经改进过了,其中一部分在新《刑法典》生效以后也继续被保留了下来。这样仅凭被告人的受损健康状态就无法为级别减缓的刑罚执行方式提供依据(《法院判例》2000.91),但这同时也极大地增加了刑罚出立的难度,有医生证明的严重疾病和犯罪时轻度限制刑事归责能力的精神衰退——即使高客观危害犯罪行为中也是——也可以一起成为判决比法定级别减缓或加重一个级别的执行方式的依据(《法院判例》1998.516)。不过这种判处方式有一个指导性原则,即法院在量刑时需要在对全部主要情节加以衡量的基础上才能作出判决。

（一）有期监禁

第36条 有期监禁的期限最短为**3个月**,最长为**20年**;在团伙犯罪、特殊或多次重复犯罪以及累犯或总罚的情形下最长期限为**25年**。

第37条第(1)款 如果监禁刑罚是因轻罪而判,则应判处为看守所级别执行方式,重复犯罪的被告人除外。

第(2)款 如果监禁刑罚是：

a) 因重罪而判,或者

b) 因轻罪而判,且被告人属重复犯罪,

则应判处为监狱级别执行方式。

第(3)款 如果：

a) 3年或3年以上有期监禁是因为

aa) 第13章、第14章或第24章中规定的犯罪行为,

ab) 也可以判处终身监禁刑罚的军人犯罪行为,

ac) 恐怖主义犯罪[第324条第(1)～(2)款、第315—316条]、恐怖主义集资[第318条第(1)～(2)款]、车辆扣押[第320条第(1)～(3)款]、滥用易爆物或炸药(第324条)、滥用枪械或弹药[第325条第(1)～(3)款]、滥用国际条

约禁止的武器[第 326 条第(1)~(6)款]、滥用战争科技产品或服务[第 329 条第(1)~(4)款]、滥用军民两用产品[第 330 条第(1)~(3)款]等犯罪行为,或

ad) 杀人、毒品贩卖、毒品持有、绑架、人口贩卖、性暴力、造成公共危险、违反国际经济禁令或加重情节型抢劫[第 160 条第(2)款、第 176 条第(2)~(3)款、第 177 条第(1)~(2)款、第 178 条第(2)款、第 179 条第(2)款、第 190 条第(2)~(4)款、第 192 条第(2)~(6)款、第 197 条第(2)~(4)款、第 322 条第(2)~(3)款、第 327 条第(3)款、第 365 条第(3)~(4)款]等犯罪行为;

而被判处,或者

b) 两年或两年以上有期监禁的:

ba) 被告人属于多次重复犯罪者,或

bb) 犯罪行为是由犯罪团伙所为,

则应判处为重刑监狱级别执行方式。

《宪法》在 1990 年废除了与死刑相关的规定。因此,如今监禁是匈牙利刑法中最严重的刑罚类别。目前,我们对监禁刑罚赋予了最大的遏制力量,并且对于大多数潜在犯罪分子来说这大概也是警钟长鸣。监禁是最一般的刑罚类别,从其规定体系来看也是阐述最详尽和最能体现出区别的刑罚类别。根据新《刑法典》前言中所讲:"监禁刑罚之所以能在刑法制裁体系中占据中心地位,是因为它是一种多面的、适于实现刑罚目标的刑罚类别。监禁刑罚对于达到刑罚目标的适用性是由与其法律规定、裁决判处及完成执行相应的区别性来保证的。这种区别性有多种实现方式,其中包括监禁的不同期限、相互区别的执行级别、不同的方式和执行秩序,等等。其余的区别性则是由与有条件释放、缓期执行及缓刑考验的适用性相关的规定来体现的。"⑧

在监禁刑罚中,法院通常及典型的判处形式是有期监禁。刑罚的期限是刑罚目标实现的最关键工具之一。刑罚目标是通过被判处刑罚的执行来实现的,关于刑罚及处罚措施执行的具有刑罚执行法效力的法令在第 19 条中做了以下规定:"监禁执行的目标是在本法律中所规定的法律制裁的实施过程中推动被告人在被释放之后对社会的融入,并避免其再次犯罪的发生。"

法律在其对一些当罚行为所规定的监禁规模中表明了所涉犯罪行为对社会的危害程度。我们将这一规模称为特殊下限和特殊上限。法院通过在这一框架内对监禁刑罚的判处就可以表明其对所涉行为——连同犯罪分子的社会危害性一同考虑在内的——严重性的判定。监禁规模的特殊下限和特殊上限,或者说一系列犯罪行为的刑罚,在一般情况下在新《刑法典》中都有所抬升。此外,新《刑法典》还提高了有期监禁刑罚的一般下限和一般上限。其一般下限提

高到 3 个月。究其原因,是因为法院认为如果监禁时间短于 3 个月的话,就可以用拘留来代替了。与此同时,有期监禁的一般上限也提高了 5 年,在一般情况下为 20 年,在团伙犯罪、特殊或多次重复犯罪以及累犯或并罚情况下则为 25 年⑨。这种刑罚加重的理由首先是整个社会对更大的遏制力量的要求和期望。

监禁是一种统一的刑罚类别(新《刑法典》在这一点上沿用了与以前的法律一致的规定措辞),然而在这种统一性之内,法院又可以在其判决中对监禁的期限做出大幅区分,并最终将其分成三种不同的执行级别。所有这三种级别监禁的执行均在刑罚执行机构中完成。通常来说,这一机构可以是看守所,也可以是监狱或重刑监狱。"刑罚执行机构上的这一区别不仅在匈牙利存在,在世界各地都有各不相同的范例。针对不同的被判对象对应有不同的刑罚执行机构,比如刑罚机构对未成年犯人或危险重罪犯人都有特殊的范畴分类,即会将其置于不同的刑罚机构当中,在剥夺其自由的同时,还会纠正其问题。匈牙利不同级别的刑罚机构之间的区别首先体现在或严厉或宽松的执行方式上"⑩。

《刑罚执行法》第 24 条规定,重刑监狱中的刑罚执行方式比监狱严厉,而监狱中的刑罚执行方式则要比看守所严厉。

"实践经验一方面确保了在刑罚执行过程中不可能对三种以上的执行级别作出实质性区分,另一方面也可以接受犯罪分子由三种基本类别组成的区分法:

——重罪犯人或多次重复犯罪者;

——因故意犯罪而被判处相对较长时间监禁刑罚的犯罪者;

——过失犯罪者及轻度故意犯罪者。

这些不同级别用日常语言也可以加以区分,有时也会带有一定的道德色彩"⑪。

在监禁执行的几种级别当中,被告人与外界的隔离程度有所不同,这种不同主要体现在看守、监督监察、在刑罚执行机构内部的活动、生活秩序、可用于个人需求的总额、奖惩情况、自发组织活动的参与情况等方面。有关监禁执行制度以及被告人的义务和权利的最重要的规定主要包含在《刑罚执行法》、1996 年第 6 号(第 7 章第 12 条)修订法令关于监禁和审前拘留执行的规定以及 1997 年第 17 号(第 5 章第 9 条)修订法令关于监禁起止日期确定的规定当中。在第 41 条第(2)款中提到的特殊法律规定所指的可能首先就是这两部法规了。此外,并罚的执行级别是在第 94 条当中规定的(参阅 2002 年第 3 号刑法一致性决议第 3 条第 1、2 点⑫)。

法律对不同执行级别也有所规定。在实践中,各执行级别之间最重要的区分主要体现在被告人与外界的隔离程度上（与此相关的基本规定在《刑罚执行法》中）。

如果监禁是因轻罪而判处的，则其执行方式为看守所级别，被告人是重复犯罪者的情形除外。在看守所中服刑的被告人可以短时离开看守所，且这段时间也会被计入监禁内；被告人可以从事外部工作，生活秩序只是部分受限，自由时间可自行支配，且在刑罚执行机构区域内可自由行动。

如果监禁是因重罪或重复犯下的重罪而判处的，则其执行方式为监狱级别。在监狱中服刑的被告人在得到例外许可的情况下可以适时离开监狱，且这段时间也会被计入监禁内；被告人可以从事外部工作，生活秩序受限，须服从指挥和监察，在刑罚执行机构区域内可自由行动。

如果被告人因《刑法典》第 37 条第（3）款 a 点 aa—ad 项中所列的严重性——且多数情况下也具有暴力性特征的——单一或多项犯罪行为而被判处 3 年或 3 年以上监禁，因多次重复犯罪而被判处两年或两年以上监禁，或者因团伙犯罪而同样被判处至少两年监禁刑罚的话，则其执行方式为重刑监狱级别。在重刑监狱中服刑的被告人的生活秩序在细节上也会受到限制，且处于持续的指挥和监察之下，就算是在刑罚执行机构内部也必须得到许可并在监督之下才可活动；如果其在外部工作之下仍须与外界隔离，则可例外参与外部工作。

有关未成年犯罪和军人犯罪的监禁刑罚执行级别，在第 110 条和第 132 条的解释中有相应分析。

根据《基本法》第 23 条第（6）款规定，因犯罪或辨别是非能力受限而被法院剥夺选举权的人没有选举权。然而，这条规定并不能触及所有被判监禁刑罚之人。因此，从 2012 年 1 月 1 日开始（在 1978 年第 4 号法律的基础上，当时新《刑法典》尚未生效），在监禁机构服刑的被告人当中，只有那些被法院禁止参与公共事务的人才无权选举。《刑罚执行法》2013 年 7 月 1 日生效的第 32 条第（2）款中与上述规定类似，也有以下内容：

a）那些因刑罚的执行而无法实践的公民权利和义务会被暂停；

b）在被告人被法院判处禁止参与公共事务时，那些被该禁止触及的公民权利会被暂停；

c）如果某种公民权利或义务的实现按照法律规定受到限制，或者被告人在其行使或履行过程中受到阻碍，则只能以有限形式实现。

如果某一监禁刑罚的执行是由国外法院判处的，则在其转交程序中应该检查国外判决中与监禁相关的规定是否与匈牙利法律规定相一致（匈牙利信仰教会）。

（二）有期监禁中的有条件释放

第 38 条第(1)款　在判处有期监禁时,法院应在其判决中确定有条件释放的最早时间,或者——在第(4)款中规定的情形下——禁止有条件释放的可能性。

第(2)款　如果有条件释放的可能性没有被禁止,则其最早时间

a）在一般情况下是刑罚期限的 2/3 处,

b）在重复犯罪的情形下是刑罚期限的 3/4 处,

但最适宜的时间是服刑期满 3 月后的那一天。

第(3)款　在判处不超过 5 年的监禁刑罚时——在值得特殊权衡的情形下——法院在判决中可以规定被告人在服刑期满刑罚期限的一半之后便可有条件释放;该条规定在被告人属多次重复犯罪的情况下不可适用。

第(4)款　a）监禁应以重刑监狱级别执行的多次重复犯罪者,

b）暴力性多次重复犯罪者,

c）团伙犯罪者,以及

d）因为在以前所判有期监禁执行完成前或可执行性消除前再次发生的故意犯罪而被判处监禁刑罚的人,

均不可实行有条件释放。

第 39 条第(1)款　在有期监禁情形下,有条件释放的期限与监禁刑罚的剩余部分时长一样,但最少是 1 年。在第 38 条第(3)款适用的情形下,法院在其判决中可以对有条件释放的期限规定最少 1 年、最多 3 年的延长。

第(2)款　如果监禁刑罚的剩余部分少于 1 年,且并未被命令执行,则刑罚——在有条件释放期结束后——应被看作是剩余部分的最后一天已被服满。

第 40 条第(1)款　如果被告人

a）在判决生效后因为其已犯罪行而在有条件释放期限之内,或者

b）因为其在有条件释放期限内所犯罪行

而被判处了可执行监禁刑罚,则法院应终止其有条件释放。

第(2)款　如果被告人在第(1)款中规定内容以外还被判处了其他刑罚,则法院可以终止其有条件释放。

第(3)款　在有条件释放被终止的情况下,在有条件释放之下已度过的时间不计入监禁期内。

第(4)款　如果在有条件释放期内,被告人由于在前一个判决生效前所犯的罪行而被判处监禁刑罚并须执行,则该监禁刑罚的执行会中断有条件释放,且法院应将有条件释放继续进行的最早时间

　　a) 延至被告人从后一个判决中所判处的监禁刑罚中被许可的有条件释放之日,或者

　　b) 在后一个判决中所判处的监禁刑罚中不存在有条件释放的可能性的情况下,延至后一监禁刑罚刑满之日。

在判处有期监禁刑罚时,法院应在判决中对有条件释放的最早时间加以确定,且在此过程中不得与第(2)款 a、b 两点中的规定相违背。也就是说,在判处中既不能规定比之更短,也不能规定比之更长的期限;此外,还需强调的是,如果按照法律规定存在有条件释放的可能性,则应为被告人提供这种可能性,这一问题中没有司法权衡的余地。如果被告人出于任何原因而失去了有条件释放的可能性,则法院应在其判决中对这一点加以确定。

被告人最早在服刑期满 3 个月后便可有条件释放;如果第 38 条第(4)款中的有条件释放禁用情由均不成立,则一般在服刑期满刑罚总期限 2/3 之后的那一天便可有条件释放,而在重复犯罪的情况下则须等到服刑期满刑罚总期限 3/4 之后的那一天。

通过有条件释放可以减少监禁刑罚的实际执行部分。有条件释放制度适用的客观条件是监禁刑罚某一特定部分的服满。根据新《刑法典》规定,有条件释放的时间不是以执行级别,而是以犯罪分子的犯罪记录为准加以确定的。这一点与之前的刑法规定有所不同。具体来说,如果所涉被告人以前从没有因犯罪而被判处监禁刑罚,或只是在相对较久远的时间以前犯下过被判处监禁刑罚的罪行,则对其较早进行有条件释放之后,他们很有可能可以较轻易、较迅速地融入社会,并以遵守法律的方式继续生活。可以断言,其有条件释放也是有成效的[13]。

新《刑法典》生效之时,在数种情形中都有可能出现被判监禁刑罚的被指控人按照旧的或新的《刑法典》可被有条件释放的问题。如果法院在有法律效力的判决当中是按照之前《刑法典》的规定而确定的有条件释放的最早时间(即被告人享受到所谓的刑罚折半规定),则新《刑法典》的生效对此判决无影响。以关于《刑法典》的 1978 年第 4 号法律(即之前的《刑法典》)为基础判处的监禁刑罚被告人应按 2013 年 6 月 30 日还在生效期内的 1978 年第 4 号法律规定进行有条件释放[《刑罚执行法》第 126 条第(2c)款]。也就是说,这一判决是什么时候作出的(2013 年 7 月 1 日之前还是之后)并没有影响,只要是法院运用上一部

《刑法典》对犯罪分子作出了具有法律效力的判决,那么就应该依据上一部《刑法典》的最后条文状态(即 2013 年 6 月 30 日的状态)来作出与有条件释放相关的判定。关于有条件释放的决定由刑罚执行法官应在刑罚执行机构提议的基础之上、在可以进行有条件释放的时间之前,并在对被告人进行审讯之后作出。在决议作出之前,刑罚执行法官——假设到有条件释放的可能时间之前至少还有两个月——还可以先听取一下被告人的缓刑考验官的意见[《刑罚执行法》第 8 条第(1)款]。

以下情形中的被告人不得被有条件释放:

a)须在重刑监狱中执行监禁的多次重复犯罪者;

b)暴力性多次重复犯罪者;

c)以团伙形式犯罪者;

d)以前曾被判处有期监禁,且在上次监禁刑罚执行完成前或可执行性终止前再次故意犯罪并被判处监禁刑罚者。

在上述四种情况下,法官不能按情节考量,而必须排除有条件释放的可能性。根据这一规定,被判处两年或两年以上监禁的多次重复犯罪者、暴力性多次重复犯罪者以及团伙犯罪者,不论刑罚内容是什么,都不得有条件释放。此外,那些曾因故意或过失犯罪而被判处应当执行的监禁刑罚后、在刑罚执行完成或可执行性终止之前,再次故意犯罪的犯罪分子也不可以有条件释放。

新《刑法典》第 38 条第(3)款中规定了所谓的刑罚折半制度。虽然 1978 年第 4 号法律中规定只有 3 年及 3 年以下的有期监禁才有刑罚折半判决的可能性,但同时也规定了部分搁置监禁制度,这一制度只能适用于 5 年及 5 年以下监禁判决的情况。根据这一制度,被告人只需实际服满所判刑罚期限的一半,而另一半则可由法院依据之前的《刑法典》中的相关规定做搁置处理。新《刑法典》——除了几处较小区别以外——在实践中已经将这两种制度合并了:部分搁置的监禁被终止,而刑罚折半制度的适用范围也扩展到不超过 5 年的监禁判决的情况。不过,考虑到部分犯罪分子身上潜在的严重社会危害性,这一制度不能适用于多次重复犯罪者的情况。

对于有期监禁来说,有条件释放的期限与监禁刑罚的剩余部分长度一样,但至少为期 1 年。如果刑罚的剩余时间不足 1 年,则在这种情况下有条件释放的时长也会变成 1 年。在依据《刑法典》可以适用刑罚折半制度时,法院在判决中可以规定有条件释放时间可以延长最短 1 年、最长 3 年。之所以需要这么一条规定,是因为在执行过程中被部分搁置的监禁刑罚从匈牙利刑事制裁体系中被剔除掉了。所以说,根据新《刑法典》的规定,如果某犯罪分子被判处了 5 年监禁,且获得了刑罚折半,则其刑罚折半时长不是 2 年零 6 个月,而应该是 5 年零 6 个月。在这种情况下,有条件释放时间的延长的"一到三"区间不仅指年数,还可以是月数和天数。

如果监禁刑罚的剩余部分短于 1 年,且没有被命令执行,则在有条件释放期满之后应该看做被告人已经服满了刑罚的最后一天。也就是说,与服刑相关的优惠制度不应在 1 年有条件释放成功期满之时,而应在被告人若无优惠判决则会服满短于一年的剩余刑罚时间的情况下适用。

在《刑法典》第 40 条包含了与有条件释放的终止相关的规定。有条件释放的终止有两个必需情形和一个可选情形。如果被告人因为在判决生效后、有条件释放期间再次发生的犯罪行为或者在有条件释放期间再次发生的犯罪行为而被再次判处可执行监禁刑罚,则必须终止其有条件释放。而如果被告人被判处了除上述两种情形中所规定的刑罚以外的其他刑罚,则可以选择性地终止有条件释放。我们认为在这种情况下,如果被告人在之前的有效判决做出之后(不管在刑罚执行期间还是有条件释放期间)再次做出了犯罪行为,那么在有条件释放期限内也应被判处其他刑罚。

如果在有条件释放期内,需要对被告人执行因在上次判决生效前所犯的罪行而判处的刑罚,则这时有条件释放不会终止,而只算中断。在这样的情况下,法院可以把有条件释放继续进行的最早时间延至上次所量监禁中允许的有条件释放之时,或者——在上次所量监禁中有条件释放的可能性被排除的情况下——监禁执行之时。有条件释放的中断和最早继续时间在第(4)款规定基础上的延期均应由判处上次已执行监禁刑罚的法院来确定。

相关的问题范围就是以 1978 年第 4 号法律为基础裁定的部分搁置监禁刑罚执行的问题范围。关于这一点,关于与 2012 年第 100 号法律(《刑法典》)的生效相关的临时规定和部分法律的修订的 2012 年第 223 号法律第 2 条中作了如下规定:

第 2 条第(1)款 如果:

a) 在缓刑期内、新《刑法典》生效之后又确定,监禁刑罚的执行因为关于刑法的 1978 年第 4 号法律(下称"1978 年第 4 号法律")第 91 条第(1)款规定中的免除事由而被搁置;

b) 被告人在监禁刑罚应当服满的期限内,在新《刑法典》生效之后,又因另外的犯罪行为而被判处了监禁刑罚;

c) 犯罪分子在缓刑期内、新《刑法典》生效之后所犯的罪行而被判处了应执行的监禁刑罚;

d）犯罪分子在新《刑法典》生效之后，严重违反了缓刑考验行为规范，则将部分搁置的监禁刑罚执行到底。

第（2）款　如果犯罪分子因为被执行了某一监禁刑罚而无法再将被部分搁置的监禁执行到底，则缓刑时间就会被延长至与监禁期限等长的时间。对于在社会服务令或罚款处罚当中发生的监禁刑罚也应适用这一规定。

（三）终身监禁

第 41 条第（1）款　对于案发当时年满 20 周岁的犯罪分子可判处终身监禁，这一规定也适用于按第 81 条第（4）款和第 90 条第（2）款规定可判处终身监禁刑罚的情况。

第（2）款　终身监禁刑罚的执行级别是重刑监狱。

根据新《刑法典》的"前言"部分，在现行法律中，终身监禁是最严厉的刑罚种类，与 5 年或 10 年以上、20 年以下监禁刑罚互为替换。当其替换刑罚出现在判决中时，应当被看作是具有例外特征的刑罚⑭。

而我们认为，终身监禁本身也是一种例外的刑罚种类，在排除有条件释放的可能性之后，所判处的终身监禁还可以替代死刑。因为在这种刑罚下犯罪分子就脱离了社会，且理论上永远也不可能再回到社会中了（在不考虑国家元首实行大赦的情况下）。然而，有的文献中则认为就算在死刑废除之后，终身监禁也没有成为例外刑罚："宪法法庭的第 23/1990（X.31）AB 号决议中废除了与死刑相关的法律规定。然而这一事实却并没有使终身监禁升级为例外刑罚，因为"例外刑罚"这一概念本来就是专用于死刑的。例外刑罚也不存在于新《刑法典》的体系内。监禁是一个统一的刑罚种类，而终身监禁是其中一种可能形式。宪法法庭于 1990 年对死刑违宪性的确定，以及后来紧接着对与死刑相关的刑事实体法和其他法律规定的废除——按照一般理解——也无法为量刑体系的轻缓化转变提供依据。宪法法庭的决议仅与死刑相关，而与作为统一刑罚种类的监禁适用性原则无关。"⑮

由于终身监禁是匈牙利刑法制裁体系中最严厉的刑罚手段，因而其适用可能性也应限于拥有与年龄相符的较高程度辨别能力的犯罪分子。因此，终身监禁刑罚只能针对犯罪当时年满 20 周岁的犯罪分子判处。而至于终身监禁的执行级别，就其时长来看，也只能在重刑监狱中完成，《刑法典》第 41 条第（2）款中对此作了规定。

（四）终身监禁中的有条件释放

第 42 条　法院在判处终身监禁之时，须在判决中确定有条件释放的最早时间,或者排除有条件释放的可能性。

第 43 条第(1)款　如果法院在判处终身监禁之时并未在判决中排除有条件释放的可能性,则其最早时间应确定为至少 20 年后,至多 40 年后。有条件释放的最早时间应该用年来确定。

第(2)款　在终身监禁情况下,有条件释放期限至少 15 年。

第 44 条第(1)款　在判处终身监禁之时,只有当犯罪分子针对人员或物品以暴力方式做出以下犯罪行为时,法院才可排除有条件释放的可能性:

　　a) 种族灭绝罪[第 142 条第(1)款],

　　b) 反人道犯罪[第 143 条第(1)款],

　　c) 种族隔离罪[第 144 条第(1)、(3)款],

　　d) 被认定为严重违反军令的暴力犯罪[第 148 条第(2)款],

　　e) 暴力侵害受保护人员罪[第 149 条第(1)—(2)款],

　　f) 国际条约所禁止的武器使用罪[第 155 条第(1)款],

　　g) 其他战争重罪(第 158 条),

　　h) 杀人罪加重型[第 160 条第(2)款],

　　i) 抢劫罪加重型[第 190 条第(3)—(4)款],

　　j) 人口贩卖罪加重型[第 192 条第(6)款],

　　k) 暴力改变宪法秩序罪[第 254 条第(1)款],

　　l) 毁坏罪加重型[第 257 条第(2)款],

　　m) 俘虏叛乱罪加重型[第 284 条第(4)款],

　　n) 恐怖主义行为[第 314 条第(1)款],

　　o) 交通工具扣押罪加重型[第 320 条第(2)款],

　　p) 造成公共危险罪加重型[第 322 条第(3)款],

　　q) 叛乱罪加重型[第 442 条第(4)款],

　　r) 暴力妨碍公务罪[第 445 条第(5)款]。

第(2)款　如果犯罪分子

　　a) 属于暴力性多次重复犯罪者,或者

　　c) 以团伙形式触犯了第(1)款中所列罪名,

则须排除其有条件释放可能性。

第 45 条第(1)款　如果被告人因为在被判终身监禁之前所犯的罪行,而在终身监禁刑罚执行期间被判处了确定期限的,当执行监禁刑罚,则法院应将其有条件释放的最早时间延至该有期监禁期限后。

第(2)款　如果被告人因为在被判终身监禁之前所犯的罪行,而在终身监禁有条件释放期间被判处了确定期限的当执行监禁刑罚,则法院应终止其有条件释放,并将有条件释放的最早时间延至该有期监禁期限后。

第(3)款　如果被告人因为在终身监禁刑罚执行期间所犯的罪行,而在终身监禁刑罚执行期间被判处了确定期限的,当执行监禁刑罚,则法院应将其有条件释放的最早时间延至该有期监禁期限后,且这一延长时间应不少于 5 年、不多于 20 年。

第(4)款　如果被告人因为在终身监禁刑罚执行期间所犯的罪行,而在终身监禁有条件释放期间被判处了确定期限的,当执行监禁刑罚,则法院应终止其有条件释放,并将其有条件释放的最早时间延至该有期监禁期限后,且这一延长时间应不少于 5 年、不多于 20 年。

第(5)款　如果被告人因为在终身监禁有条件释放期间所犯的罪行,而在终身监禁有条件释放期间被判处了确定期限的,当执行监禁刑罚,则法院应终止其有条件释放,并将其有条件释放的最早时间延至该有期监禁期限后,且这一延长时间应不少于 5 年、不多于 20 年。

第(6)款　如果终身监禁中的有条件释放的最早时间根据第(1)、(2)、(4)、(5)款中规定的有期监禁而被延期,则在确定其有条件释放的最早时间时,还应考虑到被算入有期监禁期限内的审前拘留以及家中软禁的时间。

第(7)款　被重复判处终身监禁的犯罪分子不能有条件释放。如果之前所判的终身监禁尚未执行完成,则再次判处的终身监禁就不能执行。

根据第 42 条规定,匈牙利刑法中的终身监禁还可再分为两种,在实践中分别称为真实终身监禁和非真实终身监禁。这两种类型的终身监禁之间的区别主要在于,前者当中存在有条件释放的可能性,而后者当中这种可能性则受到了排除。

第 44 条规定了可以判处这一最严厉制裁的犯罪行为。只有在第 44 条第(1)款中所罗列的这 18 种犯罪情形下才可以排除有条件释放的可能性,而就算在这 18 种情形中,也只有当所涉犯罪行为是以暴力形式针对人员或物品所犯时才可排除有条件释放的可能性。也就是说,终身监禁刑罚中这一例外的、对人权限制最严重的种类只有在可判处终身监禁的犯罪行为中最具危害性且是以暴力形式针对人员或物品而犯的情形下才可判处。这两个条件(所列举的犯罪行为和对犯罪方式的规定)的满足也为匈牙利法院确实能够有办法只在最严重的情形下才判处这一例外刑罚而提供了保证。

有条件释放的可能性应根据第 44 条第(2)款规定加以排除。应排除有条件释放可能性的两种情形是：犯罪分子属于暴力性多次重复犯罪，或者犯罪分子以团伙形式触犯了第(1)款中所罗列的 18 种罪名中的某一种(甚至是某几种)(我们根据逻辑推理可以确定，就算是在暴力性多次重复犯罪的情况下，也只能针对第 44 条第(1)款中罗列的这 18 种犯罪行为在判处终身监禁时排除有条件释放的可能性[16]，然而此时这已经不单是一个可能的问题了，同时也成为法院的义务[17])。这一规定看上去包括了绝对化的确定的制裁方式，或者说法院并没有权衡的可能性。然而这一点在团伙犯罪的情形下仅凭语法和历史理解也可予以排除，因为法官是可以权衡案情的：法官可以在法律规定的框架内判处有期监禁或终身监禁，而在后一情形下已经需要排除有条件释放的可能性了。不过在暴力性多次重复犯罪的情形下，这一制裁方式就真的绝对化和确定了：如果所涉犯罪行为的刑罚上限是 15 或 20 年，则必须判处终身监禁，但如果法官做出相应权衡的话，就存在有条件释放的可能性[18]。然而，如果犯罪分子所犯下的罪行中至少有一种属于第 44 条第(1)款中所列举的最严重的犯罪行为之列，那么法官权衡就会被二次排除：既要不容权衡地判处犯罪分子终身监禁的刑罚，又要不容权衡地排除有条件释放的可能性(然而根据在 2010 年 8 月引入的针对暴力性多次重复犯罪者的"三击"规则——考虑到《刑法典》第 90 条第(2)款中规定——如果暴力性多次重复犯罪者的第三种严重暴力性犯罪行为在《刑法典》中规定的刑罚上限超过 10 年，则必须判处终身监禁。而在这种情形下——同时考虑到第 44 条第(2)款 a 点规定——则不得对被判处终身监禁的犯罪分子进行有条件释放[19])。

如果法院在判处犯罪分子终身监禁的情况下并未排除有条件释放的可能性，则应在判决中为有条件释放确定一个 25 年[20]到 40 年[21]之间的最早时间(按年计算[22])。然而这仅仅是一种可能性，犯罪分子什么时候才能被有条件释放，也取决于其自身的后续表现。

在终身监禁的情况下，有条件释放的期限至少为 15 年。这就意味着第 43 条第(2)款中所规定的终身监禁中的有条件释放期限要通过法院权衡来确定，而这一期限可以是 15 年，也可以更长(然而，由于在终身监禁的情况下犯罪分子最早也要服满 25 年监禁刑罚之后才可有条件释放，且其在犯罪当时应该年满 20 周岁，所以在实践中——考虑到犯罪分子的平均预期寿命——多数情况下会将这一期限定为 15 年，在例外情形下为 20 年[23])。

第 45 条中规定了终身监禁和有期监禁相互交汇的五种情形。根据规定，较新的犯罪行为的发生时间可以分成三个间隔时段：一是在终身监禁判决作出之前;二是在刑罚执行期间;三是在有条件释放期间。在第一种情况下,即当犯罪分子因其在终身监禁有效判决作出之前所犯下的罪行而被法院判处有期监禁时,有条件释放的最早时间就会被延长与该有期监禁期限等长的一段时间,同时——如果犯罪分子已经被有条件释放的话——还应终止被告人的有条件释放,并将其召回刑罚执行机构,直到服满新判处的有期监禁刑罚(这一点属于第(1)款和第(2)款中规定的前两种情形)。如果犯罪分子已被作出了有法律效力的终身监禁判决,并在那之后又犯下了新的罪行(或者在被有效判处一项重刑之后,再次故意违犯刑法所规定的社会规范),那么无论这一较新的罪行是在刑罚执行期间还是有条件释放期间犯下的,其有期监禁最短期限都由《刑法典》规定。在这样的情况下,有期监禁的期限最少应为 5 年,最多不超过 20 年。而被判处的监禁刑罚也有两种执行方式:一是将有条件释放的最早时间做出上述时间段的延长;二是在犯罪分子已经被有条件释放的情况下,终止有条件释放,并将被告人召回刑罚执行机构,服满新判处的刑罚(关于这一点,第(3)、(4)、(5)款中进一步规定了三种情形)。

如果终身监禁中的有条件释放的最早时间根据第(1)、(2)、(4)、(5)款中规定的有期监禁而被延期,则在确定其有条件释放的最早时间时,还应考虑到被算入有期监禁期限内的审前拘留以及家中软禁的时间。也就是说,法律对什么可以算入被判处的刑罚中也有明确规定。这一规定排除了法院在计算所量刑罚时间时采用对犯罪分子不利的处理方式的可能性。

如果被告人被重复判处了终身监禁刑罚,则永远不可再将其有条件释放,这一规定与导致其被再次判处终身监禁的较新罪名的犯罪时间(是在第一次终身监禁刑罚判决之前还是之后)无关。此外,《刑法典》还作为技术性规则规定,如果较早判决的终身监禁尚未执行完成,则再次判处的终身监禁就不可执行。

最后,我们还需指出,被判处终身监禁之人不可逃脱因法律权威而产生的不利后果。这一点在一个产生于上一部《刑法典》生效期内、但今天仍对法律实践具有指导意义的决议影响之下也得到了强化。此项决议规定:终身监禁的无限期性质也表明被判处终身监禁的犯罪分子不能享受司法豁免,而只有在大赦的情况下才能摆脱与其刑罚前科相关联的不利后果(《刑法判例录编》5699)。

二、拘　留

第 46 条第(1)款　拘留期限应按天来确定,最短 5 天,最长 90 天。

第(2)款　拘留应在刑罚执行机构内执行完成。

新《刑法典》将拘留从违例法转移到刑法中。其目的是使刑法中在（最短期限被提高到了 3 个月的）监禁刑罚之余能再有一种带有自由剥夺性质的更短期限的刑罚方式[24]。新《刑法典》之所以会引进拘留这一刑罚方式，是为了能够拓宽法院可以运用的法律制裁范围。拘留是一种带有自由剥夺性质的刑罚，主要适用于那些出于对社会、经济、家庭或年龄关系的考虑而不适宜判处其他刑罚的犯罪分子；此外，拘留也能更有效率地达到个别的预防效果。拘留的期限是 5~90 天[25]。在新法典编纂时，由于受经济危机的影响，对于越来越多的犯罪分子来说罚款也只是另一种形式的短期监禁，因为他们可以预见自己没有能力缴纳罚金，随后便会被转为监禁刑罚。因而，现行《刑法典》看上去将带有自由剥夺性质的制裁方式的运用变成了主刑，对于所涉的大多数犯罪行为要求判处监禁，而对 13 种犯罪行为则要求判处拘留刑罚。不过在这些情况下，法院也总是会用更为轻缓的制裁方式（公共服务令、罚款、从业禁令、驾驶禁令、居留禁令、体育活动参与禁令及驱逐出境等刑罚中的一种或多种）来代替拘留的可能性。

匈牙利第一部成文《刑法典》，即 1878 年第 5 号法律（《柴迈吉法典》）采用了一种犯罪行为三分体系，将犯罪行为按严重程度分成了三个级别：重罪、轻罪和微罪。其中微罪是由一部单独的法律，即 1879 年第 40 号法律（《微罪刑法典》）来规定的。根据该法律第 15 条规定，对微罪的刑罚方式包括：拘留和罚款。拘留最短期限为 3 小时，最长期限根据具体行为不同而不同：如果按法律规定为微罪，则拘留最长期限为两个月；如果按部级法令规定为微罪，则拘留最长期限为 15 天；如果按法律当局法令规定为微罪，则拘留最长期限为 5 天；如果按城市规章法令规定为微罪，则拘留最长期限为 3 天。根据当时的规定，微罪的刑罚应在行政监狱执行，而在条件允许的情况下，还可以在小型牢房执行完成。

《刑法典》规定，以下犯罪行为只能判处拘留的主刑：

——滥用毒药罪（第 188 条）；

——侵犯个人隐私罪（第 223 条）；

——侵犯通信隐私罪（第 224 条）；

——滥用重要数据罪轻缓型［第 265 条第（2）款 a 点］——如果犯罪目标是有限范围的数据，则参照第（6）款；

——利用特权误导当局罪［第 271 条第（3）款］，当出现以除刑事、违例及纪律处分程序之外的其他机关程序为基础的不实上报时；

——无意犯下的伪造公文罪中一环［第 342 条第（3）款］，在第 342 条第（1）款 c 点中所规定的智力公文伪造的情节；

——极权主义徽标使用罪(第 335 条);

——非法抵赖证供罪(第 277 条);

——隐瞒紧急情况罪严重型[第 281 条第(3)款],因为被处以违例或行政处罚的违规或与纪律处分程序相关的事务中发生的犯罪;

——流行病事务违规(第 361 条);

——代替现金支付工具滥用罪预备阶段[第 392 条第(2)款];

——失职罪过失型[第 438 条第(4)款],在和平时期,即在非战争、非预防保护状况中发生的过失犯罪;

——不服从命令罪(第 443 条)。

《刑法典》第 46 条的两款内容对拘留刑罚做了简单规定。其中,第(1)款规定拘留期限须按天确定,最少 5 天,最多 90 天;第(2)款则规定了拘留须在刑罚执行机构执行完成。

而我们还需及时补充的是,在累积性违例情况下,或根据重复犯罪的特殊规定,对于违例行为也可判处 90 天的拘留刑罚。因此可以说,违例法对一些案件的惩罚严重性与刑法是完全一致的。

对于未成年违例者所判处的拘留时间可以比成年人短。《刑法典》第 111 条规定,对于未成年犯罪分子也可判处拘留刑罚,拘留期限最短 3 天,最长 30 天。不考虑刑罚下限,这一主要规定与现行违例法中的规定一致。

三、社会服务令

第 47 条第(1)款 社会服务令的时间应按小时来确定,最小规模为 **48 小时**,最大规模为 **312 小时**。

第(2)款 如果法律没有特殊规定,则被判处社会服务令的犯罪分子每周至少要抽出 **1 天**(可以是每周的休息日或犯罪分子的自由时间)进行无偿社会服务。

第(3)款 法院在其判决中规定社会服务的性质。

第(4)款 被判处社会服务令的犯罪分子有义务完成法院为其判处的工作。法院需在考虑被告人健康状态和资历水平的情况下,为其规定预期可完成的义务工作。

第 48 条第(1)款 如果被告人由于自身错误而未能完成为其判处的义务工作,则社会服务令或其未完成的剩余部分则应被转为监禁刑罚执行。

第(2)款　代替社会服务令而执行的监禁刑罚应在刑罚执行机构中完成，其执行级别应为监狱。

第(3)款　代替社会服务令而被转判的监禁期限也可少于3个月。

第49条　如果被告人在被判处社会服务令后又发生了犯罪行为，并因此被判处当执行的监禁刑罚，且之前判处的社会服务令尚未执行完成，则应将社会服务令或其未完成的剩余部分转为监禁刑罚，4小时社会服务对应1天的监禁。转刑以后仍然剩余的社会服务对应1天的监禁。

劳动服务作为一种独立的刑罚，最早以公共劳动的形式引入苏联的法律体系；后来，为了与刑罚意识形态相适应，又补充了"劳动改造"制度。劳动改造就其本质来看，是指被告人要在指定工作地点、在集体的引导和监督之下完成为其判处的劳作，并且在刑罚期间还会被扣除一定的工资。劳动改造一开始并没有被匈牙利刑法规定为一种刑罚种类。事实上，只是一开始没有被立为刑罚，而仅仅被当作是处置方式。在1950年第2号法律（《刑法典总则》）中以苏联模式为蓝本被引入了匈牙利法律中。劳动服务被引入制裁体系的原因，在于它不像其他刑罚那样有混合的目的，而是"仅仅以改造和教化为目标"。到了1984年，匈牙利法律又以"加重型劳动改造"拓宽了劳动刑罚的范围。在纳入劳动服务这一刑罚种类之后，立法者再一次踏足了监禁和劳动刑罚难以划定的界限问题。这一刑罚的实质意义好像就是白天在指定工作地点劳动、晚上在指定住宿地点居留的义务和对住宿地点秩序的遵守。被告人每年有15天的休息时间可以在"住宿地"以外度过[26]。

关于社会服务令的判处在《法院判例》1994年第465号决议中有所规定。该项决议规定："社会服务应该理解为为社会利益服务的活动，比如某地储存了保障交通和维护公共安全所需的物资，其所服务的对象即为社会利益，这种地方就可以被看作是社会服务令的工作地点。"

与社会服务令相关的匈牙利法律规定补充了匈牙利的国际义务承担。与强制或义务劳动相关的是在国际劳工大会1930年第14次会议上通过的29号协议（在匈牙利于2000年第48号法律中被声明）第2条第(2)款c点中的规定，如果某项劳动是某人在司法判决的基础上被要求完成的——假设这一劳动或服务是在当局的监督或检查之下完成的，并且被判义务劳动之人不会应个人、企业或协会之规定而被释放——则其不能算是强制或义务劳动。与国际规定相应，社会服务令的判决不需要被告人的同意，但被告人的劳作机会应在国家或自治政府框架内得到保障[27]。

社会服务令的时间应按小时确定。然而，根据《刑法典》新规定的严厉性原则,社会服务令的最小规模提高到了 48 小时,最大规模提高到了 312 小时。第(2)款规定在法律没有其他要求的情况下,被判社会服务令之人每周至少要无偿完成 1 天的社会服务,这一天可以是一周之中的休息日,也可以是被告人的自由时间,这一点与之前的规定相比并没有发生变化。社会服务令的性质——与现行规定一致——由法院判决规定,在确定劳动性质的过程中,还应将被告人的健康状态和资历水平考虑在内。

法院可以从实证数据资料中获悉被指控者的健康状态和资历水平,在准备发起社会服务令的同时,在调查阶段就应该弄清有关必要数据资料。需要收集的资料主要包括被告人的职业资历证明文件,而在必要时还需要展开环境调查。在判决中应当以一定的普遍性对社会服务令的属性加以确定,以为其实质性的执行完成提供保障。与此相对,对于需要填充的劳作范围和需要完成的劳作任务时,则需要依据犯罪分子的个人天赋来确定(如被告人必须完成轻缓体力劳动、机关助理工作或病人护理工作等)。在案件决议中,法院并不会决定一切,而只会确定社会服务工作的种类和时间。而关于社会服务令的执行,则是刑罚执行法官的又一重要任务,法官需为缓刑考验官指定具体的工作地点(即社会服务完成的地点)。

与社会服务令的执行相关的具体规定包含在《刑罚及处罚措施执行法》第60—67/D 条中。根据规定,从实体法角度来看以下条款最为重要:

社会服务令的执行由缓刑考验官来监管,被告人与其义务工作地点和社会服务时间之间不存在工作关系,而只是在刑罚执行的法律关系框架中完成所判劳作。在社会服务令执行过程中,每天工作时间最少 4 小时,最多 12 小时。社会服务令中每周的工作时间最少为 4 小时,最多不能超过 48 小时。被告人已服满的社会服务时间也适用"小时"来登记。社会服务令从指定第一处劳作地点的决议生效之时起算,在两年之内必须执行完成。

在社会服务令执行过程中,被告人有权:

a) 获得劳工保护相关法规中规定的保护;

b) 在工作特征需要时,获得由工作地点提供的工作服和个人保护装置;

c) 在发生工地或工厂事故时,获得由特定法律规定的事故后医疗服务。

如果被告人被判处了监禁或审前拘留,则其社会服务令的执行时效就会被中断,且其时效直到这些情况消失之前会一直中止下去。

社会服务令的执行地点由被告人住址所在地——如没有住址则由其居留之地——的相关政府机关的缓刑考验官来指定,在指定工作地点之前须先对被告人进行审讯。为此,法院会在收到通知之后的 8 天之内向被告人发出传票,要求被告人出示与学历、职业资历及健康状态相关的证明（如果被告人在匈牙利的住址或居留地均不明，则其社会服务工作地点的指定流程由首都政府机关的缓刑考验官来完成）。

社会服务令的工作地点首先应按照被告人的住址来指定，在被告人没有住址的情况下，则应根据其居留地来指定。被告人最晚可以在听证过程中要求相关政府机关缓刑考验官按其居留地来为其指定社会服务工作地点。在指定工作地点时，除了依据判决规定之外，还应将被告人的健康状态、可就业专业建议、职业资历、职业资格、与所涉社会服务工作的适合性及其所犯罪行特征等其他因素考虑在内。社会服务令的执行由缓刑考验官检查，并在此框架内定期检察被告人及工作地点是否满足了与社会服务令相关的义务及要求。

《刑法典》第48条规定了社会服务令的转刑。如果被告人由于自身错误而没有完成为其判定的社会服务工作，则社会服务令或其剩余部分就应被转为监禁刑罚。如果被告人拒绝完成社会服务、没有出席可就业检查且未对其缺席提供佐证，或者有关部门在通知指定地点的基础上或在检查过程中确定被告人出于可归咎于其自身错误的原因而没有完成义务工作的话，那么缓刑考验官就要就这些情况作出汇报。缓刑考验官首先要将其汇报——连同相关支持证据一起——递交检察官，然后还要作出将社会服务令转为监禁刑罚的提议。检察官在必要情况下还要对缓刑考验官和被告人展开听证，并可要求缓刑考验官提供进一步的证据（《刑罚和处罚措施执行法》第67/C条）。

此外，《刑法典》还规定代替社会服务令而判定的监禁刑罚须在刑罚执行机构中以监狱级别加以执行完成。对于社会服务令或其剩余部分的转刑，应该按照4小时社会服务对应1天监禁的方式来确定。在转刑换算完成之后尚余的社会服务小时数对应1天的监禁[《刑罚和处罚措施执行法》第67/D条第（1）款]。即使在完成转型换算之后还剩下一小时的社会服务，也应对应成1天的监禁。代替社会服务令而判处的监禁刑罚也可以少于3个月。

如果针对被告人又判处了后续的监禁刑罚，则会加大社会服务令的执行难度。因此，《刑法典》第49条针对被告人在社会服务令判决之后又发生犯罪行为，并因之而在社会服务令尚未执行完成之前又被判处了可执行监禁刑罚的情况作了规定。这时，社会服务令应根据一般规定转换为监禁刑罚。

四、罚　金

第 50 条第（1）款　在判处罚金刑罚时，应在考虑进所涉犯罪行为客观危害的基础上,确定好每日罚金额的单位数(译者注:指判罚时应确定对被告人罚缴几个每日罚金金额,在一定程度上相当于"罚金天数"),并根据犯罪分子的财产、收入、个人关系及生活方式等因素来确定适当的每日罚金额。

第(2)款　如果所涉犯罪分子因以获利为目的的犯罪行为而被判处有期监禁,那么如果其拥有相应的收入或财产,则同时也应被判处罚金。

第(3)款　罚金的最小规模是 30 个单位的每日罚金额,最大规模是 540 个单位的每日罚金额,每日罚金额最少 1 000 福林,最多 50 万福林。

第(4)款　法院在其判决中——在考虑犯罪分子的财产和收入关系的基础之上——可以规定犯罪分子可以在最多两年之内按月分期缴清罚金。

第 51 条第(1)款　如果被告人没有缴齐罚金,或者在得到批准分期缴付的情形下逾期未缴 1 月罚金,则罚金或其剩余部分转为监禁刑罚。

第(2)款　如果罚金是在当执行监禁刑罚之余被判处的,或者被搁置的监禁刑罚被要求执行完成,则代替罚金而被判定的监禁的执行级别由现有的监禁刑罚级别而定;在其他情况下,代替罚金而被判定的监禁刑罚执行级别应该是监狱。

第(3)款　代替罚金而被判定的监禁期限可以短于 3 个月。

罚金是以财产制裁为内容的由法院确定的一种整体性金钱义务,由因犯罪而被判刑的人向国家缴纳。罚金在匈牙利的量刑实践中也是一种最常使用的刑罚,尽管与德国等国家的量刑实践相比,对它的使用比率还是低很多。与监禁刑罚相比,罚金被大范围使用的优势之一就是不会将犯罪分子从家庭、社会或工作环境中脱离出来。罚金刑罚的另一优势是具有经济规划功能,一方面犯罪分子并没有停止工作,另一方面国家也多了一项收入来源。此外,罚金刑罚还是一种个别化程度很高的制裁方式㉘。

从 2010 年 5 月起,罚金成为一项统一的刑罚,而在之前它曾被同时作为主刑和附加刑来使用。而今天,由于组合式刑罚方式的实现,这种区分已经没有必要了。

根据匈牙利法律规定,罚金刑罚是以日额罚金制判处的。首先由法院根据犯罪的客观危害(作为客观条件)确定应罚多少个单位的每日罚金额,然后再确定每日罚金额。在这一过程中应该考虑犯罪分子的财产、收入和个人关系等(主观条件)。不过,目前在匈牙利还没有统一化的财产登记,并且在大多数案件中法院都不会真正谨慎认真地对此加以考察,而只是以一种类似"汇报式"的方式来接收㉙与犯罪分子的财产和收入关系相关的数据资料。这些现状都给每日罚金额的确定带来困难。

所以说，罚金刑罚中所判处的罚金总额其实是一种乘法式的结果：乘数根据犯罪严重性来确定（30～540 天），被乘数在本质上则根据正犯情况来确定（1 000～500 000 福林）。根据这种算法，罚金刑罚的可判下限是 3 万福林，上限是 2.7 亿福林。

第 50 条第（2）款规定了必须判处罚金刑罚的情形。然而这种情形中包含了要求权衡的元素：法院需要检视犯罪分子有没有收入和财产（主观条件）。如果有，那么当其犯罪目的是为了获利时（客观条件），就必须判处罚金刑罚。

从罚金刑罚的适用角度来说，每月 8 万福林的收入不能看作是适当的收入或财产，尤其是当被告人需要抚养两个未成年小孩，而他的妻子也在领育儿补贴时更是如此。另外，还需要注意的一种判决实践是，如果犯罪分子能够在不危及自身及受其抚养者的生计维持的前提下——一次性或分期——上缴罚金，则其收入就被认为是适当的（《法院判例》2012.5.112）。

根据一贯的判决实践，如果法院对于应当判处监禁刑罚的案件出于减刑条款的适用而改判为罚金，那么应判每日罚金额的单位数一般应达到法定每日罚金额单位数的中间值（《法院判例》1987.66）。

《刑法典》第 50 条第（4）款规定了分期缴纳罚金的相关内容。根据规定，作出判决的法院在考虑到犯罪分子财产和收入关系的基础之上，也可以规定犯罪分子在最多两年之内以按月分期的方式缴齐罚金。就算法院在判决中没规定分期缴纳罚金，过后也还可以加以补充规定。《刑事诉讼程序法》第 592 条规定了 3 个月延期缴纳和两年内分期缴纳两种不同的罚金缴纳方式。

罚金不仅可以由犯罪分子来缴纳，还可以由其他任何人（如犯罪分子的家属、熟人等）缴纳。然而，尽管如此，还是有大约 1/5 的罚金逾期未缴齐，并且这一比例还在呈逐年上升趋势。因此，《刑法典》也对罚金逾期未能缴齐的情况作了相关规定。这些规定存在于《刑法典》第 51 条和《刑罚和处罚措施执行法》中。而在这样的情况之下，代替罚金而被转判的监禁刑罚期限自然也可以短于 3 个月。

如果被告人未缴齐罚金，或者在得到分期缴纳批准的情况下逾期未缴当月份额，则罚金或其剩余部分应被转化为监禁。这一监禁刑罚的执行级别是监狱；而如果罚金刑罚是在先前判处的监禁刑罚之余判处的，或者被搁置的监禁刑罚被要求执行完成，则代替罚金而被判定的监禁的执行级别由现有的监禁刑罚级别而定。

罚金由法庭的经济处执行。被告人最晚应于接到法庭经济处的罚金通知之时起 15 天之内缴齐罚金;在得到法院的延期或分期缴纳批准时,则必须在法院规定的截止日期之前缴齐罚金。如果被告人在上述时间没有缴齐罚金,则法庭经济处可采取如下措施:

a)对于未成年被告人应尽量使其缴齐罚金,如果仍然没有效果则应要求一审法院对其进行公共服务令或监禁的转刑处理;

b)对于成年被告人,应直接要求一审法院对其进行社会服务令或监禁的转刑处理。

对于逾期未能缴齐罚金的被告人判处转刑时,应遵循 1 个单位的每日罚金额等于 1 日监禁的原则。代替社会服务令或其剩余部分被转判的监禁刑罚则应按每 2 小时社会服务等于 1 天监禁的方法判处。转刑完成后剩余的社会服务工作应转为 1 天监禁。代替罚金而被改判的社会服务令在执行时与一般的社会服务令有所不同,每天的工作时间最少应为 2 小时,最多应为 8 小时(《刑罚和处罚措施执行法》第 68 条)。

在罚金逾期未缴齐而被转判监禁刑罚的情况下,相关决议应由所涉案件的一审法院作出。在法院已经将罚金转为监禁或社会服务令之后,被告人还是可以再补缴罚金,也可以只缴一部分罚金。在这些情况下,只有尚未被缴纳的那部分罚金才可被以别的形式执行完成。

五、禁　令

(一)从业禁令

第 52 条第(1)款　如果所涉犯罪行为:

a) 是在对职业规则的违反中所犯,且该职业对专业技能有要求,或者

b) 是利用职业之便故意所犯,

则可能犯罪分子判处禁止从业的刑罚。

第(2)款　如果犯罪分子并不是以其职业的形式完成的犯罪行为,但却掌握了所涉职业需要的专业技能,且其在犯罪过程中违反了该职业的相关规则,则也可适用第(1)款 a 点中的惩罚方式。

第(3)款　对于侵犯性生活自由、违反性道德的犯罪分子,如果犯罪对象是未满 18 周岁者,则可禁止其从事或参与任何与教养、监护、照顾、治疗未满 18 周岁者相关的职业及活动,并禁止其与未满 18 周岁者建立任何其他形式的权力性或影响性关系。

第 53 条第(1)款　禁止从业的刑罚可以是有一定期限的,也可以是永久性的。

第(2)款　有期从业禁令的最短期限是 1 年,最长期限是 10 年。对于那些不适合或不配从事某一职业的犯罪分子,则应判处永久性从业禁令。

第(3)款　从业禁令的期限从判决生效时起算。如果从业禁令是在监禁刑罚之余所判,则直到被告人从监禁刑罚执行中脱离前的监禁时间不应算入从业禁令的期限之内。

第(4)款　在永久性从业禁令生效 10 年之后,如果被告人变得适合从事所涉职业了,或者——在从业禁令是因被告人不配从事所涉职业而判定的情况下——又变得值得从事所涉职业了,则法院可以应被告人申请为其免除永久性从业禁令。而在后一种情况下,如果所涉犯罪行为是在团伙中所犯,则从业禁令不可免除。

第 54 条　在从业禁令的适用过程中,以下情况也被算作是从业:

a) 犯罪分子是为营利组织提供一般性领导服务的组织成员或唯一领导,

b) 犯罪分子是企业组织或合作社监事会成员,

c) 犯罪分子是私人公司成员,

d) 犯罪分子是个人企业家,或者

e) 犯罪分子是关于非政府组织的法律中规定的非政府组织主管人员。

以明文形式禁止从事某些活动的刑罚方式在匈牙利最早可追溯到 1843 年的刑法提案,如果该项法案当时能被通过的话,就可以在主刑之余加判免职刑罚了。而到了《柴迈吉法典》中,就已经在法律制裁范围中将资格剥夺刑罚的所有伴随形式全部列举出来了,其中包括:免职,剥夺政治权利,禁止从事需要专业技能的职业,剥夺参与代理机关、职业或辩护活动的可能性,等等。第二次世界大战之后,尽管这些不同形式的资格剥夺刑罚在一个过分决疑的刑法体系中被统一归为"免职",但这个体系的复杂性却并未缩减。1950 年,在《刑法典总则》中,禁止参与公共事务和禁止从业即可用作档案清理刑罚的附加刑,也能(在少数情况下)作为主刑加以判处。然而,这种可能性并未最终变成实践,并在 1961 年第 5 号法律中被剔除掉了。而这些刑罚的单独使用直到 20 世纪 70 年代才以拓宽制裁体系为由再次被予以关注[30]。

禁止从业是限制被判者权利的一种刑罚,它有两个目标:一是保护社会;二是预防目标,即通过这一(在特定情况下甚至可能会制约生存的)禁令可以杜绝犯罪分子在禁令生效期间再次犯下与其职业相关的罪行。从业禁令既可以单独判处，也可以与其他刑罚一起判处。从业禁令的适用按《刑法典》中的理解，在任何情况下都依赖于法官的权衡，而不存在必须适用这一刑罚的情况㉛。

根据第 52 条规定，在两种情况下可以禁止犯罪分子从事特定职业。第一种情况（因违反要求专业技能的职业㉜的职业规则而犯罪）可以是故意犯罪，也可以是过失犯罪，但一般来说是过失的、疏忽的犯罪。第二种情况是犯罪分子利用职业之便故意犯罪，即在犯罪过程中把职业当作了一种工作。显然，第二种情况情节更为严重，这一点在量刑时也应考虑在内。"如果只考虑职业分支内部的具体工作范围，则这一条款也可以适用于不需要专业技能或当局许可认证的职业范围。在这种情况下，职业等同于工作范围。而对于'利用职业之便故意犯罪'这一点，则应理解为犯罪分子通过对其职业所提供的可能性的直接利用来实现故意犯罪。这时，所涉职业实际上就成了故意犯罪的犯罪工具（《刑庭裁断》18）"㉝。

在要求专业技能的职业范围内的从业禁令只能用作一项统一的刑罚，而不能局限到某一种职业的从事上。如果法院确定犯罪分子在犯罪过程中利用了其职业，那么应当禁止的是其在普遍意义上的从业，而不是其对某一特定职业的从事。因此，在某一案件中，法院对于某从事商业性流产的犯罪医生仅仅判处禁止从事妇产科职业的决议是不正确的，因为这种仅仅针对某一专业领域的禁令很可能会导致犯罪分子继续从事其他医疗领域工作的结果（《刑法判例录编》2535）。

为了统一起见，第 52 条第（2）款规定，如果犯罪分子并非以其职业的形式完成的犯罪行为，但却掌握了所涉职业需要的专业技能，且其在犯罪过程中违反了该职业的相关规则，也可适用第（1）款 a 点中的惩罚方式。

对于侵犯性生活自由、违反性道德的犯罪分子，如果犯罪对象是未满 18 周岁者，则可禁止其从事或参与任何与教养、监护、照顾、治疗未满 18 周岁者相关的职业及活动，并禁止其与未满 18 周岁者建立任何其他形式的权力性或影响性关系。这条规定中所说的"其他形式的权力性或影响性关系"包括所有发生于亲属及抚养关系之外的个人性、从属性关系，因而在这个范围内也包括家庭朋友或者邻居（然而后提到的这两种关系只有当这样的人（如家庭朋友等）做出了某种活动（如照看孩子等）时才可能形成）。

从业禁令可以是有期的（按年确定，1～10 年），也可以是永久的。永久性从业禁令是针对那些不适合或不配（前一种情况是客观性的，后一种情况需要权衡，即为主观性的）从事某一职业的犯罪分子判处的。

《刑法典》第 53 条第（3）款中对于从业禁令的开始作了相关技术性规定。根据规定，从业禁令自决议生效之时起算。如果从业禁令是在监禁刑罚之余所判，则直到被告人从监禁刑罚执行中脱离前的监禁时间不应算入从业禁令的期限之内。但如果有条件释放没有终止，那么被告人在有条件释放期间所度过的时间也应算入从业禁令期限内。

在永久性从业禁令生效 10 年之后，如果被告人变得适合从事所涉职业了，或者——在从业禁令是因被告人不配从事所涉职业而判定的情况下——又变得值得从事所涉职业了，则法院可以应被告人申请为其免除永久性从业禁令。而在后一种情况下，如果所涉犯罪行为是在团伙中所犯，则从业禁令不可免除。

第 54 条中的法律解释条文拓宽了职业活动的范围。根据规定，在从业禁令的适用过程中，以下情况也被算作是从业：

a）犯罪分子是为营利组织提供一般性领导服务的组织成员或唯一领导，

b）犯罪分子是企业组织或合作社监事会成员，

c）犯罪分子是私人公司成员，

d）犯罪分子是个人企业家，或者

e）犯罪分子是关于非政府组织的法律中规定的非政府组织主管人员。

第 54 条中的解释性条文——与之前的《刑法典》相一致——认为，从从业禁令刑罚判处的角度来看，为营利组织提供一般性领导服务的组织成员或经理，合作社董事会或监事会成员，企业组织主管人员、监事会成员或者其他企业家也都算是符合量刑条件的职业[34]。

从业禁令与驾驶禁令之间的区别有时会对法律实践造成困难，因为对于以驾驶为职业的犯罪分子来说，驾驶禁令同时也意味着从业禁令。对于从业禁令与驾驶禁令的区分应首先明确，这两种刑罚之间有一种特殊关系。驾驶禁令就其起源来看，是在从业禁令中形成的一种更为一般的法律制裁。根据《刑庭裁断》第 38 条，如果某人的活动与对造成交通犯罪的交通工具的驾驶之间仅仅从事禁令的适用是针对于以一种次要的、间接的方式相关联，而其本人并未真正驾驶所涉交通工具，则应对其判处从业禁令。与此相应，如果某一火车司机并未真正驾驶铁路交通工具，而只是为其驾驶提供了数据资料，则其不能被认为是车辆驾驶员，不能被判处加强禁令，而只能被判处从业禁令（《刑法判例汇编》5752）。在火车上承担牵引乘务员职务的人员如果因为违反了职业规定而犯罪，也不应被判处驾驶禁令，而应被判处从业禁令（《法院判例》1984.6）。如果所涉车辆驾驶员在其职业范围内所驾驶的车辆抢掠了货物，那么也应对其判处从业禁令，而非驾驶禁令（《法院判例》2009.71）。在某一案例中，所涉公共汽车司机利用其职业造成了致命身体伤害，最高法院在 XX 后的程序中认为不应对其判处驾驶禁令，而应判处较长时间的（4 年的）机车驾驶禁令，并依此作出了相应判决（《刑法判例汇编》9872）。[35]

（二）驾驶禁令

第 55 条第（1）款　对于

a）在对与许可相关的交通工具驾驶规则的违反中做出犯罪行为的人，或者

b）利用交通工具犯罪的人，

可以判处驾驶禁令。

第（2）款　对于在醉酒或眩晕状态下驾驶车辆并发生犯罪行为的人应判处驾驶禁令，不过在需要特殊考量的情况下也并非必须判处驾驶禁令。

第（3）款　驾驶禁令还可以涉及特定种类（如空路、铁路、水路或陆路）或类型的交通工具。

第 56 条第（1）款　驾驶禁令可以是有期限的，也可以是永久性的。

第（2）款　在驾驶禁令的期限中也应算进在判决正式做出之前犯罪分子驾驶执照在犯罪现场被拿走或被当局扣押的那段时间。

第（3）款　有期驾驶禁令的期限最短为 1 个月，最长为 10 年。驾驶禁令的期限应该按月、年或者年和月加以确定。

第（4）款　驾驶禁令的期限从判决生效之时起算。如果驾驶禁令是在监禁刑罚之余所判，则直到被告人从监禁刑罚执行中脱离前的监禁时间不应算入驾驶禁令的期限之内。如果有条件释放没有被终止，则被告人处于有条件释放之下的时间也应算入驾驶禁令的期限之中。

第（5）款　对于不适宜驾驶交通工具之人可以判处永久性驾驶禁令。在永久性驾驶禁令生效 10 年之后，如果被告人又变得适宜驾驶了，则法院可以应被告人申请为其免除永久性驾驶禁令。

与从业禁令相似，驾驶禁令也是一种同时具有社会保护和预防再次犯罪两种功能的制约性刑罚方式。

随着交通业的快速普及和发展以及交通危险系数的逐渐增加，驾驶禁令从 1971 年开始成为匈牙利刑法中的一种独立制裁方式。一开始是用作附加刑，从 1993 年开始也可单独适用，而从 2010 年开始则在形式上也无法实现为"附加刑"了。而驾驶禁令之所以会从职业规范中被提高出来，还是因为交通工具的驾驶变成大众化了，因而在这个范围内实现的具有刑事犯罪性的行为与要求专业技能的特殊职业相比还会要求一些不同的处理方式和条件系统。而后期的发展、犯罪的流动化以及"动态犯罪"的形成也都使得驾驭禁令的可适用范围

进一步拓展到交通犯罪领域之外^㊱。

从上述刑罚的适用角度来看,交通工具的概念应包括铁路、空路、水路和陆路交通工具。交通工具既可以是陆路车辆,也可以是拖拉工具;既可以是自己行驶的交通工具,也可以是被拖行的工作机器。交通法规在这一范围内可以区分机动车辆、农用拖拉机、慢速车辆、摩托自行车和有轨电车等不同类型。《刑法典》并没有从禁令角度——罗列所涉交通工具,而是指向了需要驾驶执照的交通工具。这些交通工具包括铁路运输工具、空路运输工具、需要通过考核获得许可才可驾驶的水路运输工具,以及那些在关于陆路交通管理任务及文件出台和撤销相关的 35/2000(XI.30)号 BM 法令中规定的有驾驶权限陆路运输工具。对于不需要法律许可的交通工具(如自行车)法院不可判处驾驶禁令。由于骑自行车不需要许可,所以法院对于因违反公路交通规则而引起事故的骑自行车的人不能作为独立附加刑判处陆路驾驶禁令(《法院判例》2006.138)。对于没有驾驶执照的犯罪分子也能判处驾驶禁令,因为驾驶禁令的行政后果还包括在该附加刑期限内不得向被告人颁发驾驶执照^㊲。

驾驶禁令有两种情况:一是经过权衡的;一是不经过权衡的。第一种情况又分为两种类型:一种是由于犯罪分子违反^㊳驾驶规则而犯^㊴,当然这种类型的犯罪只可能发生在需要驾驶许可的交通工具的情况下;另一种是犯罪作为条件至少要求对两种罪行的确立,这时判处禁令的理由是所涉交通工具被用在了实施犯罪行为或掩藏犯罪分子的潜逃、犯罪对象的隐藏或看守等过程当中。对于所谓的多种罪行,在判决实践中一般理解为至少两种在空间和时间上可以区分开来的独立行为(《法院判例》1994/446)。作为条件不需要所涉交通工具在多次情形下发挥同一种功能,甚至也不需要与同样或类似的犯罪行为挂钩。而所谓交通工具使用者指的也不仅仅是其驾驶者,而还包括所有(哪怕是作为乘客)利用所涉交通工具来达到减小犯罪风险、加快作案速度、提高作案效率等目的的犯罪分子^㊵。驾驶禁令判处的第二种情况是指犯罪分子利用交通工具实现犯罪的情况。这种情况作为条件,要求案情为故意犯罪,因为从概念上讲交通工具也只有在故意的情况下才能被用于犯罪^㊶。同样地,在第二种情况下,可以被判处驾驶禁令的不仅可以是真正驾驶交通工具的司机,还可以是以被禁止的方式允许其驾驶的人(《刑事判例录编》8585,《法院判例》1993.8)。然而,因为自行移走交通工具而判处当事人驾驶禁令的做法则是错误的(《法院判例》1978.184.)。

在新《刑法典》中,驾驶禁令已经可以作为一项强制判处的、不需权衡的刑罚加以判处。对于酒后驾驶者来说,因为其符合法律构成要件,所以《刑法典》

对其规定的驾驶禁令也具有强制性特征。酒后驾驶无论醉酒程度有多深,都算犯罪,因为酒后驾驶的刑事责任是以喝酒这一事实为基础的。根据这一严格原则,对于酒后驾驶的人不论何种情况一律应当判处驾驶禁令,而且法律只有在值得特别权衡的情况下才允许例外处理[42]。对于两种酒后驾驶情况的被判者和多次在严重醉酒状态下驾驶的被告人而言,仅仅需要对其判处几种特定种类的交通工具驾驶禁令的假设是没有现实依据的。

第 55 条第(3)款规定,驾驶禁令还可以涉及特定种类或类型的交通工具。《刑法典》通过这条规定指出的不仅有不同类型、还有不同种类的交通工具。

驾驶禁令可以是永久性的,也可以是有限期的。有期驾驶禁令的期限最短为 1 个月,最长为 10 年[43]。驾驶禁令的期限应该按月、年或者年和月加以确定(其中后一项规定——即禁令期限也可以按月确定——极大地减轻了强制适用的刑罚的严苛性,因为如果酒后驾驶的司机在作案时被拿走了驾驶执照,在诉讼程序有效完成时就可以在所判处的驾驶禁令中规定被告人可以立即拿回驾照)。对于不适宜驾驶交通工具之人可以判处永久性驾驶禁令。"不适宜驾驶交通工具之人是指因为交通工具案例驾驶年龄、疾病或某种永久性的个性制约或者由于不具备驾驶能力而无法驾驶交通工具的人"[44]。在永久性驾驶禁令生效 10 年[45]之后,如果被告人又变得适宜驾驶了,则法院可以应被告人申请为其免除永久性驾驶禁令(与针对团伙犯罪判处的从业禁令情况类似,在这里也不存在可以解除永久性驾驶禁令的例外情况)。

第 56 条第(2)款中规定在驾驶禁令的期限中应该算入在判决正式作出之前犯罪分子驾驶执照在犯罪现场被拿走或被当局扣押的那段时间。第(4)款中则规定了在应当执行的监禁刑罚之余判处的驾驶禁令刑罚的起算时间和期限计算[46]。第 56 条第(2)款中也明确规定,只有被指控人的驾驶执照——在与犯罪相关联的情况下——确实不在其所有范围内的时间段才可算入驾驶禁令的期限内。

(三)居留禁令

第 57 条第(1)款 如果在法律规定的情况下,某人在某一地区的居留会对当地的公共利益造成威胁,则可对其判处在一个或多个地区或者一个地区及国家特定部分的居留禁令。

第(2)款 居留禁令的期限最短为 **1** 年,最长为 **5** 年。

第(3)款 居留禁令的期限从判决生效之时起算。如果居留禁令是在监禁刑罚之余所判,则直到被告人从监禁刑罚执行中脱离前的监禁时间不应算入居留禁令的期限之内。如果有条件释放没有被终止,则被告人处于有条件释放之下的时间也应算入居留禁令的期限之中。

《刑法典》将居留禁令从附加刑变成了主刑,这样一来它就可以独立或与其他刑罚一同被判定了。按照法律规定,犯罪分子在特定地方的居留是否会威胁到那里的公共利益,由法院权衡来确定。法院可以宣判禁止犯罪分子在一个或多个地区、行政单位或国家特定部分居留,即被禁人不得在法院规定的地点居留。居留禁令通过这种方式来防止被禁人再次犯罪。根据现行规定,居留禁令的期限为1~5年,从判决生效之时起算。第(3)款中还进一步对在当罚监禁之余判处的居留禁令的期限作了规定[47]。

法律对居留禁令的适用规定了两个条件:

a)所涉犯罪行为按分则规定可以明确判处居留禁令,

b)犯罪分子在所涉一个或多个地区或者国家特定部分的居留会对当地公共利益造成威胁。

通常来说,居留禁令对犯罪分子有着重大的制裁力,因而不应该将犯罪分子从有利的家庭[48]环境中强行剥离,因为这样一来其生活方式和思维方式就没有多少物质基础和希望能够实现转变。考虑到这些因素,最高法院在某案例中对于因扰乱治安罪而被判处监禁刑罚的被指控者没有加添居留禁令,因为被指控者作为所涉小镇的常住居民还在赡养其年迈残疾的父母(《法院判例》1989. 179.)。另外,当所涉犯罪行为与所涉城市没有关系时,也不能判处居留禁令(《刑事判例汇编》7140)。

此外,对于拥有适当家庭[49]环境的青少年也不可禁止其在家庭所在地居留。

(四)体育活动参与禁令

第58条第(1)款 如果犯罪分子在参与、前往或离开体育活动的过程中作出了与体育活动相关的犯罪行为,则法院可以禁止其:

a)参与任何体育组织竞技系统组织的体育活动,或者

b)进入任何被某一体育组织竞技系统用作比赛场地的运动场所。

第(2)款 体育活动参与禁令的期限最短为1年,最长为5年。

第(3)款 体育活动参与禁令的期限从判决生效之时起算。如果体育禁令是在监禁刑罚之余所判,则直到被告人从监禁刑罚执行中脱离前的监禁时间不应算入体育活动参与禁令的期限之内。如果有条件释放没有被终止,则被告人处于有条件释放之下的时间也应算入体育活动参与禁令的期限之中。

除了拘留以外,体育活动参与禁令也从违例法被转移到刑法中。"这种刑

罚是作为体育流氓行为的应对措施诞生的,也可将其理解为居留禁令的一种特殊形式。体育活动参与禁令和居留禁令的区别显而易见:体育活动参与禁令对居留可能性的剥夺所针对的不是常设行政单位,而是仅仅与体育活动举办的特定时段相关联。"⑩

与之前的匈牙利刑法规定相比,新《刑法典》是把体育活动参与禁令作为一项新的刑罚类别引入的。这样做的原因是过去 20 年间体育活动或与之相关的场合下犯罪行为的骤增。体育活动参与禁令作为一种刑罚也可以变成一项有效打击"体育流氓行为"的法律措施,可以实现个别或一般的犯罪预防功效。体育活动参与禁令是一项既可以单独判处,也可以与其他刑罚一起判处的刑罚方式。

这项刑罚的适用条件是犯罪分子在参与、前往或离开体育活动的过程中做出了与体育活动相关的犯罪行为。为体育流氓罪的判定和体育活动参与禁令的判处提供依据的行为既可以是持续性的,也可以是一次性的。

法院应在判决中确定禁止犯罪分子参与什么体育组织、在什么体育项目框架内、在什么运动场所举行的体育活动(可以对一名犯罪分子同时判处多种体育活动参与禁令)。体育活动参与禁令的期限最短为 1 年,最长为 5 年。其期限与居留禁令期限一样。

对于在监禁刑罚之余判处的体育活动参与禁令的起算和期限的计算在第(3)款中有所规定。我们注意到,与体育活动参与禁令一致的行为规范也可以在缓刑考验框架内加以规定(比如当法院为犯罪分子判处缓刑时)。在后面的几种情况下可能会更有效,因为如果犯罪分子严重违反了行为规范时,也可以对其加以制裁(而禁令的功效从技术上来说只有利用电子登录系统才能真正实现)。

(五)驱逐出境

第 59 条第(1)款 对于非匈牙利籍犯罪分子,如果其不被接受留在匈牙利境内,则可以将其驱逐出境。被驱逐出境者必须离开匈牙利国境,且在驱逐期限之内不得返回匈牙利。

第(2)款 享有避难权的人不可被判处驱逐出境。

第(3)款 对于拥有自由迁移和居留权、以定居者或迁入者身份居住于匈牙利境内的人,只有当其所犯罪行应当被判处 5 年或 5 年以上监禁刑罚时,才可被驱逐出境。

第(4)款 对于

a) 在匈牙利境内已经居住至少 **10 年**的人,或者

b) 正常家庭生活权利可能会受到伤害的人，

如果其在匈牙利境内的居留会对国家安全造成重大威胁，则只有当其所犯罪行应当被判处 10 年或 10 年以上监禁刑罚时才可被驱逐出境。

第 60 条第(1)款 驱逐出境可以是有期限的，也可以是永远性的。

第(2)款 有期驱逐出境的期限最短为 1 年，最长为 10 年。

第(3)款 对于被判处 10 年或 10 年以上监禁刑罚、且考虑到犯罪行为提高的严重性、犯罪特征和犯罪分子的关系，其在匈牙利境内的居留对国家公共安全造成严重威胁的犯罪分子，可以判处永久性驱逐出境。

第(4)款 驱逐出境的期限从判决生效之时起算。被告人在监禁刑罚服刑期间不被算入驱逐出境期限内。

第(5)款 如果驱逐出境已经生效 10 年，且被驱逐出境者已经值得被解除驱逐出境的刑罚了，则法院可以应被驱逐出境者的申请为其解除驱逐令。

从 2009 年起，驱逐出境就成为一种主刑，而在那之前则一直是被用作附加刑。现在，驱逐出境既可以单独判处，也可以与其他刑罚一起判处。其适用和期限主要是受犯罪行为的性质和严重性、犯罪分子在匈牙利的居留名义及其个人条件和家庭关系的影响。现行《刑法典》与之前的刑法相比，在驱逐出境的条件方面并没有实质性变化，在内容方面也没有改变。不过为了简洁，在结构上稍微发生了一点变化。

被判处驱逐出境的人必须离开所涉国家，即必须远离所涉国家的国境。驱逐出境的刑罚只能对非匈牙利公民加以判处，而对具有双重国籍（其中一个为匈牙利国籍）的人则不能判处（《刑事判例录编》5768）。被驱逐出境者必须离开匈牙利国境，且在驱逐期限之内不得返回匈牙利。

驱逐出境刑罚按照法律规定在一种情况下是被排除掉的[第 59 条第(2)款]，而在另外两种情况下则受到一定条件的限制[第 59 条第(3)款、第(4)款]。

对于享有避难权的人不可判处驱逐出境。根据关于避难权的 2007 年第 80 号法律的规定，避难权可以用作在匈牙利境内居留的名义，这一法律条目同时还能保护当事人不被遣返、驱逐或引渡。匈牙利把符合《基本法》第 14 条第(3)款中条件的外国人看作是避难者。对于被驱逐的恐惧还有可能会建立在外国人离开祖国之后发生的事件或其在离开祖国之后所作出的行为活动之上。

《刑法典》根据外国人与匈牙利之间的关联程度来对他们加以区分。对于拥有自由迁移和居留权、以定居者或迁入者身份居住于匈牙利境内的人，只有当其所犯罪行应当被判处 5 年或 5 年以上监禁刑罚时，才可被驱逐出境。而其他外国人则从理论上来说无论因为什么罪名都可以被驱逐出匈牙利,当然这还必须建立在法官权衡的基础上。有关自由迁移和居留权的情况在关于有自由迁移和居留权的人的迁入和居留的 2007 年第 1 号法律中有所规定,而关于以定居者或迁入者身份拥有居留权的人的情况则是在关于第三国家公民迁入和居留的 2007 年第 2 号法律中得以规定的。

按照《刑法典》规定,对于在匈牙利境内已经居住至少 10 年的人或者正常家庭生活⑩权利可能会受到伤害的人,只有当其在匈牙利境内的居留会对国家安全造成重大威胁,则只有当其做出特别严重的犯罪行为时才可被驱逐出境。在这种情况下,法律对驱逐出境刑罚的适用不是从犯罪刑罚出发确定的,而是犯罪分子至少要被判处 10 年监禁才可被驱逐出境。此外,驱逐出境刑罚的判处还需要满足一个条件:犯罪分子在匈牙利的居留对国家公共安全构成重大威胁。然而,即使这两个条件同时满足,也不是必须要将被告人驱逐出境。

驱逐出境可以是有期限的(1~10 年,期限按年确定),也可以是永久性的。只有非匈牙利公民(即外国人或流浪者)才可被驱逐出境。流浪者是指按其自己的标准不承认自己是任何一个国家公民的人。然而,第 60 条第(3)款中的规定却限制了对非匈牙利公民判处驱逐出境刑罚的可能性:对于拥有自由迁移和居留权的人不可判处永久性驱逐出境。

根据《刑法典》规定,对于被判处 10 年或 10 年以上监禁刑罚、且考虑到犯罪行为提高的严重性、犯罪特征和犯罪分子的关系,在匈牙利境内的居留对国家公共安全造成严重威胁的犯罪分子,可以判处永久性驱逐出境。

按照刑法时效性的相关规定,犯罪发生时和审判时的法律不可以混用。如果所用为犯罪当时在生效期内的法律,则驱逐出境附加刑的适用条件也应以同一部法律为基础,即使当审判时在生效期内的法律规定看起来对犯罪分子更为有利时也应如此(《法院判例》2010.10.264)。

（六）公共事务参与禁令

第 61 条第(1)款 对于因故意犯罪而被判处当执行的监禁刑罚且不配参与公共事务的犯罪分子应当禁止其参与公共事务。

第(2)款 被禁止参与公共事务的人:

a) 没有选举权,不能参与全民选举和全民创制,

b) 不能成为机关人员,

c) 不能成为人民代表机构部门或委员会成员,也不能参与与之相关的工作,

d）不能作为代表参与在法律中声明的国际条约之下成立的组织集会和团体，

e）不能获得军衔，

f）不能获得国内勋章或国外勋章接受许可，

g）不能在机关程序中充当辩护人或法律代表，

h）不能在公共团体或公共基金会中担任职务，

i）不能在非政府组织中担任有关非政府组织法中指出的高级管理职务。

第（3）款　被禁止参与公共事务的人自判决生效之时起将失去与第（2）条规定相符的所有成员身份、工作、职务、军衔、委任和勋章。

第 62 条第（1）款　公共事务参与禁令有一定期限，最短期限为 1 年，最长期限为 10 年。

第（2）款　公共事务参与禁令的期限从判决生效之时起算。如果公共事务参与禁令是在监禁刑罚之余所判，则直到被告人从监禁刑罚执行中脱离前的监禁时间不应算入公共事务参与禁令的期限之内。如果有条件释放没有被终止，则被告人处于有条件释放之下的时间也应算入公共事务参与禁令的期限之中。

现行《刑法典》只承认唯一一种附加刑，即公共事务参与禁令。为了简化制裁体系，匈牙利刑法自 20 世纪下半叶以来，除公共事务参与禁令以外，逐渐将其他附加刑都转为了主刑。公共事务参与禁令之所以必须要以附加刑的方式加以判处，是因为如果没有当执行的监禁刑罚的话，其适用就会变得没有意义、没有必要，甚至还会起到负面作用。这是因为公共事务参与禁令触及到公民权利的最大范围，在内容上也意味着多层次的权利制约。因此，这项刑罚几乎是以一成不变的形式从之前的法律进入了现行《刑法典》中的[52]。

第 61 条第（1）款中为公共事务参与禁令规定了一系列判处条件。在两条相连的条件当中，第一条是客观性的，不需要经过权衡，其所针对的对象是因故意犯罪而被判处监禁刑罚的犯罪分子；第二条则是主观性的，需要经过法官的权衡才能判处，需要法官考察犯罪分子是不是值得参与公共事务。

第 61 条第（2）款中规定了被判处公共事务参与禁令的犯罪分子所受到的权利制约。第（3）款由与之前的规定保持一致地规定被告人自判决生效之时失去在公共事务参与禁令期限内按照法律规定无权获得或行使的所有权限。

被禁止参与公共事务的人：

a）没有选举权，不能参与全民选举和全民创制[53]，

b）不能成为机关人员[54]，

c) 不能成为人民代表机构部门或委员会成员,也不能参与与之相关的工作[55],

d) 不能作为代表参与在法律中声明的国际条约之下成立的组织集会和团体[56],

e) 不能获得军衔[57],

f) 不能获得国内勋章或国外勋章接受许可[58],

g) 不能在机关程序中充当辩护人或法律代表[59]:

——不能在公共团体或公共基金会中担任职务[60],

——不能在非政府组织中担任有关非政府组织法中指出的高级管理职务[61]。

公共事务参与禁令只能是有期的,其期限为 1～10 年,从判决生效之时起算,但如果公共事务参与禁令是在监禁刑罚之余所判,则直到被告人从监禁刑罚执行中脱离前的监禁时间不应算入公共事务参与禁令的期限之内。如果有条件释放没有被终止,则被告人处于有条件释放之下的时间也应算入公共事务参与禁令的期限之中。

最后,我们来回顾一下《刑法典》生效之前的司法实践中所做的几个决议,这几项决议在现行《刑法典》的适用过程中也可以起到示范作用。"在犯罪分子因故意犯罪而被判处较长时间监禁刑罚的情况下,按照司法实践惯例一般还会适用公共事务参与禁令的附加刑。最高法院在多次决议中声明,如果法院认为犯罪分子不配参与公共事务,则在较短时间的监禁刑罚之余也有理由判处公共事务参与禁令的附加刑。"(《刑法判例录编》4738、7120、7894)

无论在何种情况下,对犯罪分子社会危害性的综合考察以及其在犯罪之前的生平履历的衡量都是必不可少的,因为就算在严重犯罪的情况下也不能排除不用附加刑的可能性。这是因为在考虑到犯罪的情形条件的基础上,如果法院可以确定犯罪分子的社会危害性相对较小的话,就可以进一步权衡该不该判处附加刑,因为所涉犯罪行为可能只是与具体的情境相联系的,从犯罪人的个性中并不能推断出其反社会刑的性情或态度。与此相关的范例观点可参考《刑法判例录编》5743。

犯罪行为的特征性质和案件的严重性都是衡量犯罪分子是否值得参与公共事务的根本出发点。与此相比,司法实践中一致认为,故意危害生命罪的犯罪分子一般来说不配参与公共事务。

在一般性的确定之下只有一种例外的犯罪行为,即杀人罪严重型,也就是第 167 条中规定的盛怒杀人罪。当然,这一犯罪行为的客观危害也是显著的,然而不可忽视的是,这一罪行的社会危害性通常来说却相对较小。在这种评判可以确定的情况下,应逐步检视犯罪分子的个性和正当事由确定的基础因素及其道德可谅解性。在公共事务参与禁令的必要性和可避免性问题当中,只有在对这一系列因素的综合权衡考虑的基础之上才能作出正确的决定。而对于在可以谅解的盛怒之下犯下杀人罪的被告人来说并没有理由可以判处禁止参与公共事务的附加刑(《法院判例》2004.46)。当然,在第 167 条中规定的评判之余,如果犯罪分子之前已经因暴力犯罪行为而被判处过相关刑罚了,且根据相关事实可以推断其侵略性倾向,则在盛怒杀人罪的情况下照样可以判处公共事务参与禁令。

禁止参与公共事务的附加刑的权利剥夺或权利限制属性自身就包含了社会负面道德评判。因此,在其适用当中——在上述内容之外——还有一项重要的因素就是所涉犯罪行为根据道德公识也应予以特殊判决。因而在诸多犯罪行为当中,那些妨害公共生活或具有腐败性特征的犯罪行为,以及侵害机关人员或其他——具有显著客观危害的——暴力犯罪行为的犯罪者尤其应该被判处禁止参与公共事务的附加刑。

在某案例中,因伤风败俗的暴力重罪而被判刑的被告人,也正是因其在道德层面的应被特殊判处性质而被最高法院判处了禁止参与公共事务的附加刑,且法院认为这一追加判定是不可避免的(《法院判例》1992.620)。

司法判断与社会道德理念保持一致的情况在以下案例中也有所体现:某地健康保险医生发觉经其治疗的伤者死亡,便将其钱财据为己有。最高法院忽略了其监禁刑罚执行的暂停而对其判处了禁止参与公共事务的附加刑(《法院判例》1993.715)[62]。

注释

① 弗尔德瓦里,尤若夫:《匈牙利刑法典总则》,布达佩斯:奥西里斯出版社,2002,第 251 页(以下称为弗尔德瓦里:《匈牙利刑法典总则》)。

② 厄克,阿尔伯特:《匈牙利实体法》,佩奇:多瑙河沿岸大学出版社,1928,第 229 页。

③ 弗尔德瓦里:《匈牙利刑法典总则》,第 250 页。

④ 基于 2012 年第 100 号法律前言部分。

⑤ 拜洛维奇,艾尔文-巴拉日,盖雷尔-费伦茨,纳吉-米哈伊,托特:《刑法 I》,

以 2012 年第 100 号法律为基础,布达佩斯:HVG-ORAC 出版公司,2012,第 389 页(以下称为拜洛维奇,盖雷尔,纳吉,托特:《刑法 I》)。

⑥ 弗尔德瓦里,尤若夫:《刑罚学》,布达佩斯:经济与法律出版社,1970,第 83 页。

⑦ 拜洛维奇,艾尔文博士,伊姆雷,贝凯什博士,贝拉,布什博士,加博尔,莫尔那尔博士,帕尔,辛库博士,米哈伊,多特博士:《刑法典总则》,布达佩斯:HVG-ORAC 出版公司,2002,第 263 页。

⑧ 参考 2012 年第 100 号法律前言部分。

⑨ 需注意,1978 年第 4 号法律中规定的有期监禁最短期限为两个月,最长期限为 15 年,在也可判处终身监禁的犯罪行为、团伙犯罪、特殊或多次重复犯罪以及累犯或并罚情形下最长期限为 20 年。在新《刑法典》中一般上限被提高至 25 年的情形中没有包括也可判处终身监禁的犯罪行为。但这并不意味新《刑法典》变轻缓了,而只能表明在这一点上法律严厉程度并未加重。

⑩ 参考《刑法 II》,以 HVG-ORAC 法典及其评述为基础。

⑪ 弗尔德瓦里:《匈牙利刑法总则》,第 258 页。

⑫《刑法 II》,以 HVG-ORAC 法典及其评述为基础。

⑬ 基于 2012 年第 100 号法律前言部分。

⑭ 基于 2012 年第 100 号法律前言部分。

⑮ 参考《刑法 II》,以 HVG-ORAC 法典及其评述为基础。

⑯ 与此相对的观点也可以想见,即考虑到第(2)款中 a 点——与 b 点及以下各点不同——与第(1)款并无照应,那么只需犯罪分子属暴力性多次重复犯罪这一条就可以排除有条件释放的可能性了,而不必依赖犯罪分子所犯罪行是否出现在第(1)款中所列罪行之中。然而,这种观点从根本上来说就是错误的。因为在团伙犯罪的情形下之所以需要在法律中紧扣第(1)款中所列举的犯罪行为,是由于不然的话在判处终身监禁之时所有的团伙犯罪就都得排除有条件释放的可能性了,这样的话就会对犯罪分子造成极大的不利局面。我们根据逻辑推断可以确定,就算在暴力性多次重复犯罪的情形下,也只有在第(1)款中所列举的 18 种犯罪情形下才必须排除有条件释放的可能性。根据第 44 条第(1)款规定,在除该款中所列犯 18 种犯罪行为以外的情形下禁止排除有条件释放的可能性,而第(2)款中则规定了什么时候必须排除有条件释放的可能性。对于这两款规定符合逻辑的推论就只有一种,即《刑法典》在其之前已经排除过不利于犯罪分子的条款适用可能性的情形下不能再规定对犯罪分子更为不利的内容了。

⑰ 即按照我们的观点,针对暴力性多次重复犯罪者来说,如果其所犯为第 44

条第(1)款中所列举的犯罪行为,则只能判处"真实终身监禁",而在其他犯罪行为的情形下则只能判处"非真实终身监禁"。

⑱《刑法典》第90条第(2)款中规定:"针对暴力性多次重复犯罪者,如果其因成为暴力性多次重复犯罪属性的判定依据的、应当重罚的暴力侵害人身的犯罪行为被判以监禁刑罚的话,则刑罚上限翻倍。如果如此翻倍后得到的刑罚上限超过20年,或者按法律规定也可以判处终身监禁,则应对犯罪分子判处终身监禁。"

⑲ 与此相应,在这里所规定的绝对化的确定的制裁方式从理论上来说值得商榷。因为如果法官既没有可能判处其他刑罚来作为最严厉的刑罚,又没有可能根据案情做出权衡的话,那么可能还处于自由状态的犯罪分子在做出可被看成是其暴力性多次重复犯罪属性判定依据的第三次犯罪行为之后,从实践上来讲就已经可以不受处罚地犯下任意数量、任意类型的其他(或轻或重的)罪行了,因为对他来说情况已经不能再糟糕了。

⑳ 新《刑法典》与之前的刑法不同,依据监禁刑罚一般上限的上调,把有条件释放的最早时间规定为25年。

㉑ 新《刑法典》考虑到人的平均寿命,将有条件释放的最晚时间规定为40年。

㉒ 新《刑法典》参考法律安全的要求,作出了必须确定有条件释放最早时间的新规定。然而,在新《刑法典》生效之前,司法实践也曾以5年的时间间隔来规定有条件释放的最早时间。所以将来,如果法院根据对案情的权衡或依照法律规定而决定不排除终身监禁中有条件释放的可能性,那么有条件释放的期限也有可能变成25年、30年、35年或40年。

㉓ 法院对于有条件释放的期限根据《刑法典》中规定按年加以确定。这样一来,有条件释放的期限就不仅能以5年间隔来确定,而国内法院还可以在实践中按5的整数倍加以确定。

㉔ 在上一部《刑法典》生效期内,曾经有过一段时期,法院可以判处为期1天的监禁刑罚。

㉕ 基于2012年第100号法律前言部分。

㉖ 阿格内什,巴洛格-伊斯特万,拉斯洛·伽尔-萨博尔驰,霍尔尼阿克-拉斯洛·克哈米-米哈伊,托特:《匈牙利刑法总则》,布达佩斯:奥西里斯出版社,2010,283(以下称为巴洛格-伽尔-霍尔尼阿克-克哈米-托特:《匈牙利刑法总则》)。

㉗ 基于2012年第100号法律前言部分。

㉘ 基于2012年第100号法律前言部分。

㉙ "从理论上来说,在调查过程中,从嫌疑人审讯备忘录中已经可以查明其准确收入。在出现信息空缺时,如果决议并非通过司法听证会所做(这种情况经常发

生），就可以通过听证会来填补空缺。在所有这些的基础之上便可以确定嫌疑人的家庭中平均每人每天有多少收入额。从指导性的角度来看，罚款当然只是针对被告人自己的，但是这在被告人与家人一起生活的情况下是无法实际操作的。因此法院在实践中常常遵循的原则是把被告人的家庭月收入总额按家庭成员数量分配到人，并除以每月的平均天数（30 天）。当然，如果人均月收入已经可以确切地加以确定了，那么用 30 天除这一数额也就足够了。通常来说，对于罚款刑罚涉及的日子，比较合理的判处方法是罚取每日收入额的 50％～80％。在确定到底应该罚取每日收入额的多大比例时，可以考虑的因素有被告人家庭成员数目、被告人是否是家中唯一收入者（即罚款是否牵连到他人）以及重点（这一点在法律中也有明文规定）是被告人的生活方式和一般生活水平，即被罚取的总金额可能会以什么方式、什么规模影响到被告人的日常物质生活状态。如果犯罪分子是外国人，则在确定每日罚款总额时应考虑国外生存支出的情况（《法院判例》1990.126）。"（拜洛维驰-盖雷尔-纳吉-托特：《刑法 I》，425—426）。

㉚ 巴洛格，加尔，霍尼阿克，科哈米，托特：《匈牙利刑法总则》，第 269 页。

㉛ 基于 2012 年第 100 号法律前言部分。

㉜ 根据现今的法律实践，要求专业技能的职业所指的不仅是需要正式资格认证的情况，而还可以是与所涉专业技能相应的实践成果。在这种情况下，对于犯罪分子不应禁止其从事普通意义上所涉的职业，而应禁止其从事其所实践的职业（基于 2012 年第 100 号法律前言部分）。

㉝ 《刑法 II》.参考 HVG-ORAC 法典及与之相关的述评。

㉞ 基于 2012 年第 100 号法律前言部分。

㉟ 《刑法 II》。参考 HVG-ORAC 法典及其相关述评。

㊱ 拜洛维奇-盖雷尔-纳吉-托特：《刑法 I》，第 430 页。

㊲ 《刑法 II》，参考 HVG-ORAC 法典及其相关述评。

㊳ 未能履行优先义务的情况属于严重交通违规的范畴。考虑到这一点，最高法院决定"对于在有标识的人行道上行驶、碾压行人并对其造成严重伤害的机动车司机应当判处驾驶禁令的附加刑"（《法院判例》1992.619）。而根据一项较新的决议规定，"一般来说，对于因违规超车而造成交通事故并肇事逃逸的机动车辆司机所判处的驾驶禁令不可免除"（《法院判例》2000.3）。

㊴ 然而，这里所说的违规必须是非常严重的违规。关于这一点在以下决议中也有指明：在某案例中，最高法院在××过程中决定，由于被指挥者的生活方式和交通行为均无可挑剔，所做工作堪为典范，并以专业机车驾驶为职业，而其所违反的交通规定也并不算粗鲁，此外在事故发生过程中也有交通标识牌的不当放置和

受害者的影响等其他因素，所以被指控者的驾驶禁令就是可以免除的。

㊵ 巴洛格，加尔，霍尼亚克，克哈米，托特：《匈牙利刑法总则》，第 272 页。

㊶ 基于 2012 年第 100 号法律前言部分。

㊷ 基于 2012 年第 100 号法律前言部分。

㊸ 如果交通犯罪案情涉及协助错失或肇事逃逸，则也应判处内容更为严厉的禁令（《法院判例》1984.259）。

㊹《刑法 II》，参考 HVG-ORAC 法典及其相关述评。

㊺“当被告人因为疾病而不适宜驾驶交通工具时，如果其所患疾病是永久性的或者可预见在 10 年之内不会康复，则可对其判处永久性驾驶禁令。”（《法院判例》1994.517）

㊻ 基于 2012 年第 100 号法律前言部分。

㊼ 基于 2012 年第 100 号法律前言部分。

㊽《匈牙利基本法》第 4 次修订版中引入了家庭的概念：“第（1）款匈牙利将男女之间的婚姻机制、在自愿决定基础上形成的共同生活以及家庭作为民族的存在基础加以保护。家庭关系的基础是婚姻和亲子关系。”［第 L 条第（1）款］然而，《刑法典》并没有沿用这一家庭概念，从刑法角度来说，伴侣关系和注册伴侣关系也可算作是家庭关系。

㊾ 参见㊽。

㊿ 基于 2012 年第 100 号法律前言部分。

(51) 参见㊽。

(52) 之前，在《柴迈吉法典》中还分别规定了暂停行使政治权利和免职两种刑罚。这两种刑罚在 1950 年的《刑法典总则》中被合并为禁止参与公共事务这一条附加刑。而几年之后，这项规定又做了修订，不再做一般意义上的全部禁止，而可以仅仅禁止某些权利的行使。

(53) 根据《基本法》第 23 条第（6）款规定，因犯罪或辨别能力受限而被法院剥夺选举权的人没有选举权。然而这一规定并不能涉及所有被判处监禁正在服刑的人，因此从 2012 年 1 月 1 日开始，2011 年第 201 号法律第 14 条第（1）款中规定了公共事务参与禁令；而随后以此为基准，2012 年第 150 号法律第（2）款 a 点则对《刑法典》第 41 条第（3）款也做了相应修订，规定在刑罚执行机构中，只有那些被法院判处公共事务参与禁令的人才没有选举权（《刑法 II》，参考 HVG-ORAC 法典及其相关述评）。

(54) 机关人员的概念参考《刑法典》第 459 条第 11 点。

(55) 根据第 61 条第（2）款 c 点规定，如果犯罪分子目前不是某人民代表机构成员,但可能会被委任参与其部门或委员会工作,则公共事务参与禁令也可以禁止其参与该人民代表机构(即国会或地方自治政府)的部门或委员会工作。

㊅ 这一规定还指出了一条新原则,即被禁止参与公共事务者在实践中也不能参与国际组织的工作。

㊏ 干部人员根据其职务分配和任务执行有相应的着装规定。根据所涉规定,武装机构干部应着系统化的制服或便服,并佩戴军衔。军衔的作用是表明干部在职业队伍中的所属位置和级别关系,同时伴随特定的权利或义务。军衔标志应佩戴于制服之上。这种级别的标记所参照的是职务的高低。有关级别和级别等待时间的规定包含在关于武装机构干部人员的 1996 年第 43 号法律 1 号附件中。干部人员的级别名称在标识相关武装机构所属关系及职务关系的标志之后能以口头或书面形式加以使用(1996 年第 43 号法律第 4 条)。

㊐ 与国内勋章相关的基本法规是关于匈牙利国徽和国旗的使用以及国家勋章的 2011 年第 202 号法律。

㊑ 参考关于律师的 1998 年第 11 号法律。

㊒ 与公共团体和公共基金会相关的规定包含在《民法》(1959 年第 4 号法律)当中。需要注意,在关于基金会的规定中有了根本的变化,因为"与以前的《民法》不同,新《民法》中恢复了私人基金制度,即不再要求基金会须以公共利益为目标。当然,将来也还有可能出现慈善或公益性(如社会政策性)的基金会,但更广阔的空间也会被给予各种家庭式或其他私人性质的基金会。第 3:376 条中仅仅指出基金会是为了公司章程中规定的——法律或道德的——恒定目标的持续实现、以确定的目标财产和结构形成的法人"(托马斯·沙科西:《新民法中与公共团体和公共基金会相关的规定》,《经济与法》,2013 年第 2 期,第 14 页)。

㊓ 匈牙利刑法自 2011 年 12 月 22 日起,用 2011 年第 175 号法律第 80 条 a 点中所规定的"非政府组织"代替了"社会组织"的概念。这一法律对合并权、慈善的法律地位和非政府组织的运营及支持都做了新的规定。这部于 2011 年 12 月 22 日生效的法律的第 2 条第 6 点中对非政府组织做出规定:非政府组织,即在匈牙利登记的协会——党派除外——和基金会。然而,同一法律第 2~6 章及第 8~10 章中规定的民间团体以及第 7~10 章中规定的互保协会和专业组织则不应算作是非政府组织。由于在《民法》第 61 条对于协会作了与社会组织类似的定义,这样一来协会在法律条文中的出现就显得多余了(《刑法 II.》参考 HVG-ORAC 法典及其评述)。

㊔ 对比基础参照《刑法 II.》HVG-ORAC 法典及其述评。

参考文献

阿格内什,巴洛格-伊斯特万,拉斯洛·加尔-萨博尔驰,霍尼亚克-拉斯洛,科哈米-米哈伊,托特:《匈牙利刑法总则》.布达佩斯:奥西里斯出版社,2010(参考:巴洛格-加尔-霍尼亚克-科哈米-托特:《匈牙利刑法总则》)。

艾尔文,拜洛维奇-巴拉日,盖雷尔-费伦茨,纳吉-米哈伊,托特:《刑法 I.以2012 年第 100 号法律为基础》,布达佩斯:HVG-ORAC 出版公司,2012(参考:拜洛维奇-盖雷尔-纳吉-托特:《刑法 I》)。

尤若夫,弗尔德瓦里:《刑罚学》,布达佩斯:经济与法律出版社,1970。

尤若夫,弗尔德瓦里:《匈牙利刑罚总则》,布达佩斯:奥西里斯出版社,2002(参考:弗尔德瓦里:《匈牙利刑法总则》)。

阿尔伯特,厄克:《匈牙利刑事实体法》,佩奇:多瑙河沿岸大学出版社,1928。

苏珊娜,尤哈斯:《长期监禁刑罚的进展》,乔保·费尼维西,仲果·海克,本斯·梅萨罗什[编]《证据:为纪念大学老师弗洛里安·特雷迈尔 65 岁生日》,佩奇:佩奇大学法律系,2006。

拉斯洛,科哈米:《匈牙利法律中的终身监禁》.《狱事视点》,2006 年第 3 期。

费伦茨,纳吉:《监禁刑罚理论问题》.《狱事视点》,1995 年第 4 期。

费伦茨,纳吉:《以近期国内和国际展望为基础的长期监禁刑法问题》,《狱事视点》,2005 年第 2 期。

亚诺什,塞凯伊:《铁窗之后:监禁刑罚的历史回顾》,《狱事视点》,1995 年第 3 期。

安德拉什,许驰:《执行级别变化的理论和实践问题》,《狱事视点》,2009 年第 4 期。

司法实践

《法院判例》1998.516,《法院判例》2000.91。

第八章 处罚措施

（许驰·安德拉什博士,莱塔尔·伊斯特万博士）

第 63 条第(1)款 法律规定的处罚措施包括:

　　a) 训诫,

　　b) 缓刑,

　　c) 劳动形式服刑,

　　d) 缓刑考验,

　　e) 没收,

　　f) 财产没收,

　　g) 电子数据永久性封禁,

　　h) 强制治疗,

　　i) 关于刑事处罚措施的法律中规定的可对法人适用的处罚措施。

　　第(2)款 训诫、缓刑和劳动形式服刑可以代替刑罚独立适用。

　　第(3)款 缓刑考验可以与刑罚或其他处罚措施一起适用,但在驱逐出境刑罚之后不能适用缓刑考验。

　　第(4)款 没收、财产没收和电子数据永久性封禁既可单独适用,也可与刑罚或其他处罚措施一同适用。

　　第 108 条第(1)款 对于未成年犯罪分子还可判处教养所教育的处罚措施。

　　第(2)款 在判处教养所教育处罚措施的同时不可判处监禁、拘留或社会服务令的刑罚。

　　首先,在法律制裁双重系统内,法律在刑罚之后还规定了一系列处罚措施。与刑罚相比,处罚措施的概念相对来说比较难定义(虽然新法对刑罚的定义与以前的《刑法典》相比并没有区别,仍然理解为因犯罪而被判处的法律(即《刑法典》)中规定的法律制裁)。对于处罚措施,不应只做一般性的定义,而应该将其与刑罚从制裁种类上作出更加明确的区分,刑罚和处罚措施主要有以下区别:

　　a) 一部分处罚措施不仅可以用于犯罪的情况,还可用于当罚行为的情况,

也就是说,刑法意义上的有罪性并不是处罚措施适用的绝对条件;

b) 与刑罚不同,训诫作为一种处罚措施,不仅可以由法官判处,也可以由检察官判处;

c) 与刑罚相比,处罚措施的目标更为特殊化,其功能也更偏向于个体化;

d) 有些处罚措施(如没收和财产没收)不仅可以对犯罪分子本人判处,而在特定情况下还可以适用于因犯罪所得财产而非法获利的其他人,在涉及死亡的情形下还可以适用于法定继承人;

e) 与刑罚不同,处罚措施不会形成犯罪前科。

处罚措施根据其内容可以分为:

a) 治疗性处罚措施(如强制治疗),

b) 教化和再社会化处罚措施(如训诫、缓刑、缓刑考验、教养所教育),

c) 修复性处罚措施(如劳动形式服刑),

d) 财产制裁性处罚措施(如财产没收),

e) 社会安全保护性处罚措施(如没收、电子数据永久性封禁)。

这些不同类别之间的界限并不是僵化的,一种处罚措施也可能发挥多种功能,从这个角度来说,缓刑考验的处罚措施一方面具有教养性,另一方面也具有安全保护性功能,而劳动形式服刑则同时具有修复和教化功能。而针对法人可以采用的处罚措施从范围上来看则很难或几乎无法套用这一处罚措施的目标性系统。

其次,我们还可以根据处罚措施的判处方式将其分成另外三类:即单独判处;代替刑罚或其他处罚措施判处,与刑罚或其他处罚措施一同判处。与此相应:

a) 可以单独或代替刑罚判处的处罚措施有:

——训诫,

——缓刑,

——劳动形式服刑,

——强制治疗。

在这些情况下,法院不会判处刑罚,因为刑罚要么会被推迟或忽略,要么会因犯罪分子处于限制归责能力的精神病状态之下而根本不可能判处刑罚(没有罪责就没有刑罚)。

b) 可以与除驱逐出境外的刑罚或处罚措施同时适用的处罚措施有:缓刑考验。缓刑考验是唯一一种明确规定的附加性处罚措施,这一处罚措施的判处需要以刑罚判处,其他处罚措施的适用或者针对犯罪分子的控告延迟作为条件。

c）可以单独或代替刑罚或其他处罚措施适用的处罚措施有：

——没收，

——财产没收，

——电子数据永久性封禁。

这三种处罚措施可以代替刑罚单独适用，也可以与刑罚或其他处罚措施一同适用。无论是哪种处罚措施，其适用都不需要以犯罪分子在刑事层面的罪过为条件，因为处罚措施对青少年和精神病人也都适用。即使当犯罪分子由于某种法定可罚性消除事由而不可罚时也照样可以适用（第 25 条）。

新《刑法典》与之前的刑法相比，拓宽了处罚措施的范围，增加了劳动形式服刑和电子数据永久性封禁的处罚措施。除此之外，今后也应继续完善处罚措施的种类，将只能对青少年判处的教养所教育也包含在内，因为对于青少年既无法判处监禁或拘留，也不能判处社会服务令（第 108 条）。

最后，还有一些用于法人的特殊处罚措施，并非由《刑法典》规定，而是由一部关于可用于法人的刑事处罚措施的法律（2011 年第 104 号法律）单独规定的。

一、训　诫

第 64 条第（1）款　如果所涉行为在审判时已经不具社会危害性或仅具有轻微社会危害性，按照法律规定已经连最轻刑罚都无需判处，也不需判处其他处罚措施（不包括没收、财产没收和电子数据永久性封禁）时，则可判处训诫的处罚措施。

第（2）款　法院或检察官通过训诫来指出违法行为的不当之处，并勒令犯罪分子以后远离犯罪。

与训诫类似的法律制裁最早是在《柴迈吉法典》第一次修订——即 1908 年第 36 号法律中引入的，那时还只能针对青少年判处，称为"训斥"。就其内容来看，训斥就是法院在公开审讯中向被告人发起正式、严肃的规劝，并提醒被告人如果再次犯下新的重罪或轻罪，则将会被判处严厉的刑罚［第 19 条第（1）款］。关于简化立法的 1930 年第 34 号法律文件中又将处罚措施的内容拓展到成年人范围，规定如果控告案件是轻罪或微罪，并且所涉罪过和犯罪行为的客观危害轻微到不需要法院采取措施保护社会安全或弥补受害人损失的程度，则法院可以不对犯罪分子判处刑罚，而仅以决议的形式终止诉讼程序（第 125 条）。不过,无论是这条规定中,还是在《刑法典总则》第 56 条中规定的内容类似的解决方式中,都没有出现成文的警告或反对。1961 年第 5 号法律中则以最轻缓的处罚措施以警告之名规定,如果所涉行为在犯罪发生时,或因条件情形发生变化在审判时社会危害性轻微到了按照法律规定连最轻缓的刑罚都不需要判定的程度,则应对犯罪分子处以训诫的处罚措施(第 60 条)。此外,针对未成年犯罪者,法律还规定了一种司法训诫,即法院向未成年犯罪者解释清楚其行为的社会危害性,明确表达对其犯罪行为的反对和谴责,并要求其将来不再发生犯罪行为(第 89 条)。1978 年第 4 号法律初本中规定,对于那些因其行为社会危害性太轻或变得太轻而不可罚的犯罪分子必须处以训诫,而对于那些可罚性因法定事由而得以消除的犯罪分子则可以但非必须处以训诫(第 71 条)。新《刑法典》中的规定是在 2006 年第 51 号法律第 265 条内容的基础上确定的。

训诫的适用条件是审判时所涉犯罪行为已经没有社会危害性或者社会危害性已经轻微到连《刑法典》中规定可用的最轻缓刑罚或其他处罚措施都没有必要判处的程度了。在这些情况下,训诫的适用是必须的。然而,在具体的案件中,所涉行为是不是真的没有社会危害性,其社会危害性有没有变得轻微,则都需要法官或检察官根据具体案情加以分析衡量。

从理论上来说,训诫是一种可以适用于所有犯罪行为的处罚措施,因为对于训诫来说,重要的不是犯罪行为被判处的刑罚种类,而是犯罪行为的社会危害性在审判时是否已经消失或减轻(《法院判例》1984.341.)。犯罪行为的客观危害性,以及特定案件所涉及的职业规则违反严重性和显著性,还有较高水平的可预料性,都能成为判罪和量刑的理由(《法院判例》1989.300.)。而对于因其性质特征而应被重判的犯罪行为(如危害公共生活罪)来说,如果所涉行为是以适时、可宽恕的动机而犯,那么便可采取对犯罪分子有利的惩罚方式,对其判处缓刑而非训诫(《法院判例》1989.260.)。

然而,不管是行为的当罚性和犯罪分子的可罚性免除事由(第 15 条),还是犯罪分子的可罚性消除事由(第 25 条),都能限制训诫措施的适用。而当法律只是可以无限为犯罪分子减轻刑罚的时候,则可以适用训诫。

在没有必要判处其他处罚措施这一条件下,法律还规定了没收、财产没收和电子数据永久性封禁三项例外。因此,这三种处罚措施的适用必要性与训诫的适用性无关。

如果训诫是由检察官来判处的话,则应先做出终止调查的决议,再适用训诫措施[《刑事诉讼程序法》第 190 条第(1)款 j 点]。法院要么作出终止诉讼程序的决议并对被告人进行训诫[《刑事诉讼程序法》第(1)款 h 点],要么在定罪判决中对被告人判处训诫［《刑事诉讼程序法》第 330 条第（2）款 b 点］，再者还可以在不做审讯的决议中对自由被告人判处训诫［《刑事诉讼程序法》第 544 条第（1）款］。无论哪一种情况，都意味着犯罪分子的刑事责任是可以确定的，而对其责任的追究也是有理有据的。不过就算训诫是由检察官所判，也不存在对司法程序的破坏，因为如果犯罪嫌疑人对检察官的训诫不满的话，控诉就会提交至法院审理。

训诫的执行可以是口头的，也可以通过裁定的交付来实现。如果当裁定宣布时被指控者在场，那么训诫的执行就不需要等到裁定的生效，而是由检察官口头执行，在其他情况下则应通过裁定的交付来实现。对于未成年犯罪者的训诫在执行时应该通知其监护人（1979 年第 11 号法律第 81 条）。

训诫不会形成刑罚前科，但其适用应公开 3 年。如果犯罪分子在此期间又有了新的犯罪行为，则刑事案件审理机关可以获悉之前的刑事诉讼程序结果以及之前处罚措施的不成功适用。不过仅凭这一点无法排除犯罪分子再次被处以训诫的可能性。

二、缓　刑

第 65 条第（1）款　对于轻罪以及当罚严重程度不超过 3 年监禁的重罪，如果法院能够确定通过处罚措施也可以达到刑罚目标，则可以用缓刑代替刑罚。

第（2）款　如果犯罪分子是

a）重复犯罪者，

b）团伙犯罪者，

c）在因故意犯罪被判处当执行监禁刑罚后、刑罚执行完成前犯罪的人，或者是

d）在因故意犯罪被判处的监禁刑罚暂缓执行期内犯罪的人，

则不可以处以缓刑的处罚措施。

第（3）款　缓刑期限为 1～3 年，该期限应按年或年和月加以确定。

第（4）款　被判处缓刑的人可以被置于缓刑考验之下。如果被判缓刑之人违反了缓刑考验行为规范，则缓刑期限可以一次性延长最多 1 年时间。

第 66 条第（1）款　如果：

a）被判缓刑的人因为在缓刑判处之前所犯罪行在缓刑期内被判处刑罚，

b）被判缓刑的人因为在缓刑期间所犯罪行被判处刑罚，或者

c）被判缓刑的人严重违反了缓刑考验行为规范，则须停止缓刑，并对其判处刑罚。

第(2)款 除第(1)款中规定的情况之外，犯罪分子不再具有可罚性。

缓刑是在 1908 年第 36 号法律文件中作为青少年处罚措施被引入匈牙利刑法的。其内容是法院对于青少年不做刑罚判决，而是在相应的警告之后，将其置于 1 年缓刑期内，并在缓刑期间对其进行严格监督（第 21 条）。在 1961 年第 5 号法律当中"缓刑"也是仅仅针对青少年的，法院推迟 1 年做决议，并在这 1 年期间为犯罪分子制定严厉的行为规范并进行监督（第 90 条）。后来，到了 1978 年第 4 号法律中规定对成年人也可以判处缓刑处罚措施（第 72～73 条）。

缓刑是有条件判决的一种形式，有条件判决的另一种形式是刑罚缓期执行。这两种形式的有条件判决之间的区别在于，在缓刑的情况下，虽然法院已经确定了犯罪的成立和犯罪分子的刑事责任，但是却还没有量刑，而是对刑罚的判处作缓期处理；而在刑罚缓期执行的情况下，法官则先是作出判决，但是对所判刑罚的执行做缓期处理。需要提到的是，2009 年第 80 号法律第 28～29 条中剔除了罚款刑罚缓期执行的可能性，因为这种制裁太过轻缓，法院事实上也很少使用。从那以后，刑罚的缓期执行就仅限于监禁刑罚了。

缓刑处罚措施既可以对青少年判处，也可以对成年人判处，但相比之下，缓刑对于青少年来说在任何犯罪的情况下都可以判处（第 116 条），而对于成年人来说则只有在一些相对轻缓的犯罪情况下才可判处。

缓刑的判处条件是犯罪分子所犯为轻罪或当罚严重程度不超过 3 年监禁的重罪。在这一范围内包括所有过失犯罪和客观危害较轻的故意犯罪。需要提到的是，仅凭 3 年刑罚还无法断定犯罪的客观危害较轻。这样，在大额贿赂罪的情况下，如果被指控者持续发生贿赂行为的话，对公共生活的危害性就会非常大，因此在这种情况下无论是从个别预防或是一般预防的角度来看，还是从处罚方式与犯罪行为的比例性来看，都不适合对犯罪分子判以缓刑处置（《法院判例》1985.337）。

上述规定中的 3 年监禁刑罚应理解为针对单一犯罪行为或数罪累积中的每一次犯罪行为单独确定的刑罚（《法院判例》2007.33.）。这样来看，如果累积犯罪的刑罚上限是 4 年半，也不能排除缓刑判处的可能性［第 81 条第(2)款］。然而，从另一方面来说，如果《刑法典总则》对所涉犯罪允许无限轻判时，则仅当缓刑的法律条件是以独立于无限轻判可能性的形式存在时，才可以缓刑代替刑罚。而如果缓刑判处的法律条件不成立，则无论如何轻判都应在刑罚的范围内降低处罚力度，且此时刑罚规模最低可以降至刑法总则部分规定的最轻缓刑最小规模（《法院判例》2011.330.）。也就是说，如果在某一案件中，被判以 3 年以上刑罚的犯罪行为被法律允许无限轻判，那么这种情况在考察缓刑处置适用条件时不应予以考虑；类似地，如果刑罚的判处和减轻是基于审讯的取消而发生，那么这种情况在考察缓刑处置适用条件时也不应被考虑在内（《法院判例》2007.324.）。

缓刑的适用性还有另外一个条件，即法律规定的刑罚目标——为了保护社会安全而预防所涉犯罪分子或他人再次犯罪（第 79 条）——通过处罚措施的适用也可达到。也就是说，每当按照法律规定可以适用缓刑处置时，法院都应根据具体案情仔细考察在所涉情况下缓刑处置是否也能达到预设的刑罚目标。在这一过程中，需要对加重或减轻条件作个别和整体衡量［第 80 条第（1）款］，并应考察缓刑的适用——在个别预防和优先确保犯罪分子的社会融入的同时——是否会违反一般预防要求。处罚措施的目标和以之为准的条目规定一致认同，对于在匈牙利境内旅游的外籍公民来说判处缓刑通常来说是达不到刑罚目标的。在这种情况下，所涉人员在司法程序结束后会离开匈牙利国境，且不可预期其是否还会再回来。因此，尽管法律要求被判缓刑者在缓刑期间应该保证其行为在不被判处刑罚的情况下也能达到刑罚目标，但是这一要求对于外籍犯罪分子来说是无论如何都不可能发挥真正效力的（《法院判例》1992.366.）。

如果犯罪分子的个人情况是有利的（比如无刑罚前科、以前的生活方式很正直等），且其犯罪行为对社会的危害程度较低，则通常可以用缓刑代替刑罚。除了这些有利的个人情况以外，当犯罪分子犯下具有严重社会危害性的财产侵犯罪或者其他依其特征应该加重判决力度的罪名（如带有暴力或叛乱特征的犯罪）时，如果犯罪分子的罪过轻重相对较浅（考虑到犯罪情景的特殊性、可宽恕动机、损失补偿、犯罪行为是由受害人挑起等情形），则也有适用缓刑代替刑罚的可能性。

然而，如果所涉犯罪行为社会危害性较小，且犯罪分子的罪过程度也较小，那么仅凭犯罪分子的恶性生活方式（如重复犯罪、有被追究违规责任的前科、经常性严重酗酒、不履行家庭义务等）并不能排除缓刑的可适用性。对于这样的犯罪分子来说，对其判处缓刑处罚措施之后，为了确保能达到缓刑成效，在多数情况下还需要对犯罪分子进行定期跟踪观察。正是出于这个原因，一般来说，对于被判缓刑者还应处以缓刑考验［第 69 条第（1）款］，并且考虑到其行为错误和特殊成长观念，在缓刑考验框架内还可以为其规定特殊的行为规范［第 71 条第（2）款］，尤其是应当采用何种导向性帮助和检查来达到使犯罪分子融入社会的目标。当然，只有那些可以完成且执行情况可监督的具体义务才可被确定为特殊的行为规范(55/2007《刑庭裁断》)。

被告人的行为特征和个人情况也可能会一起导致刑罚目标不能通过缓刑来达到。例如在某案例中,被告人以拦路抢劫的方式攻击了受害者,对受害者发动了多次攻击伤害,并阻碍其逃跑,还放狗去继续攻击受害者。有关机构曾对其同样特征的行为发起过两次诉讼程序,并对被告人判处了法律制裁。这些事实都表明,该被告人不仅不能逃脱刑罚判处,而且其刑罚也不能被处罚措施或比监禁刑罚轻缓的刑罚种类所代替。在这样的情况下,考虑到被告人的前科及其犯罪情形,就算是监禁缓期执行也无法实现刑罚目标(《法院判例》1987.381.)。

根据法律规定,缓刑是一种只能代替刑罚独立适用的处罚措施[第63条第(2)款]。因此,同时适用驾驶禁令的刑罚和缓刑的处罚措施事实上是违反了刑事实体法的规定(《法院判例》2012.113.)。

法律规定的缓刑期限是1~3年。与之前的《刑法典》不同,新《刑法典》规定缓刑期限应该按年或年月加以确定。在缓刑期限确定的过程中,法院所考虑的情形因素一般与决定适用缓刑时所考虑的因素相一致。

在适用缓刑考验的情况下——在考虑到其他情况的同时——对缓刑期限的确定应首先考虑的因素是为了实现个别预防,是否需要在可预计的较长或较短时间内对犯罪分子进行定期关注监督。为了使处罚措施能成功发挥功效,将犯罪分子的生活方式往好的方向引导,还应对犯罪分子的个人情况和性格特质加以评判(如轻率、不守纪律、易受影响等)。除此之外,犯罪分子所处的环境也很重要:有利的家庭或工作环境会导致为期较短的缓刑期限,而可能会有助于新犯罪发生的不利环境则会导致为期较长的缓刑期限(《刑庭裁断》55/2007)。

如果被判缓刑者违反了缓刑考验行为规范,则法院可以将已确定的缓刑期限一次性作出最多1年的延长。然而,法院只能在原定缓刑期限结束之前对这一期限作出延长。缓刑期限的延长要求原定期限与延长后期限的延续性,如果这一条件无法满足的话,那么法院则可在原定缓刑期限结束之后行使追溯效力对缓刑期限和缓刑考验加以延长。然而,如果法院在原定缓刑期限结束前做出了期限延长决议,但该决议在原定期限结束之后才生效,这种情况下缓刑期限的延续性不会受到中断(《刑庭裁断》54/2007)。

对于被判缓刑者可以进行缓刑考验。与之前的《刑法典》不同的是,新法无论是在缓刑部分,还是在缓刑考验部分,都未对缓刑情况下的缓刑考验作出强制性规定。而按照以前的法律规定,如果被判缓刑者是重复犯罪者,则在缓刑处置之下强制对其进行缓刑考验(1978年第4号法律第72款第[6]款第2句)。

然而，由于新刑法将重复犯罪者从缓刑适用范围中剔除掉了，所以自然也就不需要对其强制规定缓刑考验了（之前的《刑法典》仅对多次重复犯罪者禁止了缓刑适用的可能性，参考第 72 条第（2）款 a 点）。

如果缓刑期限有成效的到期结束，则犯罪分子的可罚性也即不复存在。

然而，如果被判缓刑者因为在缓刑执行前所犯罪行而在缓刑期限内被判决，或者因为在缓刑期限内所犯罪行被判决，再或者被判缓刑者严重违反了缓刑考验行为规范的话，则缓刑应被终止，而犯罪分子应被处以刑罚。如果被判缓刑者在缓刑期限下再次发生了犯罪行为，法律规定在数罪情形下不可再次适用缓刑，而缓刑的二次适用只有当第二次诉讼程序是因缓刑执行前发生的犯罪行为而启动时才可进行（《法院判例》1991.382.）。

根据《刑事诉讼程序法》的规定，如果犯罪分子由于在缓刑期限内所犯因行而再次被发起了诉讼程序，或者犯罪分子由于在缓刑执行前所犯罪行而在缓刑期限内被发起了诉讼程序，则应由有权处理新发案件的相关法院对案件进行统一审理。如果被告人在军事诉讼程序中被判了缓刑，则所涉案件应由军事诉讼程序进行的法院作统一审理，军事诉讼程序的效力以《刑事诉讼程序法》第 470 条第（3）款规定为基础的情况除外。即使被告人在之前的自诉案件中被判了缓刑，法院对案件的统一处理也不会受到阻碍，然而在新的刑事案件中，控告应由检察官、代理自诉人或另一自诉人来代理。而如果被告人在公诉案件中被判了缓刑，且新的刑事诉讼程序是以自诉形式发起的，则仅当检察官从自诉人手中接管控诉代理权时法院才可对案件做统一处理。在这种情况下，为了让检察官能对控诉作出慎重考虑，法院需将涉案文件送交检察官备案。然而，如果新案件的控诉是由代理自诉人来代理的，这一制约则无法生效。而如果法院在新诉讼程序中并未确定被告人罪过，则统一化的案件应被重新加以区分（《刑事诉讼程序法》第 265 条第[2]～[4]款）。

法律还进一步规定了不能适用缓刑处罚措施的其他情形。在这些情况下，犯罪分子身上潜在的危害性级别使得缓刑不可适用。这些情况包括：

a）犯罪分子是重复犯罪者，

b）犯罪分子是团伙犯罪者，

c）犯罪分子在因故意犯罪被判处当执行监禁刑罚后、刑罚执行完成前发生犯罪行为，

d）犯罪分子在因故意犯罪被判处的监禁刑罚暂缓执行期内发生犯罪行为。

重复犯罪的概念是在第 459 条第（1）款第 31 点中规定的。按照法律规定，

如果重复犯罪者因为之前的故意犯罪而被判处了当执行监禁，且从上次刑罚服满或可执行性终止以来到再次发生新的犯罪为止时间未满 3 年，则重复犯罪者就被看作是故意犯罪者。

按照第 459 条第(1)款第 1 点规定，犯罪团伙是指由 3 人或 3 人以上组成的、长期组织的、各成员配合行动的团伙，其行动目标是做出严重性等于或超过 5 年监禁刑罚的故意犯罪行为。

三、劳动形式服刑

第 67 条第(1)款　法院对于轻罪以及严重程度不超过 3 年监禁的当罚重罪的刑罚判处可做 1 年推迟，并为犯罪分子规定劳动形式服刑，前提是可以确定这样也能达到刑罚目标。法院在规定劳动形式服刑的同时，也可以规定缓刑考验。

第(2)款　对于

a) 重复犯罪者，

b) 团伙犯罪者，

c) 在因故意犯罪被判处当执行监禁刑罚后、刑罚执行完成前犯罪的人，或者是

d) 在因故意犯罪被判处的监禁刑罚暂缓执行期内犯罪的人，

不可判处劳动形式服刑。

第(3)款　犯罪分子——根据其选择——可以在国家或自治政府所有机构或非政府非营利机构中或者为这些机构完成劳动形式服刑。

第(4)款　对于劳动形式服刑应该按照小时加以确定，其最小规模为 24 小时，最大规模为 150 小时。

第 68 条第(1)款　如果犯罪分子可以用适当方式证明其在 1 年之内完成了劳动形式服刑，则其可罚性即可终止。

第(2)款　如果犯罪分子无法以适当方式证明其已完成劳动形式服刑，或者严重违反了缓刑考验行为规范，则法院应对其判处刑罚。如果犯罪分子由于健康原因而无法完成劳动形式服刑，则法院可以对劳动形式服刑的完成期限一次性作出最多一年的延长。

劳动形式服刑是匈牙利刑法典中新出现的处罚措施。新刑法试图为纠正和改造视角提供更大空间，因而作为新的处罚措施引入了劳动形式服刑。这种

新的处罚措施一方面与缓刑相类似,另一方面又与社会服务令相类似。

劳动形式服刑与缓刑的区别在于其可罚性终止条件。在缓刑中,可罚性终止的条件是缓刑期限有成效的结束;而在劳动形式服刑当中,可罚性终止的条件则是劳动形式服刑在 1 年内按要求完成的认证。

劳动形式服刑与社会服务令的区别在于其工作地点的固定性。在社会服务令中,社会服务的工作地点是规定好的;而在劳动形式服刑当中,犯罪分子则可从特定的公共机构当中挑选其工作地点。此外,在社会服务令的情况下,如果被告人由于自身错误而未能完成社会服务工作,则其劳动刑罚就会被转为监禁刑罚;而同样的情况在劳动形式服刑中发生时,则会转而为被告人判处刑罚。

为了公共利益而完成的有用工作一方面是以面向公众的修复为目标;另一方面则是帮助被告人建立起良好的生活方式。这一点在青少年身上体现得尤为明显。

在轻罪或严重程度不超过 3 年监禁的重罪情况下,劳动形式服刑可以被用作赎罪的一种形式。法院在这种情况下——就像在缓刑情况下一样——与刑事责任的确定同时将刑罚判处予以推迟 1 年,同时在判决中规定劳动形式服刑。

根据法律对劳动形式服刑的相关规定,犯罪分子的同意并不是该项处罚措施适用的条件。劳动形式服刑的判定是在司法判决中出现的,且按照第(2)款规定的理解,劳动形式服刑可以在国家或自治政府所有机构或非政府非营利机构中或者为这些机构完成。这样一来,匈牙利刑法关于劳动形式服刑的规定就与国际规定相一致了。

对于劳动形式服刑应该按照小时加以确定,其最小规模为 24 小时,最大规模为 150 小时。劳动形式服刑可以——完全无偿地——在国家或自治政府所有机构、非政府非营利机构中或教堂中完成,工作地点和时间应由犯罪分子寻找和选择。

根据关于结社权、慈善状况及非政府组织运营和支持的 2011 年第 175 号法律规定,慈善机构是指在匈牙利为了完成慈善活动而登记成立的、拥有与其社会和个人组织,其拥有与社会和个人共同需求相应资源的组织机构,这类组织机构会表现出一定的社会支持度,包括:

a) 非政府组织(但不包括民间团体),

b) 其他依法律规定可以获得慈善法律地位的组织[第 32 条第(1)款]。

按照关于精神和宗教自由权以及教堂、教派和宗教团体地位的 2011 年第 251 号法律规定,教堂、教派和宗教团体(以下统称为教堂)是由拥有相同信仰的自然人组成的拥有自治权的自治组织,其成立和开展主要是为了宗教活动的开展[第 7 条第(1)款]。在法律附件中规定了获得匈牙利国会认可的 27 个教堂、教派和宗教团体。

如果犯罪分子在一年之内按要求完成了劳动形式服刑,则其可罚性即可终止。

然而,如果犯罪分子无法以恰当的方式(以所涉机构领导的签字为准)证明其已完成劳动形式服刑的话,法院就会对其判处刑罚。在关于与 2012 年第 100 号法律生效相关的临时条款和一系列法律修订的 2012 年第 223 号法律中则规定,如果犯罪分子由于健康原因而无法证明其已完成劳动形式服刑,则法院可以对其劳动形式服刑完成期限一次性作出最多一年的延长[第 318 条第(6)款]。

四、缓刑考验

第 69 条第(1)款 如果在

a) 上诉延迟期间,

b) 有条件释放期间,

c) 缓刑期限内,

d) 劳动形式服刑规定之余,

e) 监禁缓期执行期间,

为了缓刑效果的实现需要对犯罪分子进行定期关注监督,则可判处缓刑考验处罚措施。

第(2)款 以下两类犯罪分子必须被置于缓刑考验之下,

a) 从终身监禁中被有条件释放者,

b) 被有条件释放或监禁刑罚缓期执行的重复犯罪者。

第 70 条第(1)款 缓刑考验的期限与

a) 有条件释放期限,

b) 缓刑期限,

c) 监禁缓期执行期限,

d) 上诉延期期限

相一致,但最多不超过 5 年,在终身监禁有条件释放的情况下最多不超过 10 年。

第(2)款 在劳动形式服刑规定之余判定的缓刑考验一直持续到被告人能

证明其已完成劳动形式服刑为止,但最多不超过 1 年。

第(3)款 在第 69 条第(1)款中情况下,在缓刑考验期限过去一半(但至少为 1 年)之后,如果已经没有监督的必须,则缓刑考验官可以向法院建议停止缓刑考验。

第 71 条第(1)款 根据缓刑考验行为规范,被监督者必须

　　a) 遵守法律和裁定中规定的行为规范,

　　b) 与缓刑考验官之间建立定期联系,

　　c) 为缓刑考验官的监督工作提供必要信息。

第(2)款 为了更好地达到缓刑考验的目标,法院或——在上诉延期的情况下——检察官在裁定中还可以规定特殊的行为规范。法院或检察官可以规定被监督者:

　　d) 与参与犯罪的特定人员断绝联系,

　　e) 远离犯罪受害者及其住宅、工作场所、所读教育机构及其他经常出没的地点,

　　f) 不得进入具有特定特征的公共场所和公共活动,

　　g) 不得在公共场所饮酒,

　　h) 不得在特定地点和时间出现在特定机构或人员处,

　　i) 与国家就业机构建立联系,或者向当地自治政府注册公共就业,

　　j) 学习特定课程,

　　k) (在取得其同意的情况下)接受特定医疗或治疗流程,

　　l) 参加由缓刑考验官组织的团体工作或缓刑考验服务社区雇佣项目中的其他工作。

第(3)款 特别考虑到所涉犯罪行为的特征、犯罪所致损失以及犯罪分子社会融入几率的增高,法院或检察官除第(2)款中列举的行为规范以外还可以为被监督者规定其他行为规范。

缓刑监督既有利于对犯罪分子的监察,也有利于其社会融入。缓刑考验就其特征来看是一种伴随性的、双重属性的处罚措施:个别预防一方面通过对犯罪分子的检查和监督来实现,另一方面则通过对被监督者的帮助和支持来实现。缓刑考验的目标是通过对犯罪分子的检查和引导防止其再次犯罪,帮助其融入社会,并创造与此相关的必要社会条件[1979 年第 11 号法律第 92 条第(1)款]。

缓刑考验的伴随性是指这种处罚措施不能被独立判处,而只能与法律中规定的刑罚(也包括有期或终身监禁中的有条件释放以及监禁刑罚的缓期执行)

或其他处罚措施(如缓刑、劳动形式服刑)一同判处,或者用于上诉延期的情况下。与以前的《刑法典》不同,新《刑法典》规定缓刑考验也可以与新的处罚措施——劳动形式服刑——一同适用(《法院判例》2001.301)。

法律用更加明确的措辞分别定义了缓刑考验规定的两种情形,即法定缓刑考验和酌定缓刑考验。

根据法律规定,上诉延期期限、有条件释放期限、监禁缓期执行期限及缓刑期限中的缓刑考验以及与劳动形式服刑一同判处的缓刑考验应在法官权衡后加以判处。

在这些类型的法律制裁情况下,缓刑考验官的个人参与有助于缓刑或有条件释放的期限有成效地度过。因此,新《刑法典》与之前的《刑法典》类似,规定审理法院在做出判决的同时即可判处缓刑考验,缓刑考验的决定既可以紧随判决作出,也可以在后续的有条件释放的情况下做出。由于检察官有权做出上诉延期,所以在这种情况下,缓刑考验也由检察官加以判处[《刑事诉讼程序法》第225条第(1)款]。

然而,对于从终身监禁中被有条件释放者以及被有条件释放或监禁刑罚缓期执行的重复犯罪者,法院必须判处缓刑考验。以前的《刑法典》在这一范围内还规定了被判缓刑的重复犯罪者[1978年第4号法律第82条第(2)款],然而新法律规定将重复犯罪者从缓刑处罚措施的可判范围中剔除掉了[第65条第(2)款a点]。同时,以前的《刑法典》并没有对终身监禁中的有条件释放者的缓刑考验做特别规定,而只是在关于监禁刑罚中有条件释放的条款中规定,对于有条件释放者可以判处缓刑考验,但有条件释放期限至少为1年,而对于被有条件释放的重复犯罪者则必须进行缓刑考验[1978年第4号法律第48条第(3)款]。

如果检察官在上诉延期期间为犯罪分子规定了行为规范或其他义务,则应在裁定中为其规定缓刑考验,且犯罪分子对这些行为规范的遵守及其对所涉义务的履行情况——根据与缓刑考验的执行相关的法律规定——也应由缓刑考验官来检查和协助完成[《刑事诉讼程序法》第225条第(1)款]。

从缓刑考验的期限来看,新《刑法典》并没有改变之前《刑法典》的规定,至少是在以前就被认识到的那些情形范围内没有改变。因此,缓刑考验的期限与有条件释放的期限、缓刑的期限、监禁缓期执行的期限以及上诉延期的期限保持一致,且最多不超过5年。与处罚措施的适用相关的法律实践表明,多于5年的期限对于缓刑考验功效的实现是没有必要的,因此法律在这一规定上没有作出改动。在终身监禁有条件释放的情况下缓刑考验期限最多不超过10年。

由于劳动形式服刑是作为一种新的处罚措施被引入法律中的,且在劳动形式服刑之余也可以判处缓刑考验,因此也需要对这种情况下的缓刑考验期限作出明确规定:与劳动形式服刑一同判处的缓刑考验期限一直持续到犯罪分子能出示其已完成劳动形式服刑的证明之时为止。

在缓刑考验的执行过程中可能会出现在原定期限到期之前就已经取得预期效果的情况。为了使监督规模与实际需要成正比,使犯罪分子的生活不受没有理由的多余监督,法律规定在缓刑考验期限过半(但至少是 1 年)之后,如果已经没有监督必要的话,缓刑考验官可以建议为犯罪分子终止缓刑考验。

缓刑考验期限的内容本质是监督犯罪分子和协助其重返社会的一系列行为规范的确定和落实。被告人必须遵守这些行为规范。被告人对这些行为规范的遵守受到缓刑考验官的检查监督。法律区分了两种缓刑考验行为规范。第一种规范是所有被判缓刑考验者都必须遵守的,而第二种则是需要依据法院或检察官的权衡来决定是否需要规定的。

对于一般性的缓刑考验行为规范,即全部被判缓刑考验者都应遵守的行为规范,新《刑法典》的规定是建立在以前《刑法典》的规定基础之上的。目前,关于缓刑考验期限的规定包含在关于刑罚和处罚措施执行的 1979 年第 11 号法令(下称《刑罚执行法》)当中。考虑到这些行为规范实际上是执行规范,法律并没有将其履行与实体法规定混为一谈。按照对这些行为规范的理解,被判缓刑考验者:

a) 在规定缓刑考验的决议生效以及从监禁中被有条件释放之后,必须在法定时间内到其长期住址所在地的警察局及其缓刑考验官处报到;

b) 除法定例外情形外,在有劳动能力的情况下,必须继续其工作关系或继续从事其他有偿工作;

c) 在有意变更工作地点及居住地点时,必须提前向其缓刑考验官报告;

d) 必须履行缓刑考验官为其制定的关于行为规范遵守及监督的规定;

e) 必须履行法律或法院决议中规定的其他义务;

f) 在缓刑考验期限之下,必须自行保管包含其缓刑考验规定的决议,且在警察需要的情况下,必须将该决议与个人身份证件一同出示[1979 年第 11 号法律第 96 条]。

如果检察官推迟了上诉,则被判缓刑考验者:

a) 在接收到有关上诉延期的决议之后,必须在法定时间内到其长期住址所在地的警察局及其缓刑考验官处报到;

b) 必须履行检察官在决议中为其规定的其他义务[1979 年第 11 号法律第

102/A 条第(3)款]。

除了上述一般性缓刑考验行为规范以外,法院或(在上诉延期的情况下)检察官还可以为犯罪分子规定其他的行为规范(包括义务和禁令)。与之前的《刑法典》一样,新《刑法典》对这类行为规范的规定也具有示范性特征,而其情形也与之前《刑法典》中所包括的行为规范大同小异。与此同时,新《刑法典》的规定中有两个新要素:一是可以禁止被判缓刑考验者出现在受害者经常出没的地点;二是可以规定被判缓刑考验者必须参加由缓刑考验官组织的团体工作或缓刑考验服务社区雇用项目中的其他工作[第 71 条第(2)款 b 点及 i 点]。非常重要的一点是,法律关于这部分特殊行为规范的列举并不是完整的,而仅仅包含一部分最具体表性和最常使用的义务和禁令。考虑到犯罪行为的性质、犯罪造成的损失以及犯罪分子融入社会的可能性,法院和检察官还可以在这些义务和禁令之外规定其他行为规范。然而,需要注意的是,在规定特殊行为规范的过程中,法院或检察官只能规定那些有助于处罚措施目标实现的义务和禁令(《法院判例》1984.184.)。

在上诉延期的情况下,检察官有权规定特殊行为规范,并对所涉行为规范加以修改。在这一范围内,检察官可以规定犯罪嫌疑人:

a) 补偿受害者因犯罪行为而遭受的部分或全部损失;

b) 以其他方式为受害者提供应有弥补;

c) 向特定目标对象进行经济补偿,或完成社会服务工作(即补偿公共利益);

d) 参与心理治疗或酒精依赖治疗。

当然,检察官既可以规定上述行为规范和义务中的多项,也可以规定上述以外的其他行为规范或义务[《刑事诉讼程序法》第 225 条第(2)~(3)款]。

缓刑考验的执行是缓刑考验官的职责任务。缓刑考验官的职责首先是确保一系列刑法制裁——主要是在社会上执行的刑罚——的效率,并以此降低重复犯罪的危险。新组织的缓刑考验服务是实践中实现法律寄予它的期望。在缓刑考验的执行当中,一方面有警察的参与及从公安角度对被告人行为的监督;另一方面也有地方自治政府、雇主以及慈善和自治组织所提供的协助[1979年第 11 号法律第 94 条第(2)~(3)款]。

五、没　收

第 72 条第(1)款　对于

a) 被用作犯罪工具或被意图用作犯罪工具的事物,

b）在犯罪过程中产生的事物，

c）被当成犯罪目标对象或者在犯罪结束后为了将其运走而使用的事物，

d）其所有关系会威胁公共安全或违反法律规定的事物，

应予以没收处置。

第（2）款 如果犯罪行为是在某种印刷制品中得以实现的，则应对其予以没收处置。

第（3）款 在第（1）款中 a 点和 c 点情况下——假设事物所有者一开始对所涉犯罪并不了解，如果所涉事物并不为犯罪分子所有，则不应予以没收处置，国际法规定必须予以没收处置的情况除外。

第（4）款 当

a）犯罪分子是青少年、精神病人或因其他法定可罚性消除事由而不可罚时，

b）犯罪人被处以训诫处罚措施时，

c）在关于借用文化资产特殊保护的法律中规定特殊保护时限之下无法完成没收时，

也应对所涉事物予以没收。

第（5）款 对于财产没收处罚措施可以触及的事物不应予以没收处置。

第（6）款 在法律没有特殊规定的情况下，没收物归属国家。

第（7）款 没收处置与行为可罚性时效无关，但至少应为 5 年期限。

第 73 条 在第 72 条第（1）款 a 点和 c 点中规定的情况下，如果犯罪分子或事物所有者与所涉犯罪行为的严重性不成比例、没收处置会对犯罪分子或事物所有者造成不公制裁的话，则可例外取消没收处置，但下面三类情形除外：

a）国际法规定必须判处没收处置的情形，

b）犯罪人以团伙形式犯罪的情形，

c）涉及协助贩卖、私藏或制造毒品、滥用毒品制备物质、滥用新型精神活性物质、滥用兴奋剂、制造假药、滥用毒药、滥用有害公共消费品、破坏环境、虐待动物、偷渔、偷猎、组织猎捕禁捕动物、滥用臭氧层消耗物质、滥用放射性物质、滥用核设施、滥用爆炸性物质或炸药、滥用枪支或弹药、滥用国际条约禁止的武器、滥用战争科技产品或服务、滥用军民两用产品或者违反危险犬类饲养规定等情形。

第一，没收，早在《柴迈吉法典》中就已存在了。在《刑法典总则》中同样存在与没收相关的规定，这一部刑法中已经声明没收物归国家所有，此外还规定了在没收条件成立时，就算犯罪分子本不可罚，也不影响没收的适用。在法律

制裁发展历史中,有关没收的进一步发展是1961年第5号法律,其中已经将没收规定为一种处罚措施。

新《刑法典》中关于没收的规定大致与1978年第4号法律相一致。考虑到在新《刑法典》的制订过程中,立法者对于"没收"概念与前刑法保持一致,所以与没收相关的规定也就没有必要发生实质性改动了。根据1978年第4号法律的规定,没收的适用可能性相对来说范围较广,而新《刑法典》在这一点上也没有打破1978年法律的模式,因为没收依然可以单独适用(在特殊的诉讼程序中),但同时也可以与其他刑罚或处罚措施一起使用了。

第二,没收是新《刑法典》特有的制裁方式,因为从某种角度来理解,它本身也带有一种新的刑罚特征,有时对犯罪分子而言也意味着严重的法律制裁。然而,它从根本上来说还是可以看作是一种保护性的处罚措施。

原则上,当没收的法律条件成立时,没收就是强制性的。新《刑法典》一般会在所涉事物与犯罪有某种形式的关联时才会适用这一处罚措施。

对于被用作犯罪工具或被意图用作犯罪工具的事物之所以应该予以没收,是因为以这种形式实现或意图以这种形式实现的犯罪行为对社会肯定会造成危害。只有在所涉事物是被用于或意图用于故意犯罪或混合故意性犯罪时,才可以适用没收的处罚措施,因为"用作犯罪工具"这一点在过失犯罪的情况中从概念上就可以排除掉了(例如《法院判例》1992.511.)。只有那些被犯罪分子用作工具来实现特定犯罪构成要件的事物才应当(并能够)被没收。而对于被意图用作犯罪工具的事物,之所以也有必要作出没收规定,是因为犯罪有可以在未遂或预备阶段就停止了,这样所涉事物就不可能真正被用于犯罪,但同时犯罪分子将其用于犯罪的意图本身就可以作为其社会危害性的判定条件。非常重要的一点是,在犯罪预备的情况下,只有当《刑法典》要求对所涉犯罪的预备阶段也应判处刑罚时,才可适用没收的处罚措施。

直接产生于犯罪过程中的事物(犯罪产物)也应被没收。这类事物的一个例子是儿童色情制品罪中关于未满18周岁者的色情录像。只有真正产生于犯罪过程中的事物才可以被作为犯罪产物被没收,因而对于原来就存在的、只是在犯罪过程中被伪造的公文就不能处以没收(《法院判例》1990.245.)。此外,那些通过贩卖被客观共犯隐藏、转手之后的偷窃物而获得的钱财也不能看作是犯罪产物,因而不能被没收(《法院判例》1993.208.)。

被当作犯罪的目标对象的事物(犯罪目标)也应该被没收。这一规定的适用是针对于存在犯罪对象的犯罪行为的(如滥用毒品罪)。

如果所涉被当作犯罪目标的事物在犯罪结束后被从犯罪现场运走了,则用于转运犯罪目标的工具一并应被没收,这类事物包括用来转运入室偷窃所得赃物的机动车辆等,这类事物的没收除了能实现个别预防以外,还可能会带来严重的物质制裁。

如果所涉事物的所有关系威胁到公共安全或违反了法律规定,则就算这种所有关系本身并不会造成犯罪或者其本身与被指挥者的犯罪行为并无直接关系,也应予以没收处置。关于严重威胁公共安全的工具的规定包含在 175/2003.(X.28.)号政府法令中。根据这一法令规定,比如说从在公共娱乐场所被逮捕的被指控者身上搜得的电棒,即应被作为严重威胁公共安全的工具被没收。

犯罪行为(如诽谤)得以实现的印刷制品也应被没收,因为其存具有社会危害性。除此之外,还有必要对受害者的个人权利予以保护。考虑到这一点在其他没收规定的基础上无法实现,于是新《刑法典》就对其做了单独规定。

原则上,如果所涉事物并非犯罪分子所有,照样可以予以没收。不过也存在这条规定不能运用的情形。如果犯罪工具(或意图被用作犯罪工具的事物)、犯罪目标对象或者在犯罪结束后用来转运犯罪对象的工具不是犯罪分子所有,且真正的所有者事先并不知道犯罪的发生,一般就不能将所涉事物没收(例如,某人的机动车被盗走并用来从犯罪现场转运入室盗窃所得赃物的情况)。这一规定之下的例外情形只有一条,即没收处置被国际法要求强制执行时。然而,如果真正的所有者事先对犯罪行为的发生有所了解的话,那么即使真正的所有者即不能作为帮助犯,也不能作为教唆犯被追究责任,也不会对所涉事物的没收形成障碍。

出于对社会的保护,即使存在某些可罚性免除事由(如未成年身份或精神病状态),也不影响没收处罚措施的判定。同样,如果犯罪分子由于某种可罚性消除事由(如犯罪分子死亡、诉讼时效过期、赦免等)而不可罚时,或者在犯罪分子已经被判处训诫的情况下,也不会对没收的适用形成障碍。与此相关,还须提及宪法法庭所做的 1624/B/1991 号决议。该项决议中规定"没收既是一种刑法制裁手段,也是一种具有保护性特征的安全措施,其判决基础和不可或缺的先决条件是某些在法律中被声明的当罚行为或违法行为的实现,并且这些行为与所涉当没收事物之间存在法律中规定的特定关系,然而被没收者却不一定需要为所涉行为负刑事责任"。

在关于对借用文化资产的特殊保护的 2012 年第 95 号法律第 3 条第(1)款规定,在对借用的文化资产的特殊保护期限之下,禁止在司法、当局或其他官方程序下对借用的文化资产执行会对其处置权或所有权造成限制或剥夺的处罚措施。按照法律规定,特殊保护的期限在原则上不能超过文化资产借用契约中规定的期限,但最多为12个月。在借用的文化资产受到特殊保护期间,如果所涉文化资产受到了侵害或损伤,特殊保护期限可以按修复或还原所需的时间——从特殊保护期限的原始期限结束之时起算——最多延长4个月。与此相关,新《刑法典》还明确规定,特殊保护的存在虽然会使得没收无法执行,但却不会对没收处罚措施的判处形成障碍(即当与没收相关的法定条件成立时,即使是在这种情况下也必须判处没收的处罚措施)。

由于同一事物明显无法被置于两种同样功效的处罚措施之下,所以立法者就在各种处罚措施之间建立起了一种"先后顺序"。所以说,如果没收和财产没收的条件同时成立的话,就应当优先判处财产没收处罚措施。除非法律有特殊规定,否则被没收物自没收决议生效之时起归国家所有。考虑到处罚措施没有时效性,所以就应当对没收作一特殊规定,将其判处限定在一定时限以内。从立法者的意旨来看,这一时效期限应以犯罪行为的可罚性时效为准(至少为10年)。在司法实践中,在计算可判处没收处罚措施的时效时,也应将追诉时效的中断和中止考虑在内(《法院判例》1993.275.)。

《刑法典》也以公平性为基础为没收规定了可以例外免除的情形。如此一来,强制性没收的规定就符合刑法合法性的宪法原则了。刑法合法性的宪法原则要求"立法者应将刑罚威胁建立在宪法依据之上,刑罚应该是按需要、成比例和最后诉诸的制裁手段"[11/1992.(III.5.)AB决议]。这种公平性依赖于法院权衡。法律从公平性权衡的角度规定了对所涉犯罪行为客观危害及没收所包含的法律制裁的比例性的检察。这一点在实践上意味着对于严重程度较高的犯罪行为可以没收价值较大的事物,而对于严重程度较低的犯罪行为则可忽略对等值事物的没收。不过这种公平性的实践可以被三个因素所排除:一是国际法的规定;二是团伙犯罪的案情;三是立法者特别规定的一些犯罪行为(如与毒品相关的构成要件)。在涉及这三种因素时,没收处罚措施的执行是强制性的。

六、财产没收

第74条第(1)款 对于

a) 在犯罪当中产生的、被犯罪分子在犯罪过程中或以与犯罪相关联的方式获得的,

b) 犯罪分子在团伙犯罪中获得的财产,

c) 毒品贩卖犯罪分子在犯罪过程中获得的财产,

d) 代替在犯罪当中产生的、被犯罪分子在犯罪过程中或以与犯罪相关联的方式所获得的财产，

e) 为方便或简化犯罪目标的实现而服务或意在为此服务的财产，

f) 作为金钱利益对象被给予或被承诺给予的财产，

应当判处财产没收处罚措施。

第（2）款　在犯罪当中产生的、在犯罪过程中或以与犯罪相关联的方式被其他人所获得的财产也应被没收。如果这类财产的获得者是营利机构，则应对该营利机构处以财产没收。

第（3）款　如果犯罪分子是第（2）款中所述的获利人且已经死亡，或者是第（2）款中所述营利机构且已改组，则财产没收处罚措施应向继承第（1）款中所述财产的法定继承人加以判处。

第（4）款　在没有反面证据的情况下，

a) 在第（1）款 b 点情形下的团伙犯罪参与中所获财产，以及

b) 在第（1）款 c 点情形下的毒品周转及贩卖中所获财产

均应被看作是应当没收的财产。

第（5）款　以下财产不得没收：

a) 在犯罪过程中被用来抵消有效民事权利请求的财产，

b) 以诚信方式作为报酬取得的财产，

c) 在第（1）款 b 点和 c 点情况下被证实为合法来源的财产。

第 75 条第（1）款　如果

a) 所涉财产已经无法找到，

b) 在第 74 条第（1）款的基础上被没收的财产无法与其他财产相区分或者其区分与结果不成比例，

c) 第 74 条第（5）款 b 点所述情形成立，

则财产没收应以金额总数的形式被判处。

第 76 条　在财产没收处罚措施的适用中，对于财产的理解还应包括财产收益、无形财产、赊欠财产以及其他任何可以用钱来计量的有价利益。

第一，财产没收这一处罚措施在《柴迈吉法典》中尚未出现。它首先是在 1950 年第 2 号法律中被引入匈牙利刑法实质规定中的（但那时还只能在某些尤其严重的犯罪情形下适用）。到了 1961 年第 5 号法律中，财产没收已经可以作为附加刑在法律规定的情形下与死刑及 5 年以上监禁刑罚一同判处了。除

此之外,如果为了保护社会有必要的话,在法律规定的情形下财产没收还可与3年以上的监禁刑罚一同判处。当时在该种制裁的适用过程中还不需要考察有问题的财产是通过犯罪还是合法途径成为犯罪分子所有的。

在 20 世纪与 21 世纪之交的几年间,法律关于财产没收的规定有了两种方向的内容变化。一方面,这是立法者第一次力图——与匈牙利的国际义务相适应——对于所有在犯罪过程中或以与犯罪相关联的形式获得的财产处以没收处置;另一方面,通过合法渠道获得的财产不再成为被没收的对象。如此一来,财产没收就失去了其惩罚性功能,而变成了一项修复性法律制裁。与这一变化相适应,财产没收在 2001 年(通过 2001 年第 71 号法律)从刑罚被"转换"为处罚措施,因为对于在犯罪过程中或以与犯罪相关联的形式获得的财产的剥夺很明显不能算是刑罚,而只能算作是一种修复性的、对被破坏的情境予以形式化修复的处罚措施。①

新《刑法典》对财产没收的规定大致上与 1978 年第 4 号法律中的规定相一致。但是,与 1978 年第 4 号法律相比,新《刑法典》还将财产没收的适用范围扩展到犯罪分子在毒品贸易犯罪期间所获得的财产之上。

第二,新《刑法典》对处罚措施适用的规定是一般性和强制性的。无论在何种(故意或过失)犯罪情况下,只要法定条件成立,法院就必须判处财产没收。财产没收的处罚措施既可单独适用,也可与刑罚或其他处罚措施一同适用。

对于在犯罪当中产生的、被犯罪分子在犯罪过程中或以与犯罪相关联的方式获得的财产应当予以没收。所谓在犯罪当中产生的财产,是指一开始就被当成犯罪目标的财产(如欺诈罪中的目标财产),但是该条规定的适用并不局限于这一情形。《刑法典》中的这一财产没收判处条件是一般性的,而其他规定则是对这种一般情形的补充。此外,为了使特殊规定有效实现,法律从这种一般情形中还又着重指出了几组特定情形。

最高法院在《刑庭裁断》第 95 号意见中对收受贿赂罪中的法律解读问题作出了相关决定。根据最高法院的意见决定,对于受贿者在犯罪过程中获得的来源于走私、偷窃、公款挪用、欺诈、不诚信处理、抢劫、掠夺、敲诈、非法侵占、受贿等渠道的财产均应予以没收处置。而财产侵犯罪中的犯罪分子,也就是受贿者所得的构成基本犯罪对象的财产来源方,则应被判处没收通过其参与被受贿者获得的财产。

新《刑法典》考虑到与有组织犯罪抗争的最有效工具之一就是剥夺其财产基础,于是就做出了对于在参与团伙犯罪期间所获得的财产也应没收的规定。然而,对于被证实来源合法的财产则不能予以没收。

新《刑法典》保留了之前法律关于证明责任反转的规定。因此，在没有反面证据的情况下，通过参与团伙犯罪所获得的全部财产均应被看作是应当没收的财产（可逆推定）。由此可知，被指控者还应承担证明失败的风险，比如这种财产的来源具有可疑性的情况；而只要所涉财产不能被明确证明不是在团伙犯罪中所得或是通过合法途径所得，就应被予以没收处置。对于以犯罪团伙成员身份所获得财产的没收有一个关键条件，即法院须声明犯罪分子在团伙犯罪（《刑法典》第 321 条）或有组织犯罪中是有罪的。

《刑法典》第 74 条第(1)款 c 项新规定的目标是在打击有组织犯罪和跨国犯罪的斗争中，通过剥夺其财产和物质基础而更高效地针对毒品交易犯采取的措施。然而就算在这种情况下，也不可没收被证实为合法来源的财产。

法律在这种情况下也反转了证明责任。也就是说，对于在毒品周转和贩卖期间所得财产的来源合法性应该由被指控者来证实（需要指出的是，此时证明责任的反转对于毒品交易罪的其他犯罪行为并不能成立）。

此外，那些作为在犯罪当中产生的、被犯罪分子在犯罪过程中或以与犯罪相关联的方式所获得财产的代替品而存在的财产也应当被没收。有了这条规定，当在刑事诉讼程序进行时产生于犯罪过程中的原始财产对象已经不在，而是被别的财产对象取而代之时（例如通过犯罪获得的钱被用来购置不动产的情况），照样可以予以没收。而当所涉财产已经无法找到时，则其没收应以金额总数的形式来判处。所以说，无论是犯罪所得财产已经（完全）不存在了，还是犯罪分子已经没有任何财产了，都不能对财产没收处罚措施的适用构成障碍（《法院判例》2009.133.）。

《刑法典》第 74 条第(1)款 e 项规定，在犯罪预备或犯罪未遂阶段为达到犯罪目的提供帮助（实质协助质）或意图为之提供帮助的财产也应被没收。而在所涉行为在犯罪预备阶段就已停止的情况下，则只有当《刑法典》规定所涉犯罪在预备阶段也应予以刑罚时，才可判处财产没收。

《刑法典》第 74 条第(1)款 f 项中规定了与腐败罪相关的财产没收的判定，规定在腐败罪中给予或承诺给予的财产都应被没收。对于被动行贿者，如果其在犯罪过程中或以与犯罪相关的方式未能获得财产利益，则不应对其适用财产没收处罚措施。然而，对于主动行贿者来说，如果所涉财产利益已经脱离了其所有，则应对其判处与所涉已脱手财产利益对象等值的财产没收（《刑庭裁断》78）。

还有一种可能情况，即来源于犯罪的财产在犯罪过程中或以与犯罪相关的方式并没有被犯罪分子得到，而是被其他自然人或营利机构获得了。为了使这种情况下的非法来源财产无法逃避没收处置，法律明文规定了这类财产也应没收。

而出于同样的目的,《刑法典》还规定了对犯罪分子转移给他人的非法来源财产的没收处置。然而,如果所涉第三人是以诚信方式作为报酬获得这笔财产的,则根据《刑法典》规定不能予以没收,而只能对作出财产转移行为的犯罪分子以金额总数的形式判处财产没收。而出于明显的实用主义考虑,当财产没收所涉财产无法与其他财产分离时,或者其分离会导致不成比例的困难时,也应以同样的方式处理。

　　即使是犯罪分子或其他通过犯罪行为获利者死亡,或者通过犯罪行为获利的营利机构改组,也不会对财产没收处罚措施的适用构成障碍。这时应对所涉获利者的法定继承人没收本应被没收的财产数量。

　　法律并没有定义财产的概念。在与《刑法典》相关的范围内,对于财产应该理解为民法中财产概念下所包含的全部,其中也包含不动产。同时,为了澄清在财产没收处罚措施的适用过程中可能出现的问题,《刑法典》在与财产没收相关的解释条款中还规定了对于财产的理解还应包括财产利润、无形财产、赊欠财产以及其他任何可以用钱来计量的有价利益。

　　《刑法典》在非常宽泛的范围内力图确保源自犯罪的财产增长被收归国有,而同时受害者在刑事诉讼程序中被生效的索赔——即民事索赔——则会防止财产没收。如果通过犯罪所得财产全部被用来偿还民事索赔,那么也就没有办法再实施财产没收了。然而,如果民事索赔仅占用了所涉财产的一部分,那么对于其剩余部分——在其他法律条件都成立的情况下——则应予以没收。而当民事索赔的审定生效还有指出其他合法途径时,只要财产没收的其他法定条件都成立,这一情形也不能对财产没收的判处构成障碍。

　　如果所涉犯罪行为是由多人所犯,则应针对每个犯罪人逐一进行考察是否应该对其判处财产没收,以及应该对其判处何种规模的财产没收。这是因为法律不允许就同一份财产(包括财产部分、财产对象和金额总数)对多个犯罪者做普遍的财产没收判决,也不允许一名犯罪者应被没收的财产由另一犯罪者一同承担(《刑庭裁断》69)。

　　《法院统一判例》第1/2008号决议中声明,在滥用毒品罪的情况下,财产没收不能仅限于交易所得收入,而应以与犯罪相关的全部财产为没收对象,不管犯罪分子为了购入毒品投入了多少财产,也不管毒品交易对于犯罪分子来说是赚了还是赔了。总之,财产没收的规模中不可抵减与毒品购入相关的支出。

　　财产没收的适用在刑事诉讼程序中首先是以扣押令的形式得以保障的。《法院统一判例》第2/2008号决议规定,如果刑事诉讼程序是因与财产没收相关的犯罪行为而启动的,且必须确保财产没收的实现不受阻碍,这样就算调查对象是未知正犯,或者没有进行指控证明,也不影响可被判处财产没收的财产、财产部分或财产对象被扣押。

财产没收和没收这两种处罚措施之间有一些共同之处,在《刑法典》中两种处罚措施之间也有一些相同的条款规定。财产没收与没收类似,即使是在犯罪分子因其青少年或精神病人身份而不可罚时也应正常判处。同样地,即使犯罪分子因某种可罚性消除事由而不再具有可罚性,或者已经被判处了训诫的处罚措施,也不会对财产没收的适用构成障碍。除此之外,与没收类似,即使财产没收因为关于借用文化资产特殊保护的法律中规定的特殊保护情形的成立而——在特定时间内——不能被执行,也不影响其判处。

除非法律有特殊规定,否则被判处财产没收的事物自宣判该处罚措施的司法决议生效之时起即被收归国有。

七、电子数据永久性封禁

第 72 条第(1)款 对于下列被公布于电子通信网络的数据应判处永久性不可访问的处罚措施:

a) 其可访问化或公开化构成犯罪的数据,

b) 曾被用作犯罪工具的数据,

c) 在犯罪过程中产生的数据。

第(2)款 当犯罪分子因其儿童或精神病人身份或者法定可罚性消除事由而不具可罚性时,以及犯罪分子已经被处以训诫时,仍可判处电子数据永久性封禁的处罚措施。

新《刑法典》中作为一项新的处罚措施引入了电子通信网络数据永久性不可访问措施。随着计算机技术的发展和电子世界网络的广泛应用,所谓的网络犯罪对社会的危害性也越来越大。1978 年第 4 号法律规定,对于那些通过在计算机技术网络发布消息而实现的犯罪行为也应判罚(例如滥用非法色情录像等)。同时,在新《刑法典》编撰之前,还未存在过要求审理机关封禁这类违法内容的法律规定。为了采取更加高效的措施,新《刑法典》规定对于发布于电子通信网络的构成犯罪的、曾被用作犯罪工具的以及在犯罪中产生的数据强制禁止访问。显然,这一处罚措施的适用是为了防止犯罪行为继续对社会或受威胁的个体产生有害影响。

与没收和财产没收的情况一样,为了保护社会,法律规定即使当犯罪分子因其儿童或精神病人身份或者因为法定可罚性消除事由而不具可罚性时,以及当犯罪分子已经被处以训诫时,仍可对使判处电子数据永久性封禁的处罚措施。在这样的情况下,电子数据永久性封禁应当作为独立的处罚措施来使用。

法律通过引入这项处罚措施,同时也改造了欧盟中的义务。2011/93 号欧盟方针第 25 条第(1)款规定欧盟成员国应当采取措施立即清除包含儿童色情内容或散布传播此类内容的境内运营网页,并努力清除类似的境外运营网页。电子数据永久性封禁的处罚措施最常用于儿童色情制品犯罪的情况下,但同时也可用于其他犯罪中(比如诽谤罪、恐怖主义犯罪等)。

八、强制医疗

第 72 条第(1)款 对于犯暴力人身侵犯罪或危害公共安全罪的犯罪分子,如果其因精神病状态而不可处以刑罚,则应判处强制医疗的处罚措施,并且——假设其在可罚状态下应被判处严重性超过一年监禁的刑罚——应防止其再次犯下类似罪行。

第(2)款 如果已经没有必要的话,则应停止强制医疗。

强制医疗是针对在无法归责状态下犯下的当罚罪行所制定的一项法律制裁,它一方面旨在保护社会,另一方面旨在治疗精神病状态下的犯罪分子。

《柴迈吉法典》中排除了因精神混乱而无自由决定意志者的归责能力(第76 条)。后来在法典第三版,即 1948 年第 48 号法律中,对患有精神病的犯罪者的安全拘留作了规定。根据法律规定,对于年满 18 周岁的重罪或轻罪犯罪者,如果其因精神疾病而没有归责能力,则应将其置于安全拘留之下。法律还规定,如果犯罪者由于精神病状态而不可能再犯下新的重罪或轻罪了,则可以取消本应对其执行的因轻罪而判处的安全拘留。当时,安全拘留的目的是使被置于安全拘留之下的人变得不再具有危害性,为其治愈疾病,以及为其消除可能导致其再次犯罪的精神病状态(公共威胁性状态)(第 1～2 条)。随后,在 1950年第 2 号法律中也出现了类似的规定,这部法律中的安全拘留规定年满 18 周岁的犯罪分子如果因精神疾病而不可罚,但因其精神病状态可能再次犯罪(即处于公共威胁性状态之下),则应对其进行安全拘留[第 49 条第(1)款]。再后来,到了 1961 年第 5 号法律中,类似的处罚措施就已经被称为强制医疗了,规定对于因在精神病、弱智或意识混乱等状态下犯罪而不具可罚性的犯罪分子,法院应判处强制医疗,以防止其再次犯下实现某种重罪法律构成要件的行为[第 61 条第(1)款]。1971 年第 28 号法律则规定,对于本来可能实现某种轻罪构成要件的行为,如果——考虑到行为人的个人情况或其行为的特征和严重程度——从社会保护角度来说没有必要的话,法院也可以不对其处以强制医疗(第 13 条)。

这项处罚措施的适用范围被固定到数种特定行为之内是在 1978 年第 4 号法律中实现的,而新刑法也沿袭了与之相同的规定。

关于强制医疗法律制裁规定的最新修改发生在 2009 年第 80 号法律第 25 条之中,在这部法律中强制医疗的期限被固定化了。这种修订的理由是,由于当时《刑法典》对其时间上限规定的缺失所造成的内容不确定性,所以刑法学很久以来就一直反对强制医疗。根据前言所述,这一规定违反了要求法律制裁确定性的罪刑法定原则,这一原则要求刑事制裁必须具有准确而无歧义的确定性。考虑到这一点,法律为强制医疗的时间规定了一个上限:按照法律规定,强制医疗的期限最长不能超过作为判罚基础的当罚行为被判处的刑罚的时间上限,而对于可判处终身监禁的当罚行为来说,强制医疗的时间上限为 20 年。在这一时间上限结束之后,如果被治疗者的健康状态由于关于医疗健康事务的1997 年第 154 号法律中规定的条件的成立而仍需要进一步的医疗,则随后的强制医疗应在精神病院中完成。修订版法律中还规定强制医疗的期限最长只能持续到其必要性解除之时。除此之外,考虑到对其时间上限的确定,法律还规定当所涉犯罪分子已经没有必要接受强制医疗时,即使其时间上限还未达到,也必须依法终止。

在 2009 年第 80 号法律中所作的条款修订中,作为对执法经验的衡量,又恢复了以前的规定。之所以会有这种修订,是因为按照修订前的规定,自 2010 年 5 月 1 日起判定的处罚措施都有确定期限了(并且既可消除又可终止),而在这一日期之前判定的处罚措施则仍然没有确定期限,并且只能消除而不能终止。这一状况在与宪法的符合性上就出现了问题。此外,变动后的强制医疗规定还造成了一些执法困难(如"平行"期限、临时性强制医疗等)。考虑到所有这些情况,法律重新将强制医疗规定成为一种没有确定期限的处罚措施,直到司法审察已经没有需要时方可终止。因此,有关处罚措施临时确定性期限设置问题的最高法院的 1/2011 号刑法统一决议在很大程度上也就失去了其根基。不过,这项法律统一决议中关于临时性强制医疗起始时间的规定还继续被沿用了下来,即临时性强制医疗处罚措施的判决之日即为强制医疗的开始日期(第 4 点)。

强制医疗判处的四个条件是:

a) 所涉犯罪行为具有人身暴力侵害性或公共威胁性特征;

b) 犯罪分子的可罚性因其精神病状态而被排除;

c) 需要切实确保犯罪分子不会再犯类似行为；

d) 若犯罪分子可罚，则应被法院判处严重性超过一年监禁的刑罚。

这些条件与之前《刑法典》中的规定保持了一致。

人身暴力侵害性行为的概念在解释性条款（第459条第26点）中作了规定，这些行为中包括：

a) 种族灭绝[第142条第(1)款]，反人道主义行为[第143条第(1)款]，种族隔离[第144条第(1)~(3)款]；

b) 暴力伤害战争谈判者（第148条），暴力伤害受保护对象[第149条第(1)~(2)款、第(4)款]以及其他战争重罪（第158条）；

c) 杀人[第160条第(1)~(3)款]，盛怒杀人（第161条），身体伤害[第164条第(3)~(6)款、第(8)款]；

d) 绑架[第190条第(1)~(4)款]，人口贸易[第192条第(1)~(6)款]，强迫劳动（第193条），侵犯人身自由（第194条），胁迫罪（第195条）；

e) 性胁迫（第196条），性暴力[第197条第(1)~(4)款]；

f) 侵犯精神及宗教信仰自由（第215条），暴力侵害特定群体成员[第216条第(2)~(3)款]，侵犯结社、集会自由或选举集会参与权（第217条）；

g) 暴力改变宪法秩序[第254条第(1)款]，暴乱[第256条第(1)~(2)款]；

h) 公权力实施中的虐待行为[第301条第(1)~(2)款]，公共任务执行人员程序中的虐待行为[第302条第(1)~(2)款]，逼供[第303条第(1)~(2)款]，非法拘留（第304条）；

i) 暴力侵害机关人员[第310条第(1)~(3)款、第(5)款]，暴力侵害公共任务执行人员（第311条），暴力侵害机关人员或公共任务执行人员的支持者（第312条），暴力侵害国际保护人员[第313条第(1)款]；

j) 恐怖主义行为[第314条第(1)~(2)款]，交通工具扣押[第320条第(1)~(2)款]；

k) 抢劫[第365条第(1)~(4)款]，敲诈（第367条），私自执法[第368条第(1)~(2)款]；

l) 叛乱罪加重型[第422条第(2)~(6)款]，暴力侵害上级或服务中介（第445条）。

非常重要的一点是，这些行为中只包括故意行为，而过失行为就算是过失杀人[第160条第(4)款]也与这一行为范围无关（《法院判例》1987/423）。

具有公共威胁性的行为是指在其构成要件要素中存在"引起公共危险"特征的行为。对于这一行为范围，与恐怖主义行为相关的解释性条款可以帮助其界定[第 314 条第(4)款]。

疾病性精神状态是会免除或限制归责能力的内部起源性的条件(即精神病状态)。如果犯罪分子因精神病状态而不具备归责能力的话,也就不会实现犯罪行为,从而也不能对其判处刑罚。但是作为处罚措施则可对其判处强制医疗(以及没收、财产没收和电子数据永久性封禁)。不过,当限制可罚性的精神病状态存在时,即当该精神病状态不会免除犯罪分子的归责能力,而只会对之造成限制时,犯罪在概念上则可以实现。犯罪一旦成立,通常便会紧随刑罚的判处,然而考虑到归责能力受限的情形,法律又规定了犯罪分子刑罚无限制减轻的可能性。在这种情况下就不可适用强制医疗的处罚措施了。同样地,如果犯罪分子的归责能力在犯罪当时处于受限状态,但在有效决议作出之时已被治愈,也不可再对其判处强制医疗了(《法院判例》2001.747.)。

处罚措施判定的预后性条件是必须保证犯罪分子不会再犯类似罪行。对于这一条件应在综合考虑的基础上加以判定,并且根据惯例,在所涉行为具有矛盾性特征及与具体情境相关的情况下,如果这一条件内容的存在不是基于对犯罪分子精神状态的考察中得出的,则不能认为条件成立。

至于犯罪分子在可罚情况下应被法院判处严重性超过 1 年监禁的刑罚的条件,则基本上可以在客观基础上加以判定。根据法律规定,在刑罚判处时应考虑到刑罚的框架和目标,使之与犯罪的客观危害、罪过轻重、犯罪分子的社会危害性以及其他减轻或加重情节相适应[第 80 条第(1)款]。由于在这种情况下犯罪分子的归责能力是缺失的,所以就不能根据罪过轻重判处刑罚了,而只能综合其他几项标准来衡判处夺。

在刑事诉讼程序中,如果被指控人出现了精神病状态的问题或可能性,则审理机构应组织专家对相关问题进行考察澄清[《刑事诉讼程序法》第 99 条第(2)款 b 点]。在这种情况下,为了保险起见,需要两位专家对所涉精神状态问题作意见声明[《刑事诉讼程序法》第 101 条第(2)款]。如果能够确定需要对被指控者判处强制医疗,则法院对可能处于精神病状态下的犯罪分子判处临时性强制医疗。对于这种程序性强制医疗应适用预先拘留的相关规定(《刑事诉讼程序法》第 140~145 条)。这时强制医疗的开始日期应为临时性强制医疗的判定之日(1/2011《刑法统一判例》第 4 点)。

关于强制医疗的审察规则是在《刑事诉讼程序法》中加以规定的。根据规定,法院应在强制医疗开始后的 6 个月内对强制医疗的必要性进行官方审查。如果强制医疗没有停止,则应每 6 个月作一次必要性审查。如果被判强制医疗者在判决生效前已经处于临时性强制医疗之下了,则判决期限应从强制医疗开始之日起算。在必要性审察前应先听取精神医生专家的意见。强制医疗执行机构的医生可以作为需要被听取意见的两名精神医生专家之一参与诉讼程序中。要想启动强制医疗的必要性审查,应首先由检察官或者被强制医疗者及其配偶、伴侣、法定代理人或辩护人发起申请,并由强制医疗执行机构领导向法院移交申请(《刑事诉讼程序法》第 566 条)。

尽管新刑法中已经不再有明确指示了,但今后强制医疗仍应继续在官方指定的封闭式机构中——即司法监控与精神治疗院中——加以执行。

九、可用于法人的刑事处罚措施

可用于法人的刑事处罚措施是在一部单独的法律,即 2011 年第 104 号法律中规定的。法律适用中的法人概念包括被法律认定为法人的一切机构和拥有机构独立代理权的组织单位,以及可作为民事法律关系独立法律实体活动并拥有独立于其成员之外的财产的组织机构,其中也包括关于经济公司的法律中规定设立的公司[第 1 条第(1)款]。然而,需要着重指出的是,根据匈牙利法律规定,法人不能承担刑事责任,无法认定犯罪,也不能成为犯罪者(正犯或从犯)。尽管如此,仍可对法人判处刑事处罚措施,虽然这种处罚措施具有伴随性特征。

只有在特定自然人犯下特定罪行且法院已对其处以刑罚、训诫或缓刑的情况下,才可对法人判处处罚措施。也就是说,只有在《刑法典》中规定的故意犯罪情况下,或者当所涉犯罪的目标或结果是使法人获得利益并且犯罪行为

a) 是由法人组织的首席执行官或被授权为代表的成员、雇员、主管、经理及监事公成员或受这些人员委托之人在法人活动范围内所犯时,或者

b) 是由法人组织的成员或雇员在法人活动范围内所犯,且本来可以被首席执行官、经理或监事会通过履行其领导或检察职责而阻止时,

才可对法人判处处罚措施。

除上述情形外,如果犯罪行为导致法人获益,且法人组织的首席执行官或被授权为代表的成员、雇员以及主管、经理或者监事会成员对犯罪行为是知情的,则也可以对法人判处处罚措施[第 2 条第(1)～(2)款]。

在所有这些条件都满足的情况下,可以对法人适用以下处罚措施:

a) 终止法人资格,

b）限制法人活动，

c）罚款。

终止法人存在只能单独判处，而限制法人活动和罚款则既可单独判处，又可与其他法律制裁一同适用。

其中，终止法人存在又包括法定型和酌定型两种。

如果法人没有展开合法的经济活动，且

a）法人是为犯罪而设立，或者

b）法人的实际活动起到了掩盖犯罪的作用，

则法院应终止法人存在。

在上述情形下，即使法人展开的活动是合法的，法院也可能判处其终止资格的处罚措施。然而，如果国家或自治政府任务的执行因法人资格的终止而涉入险境，或者法人：

——是提供国家公共设施的供应者，

——从国际视角来看具有战略意义，

——承担着国防或其他特殊职能或为这类目标服务，

则可看作是例外情形，不予终止。

法院还可以对法人的活动作 1～3 年的限制，在此期间法人

——不得进行公开募集资金，

——不得参与采购流程，

——不得签订特许经营合同，

——不得成为非营利性机构，

——不得参与由中心或地方政府预算、国家基金拨款、其他国家、欧洲共同体或其他国际组织所提供的援助计划，

——不得从事其他被法院禁止的活动。

限制法人活动可以用于上面所列举的一项或多项活动，其期限应按年确定［第 5 条第（1）～（2）款］。

可以对法人判处的罚金最大规模应为其非法所得或预期非法所得的 3 倍，且最低为 50 万福林。如果其非法所得或预期非法所得不可确定或只能以大到不成比例的投入为代价加以确定，则应由法院通过估算来确定。而如果法人非法所得或预期非法所得不具有财产性特征，法院则应该参照其财产状况为其确定罚款规模，且最低不得少于 50 万福林。在未被缴齐的情况下，罚金应由法院依据执行规定加以征收（第 6 条）。

这些处罚措施即使在犯罪分子因死亡或精神病状态而不可罚时，或者在刑

事诉讼程序中由于犯罪完成后出现的精神疾病而被中断时,仍然可以适用。

十、可用于青少年的教养所教育处罚措施

关于可用于青少年的教养所教育处罚措施的详细规定,我们将在与青少年相关的特别条款中加以讨论。

注释

① 拜洛维奇·艾尔文,布什·贝拉,盖雷尔·巴拉日,纳吉·费伦茨,托特·米哈伊:《刑法 I:总则》,布达佩斯:HVG-ORAC 出版公司,2012,第 452 页。

参考文献

阿尔伯特,安塔尔-亚诺什,拉兹科-拉斯洛,卡尔顿:《强制医疗及临时性强制医疗中的刑法和刑事诉讼程序法问题》,《狱事视点》,2002 年第 4 期。

巴洛格,耶诺:《缓刑发展的几则数据》,《法治国家:法政视点》,1910 年第 7 期。

艾尔文,拜洛维奇-贝拉,布什-巴拉日,盖雷尔-费伦茨-米哈伊,托特:《刑法 I:总则》,布达佩斯:HVG-ORAC 出版公司,2012,第 452 页。

拜尔凯什,久尔吉:《缓刑》,《匈牙利法律》,1984 年第 9 期。

拜尔凯什,久尔吉:《最高法院关于成年人缓刑和刑罚执行暂缓的新处罚原则决定》,《匈牙利法律》,1988 年第 6 期。

戴阿克,佐尔坦:《缓刑适用听证取消的情形》,《检察官报》,2007 年第 2 期。

多布劳奇,西尔维亚:《刑事诉讼程序中的法人——不确定性与问号》,《法学研究》,2006 年第 1 期。

方托伊,扎内特:《法人的刑事责任》,布达佩斯:HVG-ORAC 出版公司,2008。

费赫尔,兰可:《强制医疗:病理性治疗还是治疗病理?》,《法学公报》,1989 年第 12 期。

菲勒普,山多尔:《法人的刑法实体性》,《匈牙利法律》,1993 年第 6 期。

加尔,阿提拉:《实践中的成人缓刑》,《匈牙利法律》,1987 年第 9 期。

久尔吉,卡尔曼:《刑罚与处罚措施》,布达佩斯:经济与法律出版社,1984。

海勒,艾里克:《陪审团程序中的缓刑》,《法学公报》,1911年第1期。

霍兰,米克洛什:《没收和财产没收规定的一致性》,《刑法汇编》,2007年第1期。

霍兰,米克洛什:《法律协调与没收:术语问题——关于法理学与公法》,《法政杂志》,2007年第1~2期。

霍兰,米克洛什:《财产没收——源于犯罪的财产之剥夺》,布达佩斯:HVG-ORAC出版公司,2008。

霍兰,米克洛什:《斯特拉斯堡实践中的物权基本法律保护与没收(财产没收)》,《公安视点》,2009年第9期。

亚乔,尤迪特:《财产没收的规定——以瑞士为例》,《为庆祝蒂博尔·霍尔瓦特教授80岁生日所编学术文集》,密什科尔茨:碧博尔出版社,2007。

卡拉珀什,米克洛什·彼德:《刑法典关于强制医疗规定的变化在精神病犯罪分子的判决中是否意味着模式的转变》,《匈牙利精神病学》,2011年第3期。

卡马拉什,彼德:《成人缓刑》,《内事视点》,1985年第3期。

凯雷日,克拉拉:《刑法典制裁体系转型的有关概念——特别是匈牙利缓刑考验的运作》,《犯罪学与犯罪分析33》,1996。

莱塔尔,伊斯特万:《没收处罚措施中的检察官审察》,《内事视点》,1998年第4期。

阿科什夫人,伊斯特万·雅格尔:《缓刑考验的刑罚效力》,《刑法学》,1999年第1期。

米库拉,马尔塔:《缓刑考验》,《检察官报》,2007年第6期。

纳吉,费伦茨:《刑法制裁体系中的处罚措施》,布达佩斯:经济与法律出版社,1986。

纳吉,费伦茨:《财产没收是宪法禁止的刑罚吗?》,《匈牙利法律》,1996年第1期。

纳吉,费伦茨:《财产没收》,《刑法汇编》,2002年第4期。

纳达希,拉斯洛:《匈牙利刑法中训诫的过去、现在和将来》,《检察机关报告》,1992年第1期。

内迈锡,安德里亚:《1978年后刑法史上的没收与财产没收》,《匈牙利法律》,2001年第9期。

尼拉希,久拉:《缓刑适用实践》,《匈牙利法律》,1982年第11期。

奥雷尔,费伦茨·亚诺什:《缓刑考验组织的历史记忆——从检察官的角度》,

《检察官报》,2007 年第 6 期。

帕尔帝,卡塔林:《女犯的缓刑考验及善后辅导的执行》,《犯罪学研究37》,2000。

莱蒙,巴拉日:《财产没收的德国规定》,《匈牙利法律》,2001 年第 8 期。

山塔,费伦茨:《法人的刑事责任》,密什科尔茨:碧博尔出版社,2002。

沙尔卡尼·伊斯特万,陶柏·伊斯特万:《对于几个缓刑考验问题的经验主义检察》,《内事视点》,1989 年第 9 期。

萨科奇,托马斯:《刑法处罚措施可以针对法人适用吗?》,《匈牙利法律》,2002年第 8 期。

施耐德夫人,马克·尤迪特:《缓刑考验的改革》,《狱事视点》,2009 年第 1 期。

亚诺什·萨巴多什:《缓刑考验的执行经验》,《公安视点》,1990 年第 10 期。

塞代尔,久拉:《财产没收及没收的新规定》,《匈牙利法律》,1999 年第 8 期。

托特,米哈伊:《在我们匆忙为法人被告人定罪之前》,《法学公报》,2001 年第7～8 期。

瓦什,爱娃:《训诫的适用》,《内事视点》,1981 年第 10 期。

维索卡伊,拉斯洛:《现行刑法典中的训诫》,《匈牙利法律》,1980 年第 12 期。

维索卡伊,拉斯洛:《缓刑的发展与规定》,《匈牙利法律》,1985 年第 9 期。

沃科,久尔吉:《缓刑考验在刑事科学中的角色》,《检察官报》,2006 年第 6 期。

沃科·久尔吉,莱塔尔·伊斯特万:《强制医疗的个人与制度条件》,《内事视点》,1997 年第 12 期。

司法实践

1/2011.《法院统一判例》;55/2007.《刑庭裁断》、54/2007.《刑庭裁断》;《法院判例》2004.351、《法院判例》1993.272、《法院判例》1992.290、《法院判例》1989.300、《法院判例》1989.260、《法院判例》1984.341、《法院判例》2012.113、《法院判例》2011.330、《法院判例》2011.88、《法院判例》2009.197、《法院判例》2007.324、《法院判例》2007.33、《法院判例》2003.12、《法院判例》1997.159、《法院判例》1996.570、《法院判例》1994.2、《法院判例》1992.366、《法院判例》1991.382、《法院判例》1990.287、《法院判例》1987.381、《法院判例》1985.337、《法院判例》1981.172、《法院判例》2011.301、《法院判例》2001.520、《法院判例》1985.339、《法院判例》1984.184、《法院判例》1982.401、《法院判例》1980.318、《法院判例》1980.45;《最高法院主要判例》

2009.1937;《法院判例》2001.352、《法院判例》1993.724、《法院判例》1992.747、《法院判例》1987.423；1624/B/1991.AB 号决议、11/1992.(III.5.)AB 号决议；1/2008.《法院统一判例》、2/2008.《法院统一判例》；《刑庭裁断》69、《刑庭裁断》78、《刑庭裁断》95；《法院判例》1990.245、《法院判例》1992.511、《法院判例》1993.208、《法院判例》1993.275、《法院判例》2009.133、《法院判例》2010.173；《最高法院主要判例》2011.2306。

第九章　量　刑

（艾来克·巴拉日博士）

一、刑罚的目标

第 79 条　刑罚的目标是为了保护社会而防止犯罪分子或其他人再次犯罪。

新《刑法典》与之前的《刑法典》对刑罚目标的定义是一致的,都将其规定为为了保护社会而防止犯罪分子或其他人再次犯罪。换言之,刑罚的目标就是对社会的保护,一方面是个别犯罪预防;另一方面是一般犯罪预防。不过,与之前《刑法典》观点不同的一点是,新《刑法典》将刑罚的目标放在了量刑的章节开头,而不再是在刑罚章节中了。这种变化也说明刑罚本身并不是目标,而只是目标实现的工具。《刑法典》在分则部分的法律构成要件当中是用"当罚"一词来表达可量刑罚的,意思是对可实施制裁的经受。正因此,与之前的《刑法典》不同,新《刑法典》中并没有作"刑罚是基于犯罪行为的法定制裁"这样的声明[1]。《刑法典》第 79 条所定义的以预防为目标的刑罚判处仅仅是达到预防目标的工具之一。如果按照狭义方式来理解,刑罚威胁、犯罪追究、高效司法运行及刑罚执行工具体系等都能达到预防犯罪的目标;而如果按照广义方式来理解,则适当社会运作、教育、抚养、社会机构系统、适当公共普及等也都能达到预防犯罪的目标。

个别预防与社会预防是彼此相联的,因为针对个别犯罪分子所判处的刑罚或其他法律制裁同时也具有一般性预防功效,而有效的社会预防也可以影响到社会中的个体。《刑法典》第 79 条中所规定的个别预防不仅可以通过教养这一种方式来实现,还可以通过判处与实体法和绝大多数社会成员的正义感相符合的刑罚来实现。

个别预防是指刑罚须能适合避免犯罪分子再发生新的犯罪行为。从理论上来说,当刑罚改变了犯罪分子的人格本质,使之变成守法公民时,也就实现了其真正目标。而如果犯罪分子因为对刑罚的害怕而不再发生新的犯罪行为了,也算是实现了个别预防。

刑罚判处需要与犯罪行为成比例。考虑到这一原则,在刑罚目标之中还需提及惩罚和震慑的概念。因为虽然刑罚必然会带有惩罚性质,但是《刑法典》中却也明确规定了刑罚的最关键角色是预防。因此,在实现刑罚目标时,还需尽量使犯罪分子之外的人尽可能少地受到惩罚效力的影响。"国家刑罚权威旨在保护个体安全。这一目标一方面是通过惩罚攻击或侵害行为以转变侵害者本身的态度来达成,另一方面则是通过刑罚的威慑力防止别人做出类似的侵害行为来达到;而除此之外,还可以通过消除那些可能威胁到个体生命或尊严的情形或将其可能性降至最低来达到。"②

此外,刑罚还有另外一个目标,即预防其他人犯罪。通过刑罚可以把社会成员向一个特定的方向引导影响。这种影响的成效性以及处罚措施或刑罚对社会产生的影响还与犯罪及制裁所涉人员的个人态度有关。如果刑罚有利于在社会成员当中确立积极向上的价值体系,则其所实现的就是一般预防,但即使没有这一条件,如果刑罚能使社会成员对相似规模的刑罚产生畏惧,则也可实现一般预防目标。

刑罚目标的实现首先是法院的任务。关于刑事诉讼程序的 1998 年第 19 号法律第 12 条第(1)款中也指出这一点。根据该条款规定,刑事司法事务是法院的任务。刑罚可以由法院在犯罪宣判书中加以判处[《刑事诉讼程序法》第 330 条第(2)款 a 点]。但是需要指出的是,《刑法典》中关于刑法判处的第九章不仅规定了狭义上的刑罚的判处事宜(《刑法典》第 7 章),还规定了处罚措施的判处事宜(第八章)。不过,训诫作为一项处罚措施,也可由检察官在其职责履行过程中加以判处[《刑事诉讼程序法》第 190 条第(1)款 j 点],此时检察官应考虑的是刑罚的一般目标,而最后在关于控告延迟的决议作出时也应考虑到这些角度[《刑事诉讼程序法》第 222 条第(1)款]。

二、量刑原则

第 80 条第(1)款 对于刑罚应在本法律中规定的框架内,考虑到刑罚的目标,以与犯罪行为客观危害、罪过轻重、犯罪分子的社会危害性以及其他减缓或加重条件为基准加以判处。

第(2)款 在判处有期监禁时,应当以刑罚的中级规模为向导。中级规模是刑罚下限和上限之间总规模的一半。

第(3)款 如果量刑时按本法律规定需要适用分则中规定的刑罚,那么第(2)款中规定的刑罚规模应按照所适用的具体刑罚来计算。

第(4)款　法院在为监禁刑罚确定规模时,不需要考虑缓期执行的情况及有条件释放的可能性。

为了达到《刑法典》第79条当中所规定的目标,法律在第80条中确定了一系列量刑原则。《刑法典》的制裁体系是相对确定的。法院在法定框架内在个别化原则的基础上判处与罪行成比例的刑罚或处罚措施。只有法院有权限权衡在法律刑罚内什么样的刑罚是与所涉犯罪行为的严重性成比例的,以及什么样的刑罚能够符合量刑原则。此外,在量刑过程中还应注意一般刑法原则和《基本法》中的宪法要求。"刑罚带来的法律制裁应该符合成比例、有必要和最后诉诸的原则"③。法律制裁的成比例原则还意味着法律对于不同犯罪类型所规定的制裁方式在比例性上是可以相互比较的。对于相似罪行,在对其犯罪行为和罪过规模加以比较之后,也应当判处相似的刑罚;但与此同时,量刑过程中的比例性考察条件还包括对侵害、损失、罪过轻重、犯罪严重性等多项因素的综合考量。"刑罚成比例原则还是宪法法治国家唯一可能的刑罚,因为只有这一原则才符合权利平等的基本理念。"④

刑罚的比例性是指与罪行成比例,而在涉及多个犯罪分子的情况下还包括判决内部的比例性,但同时刑罚的判处还应以犯罪分子的人格特征为参照。不过,这种个别化处理不能违背司法实践的一致性原则。这一原则从法律确定性和法律面前人人平等的角度来看具有根本性意义。根据这一原则,对于严重程度相似的犯罪行为以及个人情况相似的犯罪分子,不得判处具有本质性差别的制裁方式⑤。

根据《刑法典》第33条第(4)款规定,如果与所涉犯罪行为相应的刑罚上限严重程度不超过3年监禁,则可用拘留、社会服务令、罚款、从业禁令、驾驶禁令、居留禁令、体育活动参与禁令及驱逐出境中的一种或多种来取代监禁刑罚。在正确运用量刑原则之余,如果刑罚目标不用剥夺自由便可达到的话,则法院还应选择适用不带自由剥夺性的刑罚。

刑法是法律责任体系中的最后手段,其社会功能是为法律体系完整性补上制裁性的最后一块石头。刑法制裁或刑罚的角色和功能是在其他法律制裁都无用时维持法律和道德规范的健全⑥。

量刑原则中所指出的是法院在确定对犯罪的法律制裁而适用的刑罚的性质和规模时应注意的一般视角。正如宪法法院在13/2002.(Ⅲ.20.)AB号决议中指出的那样:"在《刑法典》体系内,制裁的确定权是由立法者和执法者共同分担的。"

法院的出发点是由《刑法典》分则部分规定的刑罚给出的,这些刑罚有时会依照《刑法典》总则中的规定而被强行提出,并且还可以根据法官的权衡而跨越其下限规模。而根据《刑法典》第 81 条第(3)款规定,对于由至少两种当判处有期监禁的罪行组成的数罪而言,其刑罚上限可提高最高刑罚的一半。根据《刑法典》第 89 条规定,在涉及特殊多次重复犯罪者的诉讼程序中,法律强制对其刑罚加以提高,在没有其他规定的情况下,当较新的犯罪行为的刑罚上限是监禁时,则应提高一半规模。而在暴力多次重复犯罪的情况下,则必须使用《刑法典》第 90 条中规定的刑罚框架拓宽规则,对于应被重罚的暴力人身侵害行为将其刑罚上限提高一倍。根据《刑法典》第 91 条第(1)款规定,对于以团伙形式发生的故意犯罪,其刑罚上限也应提高一倍。《刑法典》第 82 条则规定了刑罚从轻或减轻规定适用时跨越刑罚下限的可能性。

作为对刑罚的要求,在法学中还有一种从一开始就存在的立场,即刑罚还应具有经济性。刑罚的经济性是指"刑罚的执行不能给国家和社会带来比当罚行为本身所造成的麻烦更大的麻烦"[⑦],"也就是说,刑罚的判处应当与刑罚本身所带来的利益损害或威胁成比例,而不能给社会造成比当罚行为本身更大的损害"[⑧]。《基本法》第 28 款规定,法院在司法过程中,对于法律规定应首先结合其目标按照与《基本法》相一致的方式加以理解。

"在理解《基本法》和其他法律规定时,必须假定其符合理智和公益要求,并且具有道德的、经济的目标"。可见,《刑法典》在量刑问题上与《基本法》相一致,也提出了道德性和经济性两个框架。因此,在量刑过程中,可预期刑罚的执行会对社会造成什么样的负担并不是法院的权衡点,因为这一问题早就被立法者规定好了。然而,不可以排除最后《基本法》将这些也放入法院判决理由之中的可能性。

新《刑法典》在量刑原则上与之前的《刑法典》相一致,将犯罪分子的罪过轻重、犯罪分子社会危害性和其他刑罚从轻或减轻及加重条件作为主要权衡点作了突出强调,此外还提到了与司法实践相适应的犯罪行为的具体客观危害。

(一)犯罪的客观危害

立法者在确定刑罚的同时也衡量了其所规定的犯罪行为的社会危险性和消极后果,并确定了部分犯罪行为所具有的客观危害。《刑法典》第 80 条所说的犯罪客观危害所指的并不是立法者已经评定的犯罪行为法定客观危害,而是所涉犯罪行为的具体严重性。犯罪行为的客观危害在本质上与其社会危害级别相符合。而行为的社会危害性——即其严重性客观范畴、犯罪分子的意识和动机——则并不在这里讨论的范围内。犯罪分子的意识状态是与其罪过相关的条件,且应根据其罪过轻重加以评判。犯罪行为的客观危害(与犯罪行为的有序性类似)还会受到犯罪分子在犯罪当时并未意识到的条件或后产生的条件的影响。因此,如果犯罪行为造成了未被犯罪分子所意识到的法律构成要件之外的后果,则在量刑时也应作为权衡条件考虑在内。

很明显,侵害权利主体的行为应当比威胁权利主体的行为予以更加严重的判决。而在权利主体侵害和权利主体威胁行为内部也还有许多级别阶段会导致社会危害性的差别。比如,如果在财产侵犯罪中所涉损失不依靠犯罪分子就已经被偿清了,那么所涉行为的客观危害就会小一些;而如果所涉行为还造成了进一步的严重后果,如在强奸罪受害人又自杀的情况下,则无论犯罪分子是否应当为这种进一步的后果承担罪过,其行为的客观危害都会增大⑨。

此外,影响行为社会危害性的因素还有犯罪方式、犯罪地点、犯罪时间、犯罪工具等,而如果比如当欺诈罪受害者是年轻人、青少年、儿童或老人时,在这一范围内还可以加入受害者的相关情况。

在侵犯人身自由罪中,限制人身自由的时长可以作为行为具体客观危害在量刑时加以考量(《法院判例》1998.258.)。

犯罪行为的客观危害在很大程度上是由其所造成的后果决定的,因此在身体伤害罪中,伤害特征和疗程也可能会有较大差别。比如,身体伤害罪的情况可能是仅被限制在某根手指的终身残疾,也可能是除非借助工具否则终身无法行走的运动性伤害,而这两种情况的身体伤害罪在量刑过程中应予以区别对待。大大高于平均程度的伤害或威胁通常被视为刑罚加重条件,而大大低于平均程度的伤害或威胁则通常被视为刑罚从轻或减轻条件。

如果分级评定与某种临界值相关,则当损失、价值或财产损失接近下限时,应视为刑罚减轻条件;而当其接近上限时,应视为刑罚加重条件。立法者对于所涉价值刚刚超过 500 万福林的犯罪行为和大大超过 500 万福林的犯罪行为[《刑法典》第 459 条第(6)款 c 点]所适用的是同一种刑罚,而同一框架内的内部差别则可在量刑范围内加以评定。

如果犯罪行为虽然属于基本级别,但却接近某一加重型情节,如杀人罪情节接近于特别残忍时,则应判定犯罪分子承担相应罪责。

在《刑法典》体系内,受保护的权利主体除了人以外也包括动物,因而与犯罪行为客观危害一道还应注重不能破坏用来表示量刑价值秩序的比例。

(二)犯罪分子的罪过作为量刑权衡点

当处刑罚还应与犯罪分子的罪过轻重相适应。罪过可理解为犯罪分子与社会危害性行为之间存在的可归责性心理关系⑩。罪过不仅是犯罪概念的要素，还是刑罚规模的确定准则。因此，犯罪分子的刑事责任和刑罚也只有当《刑法典》中规定的具有社会危害性的行为是由犯罪分子以有罪过的方式——即故意——犯下时才可确定，或者在法律规定过失犯罪也应处罚的情况下，当该类行为是由犯罪分子以过失方式犯下时也可确定。

在罪过轻重范围内应评判的是犯罪故意和犯罪过失的实现形式，是疏忽大意的过失还是过于自信的过失，是直接故意还是间接故意。疏忽大意的过失和间接故意的罪过轻重总是更小一些。犯罪过意或犯罪过失的较小或较大级别可以根据客观条件来判断。与罪过轻重相关联的有犯罪动机和目标，还有犯罪工具和方式，这些方面在确定刑罚规模时都应考虑在内。当所涉行为具有情势必要性和可谅解的理由时，罪过轻重通常会浅一些。如果犯罪行为的实施是持久的、连续的，则可判为高度犯罪故意。如果过于自信的过失犯罪分子对于犯罪结果的避免表现出高度轻信的特征，则其过于自信的过失会大大超过平均程度，而此时其罪过轻重也就更高。在疏忽大意的过失实现时，如果可能出现严重的后果可以通过人的一般注意本能被感知到，则可视为刑罚加重条件。

（三）犯罪分子的社会危害性

犯罪分子的社会危害性也是在量刑范围内应当考量的；而由于在所有的犯罪中都会牵扯到犯罪分子某种个人特征的实现，所以犯罪分子的人格特质在量刑时也应具有重要意义。根据犯罪分子的社会危害性可以得知，为了实现刑罚目标应对其判处多大规模的刑罚比较合适，以及什么刑罚可以有效影响其在犯罪以后的行为。

犯罪分子的社会危害性首先可以根据犯罪行为本身及其特征来确定。其次，犯罪方式既可以用来确定行为客观危害，也可以表明犯罪分子的人格特质。但这时实际上并不是对同一条件的二次评判。最后，犯罪分子的社会危害性还可以根据犯罪分子的个人情况来确定，而这些情况最多可以从犯罪行为本身中加以推断。犯罪分子的个人社会危害性还可以从犯罪分子在犯罪前后的行为举止来确定，在这个范围内可以判定重复犯罪的不同级段。法院通过考察犯罪分子的人格特质还能评判其前科和犯罪后行为。司法者在评判犯罪分子的人格特质时，不仅会考察其个人情况，还会特别考察作为其个人情况构成部分的生活方式。如果犯罪分子的个人情况中包含无犯罪前科以及先前诚实正直的生活方式等，则可认为其个人情况是有利的。犯罪分子的社会危害性级别可以通过重复犯罪和显示悔过特征的行为等来确定。

《刑法典》在量刑原则中分别提到了罪过和犯罪分子社会危害性,因为与具体行为相关联的可归责性心理不应在犯罪分子社会危害性的框架内,而应作为犯罪级别加以评判。罪过是犯罪分子人格特质的一部分展现;与之相反,刑罚所触及的则是其全部人格,因而从刑罚可预期效果角度来看,在由有罪过犯罪行为确定的框架之中也应对犯罪分子的社会危害性加以考量[11]。

立法者所说的犯罪分子社会危害性是指犯罪分子个人的社会危害性,但与此同时,在确定刑罚时还应将这条原则与其他量刑原则和谐一致地加以运用。如果所涉犯罪行为的客观危害较低,则过分强调犯罪分子身上潜在的社会危害性就是徒劳的。对于刑罚应在综合考量全部一般量刑原则的基础上加以确定,在《刑法典》第 80 条中所列举的情况中已经不能排出一个序列了。对于各种罪过条件应该放在一起综合理解。在确定刑罚时,起决定性作用的不是罪过条件的数量,而是其在所涉情形下的影响效力,因而刑罚也应个别化地加以判处。如果法院在所涉行为具有显著客观危害时过度评判了主观方面出现的相对较轻的刑罚从轻或减轻条件,那么这么做也是不符合刑罚目标和刑罚与罪行成比例的要求的(《法院判例》1999.1.、1982.174.)。

如果犯罪分子明知自己正处于刑事诉讼程序的追究过程中,却又发生了犯罪行为,则根据这一事实可以不受前次诉讼程序的结果影响而单独为其判定较高危害性。此外,如果犯罪分子因其他案件而处于监禁刑罚缓刑期间、有条件释放期间或赦免决议形成前又发生了犯罪行为,也会被看作是刑罚加重条件。因为从多重制裁威胁都无法阻止犯罪分子继续犯罪这一事实来看,其身上应该有较高程度的社会危害性。这并不是二次评判,因为与对暂缓中监禁的执行、对有条件释放的终止以及对赦免效力的取消等法律制裁相关联的要点不是犯罪行为是怎样发生的,而是在判决中的刑罚是如何判处的(《刑庭裁断》56)。

(四)其他刑罚加重或减缓条件

刑罚的判处还应参照其他加重或减缓条件。犯罪行为的客观危害、罪过轻重以及犯罪分子的人格特征等因素本身便可以加重或减缓刑罚。然而,判决实践还确立了一些其他刑罚加重或减缓条件,而由于这些条件在法律中是多样而分散的,所以我们在这里没有办法进行列举。《刑庭裁断》第 56 号意见中为执法者提供了关于在量刑过程中可以关注的各种因素,因为完全的列举是不可能的,而且其具体意义和权重还为因具体犯罪行为而改变。从法官方面来说,正确的流程应该是——如果对所涉刑罚从轻或减轻和加重因素是首次考量,则应慎重评判其权重,并以此为根据进行量刑,而不应该是在确定好刑罚以后死心塌地去收集其他刑罚加重和减缓条件。

《刑法典》第 80 条第(1)款规定法院有义务在量刑过程中澄清所有已知的主观和客观事实,并在判处法律制裁时对其加以评判。最高法院在《刑庭裁断》第 56 号意见中指出,对于量刑要素不能一劳永逸地确定,但同时法院所作的统一判决又应符合法律面前一致平等的基本原则。这条基本原则也就意味着在法院在评判影响刑罚的情况条件时,不能让其前后评判表现出太过醒目而无由无据的差别。也就是说,对于影响刑罚的情况条件不能抽象概括地或者机械地评判,而应根据具体案件的具体事实来评判,并且还应在决议中给出评判理由。对于某些——通常是刑罚加重或减缓——因素而言,如果其之所以具有刑罚加重或减缓效应的原因在所涉案件中也可以加以确定的话,则这些因素也可以在具体案件中以此处所讲的方式加以评判。同一个事实到了其他行为或其他犯罪分子的情形中也有可能会变得具有中性或相反性质的效应,而根据所实现的犯罪行为,一种给定的情况还可能同时具有刑罚加重和减缓效应。比如,婚姻状况和对青少年的照顾一般算是刑罚从轻或减轻条件,但如果所涉犯罪行为伤害到犯罪分子的家庭,则也可能会变成刑罚加重条件。还需注意的是,对青少年的照顾对于远离犯罪有着更严格的要求。

法律对二次评判的禁止在评判影响刑罚的情况条件时也是有效的。作为构成要件要素所规定的条件本身不能再单独用作刑罚加重条件或刑罚从轻或减轻条件,但是当具体情况的严重性远远超过评判所需规模之时,则可以将其——在加重或最重判定之后——再用作刑罚加重或减缓条件。

在一部分犯罪行为中,作为犯罪加重或减缓情形在其他不包括这样评判情形的犯罪审判中可以成为加重或减缓条件。

最高法院在《刑庭裁断》第 56 号判决中对影响刑罚的主观和客观因素作了单独说明。影响刑罚的主观因素主要包括犯罪分子的生活履历、年龄、生活方式、有无工作、生活是否懒惰放纵、文化水平、教育水平、公益活动、饮酒情况、管理领导角色、他人影响、可谅解或应作特殊判处的犯罪缘由以及健康状况等因素。

虽然青少年身份不属于刑罚从轻或减轻条件,但是当犯罪分子在犯罪当时超过可罚年龄界限不多或者是年轻成年人时,则可以视为刑罚从轻或减轻条件。在为未成年犯罪分子确定制裁时,应当遵循《刑法典》第 106 条中规定的与《刑法典》第 79 条中规定的一般量刑目标相对的特殊要求。针对青少年适用的法律裁制的首要目标是预防目标,与此相比,在为青少年选定裁制方式时——除了对罪行客观危害的评定之外——具有决定性意义的是所用制裁对未成年犯罪分子的影响效力。在为青少年判处执行监禁刑罚时，如果犯罪情节属严重型，则可稍稍违反刑罚与罪行成比例的要求，但是也有可能会出现与青少年特殊量刑要求相背的、会对青少年的人格发展造成不利影响的情形，这是不符合《刑法典》规定的。

犯罪分子的自首是刑罚从轻或减轻条件。尤其是当犯罪分子的自首使得犯罪案件得以澄清或明显推动了破案进程时，其刑罚从轻或减轻力度便更加明显。如果犯罪分子参与了犯罪侦破并为破案带来积极成效的话，也算是刑罚从轻或减轻条件。触及罪过的自首证供更是有力的刑罚从轻或减轻条件，而部分自首也可能具有同样力度的刑罚从轻或减轻效果。自首的揭露特征越强，其刑罚从轻或减轻力度就越大；这时，触及犯罪整体的自首即使包含了对罪过的部分否定，也还是具有刑罚从轻或减轻效力（《法院判例》1993.480，《法院判例》1992.291）。为了鼓励诚实自首，《刑事诉讼程序法》还为犯罪分子提供了可在多个不同诉讼程序的刑罚判处中都可成立自首的有利条件。如今，为了获取自首证供的努力从案件审理机构方面出发其重要性已经大不如前了，但是从犯罪分子方面出发则还是应该做升级评判。在当场抓获的情形下，只有对罪过的承认和忏悔才具有可考量意义。

《刑庭裁断》第 56 条意见在影响刑罚（即刑罚从轻或减轻和刑罚加重）的条件范围内提出了犯罪终止于未遂阶段、犯罪方式、犯罪工具特征、犯罪危害性、公共安全威胁性、长期或严重扰乱治安、当众犯罪、因果关系的直接性或间接性、影响性缘由角色、受害者的部分个人特征（如疾病、年迈、需要保护等）、受害者可能做出的挑衅行为和宽恕、犯罪延续性、迫于情势的犯罪、时间流逝、犯罪增加等客观情况条件。

与正犯相比，帮助犯在犯罪中的角色通常较小，所以帮助犯身份的评定通常也视为刑罚从轻或减轻条件。但是，帮助犯的罪过也有可能会超过正犯，比如在金融诈骗罪中帮助犯以"账票制造人"身份参与名义税务扣减活动中，从而使得正犯能够实现多次犯罪的情况。与帮助犯的情况类似，如果教唆犯依托其能力或领导、管理角色而教唆正犯对受害者施暴，并最终导致受害者死亡，同样可以根据其活动的严重性和特征而对其判处比正犯还要严重的罪过和刑罚（《法院判例》1994.296）。

积极悔过在调解程序框架内可以视为可罚性终止事由[《刑法典》第 29 条第（1）款]或刑罚无限制减轻条件[《刑法典》第 29 条第（2）款]。如果调解程序的条件没有得到满足，但是犯罪分子对受害者做了补偿，解决了双方的矛盾，并且在这一过程中还完成了某种服务或者履行了某种承诺的话，也可视为刑罚从轻或减轻条件。

（五）中间规模量刑

与之前的《刑法典》相一致，新《刑法典》在第 80 条第（2）款中也规定了以所涉刑罚的中间规模为基准的量刑出发点。中间规模量刑的问题最早可追溯到《柴迈吉法典》及其部分理据中。根据那时的规定，如果在所涉案件中既没有刑罚加重条件，也没有刑罚从轻或减轻条件，或者所涉刑罚加重和减缓条件相互抵消了，则"刑罚上限与下限之间的中间值将成为刑罚期限应当确定的时间"。最高法院 1885 年第 44 号全席决议中也再次强调了这一点，尽管法院在量刑实践中一般连中间规模都达不到[12]。此时，如果立法者想要避免以直接数量为基础的严厉性，则可以选择以引导司法实践和执法视点为解决方式，并为这种引导提供一些视角[13]。后来，这种解决方式的实现就是中间规模的刑罚判处。这一规定是在 1998 年第 87 号法律中首次被引进的。

需要注意的是，在有期监禁刑罚判处中，可预期性要求作为一种接近理想化的量刑出发点，早在 1999 年之前所公布的司法决议中就已存在了，并且还在司法实践中表现出良好的运作态势（《法院判例》1978.420、《法院判例》1980.157、《法院判例》1989.、《法院判例》1996.）。

立法者通过这一规定是想尽量保证司法实践的健全性。在对中间规模量刑规定进行考察之后，宪法法庭指出："首先这项规定并不是在质疑司法酌情权的价值，其次从宪法承认的刑罚目标中也不能得出法律不能对量刑做出带有引导性特征或强制执行性规定的结论……所以说在《宪法》中并不能找到相关规定限制要求立法者必须通过法律规定为司法权衡确定与刑法的宪法原则相一致的立场角度——无论是为了量刑实践的统一性，还是为了刑罚的加重或减缓。"[14]用宪法法官拉斯洛·索约姆的话说就是："如果法官主观判决的空间过于庞大，那么量刑就会变得随意而独断"[15]。

与之前的《刑法典》相比，新《刑法典》中对中间规模量刑的规定变得简单化了。所谓中间规模，是指刑罚上限与下限规模总量的一半。对于刑罚界限为 2～8 年的抢劫罪（《刑法典》第 365 条）中间规模的计算过程是下限 2 年加上限 8 年得出总量 10 年，用这个总量除以二得出中间规模为 5 年。中间规模量刑的规定不是对刑罚可能性的缩减，不会让刑罚体系变得绝对化，也不会造成量刑强迫情形。什么也不会限制法院按照自己的理解去考量和评判一些情况条件。监禁是最后才能诉诸的刑罚方式。《刑法典》第 80 条第（2）款并没有限制法院在法定刑罚中间根据自己的信念来评判量刑条件的权重，但是却为了维持司法实践的一致性而规定了量刑要以刑罚的中间规模为基准,即量刑时须把当量刑罚与中间规模作比对。

以刑罚中间规模为基准的规定并不影响法院应在法定框架内、以个别化要求为基础判处犯罪行为成比例的刑罚。如果法院对于有期监禁刑罚并没有按中间规模判处,而是与中间规模相去甚远,那么就应当给出这样量刑的角度和理由(《法院判例》2001.354)。

此外,法律中还反映出立法者的另一期望,即法院在作出可能的刑罚时应当给出详尽的理由。在判决理由中必须包含量刑理由[《刑事诉讼程序法》第258条第(3)款 e 点],但实际所量刑罚规模与中间规模的差距则只有当该差距显著时才应给出详细解释。这是因为法院有权限斟酌衡量——考虑其他减缓或加重因素后——在法定刑罚内何种刑罚与犯罪客观严重程度成比例[13/2002.(III.20.)AB 号决议]。

新《刑法典》第 80 条第(3)款与之前的《刑法典》一致,在量刑范围内作了以下规定:当法律规定使用《刑法典》分则中规定的刑罚时,中间规模的计算应根据所用刑罚来完成。

在涉及青少年犯罪的情况下,中间规模应依据有关青少年的规定加以计算[《刑法典》第 109 条第(2)—(3)款]。

《刑法典》第 80 条第(4)款中包含了对量刑原则的补充规定,这些规定实际上是法院司法中原来就存在的视角。根据该条款规定,法院在为监禁刑罚确定刑罚规模时,应对缓期执行和有条件释放的可能性不予考虑。

三、数罪并罚

第 81 条第(1)款 在数罪情况下仅应判处一种刑罚。

第(2)款 对于数罪,应以与数罪中的各项犯罪行为相适应的刑罚种类和刑罚中最严厉的刑罚为基础判处刑罚。

第(3)款 如果在组成数罪的犯罪行为中,至少有两项犯罪应当判处有期监禁刑罚,则刑罚的上限应提高最高刑罚的一半规模,但规模提高后不能达到为数种犯罪行为所确定的刑罚上限之和。

第(4)款 如果在组成数罪的犯罪行为中,至少有三项是在不同时间犯下的既遂暴力伤人罪,那么第(2)款中规定的刑罚上限应提高一倍。如果经过这样提高后的刑罚上限超过了 **20** 年,或者在组成数罪的犯罪行为中的任何一种犯罪行为也可以被判终身监禁,那么就应对犯罪分子判处终身监禁刑罚。然而,当本法律总则部分规定可以对刑罚作无限制减轻时,则应无限制减轻所量刑罚。

第(5)款　附加刑在数罪并罚的情况下也不能超过法律规定的最高规模和期限。

第一,数罪是指犯罪分子的一个或多个行为实施了多种犯罪、且这多种犯罪应在同一诉讼程序中审判的情况[《刑法典》第 6 条第(1)款],这时法院应数罪并罚。《刑法典》对于数罪并罚基本上保留了先前的规定。数罪并罚与组成数罪的犯罪行为数量无关,无论是在形式上还是在内容上都是单一刑罚,只需一次判决。尽管《刑法典》第 81 条关于数罪的规定中用了"刑罚"判处的措辞,但这并不能排除当刑法总则中规定的其他条件可以确立时,法院为犯罪分子判定某种处罚措施的可能性。比如,在两项虚假私人文件使用罪(《刑法典》第 345 条)中,法院完全可以对犯罪分子适用缓刑的处罚措施。

在数罪并罚的判处过程中,犯罪分子是通过单一行为实现了多种犯罪的法律构成要件(形式数罪),还是通过在空间和时间上都可分离的行为实现了多种犯罪的法律构成要件(实质数罪),并没有法理学的重要意义。形式数罪中的犯罪行为因诉讼程序障碍而不能在多次不同诉讼程序中加以审判。数罪并罚具有一体性,这意味着只有一次判决,而在与犯罪前科相关联的赦免、重复犯罪、特殊重复犯罪、(暴力)多次重复犯罪等的确定中也都只算作一次受罚。而如果彼此构成实质数罪的犯罪是在多次诉讼程序中加以审判的,并且法院判处了(当执行的)有期监禁刑罚,则并罚诉讼程序(《刑法典》第 93 条)就有可能使犯罪分子随后进入一种仿佛是在同一次诉讼程序中被判处了数罪并罚的情形中。而这种量刑方式的条件是犯罪分子的全部犯罪行为都是在最早的一级判决宣布之前完成的[《刑法典》第 93 条第(1)款]。

第二,《刑法典》第 81 条第(2)款和第(3)款中为数罪的审判确定了方向性刑罚框架。数罪并罚的判处规则之一就是所谓的吸收原则,即数罪并罚应以与组成数罪的各犯罪行为相应的刑罚种类和刑罚中最严厉的刑罚为基础加以判处。在刑法分则部分包含的法律构成要件中,刑罚上限越高的,所对应的法律制裁也就更加严厉,而在同时涉及多个构成要件时,显然监禁要比拘留更加严厉。如果可被判处 10 年以上 20 年以下有期监禁的严重杀人罪和盗窃罪的任何一个犯罪阶段相遇的话,标准刑罚也应该是严重杀人罪的标准刑罚。

在为数罪量刑时,除了吸收原则以外,还有一条加重原则,这一原则使得第(2)款中规定的标准刑罚上限在无法满足审判要求时可以被打破。数罪并罚的第（3）款是对刑罚上限的拓宽规定。新《刑法典》与之前的《刑法典》一样，也规定了如果在组成数罪的犯罪行为中，至少有两项犯罪应当判处有期监禁刑罚，则刑罚的上限应提高最高刑罚的一半规模。新《刑法典》也保留了之前《刑法典》中"提高"的转折点，这样一来也就明确了刑罚上由立法者确定的，其提高不是司法者的任务。

经过这样提高之后的刑罚上限不能达到为数种犯罪行为所确定的犯罪项目上限之和，也就是说提高之后的刑罚上限至少应比数罪犯罪上限之和轻缓一天。在两种犯罪当中，相对较严重的行为的刑罚上限如果低于另一种行为的刑罚上限，则应提高其规模的一半。最严重的犯罪的刑罚上限只能提高比当被轻缓处罚的行为上限少一天的规模。如果《刑法典》第365条第（1）款中规定的两个抢劫罪相遇，则两个行为都可被判处2年以上8年以下的监禁刑罚。这时可判处的最大规模刑罚是12年监禁，因为8年上限可以再提高其一半规模（对于两个相同的刑罚而言，很明显，任何一个都不比另一个严重，这样对于抢劫罪的标准上限值应当提高一半）。两个犯罪的刑罚上限会是16年，比第（3）款第一层规定的12年还要严重，这样较小的值就会成为所涉情形下的刑罚上限。

然而，如果基本型盗窃罪与一个可能判处3年监禁的犯罪相遇，严重型盗窃罪上限提高一半规模之后会是12年。为两个犯罪确定的刑罚上限之和是8年加3年，即11年，比12年要低。数罪并罚不能达到全部刑罚上限之和，即11年，因此需要将其降低可能的最少期限，即一天。在这种情况下，可量监禁的上限是11年差一天。但是需要注意的是，数罪并罚的判处一般不会是年加天的形式。

另外，数罪并罚还不能超过《刑法典》第36条中规定的有期监禁一般上限，即25年。

数罪的刑罚上限可以提高，因此由于禁止二次判决而不可评判为刑罚加重条件。如果两个以上的被威胁以法定期限的监禁刑罚行为构成数罪，对于超过两个的犯罪应评判为加重条件，不论根据加重原则提高之后的刑罚是否需要法院在量刑过程中考虑到为最严重的犯罪规定的刑罚判处数罪并罚。

如果《刑法典》允许对构成数罪的犯罪中的其中一项无限制减轻刑罚，则在数罪并罚过程中不能适用刑罚无限制减轻规定，但是在标准刑罚内则可以将其作为刑罚从轻或减轻条件加以评判。如果构成数罪的犯罪中任何一种有可能被从缓量刑的话，其无限制减轻就不会有障碍（《法院判例》1997.337.）。

在缓刑期间如果犯下罪行，则缓刑应被终止，并应将被终止的缓刑案件和由于新犯罪而开始的刑事案件统一处理，这样在判罪时就可以判处数罪并罚了。

《刑法典》第 81 条第（4）款是 2010 年第 56 号法律加进之前《刑法典》的条款之中的，并保留在了新《刑法典》中。《刑法典》对于重复暴力伤人罪的处罚方式与一般数罪规定不一样，在严厉性上更加突出。在重复暴力伤人罪的情况下，如果在构成数罪的犯罪中至少有三项暴力伤人罪，则其中最严重的犯罪的刑罚上限须翻倍提高。与之前的《刑法典》不同，在新《刑法典》中这项规定所针对的只是在不同时间犯下的既遂罪。此外，如果刑罚这样提高后上限超过了 20 年，或者组成数罪的各项犯罪中存在按照法律规定可判终身监禁的罪名，则应对犯罪分子判处终身监禁。这点体现了新《刑法典》的严厉性。

只有在由既遂犯罪组成的实质数罪情况下才可以适用《刑法典》第 81 条第（4）款规定。如果三项暴力伤人罪是彼此具有连续性的整体，或者其中某一项犯罪是未遂罪——尽管可能情节比较严重——的话，则不能适用第 81 条第（4）款规定。暴力伤人罪的范围是在《刑法典》第 459 条第（1）款第 26 点中规定的。如果暴力伤人罪的刑罚上限翻倍提高后超过 20 年，或者组成数罪的各项犯罪中存在按照法律规定可判终身监禁的罪名则应按照《刑法典》第 81 条第（4）款规定对犯罪分子判处终身监禁。在《刑法典》中规定的条件成立时为犯罪分子判处终身监禁刑罚是法院的法定职责。

不过法官可以权衡是否需要为犯罪分子从终身监禁中排除有条件释放的可能性，或是将其有条件释放的期限限制为 25～40 年（在暴力多次重复犯罪的情况下则没有这种可能性，因为暴力多次重复犯罪者的有条件释放可能性已经被《刑法典》第 44 条第（1）款 a 点排除掉了）。

如果《刑法典》总则部分为所涉某些犯罪规定了无限制减轻刑罚的可能性，则所量刑罚便可无障碍地无限制减轻。然而，在《刑法典》分则部分所包含的准许刑罚无限制减轻的条款则不在考虑范围之内。对于至少三项在不同时间所犯的既遂暴力伤人罪而言，只要其中一项按照法律规定可以无限制减轻刑罚，便可按总则规定判处数罪并罚。

从适用角度来看，《刑法典》第 81 条第（4）款所讲的是实质数罪的情况，当组成实质数罪的各项罪名是在一次司法诉讼程序中审判时，《刑法典》在此处的规定便可生效。事实上，在控告提交时，以及在适用与统一和分离相关的诉讼程序规定时，就已经应当遵循《刑法典》第 81 条第（4）款的规定了。在多个诉讼程序进行时，需要把多个案件统一化，而在一次诉讼程序中所涉的各项暴力伤人罪则不能分离，因为那样的话立法者预期的法律严厉性就无法实现了。"关于案件统一和分离所作的决议不仅会有诉讼程序后果，还可能会有刑事实体法后果（数罪和数罪并罚）。这些判决的合法性和随意性可以看作是评判刑罚要求的实现是否公正廉明的一个元素。"（166/2011.〔XII. 20.〕AB 号决议,宪法法官米克洛什·莱维的特殊意见）如果法院对将多个连续的罪名做统一处理是以不可预料而随意的方式决定的,则其在程序上就是不公正廉明的。如果法院在调查过程中,或者在审判阶段没有将由暴力伤人罪引起的多宗案件作统一处理,则立法者所预期的严厉量刑就不太可能会实现了,有可能法院会在某一案件中适用被暂缓执行的监禁刑罚。如果法院在全部三宗案件中都分别判处了当执行的监禁刑罚,那么随后的刑罚合并对于犯罪分子来说就有可能意味着进一步的有利。然而,在这种情况下,如果牵扯到强制性的终身监禁判处,则合并后的数罪并罚就会比刑罚合并前更加严厉。

根据《刑法典》第 81 条第(5)款规定,附加刑在数罪并罚的情况下也不能超过法律规定的最高规模和期限。根据《刑法典》第 33 条第(2)款规定,附加刑是指公共事务参与禁令,最长期限为 10 年。《刑法典》第 81 条第(5)款对此没有特别指示,除监禁以外的其他刑罚（拘留、社会服务令、罚款、从业禁令、驾驶禁令、居留禁令、体育活动参与禁令、驱逐出境）在判处时也不能超过法律为数罪并罚规定的最高规模和期限。这是因为在数罪并罚的情形下只能判处一种刑罚,而只有监禁刑罚种类才可以按照第 81 条第(1)~(3)款规定提高刑罚上限。

四、刑罚的减缓

第 82 条第(1)款 如果考虑到量刑原则,某一刑罚条文的最轻规定仍显得太过严厉,则可判处比该刑罚更加轻缓的刑罚。

第(2)款 在第(1)款基础之上,如果刑罚下限

c) 是 **10 年监禁**,则最多可减缓为 **5 年监禁**,

d) 是 **5 年监禁**,则最多可减缓为 **2 年监禁**,

e) 是 **2 年监禁**,则最多可减缓为 **1 年监禁**,

f) 是 **1 年监禁**,则可减缓为短期监禁。

第(3)款 在第(2)款 d 点情况下,还可以用拘留、社会服务令或罚款等刑罚取代监禁,而这些刑罚也可以彼此同时判处。

第(4)款 在犯罪未遂或犯罪帮助的情况下,如果在第(2)款基础上判处的刑罚仍然显得过于严厉,则可按第(2)款中排序的下一点进一步减缓刑罚。

第(5)款 如果本法律允许无限制减轻刑罚,则可为所有刑罚种类判处最轻处罚。

第一,《刑法典》的制裁体系是相对确定的,这意味着法院须在法律规定的刑罚内判处刑罚。《刑法典》前言指出,在实践中可能会出现按照法律给出的刑罚框架无法做到"公正判定"的情形。这里所说的公正性与《刑事诉讼程序法》第12条第(1)款相一致,即法院的职责是主持正义。

立法者在此处还关注到,法官认为在具体犯罪行为客观危害、犯罪分子的社会危害性、罪过轻重以及可注意到的其他刑罚从轻或减轻和加重要素之后,只有通过比法定刑罚下限还要轻缓的刑罚才可达到刑罚目标。正因此,在特定情形下,法院可以向下跨越刑罚下限或特殊下限对刑罚进行减轻。

刑罚从轻或减轻既可以是有限制的,也可以是无限制的。对于除暴力多次重复犯罪外的任何其他案件来说,只要法院得出结论认为最小规模的刑罚仍过于严厉,都可以对刑罚进行有限减轻。

关于有限的一级刑罚从轻或减轻的规定包含在《刑法典》第82条第(2)款和第(3)款中。从刑罚下限出发可以确定可量刑罚的最小规模。《刑法典》将刑罚从轻或减轻看作例外制度,其适用条件是相应的刑罚下限按照量刑原则来看仍过于严厉。新《刑法典》与之前的《刑法典》从同一原则出发,认为刑罚从轻或减轻总是意味着要打破刑罚下限。新《刑法典》第82条第(2)款还规定了比之前的《刑法典》更加显著的刑罚从轻或减轻可能性,使得法院在判断刑法时效性问题时,为了确定哪部刑法更轻缓,也需遵循此条规定。

根据《刑法典》第89条第(2)款规定,对于特殊和多次重复犯罪者,只有在值得特殊评估时才可适用《刑法典》第82条第(1)款规定。而《刑法典》第90条第(3)款a点则直接排除了多次重复暴力犯罪者有限减轻刑罚的可能性。

根据对法律的正确理解,有限刑罚从轻或减轻规定只能适用于当判监禁刑罚的犯罪情形下,而对于被判拘留的犯罪情形则没有适用依据,关于这点在《刑法典》第33条第(5)款中有所规定。另外,还需要提及的是,当与所涉犯罪相对应的刑罚上限严重性不超过3年监禁时,可以按照《刑法典》第33条第(4)款规定,无需遵循减刑阶段规定便可对被指控者适用对其更有利的法律制裁。

第二,根据《刑法典》第10条第(2)款规定,在犯罪未遂的情况下,也应该适用既遂犯罪的刑罚;而根据《刑法典》第14条第(3)款规定,对于从犯也应与正犯适用同样的刑罚作为标准。然而,根据对量刑原则中的一些元素进行考察可以确定,在未遂阶段终止的犯罪行为的客观危害通常来说比既遂犯罪要小,而从犯的活跃性通常也比正犯和教唆犯要轻缓。针对这些情况,《刑法典》第 82 条第(4)款与之前的《刑法典》相一致,规定了所谓的二次减刑的可能性。如果事实证明《刑法典》第 82 条第(2)款中所规定的已经减轻过的刑罚仍然过于严厉的话……

法院在对未遂犯罪量刑过程中的积极评判还可作为激励因素对避免犯罪起作用。在未遂犯罪和犯罪帮助的情形下,无论是什么力度的刑罚从轻或减轻条件都能用作二次减缓的基础,这是为了实现量刑目标,并且不需要刑罚从轻或减轻条件自身与未遂犯罪或帮助犯在形式上具有关联。根据对法律的正确理解,即使犯罪分子是作为帮助犯实现了终止于未遂阶段的犯罪行为,也只能按照一种排序中的点,相继考量刑罚规模。

在量刑过程中可以判定犯罪未遂是否已经完成、距离完成是近是远,此外还有很重要的一点是,法院是将犯罪分子的行为判定为心理性还是身体性的犯罪参与。

第三,《刑法典》在特定情形下允许对标准刑罚作无限制减轻[16]。如果法律允许无限制减轻刑罚,则应按照《刑法典》第 82 条第(5)款规定,可以对所有刑罚种类判处最小规模。无限制减轻刑罚的可能性依据是在有些情况下,即使《刑法典》第 82 条第(2)款中所允许的减罚也无法达到公正的审判。无限制减轻刑罚意味着任何一种刑罚种类都可以判处最小规模。在法律规定的情形范围内,只有当可量刑罚经常一级或二级减缓后仍过于严厉时才可适用无限制减轻刑罚。不过当刑法总则部分规定可以对刑罚作无限制减轻时,则无限制减轻刑罚的规定对多次重复暴力犯罪者也同样可以适用[《刑法典》第 90 条第(3)款 b 点]。

然而,对于《刑法典》第 36 条中规定的监禁刑罚一般下限规模而言,也不存在无限制减轻刑罚的可能性。此外,在法院为犯罪分子判处了少于 3 个月的监禁刑罚时,以及审理应被判处比 3 年监禁更加严重的刑罚的重罪时,就算是用了无限制减轻刑罚规定,也不能适用缓刑的处罚措施。这是因为无限制减轻刑罚本身并不能成为训诫或缓刑处罚措施适用的基础依据(《法院判例》2009.197.)。只有当其一般条件[《刑法典》第 65 条第(1)款]成立时,才可适用缓刑处罚措施。

五、听证取消时的量刑

第 83 条第(1)款　在听证取消的情况下——除第(2)款规定的情形外——

在量刑时应以第 82 条第(2)款中规定的更为轻缓的刑罚下限为基础。

第(2)款 在针对被指控的参与犯罪者的听证被取消时,监禁刑罚的判处原因:

　　a) 若为当判 8 年以下监禁的犯罪行为,则减刑后规模不应超过 3 年,

　　b) 若为当判 5 年以下监禁的犯罪行为,则减刑后规模不应超过 2 年,

　　c) 若为当判 3 年以下监禁的犯罪行为,则减刑后规模不应超过 6 个月。

第(3)款 如果听证取消所涉的犯罪行为严重性超过 8 年监禁刑罚的话,则不能适用法律为团伙犯罪规定的更为严厉的条款,而是应当依据本法律中规定的刑罚进行量刑。

第 84 条第(1)款 在听证取消的情形下,对于组成数罪的各项犯罪应以数罪并罚为量刑标准,而组成数罪的犯罪刑罚上限应根据第 83 条第(1)～(2)款规定以可量刑罚中最严重的一项为基础来判处。

第(2)款 如果根据本法律规定至少须对组成数罪的各项犯罪中的两项判处有期监禁,则根据第 83 条第(1)～(2)款规定可判处的刑罚上限应提高最高刑罚的中间规模,但不能达到以第 83 条第(1)～(2)款规定为基础,可为各项犯罪判处的刑罚的期限总和。

第一,取消听证是《刑事诉讼程序法》第 26 章中规定的特殊程序制度,其目的是为了加快和简化刑事诉讼程序。如果被指控者对上诉之前的罪过也作了承认招供,并放弃了其与听证相关的权利,则法院可用在公开会议上所作的判决来确定被告人因与起诉书一致的构成要件及与起诉书一致的评定而获的罪过,并随后为其判处刑罚或者处罚措施(《刑事诉讼程序法》第 534 条)。

第二,法律减缓刑罚的目标是协助实现刑事诉讼程序加速机制。在听证取消的情况下,标准刑罚是在《刑法典》第 83 条第(1)～(2)款中规定的,而在量刑时,则应以《刑法典》第 82 条第(2)款中规定的刑罚下限为基础。这就意味着,如果标准刑罚下限是 5 年有期监禁[比如《刑法典》第(6)款 a 点],则不应以此作为标准,而应取而代之以至少两年监禁为标准刑罚[《刑法典》第 82 条第(2)款 b 点]。法律对量刑原则[《刑法典》第 80 条第(1)款]和中间规模量刑规则并没有特别规定。然而《刑法典》第 83 条第(1)款却明确规定在听证取消的情况下,量刑时应以刑罚下限为基础。所谓的量刑基础是指将可以通过减刑规定判处的最小刑罚作为可量刑罚的下限(基础),但并不一定非要判处这一下限规模。法律规定指出,在量刑时,即使没有刑罚从轻或减轻的一般规定,也可以向

下跨过作为标准的分则刑罚下限。

第三,《刑法典》第 80 条第(3)款规定,如果法律规定了要用分则部分规定的刑罚,则《刑法典》第 80 条第(3)款中规定的中间规模计算对象应对被提用的分则部分刑罚。然而,《刑法典》第 80 条第(3)款中没有指出的一点是,在听证取消的情形下刑罚标准不是被提高的刑罚,而是被减轻以后的刑罚。如果听证取消在诉讼程序中仍然是将刑罚的中间规模作为量刑标准,则在很大程度上并不意味着真正的减轻。这一点对有关听证取消的其他量刑规则也适用。比如,《刑法典》第 83 条第(3)款对于以团伙形式犯下的严重程度超过 8 年监禁的犯罪行为作了相当程度的减刑规定(牵涉特别大的价值的盗窃罪的标准刑罚是 5 年以上 10 年以下的有期监禁,其刑罚中间规模是 5 年半。如果在听证取消时在诉讼程序中中间规模被作为量刑标准的话,则中间规模将会是两年加 10 年总和的一半,即为 6 年)。

第四,《刑事诉讼程序法》对涉及参与犯罪的被指控者的听证取消有特别规定(《刑事诉讼程序法》第 537～540 条)。《刑法典》对于参与犯罪的被指控者所采用的是另外一种逻辑,第 83 条第(2)款规定在这种情况下规定的是监禁刑罚规模的最高上限。监禁刑罚的判处原因若为当判 8 年以下监禁的犯罪行为,则减刑后规模不应超过 3 年;若为当判 5 年以下监禁的犯罪行为,则减刑后规模不应超过两年;若为当判 3 年以下监禁的犯罪行为,则减刑后规模不应超过 6 个月。

《刑法典》第 83 条第(3)款规定,如果听证取消所涉的犯罪行为严重性超过 8 年监禁刑罚的话,则不能适用法律为团伙犯罪规定的更为严厉的条款,也不能将刑罚上限提高一倍,而应在分则部分的刑罚中加以量刑。关于与团伙犯罪相关的其他总则条款的适用,该条并无异议,这里只是说刑罚应当"在本法律对犯罪规定的刑罚之中"加以判处。

第五,《刑法典》第 84 条第(1)款中明确规定,就算犯罪分子实施了多项罪名,也不会对审判取消构成障碍。这一规定的理论基础与数罪并罚的相关条文相同。与此相应,如果法院在取消听证的同时还判处了数罪并罚,那么数罪并罚的上限应当以最严重的一项为基础加以判处。

《刑法典》第 84 条第(2)款规定的是对数罪中被取消听证的各项犯罪的其中两项判处有期监禁的情况。在这种情况下,《刑法典》第 83 条第(1)～(2)款规定的作为标准的最重刑罚上限应提高最高刑罚的中间规模,但提高后不能达到根据第 83 条第(1)～(2)款中规定的对各项犯罪可量的刑罚期限总和。

在参与犯罪的被指控者被取消听证的情况下,法律对于可适用刑罚上限规定的是减缓之后的上部项目框架。比如,《刑法典》第 83 条第(2)款 a 点规定,对于当罚严重程度不超过 8 年监禁的犯罪行为,其可量刑罚上限应被减轻至 3 年。在参与犯罪的被指控者被取消听证的情况下,在组成数罪的各项犯罪之中,以这种方式确定的最严重刑罚应做中间规模的提高。在参与犯罪的被指控者被取消听证的情况下,《刑法典》对可量刑罚下限并没有特别规定,因而对于当罚期限为 2~8 年的抢劫罪(《刑法典》第 365 条),其刑罚应为 2~3 年,中间规模为两年半。而在数罪情况下被提高之后的刑罚上限则是 5 年半。

取消听证的量刑规定[《刑法典》第 83 条第(1)款]对于刑罚上限并没有包括特别的规定。在量刑时应将《刑法典》第 82 条第(2)款中规定的较为轻缓的刑罚下限作为基础。这样在抢劫罪[《刑法典》第 365 条第(1)款]的情况下,应当判处的刑罚就是《刑法典》第 82 条第(2)款 c 点规定的 1 年以上 8 年以下监禁刑罚,而其刑罚中间规模则是 4 年半,被提高后的刑罚是 12 年半(需要注意的是,在适用一般数罪规定时可判处的刑罚上限就会是 12 年。)然而,在特别诉讼程序中,听证的取消在量刑时应当以诉讼程序对被指控者的有利特征为出发点。

六、监禁刑罚缓期执行

第 85 条第(1)款　对于不超过两年的监禁刑罚,如果——通过对犯罪分子个人情况的特别考量——可以有依据地认为刑罚目标不通过执行刑罚也能达到的话,则可将监禁刑罚缓期执行。

第(2)款　如果本法律没有其他规定,则监禁刑罚缓期执行的暂缓期限为**1~5 年**,但是对于已经判处的监禁刑罚则不能更短了。监禁缓期执行的暂缓期限应当按年或者年加月来确定。

第 86 条第(1)款　以下犯罪分子的监禁刑罚不能缓期执行:
　a) 多次重复犯罪者,
　b) 团伙犯罪者,
　c) 在上次监禁刑罚执行完成前或缓期执行的暂缓期限内再次犯罪者。
　第(2)款　如果在对犯罪分子执行某一监禁刑罚时导致另一被缓期执行的监禁刑罚无法执行,则其暂缓延长与监禁刑罚等长的期限。
　第(3)款　第(2)款中的规定在监禁刑罚取代社会服务令和罚款而被适用的情况下也应判处。

第(4)款　在第(2)款和第(3)款情况下,监禁刑罚暂缓期限可以超过 5 年。

第(5)款　如果犯罪分子被多次判处监禁刑罚缓期执行,且其暂缓期限尚未结束,则其所有暂缓期限是彼此平行同时进行的。

第(6)款　在对犯罪分子判处监禁刑罚缓期执行的同时还可对其判处缓刑考验。如果犯罪分子是重复犯罪者,则应将其置于缓刑考验之下。

第 87 条　如果

a) 在暂缓期限内发现了监禁刑罚的缓期执行违反了第 86 条第(1)款中包含的排除事由,

b) 犯罪分子由于在暂缓期限内犯下的罪行而被判处了当执行的监禁刑罚,或者

c) 犯罪分子严重违反了缓刑考验行为规范,

那么被缓期执行的监禁刑罚就应当立即执行。

第 88 条　在监禁刑罚因为赦免而被缓刑执行的情况下,对刑罚执行令应当恰当适用于被缓期执行的刑罚的相关规定。

刑罚缓期执行为犯罪分子提供了过上远离犯罪的生活和避免刑罚执行的机会。监禁刑罚的缓期执行不用剥夺犯罪分子的自由便可实现量刑原则。

第一,根据《刑法典》第 85 条第(1)款规定,不超过两年的监禁刑罚也可以缓期执行。根据对这一规定的正确理解,《刑法典》并不把期限长于 1 年的刑罚的缓期执行看作是例外的可能性。然而,对于两年以上监禁、其他刑罚、附加刑以及被转判为监禁的社会服务令或罚款等刑罚则不能缓期执行。

最高法院在《刑庭裁断》第 55 号意见中为刑罚的缓期执行作为有条件判决的适用做了指导说明,这基本上成为了法院在适用刑罚缓期执行时除了新《刑法典》以外的第二个基本参考。

如果法院判处了监禁刑罚,而且刑罚规模是在没有考虑到缓期执行可能性的基础上确定的,则被缓期执行的监禁刑罚不能被看作是独立的刑罚种类,而其目标也与实践中那种利用延长的刑罚期限将刑罚的缓刑执行几乎"抵消"掉的做法并不一致。

关于监禁刑罚缓期执行,法院须在《刑法典》第 85 条规定基础之上,并对各种刑罚加重和减缓条件以及《刑法典》第 80 条第(1)款中规定的量刑原则加以综合考量之后才能做出决定。这里提到的情况条件与刑罚目标的实现之间有着密切的相互影响。法院须谨慎注意的一点是,监禁刑罚的缓期执行不能违背

一般预防的要求,但同时还须重视个别预防,因为刑罚的缓期执行——根据《刑法典》第85条第(1)款规定——之所以能得以适用,"很大程度上关注的是犯罪分子的个人情况条件"。如果犯罪分子的个人情况是有利的,则法院通常只会对具有严重社会危害性的犯罪判处监禁刑罚。然而,如果犯罪分子因为其特征而应当被重判(如带有暴力性、叛乱特征或者会威胁社会生活的纯洁性),所犯为客观危害高的罪行;或者犯罪分子的犯罪行为有很大的过错,并且其所造成的结果也非常严重;或者犯罪分子是在团伙中犯下的所涉罪行——在这些情况下,刑罚缓期执行的判处与其社会价值判断大多是不统一的。

对于生活方式不良好的犯罪分子来说——在缺少《刑法典》第86条中规定的事由时——当其犯罪行为具有较严重的社会危害性,但其罪过相对较小时,或者当其罪过轻重较为显著,但其犯罪行为只是在较小程度上具有社会危害性时,则可对其判处监禁刑罚缓期执行。然而,对于在缓刑期内发生的犯罪行为则需要更为仔细的审查,以明确对于那些有条件追究责任的犯罪分子是否能够通过监禁刑罚缓期执行来达到刑罚目标。

在犯罪分子个人情况条件范围内可以评判的有严重疾病、家庭关系等情况,但同时也需要关注与犯罪相关的情况(如较小级别的罪过、行为的可谅解动机、受害者的挑衅行为等)。

如果犯罪分子的个人情况是有利的,则应着重考虑与犯罪本身相关的情况,比如犯罪性质、罪过轻重、犯罪动机、犯罪后行为(如忏悔罪行、补偿损失等)。所有这些情况首先都应从个别预防角度出发评判,而与此相应则可以个别化的方式来确定缓刑期限。例如在某案例中,犯下欺诈罪的犯罪分子在刑事诉讼程序中其对造成的损失作了补偿,法院认为在这种情况下可以判处监禁刑罚缓期执行(《法院判例》1988.394.)。此外,一般情况下,积极忏悔不能作为可罚性消除事由考量[《刑法典》第29条第(2)款],但犯罪分子对受害人的损失做了赔偿或以其他方式做了弥补时,同样也有判处刑罚缓期执行的可能性。

合法而个别化的责任追究的一个重要要求是案件审理机构对缓刑、刑罚缓期执行和缓刑考验的判定,以及在刑事诉讼程序过程中从特殊行为规范规定角度出发对重要事实——尤其是犯罪分子个人情况的澄清,而随后法院还应把所有这些都在案件判决决议中加以固定和评判。这些事实应当被固定在判决构成要件中并作出相应解释[《刑事诉讼程序法》第258条第(3)款b点]。

法院在评判框架内还解释了其在已经确定的事实基础上为什么以及多大程度上认为有理由应当适用监禁刑罚缓期执行。实质性的评判不能由法律条款的简单罗列或内容引述来代替。

以 1998 年第 19 号法律(《刑事诉讼程序法》)第 259 条第(1)款规定为基础作出的案件判决决议在简短构成要件中——除犯罪构成要件外——也应包含所涉法律制裁的重要情况条件,尤其是犯罪分子的个人情况以及法律规定的标识(不需要包含其法律论证)(《刑庭裁断》55)。

第二,新《刑法典》第 85 条第(2)款与之前的《刑法典》第 89 条包含在本质上相一致的条文内容,而在对于监禁刑罚缓期执行规定上的不同之处就在于新《刑法典》明确规定了刑罚暂缓期限应该通过法官权衡按年或年和月加以确定。

关于监禁刑罚的缓期执行,新《刑法典》与之前的《刑法典》相比,本质的区别在于新《刑法典》没有将监禁刑罚缓期执行规定为一种法律制度。

刑罚缓期执行的暂缓期限不能短于所判处的刑罚。对于刑罚执行的暂缓期限来说,监禁刑罚是因轻罪还是重罪而被适用并不重要,只要法律没有特别规定,就一律为 1～5 年的时间[参见《刑法典》第 86 条第(4)款]。

在故意犯罪的案件中,刑罚执行的暂缓期限一般会长一些。法院在确定刑罚缓期执行的暂缓时间时所考量的情况条件一般来说与其在量刑过程中所考量过的情况以及在作出刑罚缓期执行判决时所考量过情况是一样的,但同时也会部分考虑其他角度。一般来说,如果犯罪分子有着不良的生活方式,尤其是当法院为其规定缓刑考验时,刑罚执行暂缓期限会被确定得更长一些(《刑庭裁断》55.)。

在涉及监禁刑罚缓期执行的暂缓期限时,不应使用与《刑事诉讼程序法》第 64 条所规定的所谓的程序法时效相关的法律规定,而应使用实体法中有关时效的条款规定。《刑法典》中所规定的时效是与实体法相关联的,其特征之一就是开始之日也算入时效期限之中。也就是说,被缓期执行的刑罚的暂缓期限自决议生效之日开始,而时效终止之日也应以此开始日期为准来计算。而判决生效日期则已经是诉讼程序法的问题了,所以应当以《刑事诉讼程序法》的规定为准(《法院判例》1983.474.)。相比之下,实体法时效只与事件本身的发生相关,与事件是否被发现无关,而诉讼程序法时效则实际上是与事件被发现相关联的。这是因为诉讼程序法中所讲的时效期限的开始正是以事件被发现作为依据条件的。也正因此,对事件被发现之日(即起始日期)就不能算入时效期限内(《最高法院主要判例 III》950/2011/3 号)。此外,法律还为诉讼程序法时效提供了提交证明申请的可能性,在这种情况下,休息日或当局机关工作时间结束后也都有意义。

因为在确定判决生效时真正起作用的已经是诉讼程序法时效的计算规则了,所以判决生效的时间(精确到时)就有意义了。比如说,如果某一一级、二级或三级法院判决在某天上午 10 时生效,而被指控者在这一时间点之后又实现了新的犯罪,则在监禁刑罚缓期执行的情况下可以将其确定为是在暂缓期限内发生的犯罪。此外,也有先例表明,在判决规定部分被口头宣告以后,因为在宣读判决理由期间对秩序的扰乱而获的罪名也能使被告人在新的诉讼程序中被定性为多次重复犯罪者(《法院判例》1989.140.)。

那些承认别国刑事判决效力的决议可以自动生效。这一点对缓期执行的监禁刑罚后期执行时具有特别的意义。承认国外法院判决效力的决议也有其法律影响力,具体来说就是它们使得外国法院的判决——根据法令中的具体阐释——在各方面都应与国内法院所作判决一视同仁。外国法院所作判决的生效以及被缓期执行的刑罚暂缓期限的开始既不会因为被首都法院所承认的(即具有法律效力的)法令而改变,也不会因之而延长(德布勒森第二刑事法庭826/2011/7.号意见)。

第三,《刑法典》第 86 条中列举了一系列情形,在这些情形下根本不可能去考察可否适用刑罚缓期执行,因为在这些情况下刑罚缓期执行的可能性已被排除了。新《刑法典》第 86 条在内容本质上与之前的《刑法典》第 91 条第(1)~(6)款规定是一致的,其不同之处在于新《刑法典》对禁止适用监禁刑罚缓期执行的规定更加严格了。这样一来,不仅对暴力多次重复犯罪者不能判处监禁刑罚缓期执行,对一般的多次重复犯罪者也不能。在这些情况下,监禁刑罚缓期执行的可能性被排除的理由是从犯罪分子自身或其犯罪行为特征来看,无法假定通过监禁刑罚缓期执行能够达到预期效果。

《刑法典》第 86 条第(1)款规定排除了针对多次重复犯罪者适用刑罚缓期执行的可能性[《刑法典》第 459 条第(1)款第 31 点 b],此外还规定对于团伙犯罪者[《刑法典》第 459 条第(1)款第 1 点]以及在监禁刑罚执行前或刑罚暂缓执行期间作案的故意犯罪者也不能适用刑罚缓期执行。但是只要新发生的犯罪行为不是故意性的,而是过失性的,则无论其属于哪种形式的过失犯罪,都不会对已量监禁刑罚的缓期执行构成实施障碍。这时,之前的判决是由于故意犯罪还是过失犯罪而作出的已经不重要了。

在《刑法典》第 86 条第(1)款 c 点的适用过程中,如果新的犯罪行为是在之前的判决生效之后、但在监禁刑罚开始之前或执行过程中发生的,则都算是在监禁刑罚执行完成之前发生的犯罪行为。此外,由于有条件释放的时限也属于监禁刑罚执行中的时间,所以在有条件释放期间发生的犯罪行为也会排除对新判处的监禁刑罚实施缓期执行的可能性。

新《刑法典》并没有为重复犯罪者和特殊重复犯罪者排除刑罚缓期执行的

可能性,但是却与之前的《刑法典》不同,排除了对多次重复犯罪者实施监禁刑罚缓期执行的可能性。在此,法律虽然没有必要特殊标识,但也应当能够指出对于暴力多次重复犯罪者也没有监禁刑罚缓期执行的可能性。

新《刑法典》在第 86 条第(2)款中规定如果犯罪分子被执行的监禁刑罚使得法院无法对其适用监禁刑罚缓期执行,则其暂缓期限应延长与后判处的监禁刑罚等长的时间,这一规定与之前的《刑法典》并无差别。而对于代替社会服务令和罚款等而判处的监禁刑罚,也应适用这条规定。在社会服务令的情况下,被监禁刑罚缓期执行的暂缓期限与社会服务令刑罚的执行无关,是单独计算的。而《刑法典》第 86 条第(2)款和第(3)款中包含的规定则应理解为犯罪分子同时处于监禁刑罚执行之中和刑罚暂缓执行之下。在这些情况下,刑罚缓期执行的暂缓期限有可能超过 5 年,也就是《刑法典》第 85 条第(2)款中规定的最长期限,因此第(4)款规定此时暂缓期限上限也可以超过 5 年。

如果犯罪分子在监禁刑罚缓期执行的判决生效之前又犯下了新的罪行,且新发生的犯罪行为使得其在刑罚暂缓执行期限内又被判处了新的监禁刑罚缓期执行,则法院可以为犯罪分子多次判处监禁刑罚缓期执行。还有一种情形是,如果犯罪分子在刑罚暂缓执行期限内又发生了新的过失犯罪,此时法院也可为其再次判处监禁刑罚缓期执行。然而,对于在前一次判决生效后又发生的故意犯罪,则不能判处缓期执行的监禁刑罚。

如果在《刑法典》第 86 条第(5)款规定基础之上,出现了两项或多项缓期执行的监禁刑罚"相遇"的情况,则各项刑罚的暂缓期限相互独立地平行计算,因此对于这些不同刑罚的暂缓期限也应分别单独计算。暂缓期限平行计算的意思是先行刑罚的暂缓期限不能被容纳为后来刑罚暂缓期限的延期。这条规定反过来也成立,即如果后来刑罚的暂缓期限会先结束,那么也不能对其作可容纳先行刑罚暂缓期限的延期。

《刑法典》第 86 条第(6)款第一句中规定法院可以基于其权衡结果对犯罪分子在监禁刑罚缓期执行之后再判处缓刑考验。至于在什么情况下可以这样判决,则首先应当依据的是所涉犯罪行为的特征和犯罪分子的情况条件。一般来说,只有当可以有依据地预期缓刑考验的处罚措施也会有利于改变被指控人原来的生活方式和有效避免再次犯罪时,才可以将缓刑考验与监禁刑罚缓期执行一同判处(《BJD》8651)。在过失犯罪的情况下,判决实践一般认为不应当同时判处缓刑考验。

根据《刑法典》第 86 条第(6)款第二句话的规定,如果犯罪分子是重复犯罪者的话,则强制对其判处缓刑考验。而当青少年被法院判处监禁刑罚缓期执行时,也应被同时判处缓刑考验[《刑法典》第 119 条第(1)款 c 点]。如果缓刑考验的判处是强制性的,则法院在判决内容中不应像缓刑考验处罚措施的判定与否需要依据法院权衡的情形那样对其进行规定,而只需将与之相关的判定加以固定化。

《刑法典》第 87 条规定了之前判处的被缓期执行的监禁刑罚需要被立即执行的情况。如果在暂缓期限内确定了监禁刑罚的缓期执行违反了某种排除事由,那么之前被判缓期执行的监禁刑罚就应当立即执行。

如果犯罪分子由于在暂缓期限内犯下的罪行而被判处了当执行的监禁刑罚,那么之前被判缓期执行的监禁刑罚也应当立即执行。因为此时不用监禁刑罚被完全执行也可实现量刑原则的假设已经不成立了。在这种情况下,导致犯罪分子再次被判处当执行监禁刑罚的较新的犯罪行为是故意犯罪还是过失犯罪已经不重要了。虽然由于在刑罚缓期执行的暂缓期间发生的过失犯罪而被再次判处监禁刑罚缓期执行,很明显使得之前被判缓期执行的监禁刑罚不能被立即执行,但是如果犯罪分子是由于在刑罚缓期执行的暂缓期间发生的过失犯罪而被判处了应当立即执行的监禁刑罚,那么先前被缓期执行的刑罚也应被一同执行。

最后,当犯罪分子严重违反缓刑考验行为规范时,之前被判缓期执行的监禁刑罚也应当立即执行。

如果法院不顾《刑法典》中规定的排除事由而为监禁刑罚判处了缓期执行,则在二级或三级诉讼程序以及特殊诉讼程序(《刑事诉讼程序法》第 572 条)中还可以——不管禁止加重刑罚(《刑事诉讼程序法》第 354 条)的规定而对其判处刑罚立即执行。此外,根据《刑事诉讼程序法》第 416 条第(1)款 b 点规定,在审查程序框架内也还有机会对先前的判决加以修正(《法院判例》2006.146.)。

《基本法》第 9 条第(4)款 g 点规定了共和国元首赦免权限的行使,而关于其程序在《刑事诉讼程序法》第 597～598 条中也有相关规定。如果赦免决定不是完全免除已经生效的刑罚判决,而只是将其暂缓执行,则赦免决定中还可以规定在什么条件发生时(刑罚)执行赦免将会失效;但是如果赦免决定中没有包含这样的规定,那么对于因赦免而发生的刑罚缓期执行也应以《刑法典》第 88 条以及以之为基础可以适用的《刑法典》第 87 条规定为准来处理。根据对这一规定的理解,如果犯罪分子由于在缓刑期间内犯下的罪行而被判处了当执行的监禁刑罚,或者如果犯罪分子严重违反了缓刑考验行为规范,则由于共和国元首赦免而被缓期执行的刑罚就应当被立即执行。

七、与特殊、多次及多次重复暴力犯罪者相关的规定

　　第 89 条第(1)款　在法律没有其他规定时,特殊重复犯罪者或多次重复犯罪者所犯下的新罪名的刑罚种类如果是监禁的话,则其上限应被提高一半规模,但不能超过 25 年。在数罪并罚的情况下,应将第 81 条第(3)款中规定的刑罚提高一半规模;而在听证取消的情况下,则应将第 82 条第(1)～(2)款中规定的刑罚提高一半规模。

　　第(2)款　根据第 82 条第(1)款规定,对于特殊重复犯罪者和多次重复犯罪者判处的刑罚只有在值得特殊权衡的情况下才能减缓。

　　第(3)款　如果本法律分则部分规定了对于特殊重复犯罪者所犯罪行必须作严重型判定时,则第(1)款中规定的较严厉的法律制裁就不能适用。

　　第 90 条第(1)款　对于多次重复暴力犯罪者不能适用第 33 条第(4)款规定。

　　第(2)款　对于多次重复暴力犯罪者来说,为其多次重复暴力犯罪者性质提供判定依据的应当被严厉处罚的暴力伤人罪的刑罚如果是监禁的话,则其上限应提高一倍。如果其刑罚上限经过这样提高以后将会超过 20 年,或者按照法律规定也可对其判处终身监禁刑罚的话,则应对犯罪分子判处终身监禁。

　　第(3)款　对于暴力多次重复犯罪者所判处的刑罚

　　a) 根据第 82 条第(1)款规定不能减缓,

　　b) 在本法律总则部分允许的情况下可以被无限制减轻。

　　第一,重复犯罪者的刑事责任基础是法律规定的当罚行为。刑法从作案角度出发,为累犯、重复或多次犯罪规定了严重型的刑事责任。而重复犯罪者身份的判定基础也是累犯。特殊或多次重复犯罪是累犯的特殊情况。与累犯罪责增加一般规定相比,重复犯罪者的罪责增加规定并不是例外规定,而可以从前面的规定中合理推断出来。明明已经有刑罚前科了,却还是发生了犯罪累积,这种累犯具有与行为相关的独特犯罪方式:一方面它是对刑法禁令有意识的、重复性的违反;另一方面犯罪分子明知自己曾经有过刑罚前科,并因之而受到了指控,并且也承担了在这种情况下继续犯罪的风险,但还是又犯下了新的一次或多次罪行。对刑罚前科的关注在刑法规定中并不意味着对先前行为的重新评判,而只是为重复犯罪的确定形成一种比较基础。此外,对刑罚前科(或生活履历)的关注也符合法律确定性原则,因为其为有法律效力的判决赋予了

角色地位,并承认法律效力对所有人的强制性意义。为有效判决赋予意义的不仅有司法服务的权力,而还有其义务。重复犯罪者的更为严重的罪责在刑法现行体系内与罪行刑法原则也是相符合的(1214/B/1990.AB 号决议)。

重复犯罪者、特殊重复犯罪者、多次重复犯罪者及多次重复暴力犯罪者的概念是在《刑法典》结尾部分的解释条款中,即第 459 条第(1)款第 31 点出现的,而在 83/2010.号刑庭裁断意见中,则为多次重复暴力犯罪的概念提供了一些指南性解读。

《刑法典》第 89 条的规定并不是关于重复犯罪者的。对于重复犯罪者更为严厉的制裁规定包含在《刑法典》第 37 条第(2)款 b 点中。根据规定,当犯罪分子是重复犯罪者时,监禁刑罚的执行级别视为在轻罪情况下也是监狱级别。重复犯罪者从其服满刑罚的 3/4 之后的那一天起拥有被有条件释放的可能性[《刑法典》第 38 条第(2)款 b 点],不可以被判处缓刑的处罚措施[《刑法典》第 65 条第(2)款 a 点],不能被作为轻罚适用劳动形式服刑[《刑法典》第 67 条第(2)款 a 点]。此外,根据《刑法典》第 86 条第(6)款规定,处于监禁刑罚缓期执行之下的重复犯罪者同时也处于缓刑考验之下。在《刑法典》第 89～90 条中又补充了与重复犯罪者相关的更加严厉的规定,即对于暴力多次重复犯罪者不能适用《刑法典》第 89 条规定,而应当适用《刑法典》第 90 条中的特殊规定。

多次重复暴力犯罪者是指那些在其案情所涉的全部三次作案中所犯下的都是暴力伤人罪的多次重复犯罪者。多次重复犯罪者是指那些在发生故意犯罪之前已经被判处了当执行监禁刑罚的人,且其最新被判处监禁刑罚的犯罪时间与其上一次刑罚的服满或者可执行性消失的时间之间相隔不超过 3 年。

《刑法典》在其他地方也对多次重复犯罪者和多次重复暴力犯罪者作了更为严厉的规定。如果所涉监禁刑罚期限为两年或两年以上,且被告人为多次重复犯罪者,那么监禁刑罚的执行级别就是重刑监狱[《刑法典》第 37 条第(3)款 b 点]。刑罚服满一半之后不可再适用假释[《刑法典》第 38 条第(3)款]。根据《刑法典》第 38 条第(4)款规定,如果多次重复犯罪者被判处的监禁刑罚是看守所级别,则不可以被有条件释放,此外多次犯罪暴力者也不可以被假释。

第二,新《刑法典》在对多次重复犯罪者适用刑罚时,与之前的《刑法典》一样,也打破了给定犯罪行为刑罚的上限。在这种情况下,犯罪刑罚的上限应提高一半规模。但刑罚上限在这样提高之后不能超过《刑法典》第 36 条为有期监禁规定的 25 年刑罚上限。这条规定使得法院可以在量刑过程中对特殊重复犯罪者和多次重复犯罪者作出适当评定,同时也没有规定法院必须对其判定更为严厉的法律制裁。但是与原《刑法典》相比,新《刑法典》没有提高刑罚的下限。

司法实践对多次重复犯罪者一直是判处更为严厉的刑罚。在更早以前的判决中就已显示出,导致生命危险的人身侵害罪和抢劫罪的犯罪分子如果是多次重复犯罪者,则在被提高之后的刑罚的中间规模中所规定的重刑监狱级别的刑罚判处就是有理有据的(《法院判例》2002.342.)。在数罪情况下,对于特殊重复犯罪者和多次重复犯罪者,根据《刑法典》规定,数罪并罚的根据《刑法典》第81条第(3)款中的一般规定已经提高后的刑罚再次提高一半规模。这样一来,与之前的《刑法典》相比,新《刑法典》就将刑罚规模的二次提高变成了固定规则。

《刑法典》明确规定,在特殊重复犯罪者和多次重复犯罪者的刑事诉讼程序中也不能排除取消听证的可能性。在听证取消的情况下,《刑法典》第89条第(1)款规定,《刑法典》第83条第(1)~(2)款中规定的刑罚应当提高一半。

《刑法典》对参与犯罪的被指控者的听证取消并没有作特别规定,也没有规定在听证取消时存在数罪行为的情况,但根据《刑法典》的逻辑,在这种时候明显应该将《刑法典》第83条第(2)款及《刑法典》第84条第(1)~(2)款中规定的刑罚提高一半。《刑法典》第83条第(1)款和第(2)款规定不是关于数罪的,而第84条则规定在听证取消规定的情况下不应根据一般规定来确定数罪并罚的规模,而应适用第84条中的特殊规定。根据与特殊重复犯罪者、多次重复犯罪者以及暴力多次重复犯罪者相关的规定,其刑罚应该提高一半。

与之前的《刑法典》一致,新《刑法典》只在需要特殊权衡的情况下才允许对于特殊重复犯罪者和多次重复犯罪者实施新《刑法典》第82条第(1)款中规定的减刑措施。这种可能性的存在是因为特殊重复犯罪者和多次重复犯罪者的刑罚法定下限是不变的。在特殊权衡确定范围内,如果《刑法典》第80条中所包含的量刑原则中有某些情况条件具有突出力度,且能为刑罚的大幅减缓提供合理依据,那么法院在量刑过程中就应当对这些情况予以关注考量。

为了使二次评定禁令能得到确切实现,当《刑法典》分则部分要求将以特殊重复犯罪者身份所犯罪行作为犯罪行为严重型的情况判处刑罚时,不能适用与特殊重复犯罪者属性相关联的更加严厉的法律制裁。这样,根据《刑法典》第160条第(2)款h点规定,特殊重复犯罪者所犯的杀人罪应受的刑罚可以是10年以上20年以下有期监禁,也可以是终身监禁。杀人预备犯没有被评定为特殊重复犯罪者的情况,如果条件成立,就应以特殊重复犯罪者身份犯罪的被指控者判处刑罚(《法院判例》2004.397.)。同样地,从刑法对二次评定的禁止可以得出结论,当法院依据《刑法典》第89条规定为特殊重复犯罪者、多次重复犯罪者或者多次重复暴力犯罪者判处了刑罚时,其特殊重复犯罪者、多次重复犯罪者或者多次重复暴力犯罪者的身份就不能再被作为特别的刑罚加重条件加以评判了。

多次重复犯罪和特殊重复犯罪应在判决规定部分中用与和量刑相关的条款相关联的方式明确写出（当然，特殊重复犯罪是行为在分则中的评判条件的情况除外）（《法院判例》2009.96.）。

第三，与《刑法典》第89条规定相比，《刑法典》第90条中对多次重复暴力犯罪者作了特殊规定。对于多次重复暴力犯罪者即不可适用《刑法典》第33条第(4)款中的刑罚从轻或减轻规定，也不可适用《刑法典》第82条第(1)款中的刑罚从轻或减轻规定。如果被判定为多次重复暴力犯罪者的犯罪分子犯下了应被判处最多3年监禁刑罚的(严重)伤人罪[《刑法典》第164条第(3)款]，则不得代替监禁刑罚而为其独立判处其他刑罚。与之前的《刑法典》规定不同，新《刑法典》在总则部分规定允许无限制减轻刑罚的情况下，并没有对多次重复暴力犯罪者将这一可能性排除掉。比如，如果多次重复暴力犯罪者对犯罪后果的认知能力由于精神病状态而受到了限制，或者不能按照自己对犯罪后果的认识来行事，则其刑罚可被无限制减轻[17]。

《刑法典》第90条第(2)款规定，当所涉犯罪分子是多次重复暴力犯罪者时，为其性质判定提供基础依据的、被加重处罚的暴力伤人罪的刑罚上限应当做翻倍提高。之前的《刑法典》规定，如果其刑罚上限经过这样提高以后将会超过20年，或者按照法律规定也可对其判处终身监禁刑罚的话，则应对犯罪分子判处终身监禁。新《刑法典》中继续保留了这种严厉性。在法律强制判处终身监禁的情况下，在判决理由中应当指出法律强制规定的具体出处。《刑法典》第44条第(2)款a点还明确规定，在终身监禁的情况下，多次重复暴力犯罪者也排除被有条件释放的可能性。

可适用《刑法典》第90条规定的犯罪分子并不多，但根据立法者的评估，他们对社会有着严重的危害性，因而也应当受到与其他犯罪分子不一样的处理方式。多次重复暴力犯罪者群体也就是经常性以残酷暴力行为威胁公共安全的犯罪分子群体，他们不尊重别人的生命和身体健全、健康、性自由或羞耻感，并对所有人都无情践踏。只要按《刑法典》规定需对可审理的犯罪分子进行制裁，法院就有理由对其进行刑罚或遏制[18]。

根据立法者的断定，多次重复暴力犯罪者虽然数量不多，但却具有严重危害性，并且其暴力伤人行为具有原始的侵略性特征，因此对于他们应当判处被立法个别化、进行根本打击制裁的刑罚。

八、与团伙犯罪相关的规定

第 91 条第(1)款　　对于以团伙形式完成故意犯罪的犯罪分子,其犯罪行为刑罚上限应提高一倍,但最高不能超过 25 年。在数罪并罚的情况下,应把第 81 条第(3)款中的刑罚规定作为量刑基础;在听证取消的情况下,应把条 83 条第(3)款中的刑罚规定作为量刑基础。

第(2)款　　对于团伙犯罪者也可以判处居留禁令。

第(3)款　　在可以确定犯罪行为是在团伙中所犯的情况下,不可以适用本法中为有组织犯罪所规定的法律制裁。

《刑法典》对团伙犯罪与对特殊重复犯罪或多次重复犯罪的规定类似,也是要求采用比一般程度更为严厉的法律制裁。根据《刑法典》第 459 条第(1)款 1 点中的解释规定,犯罪团伙是指由 3 人或 3 人以上组成的、长期存在并共同协调活动的团伙,其目标是完成严重程度不低于 5 年监禁刑罚的故意犯罪行为。

如果故意犯罪是在犯罪团伙中完成的,则所涉犯罪行为的刑罚上限应按《刑法典》第 91 条规定提高一倍规模,但是不能超过 25 年。立法者通过"提高"(译者注:匈牙利语 emelkedik"提高"一词是自动词,表示不受外力控制的自行提高)一词明确表示了刑罚的确定和提高不依靠执法者权衡的特征。

从这个角度来看,对于基础刑罚项也应理解为《刑法典》分则部分为犯罪行为所规定的刑罚项,但正如特殊重复犯罪和多次重复犯罪的情况一样,更为严厉的规定在数罪并罚判处的情况下在这里也应按照第 81 条第(3)款规定确定基础刑罚项,而在听证取消的情况下则应按照第 83 条第(1)～(2)款规定确定基础刑罚项。

在听证取消和参与犯罪的被指控者的听证取消的情况下,根据《刑法典》第 91 条第(1)款规定,应将《刑法典》第 83 条第(1)～(2)款中的刑罚规定项作为量刑基础。然而,如果听证取消的原因是严重程度超过 8 年监禁的犯罪行为的话,则法院不可适用为团伙犯罪所规定的更加严厉的条款,而应在《刑法典》中规定的刑罚项内量刑[《刑法典》第 83 条第(3)款]。

在犯罪团伙中发生的犯罪并不属于《刑法典》分则部分规定的重判条件,这一点在量刑范围内具有首要意义。这样,法院在判决规定部分应当写明的,不是与行为评定相关的情况,而应该是与判处刑罚相关的部分(《法院判例》2009.96.)。

根据《刑法典》第 91 条第(2)款规定,对于团伙犯罪者而言,无论其犯罪行为属于何种情形,都可以判处居留禁令。居留禁令(《刑法典》第 57 条)作为主要刑罚只能在《刑法典》中有特别规定时才可适用。如果某人在某一地区的居留会对当地的公共利益造成威胁,则可对其判处在一个或多个地区或者一个地区及国家特定地区的居留禁令。在可以确定团伙犯罪的情况下,经常会出现所涉犯罪与犯罪分子(一名或多名)在特定地点的居留也有紧密联系,而这一事实也可能会严重危害公共安全,因此《刑法典》也就允许居留禁令在这种情况下的适用。

犯罪团伙的概念有时会覆盖犯罪组织的概念。《刑法典》第 91 条第(3)款规定,当所涉案件可以确定为团伙犯罪时,就不可以再同时适用法律为有组织犯罪规定的法律制裁。团伙犯罪的目标是完成严重程度不低于 5 年监禁刑罚的故意犯罪行为。如果犯罪组织可用作重判条件,但刑罚与此无关地达到了 5 年监禁刑罚的程度[例如《刑法典》第 370 条第(5)款 b 点],则在有组织犯罪的情况下,就算没有"犯罪组织"这一重判条件,也应将其刑罚上限提高一倍规模。

如果犯罪分子的目标是完成在有组织犯罪被当作重判条件时会被处于 5 年监禁刑罚的犯罪行为(比如在犯罪组织中完成的《刑法典》第 370 条第(1)款中规定的、但所涉价值更大的偷窃罪),对于有组织犯罪不能适用与团伙犯罪相关的规定,而应将 1~5 年期限的监禁刑罚作为标准刑罚[《刑法典》第 370 条第(4)款 a 点]。这是因为《刑法典》禁止同时适用法律为团伙犯罪和有组织犯罪规定的加重型法律制裁。

九、审前拘禁与家庭监管

第 92 条第(1)款　审前拘禁及家庭监管的全部时间都应该被算入法院为犯罪分子所判处的监禁、拘留、社会服务令及罚款等刑罚之内。

第(2)款　在计算审前拘禁时间时,应遵循 1 天审前拘禁对应于 1 天监禁、1 天拘留或 1 个单位的每日罚金额或 4 小时社会服务的换算方式。

第(3)款　在计算家庭监管的时间时应遵循:

a) 1 天重刑监狱监禁对应于 5 天家庭监管,1 天监狱监禁对应于 4 天家庭监管,1 天看守所监禁对应于 3 天家庭监管,

b) 1 天拘留对应于两天家庭监管,

c) 4 小时社会服务对应于 1 天家庭监管,

d) 1 个单位的日罚金额对应于 1 天家庭监管的换算方式。

第(4)款　在按照第(2)款和第(3)款中规定的换算方式对审前拘禁和家庭监管的时间进行换算以后,如果还有剩余部分,则应算为一天监禁。

监守(《刑事诉讼程序法》第126条)、审前拘留(《刑事诉讼程序法》第129条)以及临时性强制医疗(《刑事诉讼程序法》第140条)统称为审前拘禁。酒后犯罪者被送至警察局及送去采血化验的期间以及与此相关的不超过4小时的直到犯罪分子醒酒的警察局扣留都不能算是审前拘禁(BJD 8768)。

审前拘禁和家庭监管的共同特征是它们都会明显限制犯罪分子的自由,但这种伴随着人身自由剥夺及限制的强制性措施又不是预先判处的刑罚。因此,《刑法典》规定将审前拘禁和家庭监管的期限也都算入新判处的刑罚之内。如果犯罪分子是在境外被拘捕的,则其被外国法院所判定的监守或其他审前拘禁的期限同样应当算入新判处的刑罚之内(《法院判例》1991.428.)。

《刑法典》第92条第(1)款仅规定了将犯罪分子在审前拘禁或家庭监管中度过的时间算入具有实质自由剥夺或实质自由剥夺可能性或者能够转判为监禁的刑罚期限中的可能性。根据规定,审前拘禁及家庭监管的全部时间都应该算入法院为犯罪分子所判处的监禁、拘留、社会服务令及罚款等刑罚之内。然而,离家禁令的期限则不能被计入新判处的刑罚期限中。

《刑法典》第92条第(2)款中则规定了作为计算基础的换算规则。《刑法典》对两种强制性措施的换算规则的规定主要依据的是强制性措施的性质(审前拘禁及家庭监管)和刑罚种类,以及在监禁刑罚的情况下还要考虑监禁刑罚的执行级别。根据这种换算方式,1天审前拘禁对应于1天监禁、1天拘留或1个单位的每日罚款金额或4小时社会服务。

在计算家庭监管时,4小时社会服务对应于1天家庭监管,一个单位的日罚款金额对应于1天家庭监管,1天拘留对应于两天家庭监管,1天重刑监狱监禁对应于5天家庭监管,一天监狱监禁对应于4天家庭监管,1天看守所监禁对应于3天家庭监管。在计算过程中不存在法院权衡的可能性,而必须强制采用《刑法典》规定的换算方式。根据《刑法典》第92条第(4)款规定,换算以后如果家庭监管还有剩余部分,则应计为1天监禁。这是因为在将家庭监管主体部分换算归入监禁刑罚期限之后,剩下的部分可能已经不够与重刑监狱、监狱及看守所级别的监禁刑罚相对应的5天、4天和3天的量了。

在换算审前拘禁的过程中,应当运用实体法时效的计算规则,这也就意味着审前拘禁的起始日期和结束日期也应被算进刑罚期限内。与此相关还需注意的是,将家庭监管时间被算入新判处的监禁刑罚中的措施是法院的法定义务,并且这也不能看作对被指控者的"有利"的,因此强制性措施的存在或消失都不会影响量刑过程(《法院判例》2011.130.)。

根据以最高法院刑庭裁断 53 号意见为基础而形成的司法实践做法,有涉及被暂缓执行的监禁刑罚和罚款(附加)刑罚的情况下,审前拘禁的期限应首先被算入在没有缓期刑罚的情况下本应被执行的监禁期限内。除了监禁刑罚以外,法院还可判处罚款刑罚,因而与审前拘禁期限的换算相关的条款规定也应适应于罚款刑罚。审前拘禁应被算入的是监禁刑罚中,这与监禁刑罚是否被缓期执行无关,而如果审前拘禁的期限超过了监禁刑罚的期限,则剩余部分应该被换算成罚金刑罚。

需要指出的是,在对被指控者所处的多项刑事案件作统一审理的情况下,就算法院对于一开始被判罚的犯罪行为作了免刑处理,也必须将审前拘禁的期限计入新判处的刑罚之内(《法院判例》1979.100.)。

十、刑罚合并

第 93 条第(1)款　　如果犯罪分子被判处了多项有期监禁,且犯罪分子的全部犯罪均是在最早的一级判决宣布前所为,则根据法律规定,被以具有法律效力的方式判处的各项刑罚应被合并为一项。

第(2)款　　刑罚合并仅适用于在刑罚合并时尚未执行或被持续执行的当执行监禁刑罚。

第(3)款　　如果先前被判缓期执行的监禁刑罚后来需要判处立即执行,则其从刑罚合并的角度应当被看作是接下来应当执行的监禁刑罚。

第(4)款　　对于

　　a) 之前已经被合并过的刑罚,以及

　　b) 代替罚款和社会服务令被判处的刑罚

不能进行合并。

第 94 条　　对于合并刑罚期限的确定应遵循与数罪并罚的判处一样的方式。不过,合并后的刑罚期限应超过最严厉刑罚和较短刑罚(一项或多项)1/3 的总和,但不能超过所涉全部刑罚期限总和。

第 95 条第(1)款　　在需要对不同执行级别的监禁刑罚做刑罚合并的情况下,应将合并后刑罚的执行方式确定为所涉全部刑罚中最严厉的级别。如果合并后刑罚的规模是 3 年或 3 年以上,或者在多次重复犯罪的情况下是两年或两年以上,则法院在为其确定执行级别时应考虑进这一因素。

第（2）款　如果适用第（1）款所得到的合并刑罚执行级别对被指控者来说有失公正，则应将合并后刑罚的执行级别降低一级。

第 96 条第（1）款　如果犯罪分子在被判处监禁刑罚的同时还被判处了从业禁令、驾驶禁令、居留禁令、体育活动参与禁令或驱逐出境等，并且多项监禁刑罚还被合并为一了，则在从业禁令、驾驶禁令、居留禁令、体育活动参与禁令或驱逐出境等多个相同期限的刑罚之中应当执行对被告人最为不利的一个。

第（2）款　公共事务参与禁令的附加刑不能被做刑罚合并，在涉及多项公共事务参与禁令附加刑的情况下，应当执行期限最长的一项。

第一，根据《刑法典》第 93 条第（1）款规定，如果法院在多次刑事诉讼程序中审判了犯罪分子的多项犯罪行为，并为各项犯罪行为分别判处了有期监禁刑罚，则这些有期监禁刑罚应当被合并执行。从刑罚合并角度来看，犯罪分子是在同一法院还是不同法院被审判的并不重要。刑罚合并的目标是消除那些被告人的同一系列行为在不同的诉讼程序中被判处的多项制裁。在刑罚合并后，对于被告人来说，就如同法院在一次诉讼程序中审判了先前导致其被判处多项监禁刑罚的多项犯罪行为，并为其判处了数罪并罚。

当犯罪分子所实现的多项犯罪行为被法院在一次诉讼程序中加以审判时，便可以判处数罪并罚。然而经常出现的一种情形却是，犯罪分子因为多项犯罪行为而被启动了多次诉讼程序，并且这些不同的诉讼程序也没有以案件统一审理为目标。如果多项案件统一审理会导致多次诉讼程序所涉地点混在一起，并且在这种地点混乱的基础上，考虑到证人和被指控人不同的证供否认原因，证明程序也可能会变得困难。因此，在这种情况下，案件的统一审理可以被排除掉。在这种情况下，一系列判决中判处的刑罚可以被后期合并为一项刑罚。

刑罚合并的可能性所针对的是彼此之间存在一种所谓的类似累积关系的多项刑罚，这就意味着犯罪分子的全部犯罪均应是在最早的一级判决宣布前所为。

如果被指控者是在包含法院对其判处的监禁刑罚的一个判决已被宣布之后才实现的新的犯罪行为，并因为这一新犯罪行为而再次被判处了可执行监禁刑罚，则根据法律规定，其刑罚合并的可能性是被排除掉的。然而，如果被指控者因为其在一级判决宣布之后实现的犯罪行为而被判处了监禁刑罚，但包含这一监禁刑罚的判决直到二级和三级审判时才正式生效的话，按照《刑法典》规定也没有刑罚合并的可能性。处于刑事诉讼程序效力之下的被指控者如果还未被法院做出具有法律效力的判决,就不能享受刑罚合并带来的有利结果,并且因为其在已经宣布的判决之后所发生的犯罪行为而启动的刑事诉讼程序也没有统一审理的可能性。在这种情况下,应该由犯罪分子自己证明法院对其作出的判决对他没有威慑效力。需要注意的是,在一级判决宣布时,还不能确定法院所作的一定就是有罪判决,因为就算是在构成要件一致的情况下,法院也有可能直到二级审判时才会宣判被指控者有罪,并为其判处刑罚,并且就连二级审判的结果都还有可能在三级审判中被再次修改。根据《刑事诉讼程序法》规定,判决的宣布并不必然意味着被指控者也能同时将其获悉,或者一级判决的宣布作为客观条件从刑罚合并角度来看具有意义,因为有可能判决宣布的时间和判决宣布通过其他渠道被传播的时间是相互分离的。在这种情况下,最早的判决应被理解为最早被宣布的一级判决。当被指控人不在场时,法院依然可以做出宣判,此时应通过公告[《刑事诉讼程序法》第 70 条第(5)款]、交送至手[《刑事诉讼程序法》第 262 条第(2)款,第 281 条第(9)款]、委托交送至手[《刑事诉讼程序法》第 586 条第(3)款]等方式将决议告知被指控者。从刑罚合并角度来看,一级判决口头宣布的时间点是具有重要意义的。而遵照实体法时效规定,被指控者紧随一级判决口头审判之后在同一天所犯下的(既遂)罪行已经不能被作刑罚合并了。

第二,只有在法院合并刑罚时被合并的各项监禁刑罚尚未被执行完成的情况下,刑罚合并的目标才可达到。根据《刑法典》第 93 条第(2)款规定,如果被指控者已经服满了其中某一项监禁刑罚,那么法院就不可以再将其置于仿佛其身上的所有案件都是在一次诉讼程序中被审判完成的处境下了。只有当与《刑法典》第 93 条第(1)款中规定的条件相符合的各项刑罚尚未被完全执行完成之时,或者当这类刑罚的执行具有持续性特征时,才可实施刑罚合并。如果直到犯罪分子已经服满了法院在具有法律效力的判决中为其判处的当执行监禁刑罚之后才得以明确,原来犯罪分子在包含监禁刑罚的判决作出之前就已经实现了某种犯罪行为,那么就没有刑罚合并的可能性了。

如果犯罪分子还在服其在之前案件中被以具有法律效力的方式判处的监禁刑罚,或者正处于从这一监禁刑罚中被有条件释放的状态之下,并且在这段时间内又因为在之前的一级判决宣布之前所犯罪行而再次被判决,则其刑罚合并没有障碍。这是因为有条件释放的时间依然是监禁刑罚执行的一部分,所以在有条件释放期限内被指控者依然处于监禁效力之下。当有条件释放有成效地完成时,刑罚方可被看作是已经执行完成了。

如果两项监禁刑罚持续地、没有时间中断地被执行完成,或者如果犯罪分子在服满其中一项刑罚之后又出于任何原因——比如由于审前拘禁——而不能被释放,或者法院又要求执行之前被缓期执行的监禁刑罚,而这一刑罚与另外两项监禁刑罚之间并没有类似累积关系,这些情况与上一段中所述情况具有同样的效果。

至于有期监禁中的有条件释放被终止时,在《刑法典》第 40 条第(1)款 a 点和 b 点规定的情况下,不会出现刑罚合并的问题。而根据《刑法典》第 40 条第(4)款规定,如果在有条件释放期限之下被指控人应被执行由于在之前的判决生效前所犯罪行而被判处的监禁刑罚,则该监禁刑罚的执行就会中断有条件释放,并且法院应根据 a 点和 b 点所规定的期限推迟有条件释放的最早时间。从这里引用的条款中可以推断出,在所涉案件具有类似累积关系时,有条件释放不可被终止,而只能是由于这种有类似累积关系的犯罪行为而被判处的刑罚的执行而被中断,且其继续应被推迟。然而,当刑罚合并条件成立时,刑罚合并措施就应先于《刑法典》第 40 条第(4)款中规定发生。如果犯罪分子紧接着之前判决被宣布之后,而在其正式生效之前,又犯下了新的罪行,则在其他条件都成立的前提下,应当适用《刑法典》第 40 条第(4)款规定。

如果被指控者由于一系列犯罪行为而在不同诉讼程序中被分别审判,且这一系列犯罪行为中最少有三项是在不同时间犯下的既遂暴力伤人罪,并且其中有任何一项可以被判终身监禁的话,则在这样的情况下可否实施刑罚合并就可能会是一个问题。在这样的情况下,就算法院不对所涉案件做统一化审理,终身监禁刑罚的判处也已经违背了立法者的目标,因为那样的话,刑罚合并所带来的有利局面就被排除掉了。

对于刑罚合并,《刑法典》接下来也只是给出了一次框架规定,而细节性的规则则需依靠司法实践来补充。考虑到新的规定,之前的 3/2002.号以及 2/2006.号刑法统一决议就其内容本质而言已经不能适用或仅能在非常局限的范围内被适用了。

关于刑罚合并规定的多次变化,在司法实践中形成了一项惯例,即当法院可以决定应当依据哪些法律规定来合并刑罚时,基础判决的法律效力才能算数。如果在要被合并的判决中至少有一项是在新《刑法典》生效之后正式生效的,就应当适用新《刑法典》第 93～96 条规定[19]。在这种情况下,甚至都不可以考察哪部法律的规定对犯罪分子来说更为有利。

如果被判缓期执行的监禁刑罚后来又被执行了,那么根据《刑法典》第 93 条第(3)款规定,从刑罚合并角度来看,它就应当被看作是接下来应被执行的监禁刑罚。而如果有两项之前被判缓期执行的监禁刑罚同时又需执行了，并且在这些判决之间还存在类似累积关系，则此时应将所涉刑罚加以合并。

第三，根据《刑法典》第 93 条第（4）款 a 点规定，之前已经被合并过的刑罚就不能再次做刑罚合并了。也就是说，《刑法典》为了排除多重减刑的可能性，规定在刑罚合并后被确定的刑罚就不能再参与新的刑罚合并了。多次刑罚合并不符合立法者在《刑法典》中所做的刑事政策学的努力。《刑法典》规定与《刑事诉讼程序法》允许后期刑罚合并的规定并无碰触。后期刑罚合并的条件是刑罚合并判决不符合法律规定，而进一步讲也不能被广泛理解，所以只有当法院对之前刑罚合并期限的确定明显违反《刑法典》规定时，才可以作后期刑罚合并（《法院判例》1997.513.）。

需要注意的是，还有一种观点认为，虽然法律规定之前已经被合并过的刑罚不能再次被合并，但从理论上来说却没有规定不能回溯到基础判决上并对基础判决中判处的刑罚再次进行合并。

《刑法典》第 93 条第（4）款 b 点规定排除了对取代罚款及社会服务令而被判处的监禁刑罚进行刑罚合并的可能性；另外，根据刑罚合并的一般规定，我们还可以推出，拘留也不能做刑罚合并，因为它也不属于监禁刑罚。

《刑法典》中用"应当做刑罚合并"的措辞规定了刑罚合并的义务，但是《刑事诉讼程序法》第 574 条第（4）款中又规定，在刑罚合并程序进行过程中，除非有被指控者的授意，否则在所有情况下都应取得被指控者的同意。刑罚合并可以在官方要求或应申请而实施。在由官方要求实施的刑罚合并时，刑罚合并的可能性是一个事实问题。被指控人可以决定要不要同时刑罚的合并，或者也可以先等其余的判决出来之后再作决定，因为他知道等所有判决都作出之后再申请刑罚合并，比在仅有前两项判决的时候就申请对其来说更为有利，而这一点则是因为如果在较长期限的基础判决中没有排除有条件释放的可能性，而在较短期限的基础判决中则将其排除掉了，并且刑罚合并的实施也是以后一项规定为指南的话，那么刑罚合并就使得对被指控者更为不利了。

根据《刑法典》第 94 条规定，在确定合并后刑罚的规模时，应遵循与数罪并罚判处时同样的方式。在合并后刑罚期限的确定过程中禁止采用累加的方法，即合并后刑罚的期限不能超过在各项基础判决中所判处的监禁刑罚期限总和。

在确定合并后刑罚规模时，应以期限最长的监禁刑罚为基础，而对于其他期限较短的刑罚（一项或多项）则最多可以舍弃掉其 2/3 部分的期限总和。《刑法典》为合并后刑罚规定的最小期限是最严重刑罚和期限较短刑罚（一项或多项)的 1/3 部分的期限总和。

然而,还有不可忽视的一点是,《刑法典》第 81 条第(3)款中为数罪并罚规定了最大期限规定,而就连与刑罚合并相关的规定也不能将这条规定覆盖。如果法院在某次诉讼程序中判处了数罪并罚,并且比如说考虑到组成数罪的具体犯罪数目繁多的情况,其中一项基础判决中所判处的监禁刑罚期限超过了可作为数罪并罚判处的刑罚上限,那么就算如此,合并后的刑罚也不能超过这一期限,因为通过刑罚合并也并不能将犯罪分子置于比在一次诉讼程序中为其判处数罪并罚更为不利的局面之中。

《刑法典》第 94 条第二句话规定,合并后的刑罚期限应超过最严厉刑罚和较短刑罚(一项或多项)1/3 的总和,但这条规定并没有使第 94 条第一句话变得可被忽略,即它并不会违背数罪并罚的相关规范。刑罚合并法律制度的理论基础是数罪和数罪并罚。

在刑罚合并过程中,《刑法典》第 80 条中规定的量刑原则已经不能适用了。也就是说,在刑罚合并过程中已经不能再去考察刑罚的客观危害、犯罪分子的社会危害性、罪过轻重或其他刑罚从轻或减轻或刑罚加重条件了。在基础判决中已被判处的不可以被重新评判,而且被指控者的个人情况自从基础判决生效以后所发生的变化也不能再考量了。事实上,刑罚合并所涉及的并不是刑罚的判处,而是合并以后刑罚期限的确定。不过,在判定刑罚合并后期限降低规模的时候——在多种因素之中——还应考量在多基础判决中被审判的行为是否具有相同或相似特征、其犯罪行为在时间上是否为同时或临近发生、所涉行为是否彼此之间存在关联性等方面的情况(《法院判例》2004.396.)。在合并刑罚时,已经不可以再对所涉行为进行再次审判了,而只能对已判处的刑罚加以合并。《刑法典》第 94 条的措辞中所体现的也只是合并后刑罚期限的确定,而非刑罚判处。

对于合并后刑罚的期限以及被舍弃掉的那部分刑罚期限规模的确定来说,直到刑罚合并时为止所涉基础判决中判处的刑罚已被被指控者实际服满了多少、还有多少期限没有被服完,都不重要。[20]

根据《刑法典》第 36 条规定,合并后刑罚的期限依然不能超过 25 年这一有期监禁刑罚是数罪并罚或刑罚合并情况下的标准上限。

第四,合并后的刑罚是统一化的刑罚,所以对相关的附加条款来说,也只有那些统一化的规定可以生效。根据《刑法典》第 95 条第(1)款规定,这一点也适用于作为合并后刑罚被确定的监禁刑罚的执行规定以及有条件释放。

如果在基础判决中有多种不同执行级别的监禁刑罚,且这些监禁刑罚都参与到刑罚合并中,则应将合并后刑罚的执行方式确定为所涉全部刑罚中最严厉的级别。如果合并后刑罚的规模是 3 年或 3 年以上,或者在多次重复犯罪的情况下是两年或两年以上,则根据《刑法典》第 37 条第(2)款和第(3)款规定,法院在为其确定执行级别时应考虑这一因素。如果监禁期限在刑罚合并后达到或超过了 3 年,并且在基础判决所审判的犯罪行为中存在《刑法典》第 37 条第(3)款 aa)、ab)、ac)或 ad)小点中所列犯罪,那么合并后刑罚的执行级别应确定为重刑监狱。刑罚合并只有在所涉判决之间存在类似累积关系时才可适用,而如果所涉行为是在一次诉讼程序中被审判的,则应将合并后监禁刑罚的执行方式确定为重刑监狱级别。当合并后的监禁刑罚达到或超过了两年,且被指控者是多次重复犯罪者时,也是与前面所述类似的情况,按照《刑法典》第 37 条第(3)款 b 点规定,同样应当将监禁刑罚执行方式确定为重刑监狱级别。

如果根据一般规定应当确定的执行级别对被告人来说是不公平的,则适用监狱级别代替重刑监狱级别,而在确定监狱级别执行方式的情况下,根据《刑法典》第(2)款的规定也存在适用看守所级别执行方式的可能性。

从合并后的刑罚是统一化的刑罚这一点还可推出,在其他相关附加条款中也只有那些统一化的规定才可以生效,对于有条件释放也是如此。当然,先前的实践经验也可以为将来提供范例,比如被指控者在任何一项刑罚中不能被有条件释放的话,那么在合并后的刑罚中也不可以被有条件释放。

根据《刑法典》第 96 条规定,在犯罪分子在被判处监禁刑罚的同时还被判处了从业禁令、驾驶禁令、居留禁令、体育活动参与禁令或驱逐出境等刑罚的情况下,应当适用吸收原则——在其期限都相等的情况下——仅对被指控者执行其中最为不利的一项。在《刑法典》第 96 条所列举的刑罚当中并没有包括罚款。这种不同规定的结果就是,当案件涉及多项罚款刑罚时,法院应毫无保留地为其适用累积原则。

公共事务参与禁令永远是统一化的刑罚,所以在犯罪分子被判处了多项公共事务参与禁令的情况下,也总是应当执行其中期限最长的一项。

在犯罪分子在被判处多项从业禁令、驾驶禁令、居留禁令、体育活动参与禁令或驱逐出境等刑罚的情况下,各项禁令之间可能不仅在时间期限上存在差异,而且还有其他方面的差异,比如从业禁令所涉及的有可能是不同的职业分支,而多项驾驶禁令所涉及的交通工具也可能会各不相同。这时,同名刑罚的期限也可能并不相同,所以对其执行也就不能适用《刑法典》第 96 条第(1)款中规定,而对于这些不同期限的同名刑罚则应彼此独立地一项一项执行完成。此外,在同样期限(译者注:根据上下文来看,此处可能应为"同样名称")的刑罚之中,对于被指控者来说最为不利的可能并不一定是期限最长的刑罚,而应该是在刑罚合并后还有更多待执行部分的刑罚。

注释

① 加尔,阿提拉:《新刑法典中的量刑问题》,载于《刑法汇编》,2003 年第 4 期,第 8~18 页。

② 参考亚诺什·兹林斯基博士以宪法法官的身份在 23/1990.(X.31.) AB 号决议中所发表的平行意见。

③ 1214/B/1990 AB 号决议。

④ 安德拉什·萨博以宪法法官身份在 23/1990.(X.21.) AB 号决议中所发表的有关死刑违法性的平行意见。

⑤ 本斯,马迦什:《司法判决中的原则、实践、执行样范与问题》,载于《德布勒森大学法学系与博思出版社合集》,第十卷《法律尊严与德布勒森学派》,尤若夫·萨博德法尔维编,布达佩斯,2011,第 111~156 页。

⑥ 30/1992.(V.26.) AB 号决议,13/2000.(V.12.) AB 决议。

⑦ 安加尔,帕尔:《匈牙利刑法教程》,布达佩斯:雅典神殿出版社,1909,第 147~149 页。

⑧ 芬奇,费伦茨:《匈牙利刑法教程》,布达佩斯:格里尔卡洛伊出版公司,第 377~378 页。

⑨ 费尔德瓦里,尤若夫:《匈牙利刑法总则》,布达佩斯:奥西里斯出版社,1998,第 280~290 页。

⑩ 纳吉,费伦茨:《匈牙利刑法总则》,布达佩斯:皇冠出版社,2001,第 419~424 页。

⑪ 久尔吉,卡尔曼:《量刑原则》,载于《法学公报》,1980/3,第 167~179 页。

⑫ 纳吉,费伦茨:《匈牙利刑法总则》,布达佩斯:皇冠出版社,2001,第 419~424 页;伽尔,阿提拉:《新刑法典中的量刑问题》,载于《刑法汇编》,2003 年第 4 期,第 8~18 页。

⑬ 科尼亚,伊斯特万:《从司法角度看"三击"》,载于《匈牙利法律》,2001 年第 3 期,第 129~135 页。

⑭ 13/2002.(III.20.) AB 号决议。

⑮ 关于死刑违宪性的 23/1990.(X.21.) AB 号决议,宪法法官拉斯洛·索约姆

的平行意见。

⑯《刑法典》在总则和分则部分为以下情况准许了刑罚的无限制减轻：总则：《刑法典》第 10 条第（3）款，《刑法典》第 17 条第（2）款，《刑法典》第 19 条第（2）款，《刑法典》第 29 条第（2）款，分则：第 180 条第（3）款，第 270 条第（2）款，第 275 条第（2）款，第 284 条第（6）款，第 290 条第（5）款，第 291 条第（5）款，第 293 条第（6）款，第 294 条第（5）款，第 295 条第（3）款，第 296 条第（3）款，第 301 条第（4）款，第 302 条第（4）款，第 303 条第（4）款，第 314 条第（3）款，第 320 条第（4）款，第 322 条第（6）款，第 349 条第（3）款，第 381 条第（4）款，第 389 条第（4）款，第 395 条第（2）款，第 396 条第（8）款，第 420 条第（6）款，第 432 条，第 434 条第（5）款，第 442 条第（8）款。

⑰ 科哈米，拉斯洛：《精神病状态及归责能力的刑法规定》，载于《刑法视点》，2012 年第 3 期，第 29～37 页。

⑱ 科尼亚，伊斯特万：《从司法角度看"三击"》，载于《匈牙利法律》，2011 年第 3 期，第 129～135 页。

⑲ 参见关于与 2012 年第 100 号法律（《刑法典》）生效相关的临时规定与部分法律修订的 2012 年第 223 号法律第 3 条。

⑳ 艾尔文·拜洛维奇，巴拉日·盖雷尔，费伦茨·纳吉，米哈伊·托特：《刑法 I：总则》，布达佩斯：HVG-ORAC 出版公司，2012。

参考文献

安加尔，帕尔：《匈牙利刑法典》，布达佩斯：雅典神殿出版社，1909。

拜洛维奇·艾尔文，盖雷尔·巴拉日，纳吉·费伦茨，托特·米哈伊：《刑法 I：总则》，布达佩斯：HVG-ORAC 出版公司，2012。

本斯，马迦什：《原则与实践——司法判决中的执法样范与问题》，德布勒森大学法学系和博思出版社合集，第十卷，尤若夫·萨博德法尔维［编］，布达佩斯：法律尊严德布勒森学派，2011。

艾来克，巴拉日：《法官量刑视角的立法构建》，《犯罪学公报 70——匈牙利犯罪学协会 2011 年所举办的学术活动上所发表的演讲选集》，布达佩斯，2012。

芬奇，费伦茨：《匈牙利刑法教材》，布达佩斯：格雷尔卡洛伊出版公司，1914。

费尔德瓦里，尤若夫：《匈牙利刑法总则》，布达佩斯：奥西里斯出版社，1998。

加尔，阿提拉：《新刑罚典中的量刑问题》，布达佩斯：学术出版社，2007。

海克,仲果:《量刑中的加重禁止》,佩奇大学法学系,2010。

久尔吉,卡尔曼:《量刑原则》.《法学公报》,1983 年第 3 期。

科尼亚,伊斯特万:《刑法典的变化——刑法典的过去十年》,《匈牙利法律》,2010 年第 9 期。

科尼亚,伊斯特万:《从司法视角看"三击"》,《匈牙利法律》,2011 年第 3 期。

纳吉,费伦茨:《匈牙利刑法总则》,布达佩斯:皇冠出版社,2001。

司法实践

《刑庭裁断》56;《法院判例》1998.258、《法院判例》1999.1、《法院判例》1982.174、《法院判例》1978.420、《法院判例》1980.157、《法院判例》1989.48、《法院判例》1996.350、《法院判例》1993.480、《法院判例》1992.291、《法院判例》2001.354、《法院判例》2004.396、《法院判例》1997.513、《法院判例》1979.100、《法院判例》2011.130、《法院判例》1991.428、《法院判例》2009.96、《法院判例》2004.397、《法院判例》2006.146、《法院判例》1997.377。

第十章　与判决相关联的法律制裁与免罪

（许驰·安德拉什博士）

第 97 条第(1)款　与刑事责任的确定、刑罚的判处或处罚措施的适用相关联的法律制裁可以由法律规定。

第(2)款　与刑事责任的确定、刑罚的判处以及所适用的处罚措施相关的数据由正式官方记录保留至法定日期,在此日期之后则不可再因所涉判决而对被告人进行法律制裁。

第 98 条第(1)款　在法律没有其他规定时,罪责免除可以使被告人免除与处罚前科相关联的法律制裁。

第(2)款　被免罪者应被视为无刑罚前科,并且在法律没有其他规定时,没有义务对与其被免除的罪责相关的判决做出任何解释。

第(3)款　当犯罪分子实施新的犯罪行为时,免罪范围不能涉及本法律为之前判决所规定的刑事制裁。

第 99 条　被告人的罪责可以

　a)依据本法律的效力,

　b)以法院决议为基础,或者

　c)通过赦免

而被免除。

第 100 条第(1)款　依据本法律效力而适用的免罪措施:

　a)在拘留、罚款和社会服务令等情况下应于判决生效之日进行,

　b)在从业禁令、驾驶禁令、居留禁令和体育活动参与禁令等情况下应于判决生效之日进行,

　c)在驱逐出境的情况下应于刑罚执行完毕或可执行性消除之日进行,

　d)在监禁刑缓期执行的情况下应于暂缓期限结束之日进行,

　e)在因过失轻罪而被判处监禁刑的情况下,应于被告人服刑期满或刑

罚可执行性消除之日进行，

    f）在因故意犯罪而被判处不超过 1 年监禁刑的情况下，应于被告人服刑期满或刑罚可执行性消除的 3 年后进行，

    g）在因故意犯罪而被判处超过 1 年、但不超过 5 年监禁刑的情况下，应于被告人服刑期满或刑罚可执行性消除的 5 年后进行，

    h）在因故意犯罪而被判处超过 5 年、但不超过 10 年监禁刑的情况下，应于被告人服刑期满或刑罚可执行性消除的 8 年后进行，

    i）在因故意犯罪而被判处 10 年以上有期监禁刑的情况下，应于被告人服刑期满或刑罚可执行性消除的 10 年后进行。

第（2）款　在第（1）款 b 点情况下，免罪范围不应涉及

    a）从业禁令情况下的从业资格，

    b）驾驶禁令情况下的驾驶资格，

    c）居留禁令情况下在判决中所规定的地区或国家特定部分的居留权，

    d）在体育活动参与禁令情况下的体育活动参与权。

第（3）款　在第（1）款 d 点情况下，如果法院要求执行监禁刑，则免罪措施便不能再被适用，或者会失去其效力。此时，罪责免除应以与该执行监禁刑相关的免罪规定为指导。

第 101 条第（1）款　法院可按照被告人申请为其免罪，前提是被告人应当被免罪，并且自从其服满监禁刑或其刑罚可执行性消除之后，第 100 条第（1）款 f—i 点中所规定的时间已过半。

第（2）款　在判定被告人是否值得被免罪时，应当考量被告人自从服刑期满以后的生活方式以及——如果有办法考察的话——其是否补偿了其犯罪行为所造成的侵害。

第 102 条第（1）款　在监禁刑缓期执行的情况下，法院可以对被告人进行提前免罪，前提是其应当被免罪。

第（2）款　如果缓期执行的监禁刑又被要求立即执行，那么被告人的提前免罪就会失效。

第 103 条　在适用附加刑的情况下，只要附加刑尚未执行完毕，或者其可执行性尚未消除，那么被告人就不能从与其判决相关联的法律制裁之下逃脱，也不可以被免罪。

第 104 条第（1）款　赦免权的行使者即使在按照本法律规定再无其他免罪可能的情况下，也可以通过赦免来免除被告人的罪责。

第（2）款　被赦免免罪的人从非刑事制裁的角度也应被视为无处罚前科。

如果与判决相关联的法律制裁一部分是刑法内的，一部分是刑法外的。刑事制裁是由刑法本身规定的，而刑法外的法定制裁则可以由宪法（如只有无处罚前科者才可被选为宪法法院成员）、公法（如任职于公共教育的条件是没有处罚前科）、民法（如只有无处罚前科者才可成为专职看管员）等其他法律来规定。另外，在经济法中也可以找到这样的条款（如未能从与处罚前科相关联的法律制裁中被免罪解脱的人不可以在采购流程中充当投标者）。

根据关于犯罪登记系统以及欧盟成员国法院针对匈牙利公民所作的判决登记以及犯罪治安生物统计学数据登记的 2009 年第 47 号法律（下称《犯罪登记法》）规定，与判决相关的数据包含在罪犯登记以及被置于法律制裁之下的无刑罚前科者的登记文件之中。其中前一种登记中所包含的是有刑罚前科且未被免罪者的数据；后一种登记的目标则首先是为累犯和重复犯罪的确定提供保证，另外还可以保证与判决相关联的、比无刑罚前科的要求更严格的职业或准许规定的可执行性。

根据《犯罪登记法》的规定，在犯罪登记中被处理过的数据的登记时间与免罪时间之间的距离最少应为 3 年，但最多不得超过 12 年。如果与所涉数据相关的登记条件不复存在，则该数据就该立即从登记文件中删除。然后，被告人已经再也不能因为此前的判决而被确定任何法律制裁。这同时也意味着之前的判决已经不能被视为刑罚加重条件，即使法院通过某种途径获悉了可靠信息也不行。

当然，罪责免除对于被判处的刑罚以及被判定的民法要求的执行并不会构成障碍（这里提到这一点，主要是为了说明免罪是在判决生效之日进行的——也就是说早在判决执行开始前就已完成）。

一、免罪效力及方式

免罪效力是指被告人可以通过免罪而从与其刑罚前科相关联的法律制裁中得以解脱。被免罪者在性质上被视为无刑罚前科的人。也就是说，免罪使其重新拥有获得及行使所有那些仅为无刑罚前科的公民所有的权利的机会。被免罪者变得无刑罚前科这一点永远是针对将来而言的，而不具有溯及判决的效力。然而需要注意的是，免罪不能涉及刑法中所规定的法律制裁，在发生新的犯罪行为时也不能涉及那些由《刑法典》规定与之前的判决相关的法律制裁。

这样，比如说按照法律规定刑罚前科算是刑罚加重条件，可以因之而将犯罪分子当作重复犯罪者、多次重复犯罪者等来追究责任。

罪责免除可以依据本法律的效力（法律免罪）、以法院判决为基础（法院免罪）或者通过赦免（赦免免罪）来完成。最多的免罪方式是法院免罪。这种免罪方式的本质是在规定的等待时间结束后，罪责免除可以根据法律中与此相关的条款规定自动发生。法院免罪是依据法院在权衡的基础上所做出的判决而进行的。赦免免罪所依据的则是赦免权行使者所做的执法（个别赦免）或立法（大赦）法例。

（一）法律免罪

法律免罪所需的等待时间在根本上取决于刑罚种类——在当执行监禁刑罚的情况下还包括所涉犯罪的罪过形式——以及刑罚期限。在监禁刑缓期执行的情况下，等待时间的长短取决于监禁刑缓期执行的暂缓期限。

法律免罪的效力在下列时间点生效：

——判决生效之日，

——缓刑期限结束之日，

——刑期服满或执行完毕或者刑罚可执行性消除之日，

——在刑期服满或执行完毕或者刑罚可执行性消除之后的 3 年、5 年、8 年或 10 年之后。

在从业禁令、驾驶禁令、居留禁令和体育活动参与禁令等情况下，被告人在判决生效之日即被免罪，也就是说自这一天起就应当将其视为无刑罚前科之人，同时这种免罪不能涉及从业禁令情况下的从业资格、驾驶禁令情况下的驾驶资格、居留禁令情况下在判决中所规定的地区或国家特定部分的居留权以及在体育活动参与禁令情况下的体育活动参与权。因为如果免罪也可涉及这些范围，那么所涉刑罚的执行就会受到威胁。

如果先前被判缓期执行的监禁刑后来又被要求执行，则从免罪角度来看已经属于当执行监禁刑。如果以具有法律效力的形式判处的刑罚后来被合并，则对于免罪的等待时间就应针对所有刑罚——考察（《法院判例》1980.276），在法律免罪时合并后刑罚所需的等待时间与被合并的各项刑罚中等待时间最长的一项的等待时间相一致。如果某人在法律免罪的等待时间内又犯下新的罪行，也并不会延长免罪所需的等待时间。《刑法典》中关于法律免罪的规定并没有涉及终身监禁，这也就意味着在终身监禁的情况下没有法律免罪的可能性（并且由于法院免罪的相关条款也沿用法律免罪的规定，所以在终身监禁的情况下也没有法院免罪的可能性）。

（二）法院免罪

新《刑法典》在实质上并没有改变 1989 年第 4 部法律中有关法院免罪的规定，而只是省略了其中在犯罪分子由于故意犯罪而被判处当执行的监禁刑罚时可以适用法院免罪的指示，因为这一点从第 101 条第（1）款中所包含的对具体法律条文的指示中已经可以明确推出。

法院免罪——与法律免罪不同——并不是依据法律效力，而是应由当事人申请、以法院判决为基础进行的。建立在法院判决基础之上的免罪共有两种：后期法院免罪和提前法院免罪。

其一，在实际实践中，后期法院免罪的情况更多一些。后期法院免罪的客观条件是在因故意犯罪而被判处有期监禁刑的情况下，法律免罪所需的等待时间已经过半；而后期法院免罪的主观条件则是被告人值得被免罪。为了考察被告人是否值得被免罪，法院需要考察其自从服满刑期之后的生活方式以及——如果有办法考察的话——其是否补偿了犯罪行为所造成的侵害（如是否赔偿了损失）。在考察被告人的生活方式时，还应考察其人格。这样做的根本目标是为了确证被告人在服满其刑期之后是否又脱离原先的生活方式、是否变成遵守法律的公民以及能否作为全权公民再次进入社会（《法院判例》1986.92）。如果被告人在等待时间之内被判处罚款，并不会排除其法院免罪本身的可能性（《法院判例》2001.5）；而如果被告人在国外居留，也不会对免罪适用的确定构成障碍（《法院判例》1986.91）。然而，如果经过考察后发现相关情况条件的确对免罪的适用构成障碍，那么即使没有新的有罪判决，仍然可以对免罪申请者的严重不良生活方式作出有据推断（《法院判例》1980.155）。在后期法院免罪的情况下，也应当对被告人的全部判决进行一一考察，以确定法院免罪所需的条件是否成立（《刑法判例录编》8777）。

后期法院免罪应由作出一级判决的法院在特殊程序中作出决定（《刑事诉讼程序法》第 577 条）。这一特殊程序应由法院根据被告人或其合法代理人申请而启动。法院在审理其免罪申请之前，应当先听取检察官与申请审理相关的意见。如果缺少免罪法律先决条件，法院就会驳回免罪申请，否则就应对其进行实质审理。此外，当法院规定先前缓期执行的监禁刑立即执行，并因此使得相关法律免罪或提前法院免罪失效时，也须在这一特殊程序中审理。

其二，提前法院免罪这一方式所针对的刑罚只有一种，那就是被判缓期执行的监禁刑。在被判处监禁刑缓期执行的情况下，被告人可以依据法律效力在缓刑期限结束之日被免除罪责。然而，如果法院认为被告人应当被提前免罪，则可以在判决中规定在判决生效之日便可为被告人免除判决中的法律制裁。至于被告人是否值得被提前免罪，则需要法院在权衡之后做出判决，但是在这一权衡过程中——由于其法律制度特征——而应考量与后期法院免罪过程中不一样的角度。根据司法实践，提前免罪是一种例外制度（《法院判例》1996.510），而在判定被告人是否值得免罪时也不应只考量其个人特质和生活履历，还应对其犯罪行为的客观危害和特征加以评判（《法院判例》1983.221）。提前免罪只能在判决生效之前进行，所以说如果被告人在判决生效之后才提交这样的申请，法院就应将其驳回（《法院判例》1996.238、《法院判例》1997.467）。如果由于检察官申诉的缺失，二级法院忽略了一级法院判决中有关提前免罪的规定，也不会与刑罚加重禁止发生冲突。

如果先前被判缓期执行的监禁刑后来没有再被要求执行，则提前免罪就会变成永久性的；而如果先前被判缓期执行的监禁刑后来又被要求执行了，则法院同样需要在特殊程序中宣布提前免罪的失效。

（三）赦免免罪

赦免免罪的实质内容是赦免权的行使者即使在免罪法律条件一条也不能确定的情况下，也可以免除被告人的罪责（这样，比如被判终身监禁的犯罪分子也可通过赦免被免除罪责）。赦免免罪有两种形式，即共和国元首拥有个别赦免权；而大赦权则归国会权限所有。非常重要的一点是，所谓的执行赦免（可以通过对所判处刑罚的完全舍弃或降低来实现）并不会同时自动带来为被告人免除与刑罚前科相关联的法律制裁的结果，因为这种结果只有当赦免权的行使者在其决定中明确明示才会出现。

对于赦免权行使者的免罪管辖权，《刑法典》没有做任何形式的限制。这也就意味着赦免免罪既可以在法律免罪所需等待时间减少的情况下进行，也可以通过完全舍弃等待时间而立即使被告人享受到无刑罚前科的有利结果。此外，赦免权行使者也没有必要对其决定做出解释。

关于当法院判处的当执行监禁刑期限由于大赦而缩减时应如何计算免罪所需的等待时间的问题，在 3/2003 号《法院统一判例》中给出了答案。根据法律一致性决议，免罪所需的等待时间——作为法律先决条件——的开始日期即为刑期服满或刑罚可执行性消除之日（当然，这一时期可通过执行赦免而提前到来，就像被告人根本没有享受过这项减刑福利一样）。然而，等待时间的期限——作为进一步的法律先前条件——必须以判决中判处的（而不是经过执行赦免缩减之后的）刑罚为准。

赦免免罪既可以与某一条件相关联,也可以无条件进行。如果大赦规定将某个人情况定为赦免条件(比如孕妇),那么这一条件就应在赦免规定生效之日处于成立状态(《法院判例》1992.221)。如果赦免免罪是与某一条件关联的,并且免罪还失去了效力,那么接下来对于所涉免罪就应以《刑法典》的相关规定为处理指南(比如以符合《刑法典》规定的方式进行法律免罪等)。

二、免罪的统一性

从免罪角度来看,唯一一种附加刑——公共事务参与禁令——也有其重要意义。这是因为在适用附加刑的情况下,只要附加刑尚未执行完毕,或者其可执行性尚未消除,那么被告人就不能从与其判决相关联的法律制裁之下逃脱,也不可以被免罪。根据《刑法典》规定,公共事务参与禁令只能与当执行的监禁刑罚一起判处。考虑到这一点,在这一附加刑尚未被执行完毕的情况下,被告人既不能参与法律免罪,也不能参与法院免罪(但是却可以参与赦免免罪),就算其与监禁相关的法定条件实际成立也不行。

参考文献

芬斯特,盖佐:《犯罪登记的状况与发展可能性》,《犯罪学文集》,43.布达佩斯,2006。

哈拉斯,山多尔:《法律免罪》,《匈牙利法律》,1960 年第 1 期。

尤利什,米斯伊:《修订后刑法典基础上的法律免罪实践适用》,《检方报告》,1973 年第 1 期。

施泰弗,山多尔:《脱离与刑罚前科相关的不利因素》,《检方报告》,1979 年第 2 期。

沃科,久尔吉:《刑事复原与犯罪登记》,全国检察官协会,布达佩斯,2009。

司法实践

3/2003.《法院统一判例》;《刑法判例录编》8777;《法院判例》1980.155、《法院判例》1980.276、《法院判例》1983.221、《法院判例》1986.91、《法院判例》1986.92、《法院判例》1992.221、《法院判例》1996.238、《法院判例》1996.510、《法院判例》2001.5、《法院判例》1997.467。

第十一章 与青少年相关的规定

(莱塔尔·伊斯特万博士)

一、基本规定

第 97 条第(1)款 青少年是指在犯罪当时年满 12 周岁,但未满 18 周岁的人。

第(2)款 在对青少年适用本法律规定时,需要依照本章所包含的特殊规定。

第一,在 1878 年第 5 号法律文件(《柴迈吉法典》)的第一部修订案,即关于对刑法典和刑事诉讼法典的补充和修订的 1908 年第 36 号法律文件第 16 条第一款中对青少年的概念做出如下定义:在犯罪当时年满 12 周岁,但未满 18 周岁者(青少年),如果在犯罪当时尚无可罚性所需的智力和道德发展水平,则不能被追究刑事责任。在此之前,《柴迈吉法典》虽然还没有使用"青少年"的措辞,但却已经在"归责能力排除或减缓事由"中提到了 12~16 周岁的年龄段:这类人群也只有在具备认识其行为有罪性所必须的理解辨别能力时才可被处以刑罚,即使在此时也仅应当根据较为减缓的规定来为其判处刑罚;在相反的情况下,则应将其送入教养所(第 84~86 条)。后来,尽管 1908 年修订案被有关青少年刑法和刑事诉讼程序法规定的 1951 年第 34 号法律所取代,但其中关于年龄范围的法令却没有改变。

青少年的刑法相对独立性被取消以后,以统一性的刑法典独立结构部分的形式而存在的与青少年相关的特殊规定首先出现在 1961 年第 5 号法律(第四章)之中,而随后这一解决办法又被保留在 1978 年第 4 号法律(第 7 章)和 2012 年第 100 号法律(第 9 章)中。然而,需要注意的是,在新《刑法典》编纂进程的早期阶段曾经有过一种设想,即把青少年的刑法放在另外一部既包含实体法规定,又包含刑事诉讼程序法规定的新法律中进行单独规定[①]。

在 1961 年第 5 号法律[第 85 条第(1)款]和 1978 年第 4 号法律[第 107 条第(1)款]中对青少年的定义都是年满(超过)14 周岁且未满 18 周岁的人。

第二,新《刑法典》由于可罚年龄界限的下调而对这条规定做了变更,将青少年时期的年龄下限规定为年满 12 周岁。所以,青少年犯罪分子所指的就是犯罪当时年满 12 周岁但未满 18 周岁的人。

非常重要的一点是,对于青少年的概念很容易与第 16 条中儿童的概念相混淆。根据这条规定,在犯罪当时未满 14 周岁的犯罪分子不可罚,但是犯罪当时年满 12 周岁并且具备对犯罪后果的认识辨别能力的杀人罪[第 160 条第(1)～(2)款]、盛怒杀人罪(第 161 条)、身体侵害罪[第 164 条第(8)款]、抢劫罪[第 365 条第(1)～(4)款]和掠夺罪[第 366 条第(2)～(3)款]等罪名的犯罪分子除外。所有这些规定都表明,青少年这一概念在法律理解中所指的仅仅是那些有刑事责任——即做出犯罪行为的人,而相比之下,由于儿童本身就具有不可罚的属性,所以也就不能视为青少年犯罪分子。换言之,儿童不可能犯罪,而只可能做出当罚行为。

第三,在刑法意义上应该严格区分儿童、青少年和未成年人这三个概念。儿童在概念上不会做出犯罪行为,也不会因当罚行为而被追究刑事责任(第 16 条)。但这并不意味着不能对儿童实施特定的处罚措施,比如拘留[第 72 条第(4)款]、财产没收[第 75 条第(2)款]以及电子数据永久性封存[第 77 条第(2)款]等处罚措施也可适用于儿童。对比之下,青少年则可以是犯罪分子,并能因其犯罪行为而被追究刑事责任,尽管对其所用的规定比一般规定要轻缓一些。对于 12～18 周岁这一年龄段的状况,法律对 16 周岁的年龄界限赋予重要意义。根据所涉青少年在犯罪当时是否已年满 16 周岁,在对其判处有期监禁刑时可判处的最长刑罚期限会有根本不同(第 109 条),而针对青少年的社会服务令和劳动形式服刑也只有在判决做出时其已年满 16 周岁的情况下才可判处或规定(第 112 条及第 117 条)。未成年人从根本上来讲是一个民法概念,指未满 18 周岁的人,已婚者除外(关于民法典的 1959 年第 4 号法律第 12 条)。此外,未成年人与刑法也有关联,其在刑罚中基本上是处于被动主体方面,比如法律在与未成年人威胁(第 208 条)、与未成年人联络障碍(第 210 条)以及未成年人位置变更(第 211 条)等相关的条款中就明确做出与未成年人相关的规定。除此之外,法律在其他地方也显示出犯罪行为可能会造成未满 18 周岁的人受到伤害,比如协助自杀罪[第 162 条第(2)款]或绑架罪[第 190 条第(2)款]的情况。另外,犯罪分子还可以利用未满 18 周岁的人来完成犯罪,比如私藏毒品罪的情况[第 179 条第(1)款 a 点]。最后,在特定情况下法律关于受害者还非常明确规定了未满 18 周岁者的情形,比如可罚性时效过期[第 26 条]的相关规定。

青少年期的开始日期是紧接着儿童期年龄上限的最后一天,即主要规则中规定的 14 周岁,但在例外情况下也可以最早提前至年满 12 周岁,在犯罪当时这一条件必须成立。这也就意味着犯罪分子在 14 周岁或 12 周岁生日那一天还是儿童，但紧接着在随后一天就变成了青少年。

青少年时期的最后一天是 18 周岁生日那一天，而紧接着后面一天犯罪分子就成为成年人。与此相应，如果被指控人在年满 18 周岁当天发生犯罪行为，则还可以对其适用与青少年相关的条款规定（《法院判例》1987.267）。需要注意的是，虽然未满 18 周岁的人通过结婚也会变成成年人（《民法典》第 12 条），但通过结婚获得的成年人身份不会影响对青少年犯罪分子刑事责任的追究方式。

在我们所讨论的情况下，具有时间拖延性的犯罪可能会引发一些问题，这类犯罪的法律构成要件要素不是在同一时间实现的。对于这类犯罪的一般规定（至少是从时间效力角度来看）是犯罪时间应确定为犯罪行为最后一步开始之日。与时间拖延性犯罪相比，连续性或延续性犯罪指的则是状态犯罪以及那些犯罪行为与犯罪结果在时间上被分离开来的财物犯罪的情况。只有当犯罪所涉法律要件全部是在青少年期完全实现时，才可对犯罪分子适用与青少年相关的规定。通过对这一规则的一贯运用，还可得知，如果犯罪时间的一部分是在成年期，那么就应对犯罪分子适用与成年人相关的规定，并根据一般规定追究其刑事责任（类似解读参见：《法院判例》1981.272）。所涉行为的一部分发生在青少年期的条件在量刑范围内应作为刑罚从轻或减轻条件予以关注。而从另一方面来说，发生在童年期的行为则不能追究犯罪责任。

与青少年相关的条款规定与总则部分的条款规定相比是特别的，因此其在适用上也享有优先权。因此在法律运用过程中，应首先考察案情是否符合《刑法典》第 11 章所包含的有关青少年的特殊条款规定，如果没有相关情节，则应以总则部分的其他规定为准加以审理。

第 106 条第(1)款　为青少年判处刑罚或适用处罚措施的首要目标是使青少年能够向正确的方向发展，成为有用的社会成员。考虑到这一点，在为青少年犯罪分子选择处罚措施或刑罚时，就应着重关注青少年的教育和保护。

第(2)款　在青少年犯罪的情况下，如果处罚措施的适用达不到预定目标，就应为其判处刑罚。但对于犯罪当时年龄未满 14 周岁的人则只能适用处罚措施。

第(3)款　对于青少年犯罪分子，只有当处罚措施或刑罚的目标通过其他方式无法达成时，才可适用自由剥夺性处罚措施或判处此类刑罚。

第四，《刑法典》在第 79 条中对刑罚目标进行了定义，即为了保护社会而阻止犯罪分子或他人犯罪。这条一般性规定同样也是青少年犯罪案件的审理指南,然而法律在第 106 条第(1)款中又将一般预防视为与青少年犯罪相关的首要目标,即使青少年能够向正确的方向发展,成为有用的社会成员。这些规定都要求法院在对青少年犯罪分子选择制裁方式时应一直谨记对青少年的教育与保护。

关于可以适用于青少年的制裁方式应追溯到 1908 年第 36 号法律文件。根据部长对这一刑法修订案的理由阐释,对于青少年犯罪不应从处罚角度,而应从挽救和教育的角度出发来处理。此外,针对青少年犯罪分子应尽可能避免短期的监禁刑,因为根据实践经验,这样的刑罚常常会对被告人的道德性构成威胁。而如果所涉青少年已经具备可罚性所需的智力和道德发展水平,则应按照个别化原则这一正确的原则对其适用不同处罚措施②。相应地,这一刑法修订案还开启了可用于未成年人的、带有教育性特征的刑事处罚措施的适用先河,如训斥、缓刑和教养所教育(第 17 条)。1951 年第 34 号法律规定对于12~14 周岁的犯罪分子只能适用带有教育性特征的处罚措施,而对 14~18 周岁的犯罪分子则应判处主刑。在 1961 年第 5 号法律中规定针对青少年犯罪分子可以适用什么样的教育性处罚措施(法官训诫、缓刑、教养所教育)和矫正性处罚措施(强制医疗或矫正教育),以及可以判处什么样的刑罚(作为主刑的监禁、劳动形式服刑、罚金,以及作为附加刑的公共事务参与禁令、从业禁令、居留禁令和驱逐出境)(第 88~101 条)。1978 年第 4 号法律没有这种规定,而是对青少年——带有一定特殊性地——适用一般性制裁方式以及教养所教育这一特殊处罚措施。关于这部法律的部长阐述中指出,与刑罚目标相关的一般性条款规定对青少年也有效,然而——同时考虑到一般预防的规定——对于青少年来说刑罚和处罚措施的首要目标是教育,是特殊预防。这一点在刑罚和处罚措施体系中也有所表述:对于青少年应首先适用处罚措施,而只有当处罚措施的适用达不到目标时才可判处刑罚,并且还应特别着重权衡青少年犯罪分子是否必须被无条件判处当执行监禁刑③。

2012 年第 100 号法律的出发点是针对青少年被告人应该在许多方面制定与成年人不同的刑事实体法(以及诉讼程序法和刑罚执行法)规定,这是因为青少年的道德价值体系和智力发展水平都还在形成变化阶段。所以在为青少年选择制裁方式的过程中,法律遵循的是首先适用教育工具的原则。新《刑法典》保留了 1978 年第 4 号法律中的办法,规定——在遵循特定差异、缩减或扩展的前提下——与成人相关的制裁方式(刑罚和处罚措施的种类)基本上也可用于青少年,但是在选择制裁方式的过程中,应该以下面的先后顺序为基础:

——不剥夺自由的处罚措施,

——不剥夺自由的刑罚，

——剥夺自由的处罚措施，

——剥夺自由的刑罚。

法律在考虑青少年概念的变化并注意到对青少年犯罪分子适用法律的首要任务是教育的基础上，作为一项新规则规定对犯罪当时未满 14 周岁的人只能适用处罚措施[第 106 条第（2）款]。

考虑到针对青少年犯罪分子所规定的制裁目标，法院只有当确定所涉青少年犯罪分子向正确方向的发展通过别的方式无法达到时，才可以对其判处刑罚。比如，在与这一规定相关的解释条款中就包含了连续犯罪、多次累积、犯罪方式特征、多种加重条件的实现、共同犯罪（既包括同伙正犯，也包括团体或有集团犯罪）等。

除了这些，对于不带自由剥夺性质的处罚措施适用或刑罚判处是否足够的问题，即是否有必要适用带有自由剥夺性质的处罚措施的问题，法官也应当予以周到处理，并应在依照刑罚目标和考量青少年犯罪分子对其生活方式的说明的基础上从以下几方面作出权衡：

a）刑罚加重和减缓条件，

b）青少年犯罪分子在犯罪过程中以及犯罪之后所表现出的行为，

c）个人及家庭情况。

如果经过权衡之后法院得出应当对所涉青少年犯罪分子判处刑罚的结果，那么就应该考察案情，看有没有可能为其判处不带自由剥夺性质的刑罚。如果没有可能，则应遵循分级原则考察是否有可能作为带有自由剥夺性质的处罚措施对其适用教养所教育。只有当这么做不可能或不足够时，才能谈及青少年看守所刑罚或青少年监狱刑罚的判处。然而即使到了这一步也还是应当首先权衡如果对其判处刑罚缓期执行可否满足需求。只有在这一问题答案为否定的情况下，法院才能对青少年犯罪分子判处当执行监禁刑。

新《刑法典》在实践中沿用了 1978 年第 4 号法律第 108 条第（2）款和第（3）款中的规定。然而与此相关也出现了一个问题，最高法院在 4/2007 号刑事法庭意见中尝试解决这一问题。其中规定——在根据理解做出更新修改的基础上——今后也可以继续保留使用。最高法院意见中指出，根据《刑法典》第 108条第（2）款（目前是《刑法典》第 106 条第（2）款）规定，在青少年刑法中处罚措施先于刑罚。因此，相对于罚款和代替主刑适用的附加刑（目前包括社会服务令、从业禁令、驾驶禁令和驱逐出境）而言，不仅训诫和缓刑，就连带有自由剥夺性质的教养所教育也应被优先考虑。同时，第 108 条经过修订后的第（3）款（目前是新《刑法典》第106条第(3)款)还规定了相对于带有自由剥夺性质的刑罚和处罚措施(目前包括社会服务令、从业禁令、驾驶禁令和驱逐出境),应当优先对青少年犯罪分子适用不带自由剥夺性质的刑罚和处罚措施;甚至就连监禁刑罚缓期执行的优先适用级别都高于教养所教育。罚金是一种只能对青少年犯罪分子中的一小部分适用的刑罚种类,作为主刑判处的附加刑也是类似情况。如果在所涉情况下,仍须在上面提到的刑罚和教养所教育之间作出选择,则应以第108条第(1)款(目前为第106条第(1)款)规定来考察上面提到的刑罚是否更能达成该款所含目标,即这一目标通过青少年自由剥夺(即教养所教育)也能达成。

同样地,法院还应根据案件情况条件来决定是适用监禁刑缓期执行或教养所教育更有利于达成目标(必须——或与某一附加刑一起——判处监禁刑罚,但可以将主刑缓期执行),还是——考虑到仅靠缓刑是不够的——通过青少年自由剥夺性教养所教育更能达成目标。

二、积极悔改

第107条 如果犯罪分子是青少年,则在第29条第(1)款中规定的轻罪或严重程度不超过5年监禁刑罚的重罪情况下,也可以进行积极悔改。

积极悔改的法律制度是在2006年第51号法律第270条中被引入匈牙利刑法的,随后在2009年第80号法律第37条中又进行了修订。可以换来可罚性消除或刑罚无限制减轻的积极忏悔规定包含在1978年第4号法律第36条之中,而与青少年相关的法律则包含在同一部法律的第107/A条之中。新《刑法典》保留了之前法律的办法,而只是对规定细节稍微作了修订。根据新《刑法典》第29条第(1)款规定,如果犯罪分子犯下了生命、身体健全和健康侵害罪、人身自由侵害罪、人格尊严及其他基本权利侵害罪、交通或财产侵害罪以及非物质产权侵害罪等罪名的轻罪或严重程度不超过3年监禁的处罚,在上诉提交前对自己的罪行作了承认,并且在调解程序中——或者在调解程序开始之前,但要在调解程序框架内所拟定协议得到满足的前提下——以受害人接受的方式和规模弥补了其犯罪行为所造成的伤害,则可因此而不再具有可罚性。此外,即使在生命、身体健全和健康侵害罪、人身自由侵害罪、人格尊严及其他基本权利侵害罪、交通或财产侵害罪以及非物质产权侵害罪等罪名具有决定性地位的数罪情况下,也仍然需要以该条规定作为标准。

与青少年相关的积极悔改的适用条件基本上与成年人一致,不同之处仅在于犯罪行为的范围。在新《刑法典》中,除上面规定的轻罪以外,具有可罚性消除功效的积极悔改所适用的犯罪行为范围还进一步扩展到客观严重程度高且严重程度不超过 5 年监禁刑罚的当罚(故意)重罪。在这一范围内,对于成年人仅有刑罚无限制减轻的可能性[第 29 条第(2)款]。也就是说,在新《刑法典》中,相对于成年人来说,作为可罚性消除事由在更广泛的范围内规定了积极悔改适用的可能性。

同时,对于成年人和青少年来说,积极悔改的适用性排除事由也呈现出一致性[第 29 条第(3)款]。

积极悔改的刑事诉讼程序法条件是调解程序的成功。关于调解程序需要指出的是,无论是辩护人,还是青少年犯罪分子的法定代理人,都必须参与调解程序中[《刑法典》第 450 条,第 459 条第(3)款]。进一步的程序法规定可以参见关于刑事案件中可用调解程序的 2006 年第 123 号法律以及关于缓刑考验部门活动及与之相关的一系列司法部长法令修订的 17/2003.(Ⅵ.24.)IM 号法令。

三、刑罚与处罚措施

第 108 条第(1)款　对于青少年也可适用教养所教育的处罚措施。

第(2)款　在教养所教育的处罚措施之后不可以再判处监禁、拘留或社会服务令等刑罚。

青少年与成年人相比有差异的、特殊的规定表现最显著的领域是法律后果领域,并且其特殊性在法律制裁、刑罚轻重和其他法律后果中都体现得非常明显。与青少年相关的制裁体系体现出刑罚和处罚措施的双重性,其中涉及两条补充:一是只有当处罚措施的适用无法达到预设目标时才可对青少年判处刑罚;二是需要把带有自由剥夺性质的制裁作为例外的、最后诉诸的制裁方式来适用——这是一条根本要求,即在考虑带有自由剥夺性质的制裁方式之前,应首先寻求可替代的制裁方式和多样化的解决办法。在联合国制定的与青少年司法服务相关的最低要求(《北京规则》)中对这两点作了根本性强调:一是预防;二是由司法所致的利益伤害最小化。根据对这一规定的理解,在对青少年犯罪分子的干预过程中,不仅应当考量犯罪情况和严重性,还应考量青少年群体的情况和需求(第 17.1 条 a 点),而就适用青少年的处罚措施则应当具有宽泛的范围,其中包括缓刑、社区工作、罚金、赔偿、弥补损失或调解程序等(第 18.1 条)。在关于儿童权利的联合国协议(由 1991 年第 54 号法律声明)中规定,按照法律理解,针对儿童(年龄未满18周岁者)只能将监禁刑的判处作为最后诉诸的工具,并且应将之限制在尽可能短的期限内[第37条b点]。

所以说,对于青少年犯罪分子来说——在特定情况下依据一定的特殊规定——基本上可以判处或适用与成年人一样的刑罚(第33条)或处罚措施[第63条]。除此之外,对于青少年犯罪分子还可以适用教养所教育这一特殊的处罚措施。

对于青少年有特殊规定的刑罚包括:

a)监禁,

b)拘留,

c)社会服务令,

d)罚金,

e)居留禁令,

f)驱逐出境,以及

g)作为附加刑判处的公共事务参与禁令。

除此之外,还可以规定一般规则对青少年判处以下刑罚:

a)从业禁令,

b)驾驶禁令,以及

c)体育活动参与禁令。

需要指出的是,法律规定不可对青少年判处终身监禁刑[第41条第(1)款]。

对于青少年有特殊规定的处罚措施包括:

a)缓刑,

b)劳动形式服刑,

c)缓刑考验。

除此之外,还可以规定一般规则对青少年适用以下处罚措施:

a)训诫,

b)没收,

c)财产没收,

d)电子数据永久性封禁,

e)强制医疗。

当然,对于青少年——甚至对于成年人——都不能适用针对于法人的刑事处罚措施[第63条第(1)款i点],而只能对青少年适用的处罚措施则是教养所教育(第120条)。

对于与一系列刑罚和处罚措施相关的适用规则(禁止)——考虑到教养所

教育这一特殊的处罚措施——应作如下补充,即在教养所教育之后不得判处监禁、作为自由剥夺性刑罚的拘禁以及执行起来非常困难的社会服务令。

（一）监禁

第 109 条第(1)款　无论在什么犯罪情况下,对于青少年所能判处的监禁刑最短期限都是 1 个月,

第(2)款　如果犯罪分子是在犯罪当时年龄未满 16 周岁的青少年,

a）如果其所犯的罪行也可被处以终身监禁,则可对其判处的监禁刑最长期限是 10 年,

b）如果其所犯的罪行可被判处 5 年以上监禁,则可对其判处的监禁刑最长期限是 5 年。

第(3)款　如果犯罪分子是在犯罪当时年龄已满 16 周岁的青少年,

a）如果其所犯的罪行也可被处以终身监禁,则可对其判处的监禁刑最长期限是 15 年,

b）如果其所犯的罪行可被判处 10 年以上监禁,则可对其判处的监禁刑最长期限是 10 年,

c）如果其所犯的罪行可被判处 5 年以上监禁,则可对其判处的监禁刑最长期限是 5 年。

第(4)款　在计算可罚性时效期限时,以及从与累犯相关的条款来看,应当以第(2)～(3)款中规定的时效为准。

第 110 条第(1)款　如果青少年犯罪分子

a）因为重罪而被判处两年或两年以上监禁刑,

b）被判处 1 年或 1 年以上监禁刑,并且是累犯,或者

c）因故意犯罪而被判处 1 年或 1 年以上监禁刑,且在故意犯罪前 3 个月内曾因故意犯罪被判处过教养所教育,

则其监禁刑执行方式应为监狱级别。

第(2)款　除了第(1)款中规定的情况以外,青少年犯罪分子的监禁刑执行方式一律为看守所级别。

监禁刑对于青少年来说是只能作为最后诉诸的工具被判处的刑罚种类,只有当处罚措施或刑罚的目标通过其他方式不能达成时才可适用。可为青少年判处的最严重的制裁方式是有期监禁刑,而其特殊规定在本质上与 1978 年第 4 号法律相比并无变化(根据新法律规定,终身监禁也只能对犯罪当时年满 20 周

岁的人判处;对照第 41 条)。无论在什么犯罪情况下,对于青少年所能判处的监禁刑最短期限都是 1 个月。这一规定不仅取代总则一般下限中规定的 3 个月期限(第 36 条),而且还关系到那些已被法律规定特殊下限的犯罪。比如,抢劫罪基本型[第 365 条第(1)款]的刑罚期限是 2~8 年,然而对于青少年犯罪者这时也是将一个月作为可判处的监禁刑罚最小值。

尽管在新法律的内容中没有提及,但是却将两种基本情形在到目前为止的法律规定中交换了一下,以更加透明的方式为犯罪当时年龄已满和未满 16 周岁的青少年犯罪分子规定了有期监禁刑可判处的最长期限(一般上限)。所以说在青少年犯罪的情况下,刑罚上限在今后也依然会取决于两个因素:一是青少年犯罪者的年龄;二是《刑法典》分则部分为所涉犯罪行为规定的刑罚。

与此相应,法律为犯罪当时年龄未满 16 周岁的青少年规定的可判处监禁刑最长期限分两种情况:

a) 如果其所犯的罪行也可被处以终身监禁,则可对其判处的监禁刑最长期限是 10 年,

b) 如果其所犯的罪行可被判处 5 年以上监禁,则可对其判处的监禁刑最长期限是 5 年。

随后,法律又分三种情况规定了对犯罪当时年龄已满 16 周岁的青少年犯罪分子可判处的监禁刑最长期限:

a) 如果其所犯的罪行也可被处以终身监禁,则可对其判处的监禁刑最长期限是 15 年,

b) 如果其所犯的罪行可被判处 10 年以上监禁,则可对其判处的监禁刑最长期限是 10 年,

c) 如果其所犯的罪行可被判处 5 年以上监禁,则可对其判处的监禁刑最长期限是 5 年。

综上可以得知,在那些法律规定不超过 5 年期限的刑罚的犯罪行为情况下,对于青少年——无论其是否年满 16 周岁——也应当以一般适用于成年人身上的刑罚上限为标准。

此外,可罚性时效期限和从与累犯相关的规定角度出发应当注意的时间期限规定也没有发生变化:在这一方面,今后也将继续以之前提到的时间期限为标准。也就是说,在所涉犯罪行为也可被判处终身监禁的情况下,如果犯罪分子是年龄已满 16 周岁的青少年,那么其可罚性时效期限是 15 年;而如果犯罪分子是年龄未满 16 周岁的青少年,则其可罚性时效期限就是 10 年。至于其他犯罪行为的时效,也不应以刑法分则中规定的刑罚上限为准,而是应当以法律

第 109 条第（2）～（3）款中规定的项目框架为准。也就是说，应判处 2～8 年监禁刑罚的基本型抢劫罪［第 365 条第（1）款］对于成年犯罪分子来说可罚性时效期限为 8 年［第 26 条第（1）款］，而对青少年犯罪分子来说可罚性时效期限则为 5 年。同样地，法律也没有提及对于青少年犯罪者判处的监禁刑执行级别及其情况范围：对于青少年判处的监禁刑应在青少年监禁机构中执行完成，这种机构可以是监狱或看守所。法律在有关青少年监狱的规定范围内做了一些改动，将在到目前为止的两点中确定的情况分解成三部分（对照 1978 年法律第 111 条第（2）款与第 110 条第（1）款）。

新法律还没有包含 1978 年第 4 号法律第 111 条第（4）款中的规定。这项规定的内容是，如果被告人在刑罚开始时年龄已满 21 周岁或者在刑罚过程中年满 21 岁，则法院应根据（与成年人相关的）一般规定为其确定监禁刑执行级别。与监禁级别的后期确定相关的细节规定包含在关于刑罚和处罚措施执行的 1979 年第 11 号法律第 14 条中。

（二）拘留

第 111 条　可对青少年犯罪分子判处的拘留最短期限为 3 天，最长期限为 30 天。

新《刑法典》作为一项新的刑罚种类同时为成年人和青少年犯罪分子规定了拘留刑罚。其中对青少年犯罪分子的规定与对成年犯罪分子的规定的不同之处在于最短和最长刑罚期限。对成年人可判处的不会形成刑罚前科的拘留期限最短为 5 天，最长为 90 天［第 46 条第（1）款］；而对青少年可判处的拘留期限最短为 3 天，最长为 30 天。此外，对于青少年犯罪分子判处的拘留期限也应按天来确定，且应在刑罚执行机构中执行完成。

（三）有条件释放

在 1978 年第 4 号法律第 112 条中有一项特别规定，其内容是如果青少年犯罪者

a）至少已服满青少年监狱级别刑罚的 3/4，或者

b）至少已服满青少年看守所级别刑罚的 2/3，

则可对其进行有条件释放。

与 1978 年《刑法典》相比，新《刑法典》在有期监禁的有条件释放规定上变得更温和，将有条件释放的最早时间定为刑罚总量的 2/3 处，在累犯的情况下则定为 3/4 处，但至少应为服满 3 个月刑罚之后的那一天。这样看来并没有必

须对青少年作特殊规定。

最后需强调的是，只有在监禁刑罚的情况下才有可能进行有条件释放，而在拘留刑罚的情况下则不存在有条件释放的可能性。

（四）社会服务令

第 112 条　如果青少年犯罪分子在判决做出时年龄已满 16 周岁，则可对其判处社会服务令。

关于针对青少年犯罪分子判处的社会服务令最早是在 1997 年第 73 号法律（刑法修订案）中出现的（第 8 条）。然而这部法律对于这项制裁只是规定只有当青少年在判决作出时已年满 18 周岁时才可判处。2009 年第 80 号法律第 38 条将这一年龄界限下调至 16 周岁。这样修改的理由是可以使刑法规定和当时生效期内的公法（1992 年第 22 号法律）规定统一起来，这部公法将工作关系的确立与年满 16 周岁的条件联系起来。

在关于公法的新法律——2012 年第 1 号法律第 34 条第（2）款中同样也将可受雇工作者的年龄条件定为年满 16 周岁。这样就与新《刑法典》中关于社会服务令的规定相和谐。新《刑法典》规定如果青少年犯罪分子在判决做出时年龄已满 16 周岁，则可对其判处社会服务令。对于"判决判处时"的措辞应理解为所涉行为被作出具有法律效力的审判之时。这样，如果青少年被指控人在上诉过程中年满 16 周岁，则二审法院也可以为其判处社会服务令，此外——当其他法律条件都成立时——审理例外诉讼检查的法院也可做此判处。

如果被判社会服务令的青少年由于自身错误而没能完成法院为其规定的工作，则其社会服务工作的全部或剩余部分应被转为监禁刑，并根据法律第 110 条第（2）款中规定在青少年看守所中执行完成。

（五）罚金

第 113 条第（1）款　如果青少年犯罪分子有独立工资、收入或相应财产，则可对其判处罚金刑。

第（2）款　对于青少年犯罪分子可以判处的罚金刑最小程度是 15 个单位的每日罚金额，最大规模是 250 个单位的每日罚金额，而每日罚金额总数应确定为最少 500 福林，最多 5 万福林。

第（3）款　在青少年犯罪分子未能按规定缴纳罚金的情况下，则应

a) 在第 112 条规定允许的情况下，为其转判社会服务令，或者

b) 为其转判监禁刑。

第(4)款 对于代替罚金的社会服务令应按照一个单位的每日罚金金额对应两小时社会服务的标准加以确定，具体应以第47条中对代替罚金的社会服务令的规定为准，但其期限可以与第47条第(1)款中的规定有所不同。

第(5)款 如果青少年犯罪分子没有自主完成其社会服务工作义务，则法院应将其社会服务工作的全部或剩余部分转判为监禁刑，具体规定以第48条为准。

罚金刑的本质要素是法院想对犯罪分子施加财产制裁。这一点对青少年犯罪分子也成立，因此只有当青少年犯罪分子有独立工资、收入或适当财产时，才可对其判处罚金刑罚。这一条件可以通过以下三种形式成立：

a）青少年犯罪分子拥有来源于长期工作关系或持续性临时工作的稳定金钱收入，从而使得其有能力通过自己的资金来源缴纳罚金（独立工资），或者

b）青少年犯罪分子拥有来源于奖学金或合法交易的收入（独立收入）。需要注意的是，这里并不包括青少年或其家属所享受的社会福利，或者

c）青少年犯罪分子拥有完全为其所有、有价值且可执行的动产或不动产（适当财产）。

从这些规定中可以得知，父母的抚养费和津贴不能作为罚金刑的判处基础。同样地，如果青少年所做的临时工作规模不能保证其能用自己的工资来缴纳罚金的话，也不能对其判处罚金刑（《法院判例》1987.5）。

关于可对青少年判处的罚金刑细节规定包含在2012年第62条之中，并且这些规定也都被新《刑法典》保留了下来。

在上述过程中，可为青少年犯罪分子确定的罚金刑最小规模是15个单位的每日罚金额，最大规模是250个单位的每日罚金额，而每日罚金额总数应确定为最少500福林，最多5万福林。也就是说，新法律既为青少年规定低于成年人标准的每日罚款金额单位数的最小和最大规模（从30～540个单位的每日罚金额降为15～250个单位的每日罚金额），也为他们规定低于成年人标准的每日罚金额的最低和最高总额（从1 000～50万福林降为500～5万福林）。这种比一般规定要和缓的特殊规定的理由是，罚金可能会是一种经常利用的刑罚。在所有这些基础之上，法律将可为青少年判处的罚款总额下限规定为7 500福林，上限为1 250万福林。

同样，与对成年人规定不同的还有罚金刑的执行问题，对于青少年判定的罚金刑需要由法院督促完成，且只有在青少年被告人未能按规定上缴罚金时才可为其转判监禁或社会服务令。经过如此转刑而判处的监禁刑罚应在青少年看守所中执行完成，而社会服务令则应按照一个单位的每日罚金额对应2小时社会服务的标准加以确定。如果青少年犯罪分子没有自主完成其社会服务工

作义务,则法院应将其社会服务工作的全部或剩余部分转判为监禁刑罚,其执行方式为青少年看守所级别。

（六）驱逐出境

第 114 条　在青少年犯罪分子

a）被判处 10 年或 10 年以上监禁刑,

b）在匈牙利国境内的居留会对公共安全造成巨大威胁,且

c）家庭生活受尊重权不会受到侵害

的情况下,可以被判驱逐出境。

关于可对青少年判处的驱逐出境刑罚,在 1978 年第 4 号法律中与青少年相关的特别规定之间没有包含明文规定。这部法律仅仅在第 61 条第(7)款中规定了驱逐出境只能在犯罪分子被判处了 10 年或 10 年以上监禁的情况下才可对同时满足以下条件的人适用:

a）已在匈牙利境内合法居留至少 10 年,

b）是青少年,

c）家庭生活受尊重权会受到侵害,

并且还需要以犯罪分子在匈牙利境内的居留会对公共安全造成巨大威胁为前提。

新《刑法典》对于驱逐出境的一般规定只提到其判处对象为:

a）已在匈牙利境内合法居留至少 10 年,或者

b）家庭生活受尊重权会受到侵害,

的人,且只有在犯罪分子被判处 10 年或 10 年以上监禁的情况下才可以判处驱逐出境,还要以犯罪分子在匈牙利境内的居留会对公共安全造成巨大威胁为前提［第 59 条第(4)款］。

与此一般规定相比,与青少年相关的规定则更为严格一点,只允许在更为有限的范围内适用驱逐出境的刑罚;这种严格性具体体现为除了年龄特征以外,还必须同时满足前面所提到的三个条件。

（七）公共事务参与禁令

第 115 条　只有当青少年犯罪分子被判处 1 年以上监禁刑罚时,才可对其判处公共事务参与禁令。

根据法律对公共事务参与禁令的一般规定,这一刑罚类型只有在故意犯罪的情况下才可以对因此被判当执行监禁刑罚的犯罪分子加以判处,因为在这种

情况下被告人就不被允许继续参与公共事务。对于青少年犯罪者来说,除此以外,法律还将当执行监禁的期限规定为1年以上。而对于青少年被告人是否被允许继续参与公共事务,则与一般规定一样,也需以行为特征、法律和道德判定、犯罪分子的生活履历和生活方式等方面为基础加以判处。

（八）缓刑

第116条第(1)款　无论在什么犯罪情况下,青少年犯罪分子都可以被判处缓刑。

第(2)款　缓刑期限为1～2年。

第(3)款　法院在第66条第(1)款中规定的情况下,应对青少年犯罪者判处教养所教育或者为其判处刑罚。

缓刑作为一种教养性处罚措施,其与青少年相关的规定在新《刑法典》中并没有本质变化:其适用范围依然非常广泛。从理论上来说,对于青少年犯罪分子今后依然可以在所有重罪和轻罪情况下都可判处缓刑,而不论犯罪分子被判处了何种刑罚。这样,在年龄未满16周岁的青少年犯下具有公共危险性的轻罪的情况下,在对其判处缓刑时也应遵循使其向正确方向发展并成为有用社会成员的目标(《法院判例》2002.297)。但同时,在造成生命危险的身体伤害罪或抢劫罪的情况下,也可以代替刑罚而适用缓刑(《法院判例》1994.7以及《法院判例》1984.391)。

同时,法律还保留关于缓刑期限的规定,在考虑到差异化审判的基础上为青少年犯罪分子将缓刑期限规定为1～2年,且应依据第65条第(3)款规定按年或年和月加以确定。

缓刑期限应从包含缓刑规定的决议生效之日起算,并可持续到青少年犯罪者年满18周岁以后。青少年犯罪者在缓刑期间应同时受到缓刑考验[第119条第(1)款b点]。

如果被判缓刑的青少年犯罪分子严重违反缓刑考验行为规范,或者由于在缓刑前所犯的罪行而在缓刑期限内再次被判处法律制裁,或者由于在缓刑期限内所犯的罪行而被判处法律制裁,在这些情况下,法院不仅可以为其判处刑罚,还可以为其规定青少年教养所教育。与此相关,一方面还应指出,如果被判缓刑的青少年犯罪分子在缓刑期限内又犯下新的罪行,则不可因数罪中的犯罪行为而再次被判处缓刑,在这种情况下,只有当刑事诉讼程序是由于缓刑前所犯下的罪行而启动时,才可再判缓刑(《法院判例》1991.382)。另一方面,如果青少年被告人在先前的缓刑期限内又犯新的罪行,则在案件统一化审理的同时也不能再为其判处新的缓刑,而应终止先前判定的缓刑,并对其适用教养所教育或判处数罪并罚(《法院判例》1990.287)。

（九）劳动形式服刑

第 113 条　对于判决做出时年龄已满 16 周岁的青少年犯罪分子可以处以劳动形式服刑。

法律作为一项新的处罚措施种类引进了劳动形式服刑,理由是期望在更大范围内允许矫正和赔偿。这项新的处罚措施部分与缓刑相类似,部分与社会服务令相类似,一方面以面向社区的修复为目标,另一方面则有助于组织有规律的生活方式。这一点的重要性主要是针对青少年的。根据法律规定,法院可以因为轻罪以及严重程度不超过 3 年监禁的重罪而在推迟 1 年量刑之后为犯罪分子判处这一处罚措施,前提是确实可以假设这样也可以实现刑罚目标[第 67 条第(1)款]。

法律对于青少年劳动形式服刑的规定与成年人有所不同,即使在社会服务令的情况下,要对青少年判处劳动形式服刑,也必须以被告人在判决作出时年龄已满 16 周岁为前提。除此之外,法律还规定对于青少年犯罪分子在判处劳动形式服刑之后还必须伴以缓刑考验,而对于成年人来说缓刑考验则只是可选选项,而非必需(对照第 67 条第(1)款第二句和第 119 条第(2)款)。

（十）居留禁令

第 114 条　对于拥有适当家庭环境的青少年不得判处禁止在其家庭所居住地区居留的刑罚。

法律保留了以前的规定,规定只有当青少年犯罪分子不具备适当的家庭环境时,法院才可禁止其在其家庭居住地居留。这是因为适当的家庭环境能够帮助青少年向正确的方向发展和适应回归社会。如果违背了这一点,也就违背了法律规定的青少年刑罚目标[第 106 条第(1)款]。应当提及的是,除了狭义上的家庭环境以外,通过适当的伴侣关系也能形成可以排除刑罚适用的环境。

所以说从居留禁令的适用角度来看,具有根本意义的是家庭环境的适当性。《刑事诉讼程序法》以前曾规定在青少年诉讼程序过程中,为了明确青少年犯罪者的个性特征、智力发展水平及生活关系等情况,必须对其监护人进行证人询问。同时,现行《刑事诉讼程序法》还进一步规定了对青少年生活环境信息的调查获取,这些信息应由缓刑考验官提供[第 543 条第(2)款]。缓刑考验官在对青少年被告人的生活环境进行考察以及必要的听证之后,在青少年生活环境调查报告中提示法院从其他途径无法获悉的信息，为法院的判决提供基础依据。在青少年生活环境调查报告中所提示的信息有很多，其中也包括青少年被告人的家庭环境。执法者在判断居留禁令可适用性的过程中可以这一调查报告为依据。与此相关最重要的问题是，法院应当关注青少年的家庭环境是否适合其教养成长，能否提供有利于其教养成长的切实要求，以及能否使这些要求取得成效。法院应当从青少年犯罪者家属的生活方式是守法的还是犯罪的、他们有没有履行监护义务、对青少年的道德或精神发展产生什么方向的影响、是否为青少年提供适当的抚养和教育等方面出发来回答这些问题。

对青少年家庭环境适当性的考察从根本上来说是一个事实问题，按照规定不需要调用专家。然而，在更加宽泛的情况范围内也不排除有调用专家必要的可能性［《刑事诉讼程序法》第99条第(1)款］。

新《刑法典》在居留禁令这一部分的规定中所做的改变仅仅是将之前的"地方"换成了"区域"，但这一点对实践来说并没有关键意义。因为"地方"的概念本身就将组成行政单位的区域——首都、省级城市、市级乡镇、乡镇——包含在内。④

（十一）缓刑考验

第119条第(1)款 青少年犯罪分子在
a) 有条件释放期限内，
b) 缓刑期限内，
c) 监禁刑缓期执行的暂缓期限内，
d) 从教养所中被临时释放的期限内，
e) 上诉延期期限内
应被随判缓刑考验。

第(2)款 在对青少年犯罪分子判定劳动形式服刑的同时，也应规定缓刑考验。

缓刑考验既是对青少年犯罪分子的检查监督，也是对其适应融入社会的督促，因而是一项双重属性的处罚措施。它一方面通过对犯罪分子的检查和监督，另一方面则通过对被监督者的帮助和支持来实现特殊预防。缓刑考验是一项附加型处罚措施，只能与其他刑罚或处罚措施一同判处。

法院在将青少年犯罪分子置于有条件判决（缓刑、监禁刑缓期执行）、有条件释放（临时释放）和上诉延期的缓刑考验之下时，也就符合法律为青少年犯罪分子所规定的刑罚和处罚措施目标，即保证青少年向正确的方向发展。这一点在 1978 年第 4 号法律中就已经有所规定,而新《刑法典》也并没有改变这一规定。

然而,为了使劳动形式服刑能够适用于青少年犯罪分子,还需要规定在对青少年判定劳动形式服刑的同时也必须强制为其判处缓刑考验。

在这些情况下(除临时释放外),如果犯罪分子是成年人——如果为了使暂缓期限能有效渡过需要对犯罪分子进行定期观察——则只是可以同时为其判处缓刑考验[第 69 条第(1)款]。

法律没有为青少年犯罪分子规定特殊的缓刑考验期限规则,而是延用总则中的一般规定(第 70 条)。而且青少年缓刑考验的行为规范也应同时以总则和分则为准(第 71 条)。

缓刑考验的执行是缓刑考验官的职责。

(十二)教养所教育

第 120 条第(1)款 如果为了使青少年犯罪分子能被有效教养,需要将其置于教养机构之中,则法院应为其判处教养所教育。对于判决作出时年龄已满 **20 周岁**者不可判处教养所教育。

第(2)款 教养所教育的期限是 **1~4 年**。

第 121 条第(1)款 在法律规定为青少年犯罪分子判处教养所教育的情况下,如果

a) 被告人已经在教养所中待了至少 **1 年**,且

b) 可以确切地假设即使没有进一步的教养所教育也可以达到刑罚目标,

那么法院便可确定在青少年犯罪分子在教养所教育期限的一半过后可以从教养所中临时释放。

第(2)款 临时释放期限与教养所教育的剩余部分一致,但至少应为 **1 年**。

第(3)款 如果青少年犯罪分子在临时释放期限内——第 **122 条**中规定的情况除外——被判处监禁刑,或者又被确定教养所教育,则法院应当将其临时释放终止。而如果法院为青少年犯罪分子又判处其他刑罚,或者又适用其他处罚措施,则法院可以选择将其临时释放终止。

第(4)款 在临时释放被终止的情况下,在临时释放中已度过的时间不可算入教养所教育期限内。

第 122 条　如果青少年犯罪分子由于其在被判处教养所教育之后所犯的罪行而在教养所教育或临时释放期限内又被判处当执行监禁刑,则其监禁刑罚应当立即执行。在这种情况下,教养所教育的剩余部分应当被转判为监禁刑罚,在转判时应遵循两天教养所教育等于 1 天监禁的原则。

教养所教育是唯一一种只能对青少年犯罪分子适用的刑法制裁(处罚措施)。只要是为了有效教养青少年犯罪分子需要将其置于教养机构之内,那么无论在什么犯罪情况下都可对其适用教养所教育的处罚措施。法律为教养所教育规定的下限是 1 年,上限则是 4 年——这是与之前的法律规定有所不同的地方。而根据法律前言的解读,教养所教育的上限提高是与可罚性年龄界限的局部下调联系在一起的(对于在犯罪当时年龄未满 14 周岁者可以判定的最严厉制裁方式就是教养所教育)。同时,如果青少年犯罪者因一种或多种行为实现了多项犯罪,且这些犯罪都是在一次诉讼程序中被审判(即在数罪的情况下),或者法院作为一项统一的处罚措施为其判处了教养所教育,那么此时也应以一般上限为标准[第 124 条第(2)款]。对于教养所教育的期限判处——与监禁刑相类似——也应按年和月加以确定。

新法律规定,对于判决做出时年龄已满 20 周岁者不可判处教养所教育。这一规定的最初理由是因为处罚措施的最长期限是 4 年,也就是说青少年被告人在年满 21 岁之时就应从教养所中释放(1978 年第 4 号法律第 118 条第(6)款中将这一年龄界限定为 19 岁那一年),然而新法律中却删除了这个规定。

此外,在关于将青少年犯罪分子从教养所中释放的问题上,法律依然保留对临时释放和永久释放两种情况的规定。

如果能够确切地假设,对青少年犯罪分子所适用的带有教养特征的处罚措施的目标在将其从教养所中释放之后,仅在缓刑考验官的指导下也能达到,那么法院便可将青少年犯罪者从教养所中临时释放。不过这种临时释放的进一步的客观条件是所涉青少年犯罪者已经在教养所中渡过其教养所教育期限的一半时间,且这一时间至少为 1 年。临时释放的最短期限是 1 年,具体期限以教养所教育期限的剩余部分为准。正如审前拘禁和家庭监管的时间应当算入教养所教育的期限内一样,在确定临时释放的最早时间时也应把审前拘禁和家庭监管的时间计算在内[第 125 条第(1)款]。在临时释放期限内的青少年犯罪分子同时处于缓刑考验之下[第 119 条第(1)款 d 点]。

在临时释放成功度过后,从教养所中的释放就是永久性的,因为那时被告人就不需要再在教养所中度过教养所教育的剩余部分。

如果临时释放应当被终止,它就没有成效。如果青少年犯罪分子在临时释放期限内——第 122 条中规定的情况除外——被判处监禁刑罚,或者又被确定教养所教育,则法院应当将其临时释放终止。除了这一强制情形以外,当法院为青少年犯罪分子又判处其他刑罚,或者又适用其他处罚措施时,法院也可以选择将其临时释放终止。无论临时释放是基于法律的强制性规定,还是基于法院的权衡,只要临时释放被终止,被告人在临时释放中渡过的时间就不能算入教养所教育的期限内。

如果青少年犯罪分子由于其在被判处教养所教育之后所犯的罪行而在教养所教育或临时释放期限内又被判处当执行监禁刑罚,则其监禁刑法应当立即执行。在这种情况下,教养所教育的剩余部分应当被转判为监禁刑,在转判时应遵循两天教养所教育等于 1 天监禁的原则。

最高法院 60/2007 号刑庭意见中的内容在今后也是正确适用的。一方面,对于处于教养所教育处罚措施期限内的青少年犯罪分子来说,无论是由于其在教养所教育处罚措施期限内还是由于其在那之前所犯的罪行,一般来说监禁刑罚缓刑执行都不是一种可以达到刑罚目标的制裁方式。这是因为对于被适用了带有自由剥夺性质处罚措施,且新犯罪行的社会危害性不足以成为判处当执行监禁刑罚依据的青少年来说,监禁刑罚缓期执行的判处一般来说不利于刑罚目标的达成,也不利于抢劫青少年向正确方向发展。因此,在这种情况下,就不应当判处监禁刑罚缓期执行,而应当再次适用教养所教育这种带有自由剥夺性质的处罚措施。但也有一种例外情形,即当教养所教育中只剩下很短的一段时间时,或许就有可能为其判处监禁刑罚缓期执行。

另一方面,根据最高法院 60/2007 号刑庭意见中的内容,我们还可以得知,当青少年犯罪分子在监禁刑缓期执行的暂缓期限内犯下新的罪行时,法院——在对所有情况加以权衡的基础上——为其判处教养所教育就没有障碍。因为如果之前被判监禁刑缓期执行的青少年犯罪者在暂缓期限内又犯下新的罪行,这通常就表明之前的——不带自由剥夺性质的——刑罚对其没有发挥必要的教养效力。这时,法院还应关注新犯罪行的社会危害性程度,并在此基础上对带有自由剥夺性质的处罚措施(教养所教育)或者刑罚(当执行监禁)在所涉情况下是否适用做出谨慎而周到的考察。

最后,2012 年第 223 号法律第 57 条中还规定——并写入有关刑罚和处罚措施执行的 1979 年第 11 号法令第 16 条中——教养所教育向监禁刑罚的转刑规则。根据规定,刑罚执行法官可以官方名义或应检察官申请,在《刑法典》第 122 条中规定的条件成立的情况下——根据文件规定——将教养所教育期限的全部或剩余部分转判为监禁刑。从教养所教育转刑而来的监禁刑不可延缓。

此时的刑事程序支出由国家承担。

四、数罪并罚与刑罚合并

第 123 条第（1）款　法院为青少年犯罪分子确定的数罪并罚和刑罚合并规模

　　a）在第 109 条第（3）款 a 项情况下不能超过 20 年监禁，

　　b）在第 109 条第（2）款 a 项和第（3）款 b 项情况下不能超过 15 年监禁，

　　c）在第 109 条第（2）款 b 项和第（3）款 c 项情况下不能超过 6 年零 6 个月监禁。

　　第（2）款　即使在适用第 81 条第（4）款或第 90 条第（2）款规定时，法院为青少年犯罪分子判处的监禁刑也不能超过第（1）款 a 项和 b 项中确定的规模。

　　第（3）款　在教养所教育和监禁刑重合的情况下，作为合并后刑罚应当执行监禁刑，并且如果为达到第 106 条中所定目标存在需要时，法院可对这一合并后的监禁刑期限作出最长 1 年的延长。然而，这一延长期限不能超过教养所教育剩余部分的长度。

对于青少年犯罪分子的刑罚上限，法院应当在综合参照法律分则部分第123 条中规定的基础上加以确定。法律第 123 条中的条款规定无论是在数罪并罚的情况下，还是在刑罚合并的情况下，对于青少年都有与一般规定不同的内容。

数罪并罚和刑罚合并的上限根本上应以与青少年相关的刑罚上限为准。具体来说就是：

a）对于犯罪当时年龄未满 16 周岁的青少年来说，如果其犯下也可被判处终身监禁的罪行，则可判处刑罚的最长期限就是 10 年监禁，即使在数罪并罚或刑罚合并的情况下也不能超过 15 年；

b）对于犯罪当时年龄未满 16 周岁的青少年来说，如果其犯下应被判处 5 年以上监禁刑的罪行，则可判处刑罚的最长期限就是 10 年监禁，即使在数罪并罚或刑罚合并的情况下也不能超过 7 年零 6 个月；

c）对于犯罪当时年龄已满 16 周岁的青少年来说，如果其犯下也可被判处终身监禁的罪行，则可判处刑罚的最长期限就是 15 年监禁，即使在数罪并罚或刑罚合并的情况下也不能超过 20 年；

d）对于犯罪当时年龄已满 16 周岁的青少年来说，如果其犯下也可被判处10 年以上监禁的罪行，则可判处刑罚的最长期限就是 10 年监禁，即使在数罪并罚或刑罚合并的情况下也不能超过 15 年;对于犯罪当时年龄已满 16 周岁的青少年来说,如果其犯下应被判处 5 年监禁的罪行,则可判处刑罚的最长期限就是 5 年监禁,就算在数罪并罚或刑罚合并的情况下也不能超过 6 年零 6 个月。

法律还进一步为青少年犯罪分子作了一些其他的特殊规定,主要体现在以下两种情况:一是当在构成数罪的各项罪行之中至少有三项是在不同时间所犯下的暴力伤人罪时;二是当犯罪分子是多次重复暴力犯罪者时。在第一种情况下,在构成数罪的各项罪行中最严重的一项犯罪的刑罚上限应提高一半程度;在第二种情况下,为犯罪分子作为多次重复暴力犯罪者的判定提供依据的应被重罚的暴力伤人罪的刑罚上限应提高一半程度;而在全部两种情况下,如果刑罚上限经过这样提高之后会超过 20 年,或者根据法律规定也可对所涉犯罪行为判处终身监禁,则需为犯罪分子判处终身监禁刑[第 81 条第(4)款、第 90 条第(2)款]。然而,法律只允许对犯罪当时年满 20 周岁的人判处终身监禁刑[第 41 条第(1)款]。因此,法律就需要为青少年犯罪分子处理好这一冲突。所以法律规定,在我们所讲的情况下,应对青少年犯罪分子判处有期监禁刑。如果其在犯罪当时年龄未满 16 岁,则其监禁刑期限不能超过 15 年;如果其在犯罪当时年龄已满 16 岁,则其监禁刑期限不能超过 20 年。

新《刑法典》对教养所教育和监禁刑罚重合情形的规定与 1978 年第 4 号法律的规定相似,保留在这种情况下应作为合并后的刑罚将监禁刑罚执行完成的规定。另外,当青少年犯罪分子在监禁刑和教养所教育重合的同时还被判处了审前拘留,但刑罚和处罚措施的执行还都没有完成时,也可以对其监禁刑和教养所教育处罚措施加以合并(《法院判例》2004.95)。

如果为达到处罚措施目标存在需要时,法院可对这一合并后的监禁刑期限作出最长 1 年的延长。然而,这一延长期限不能达到教养所教育剩余部分的长度。在对青少年犯罪分子适用和判处的教养所教育和监禁刑进行刑罚合并时,从确定监禁刑延长程度的角度来看,除了需要注意遵循刑罚目标之外,刑罚和处罚措施中未被抽取的剩余部分也是有意义的(《法院判例》2004.95)。

最高法院 3/2002 号刑罚统一化决议中还从更多方面讨论青少年犯罪者刑罚合并的问题,并且这些规定后来也一直被保留下来。第一,即使在犯罪分子是在其中一个基础案件中所作的判决正式生效后又犯下另一罪行,也照样应当对其教养所教育和监禁刑进行刑罚合并。第二,刑罚合并的条件直到刑罚或处罚措施未执行完毕之前或者在其执行具有延续性的情况下都还成立。第三,在教养所教育和监禁刑重合的情况下,法院首先应当在考虑青少年犯罪者人格特征和可教养性情况的基础上判定是应当将其合并后的刑罚规定为与基础判决中所判处的监禁刑一致的期限,还是应当对合并后的监禁刑期限作出延长。第四,根据最高法院 3/2002 号刑罚统一化决议内容,如果根据全部基础判决都应将监禁刑按青少年看守所级别执行,那么合并后的监禁刑——与合并后刑罚的期限无关——执行方式也应确定为青少年看守所级别。

五、统一处置

第 124 条第(1)款 如果法院对青少年犯罪分子判处多项教养所教育的处罚措施,且这些教养所教育在统一处理规定时还未执行完毕,或者是延续执行的,则法院应对青少年犯罪者作为统一处置判处教养所教育。

第(2)款 在为作为统一处置的教养所教育确定期限时,应确保其期限不短于期限最长的教养所教育期限,但也不能超过青少年犯罪者被判处的全部教养所教育的期限总和,且不能超过 **4** 年。

关于统一处置的规定,法律作了两点改变。首先,法律将统一处置的最长期限从以前的 3 年提高到 4 年;其次,在多项教养所教育重合的情况下,作为处罚措施被确定的教养所教育期限不能短于期限最长的教养所教育期限,但也不能超过全部教养所教育的期限总和(以及前面已经讲过的 4 年)。之前的法律规定,作为统一处置被判处的教养所教育期限不能达到全部教养所教育的期限总和[1978 年第 4 号法律第 120/A 条第(2)款];与此相比,新法律规定作为统一处置被判处的教养所教育期限可以达到全部教养所教育期限总和,只是不能超过它。

六、审前拘禁和家庭监管

第 125 条第(1)款 审前拘禁和家庭监管的全部时间都应计入教养所教育的期限内。

第(2)款 在计算时,应遵循 1 天教养所教育对应 1 天审前拘禁或 3 天家庭监管的原则。在计算之后剩余的家庭监管期限应计为 1 天的教养所教育。

新刑法中将审前拘禁和家庭监管计入教养所教育的规定与之前的刑法规定一致。这种计入的理由是教养所教育的处罚措施跟监禁一样,也带有自由剥夺性质。在教养所教育期限中既应计入审前拘禁的全部时间,也应算入家庭监管的全部时间。对于审前拘禁来说,其是否在教养所或刑罚执行机构中执行完毕并不重要,其期限计入教养所教育内的方式也与计入监禁、拘留、罚金或社会服务令等刑罚中的方式并无二致。审前拘禁和家庭监管在算入监禁、拘留、罚金及社会服务令等刑罚中时,计算方式应遵循总则中的一般规定;而其在计入教养所教育的处罚措施中时,则应遵循 1 天教养所教育对应 1 天审前拘禁或 3 天家庭监管的原则。在计算之后剩余的家庭监管期限应计为 1 天的教养所教育。

七、免 罪

第 126 条第(1)款 依据法律效力,当青少年犯罪分子

a) 被判处监禁刑缓期执行时,可以在判决生效的同日被予以免罪,

b) 由于故意犯罪而被判处期限不超过 1 年的监禁刑时,可以在其刑期服满或刑罚可执行性消除的同日被予以免罪。

c) 由于故意犯罪而被判处超过 1 年、但不长于 5 年的监禁刑罚时,可以在其刑期服满或刑罚可执行性消除的 3 年后被予以免罪。

第(2)款 在青少年犯罪分子服满由于故意犯罪而被判处的期限超过 1 年的监禁刑之后,如果法院认为其应当被免罪,则可根据其申请为其免除罪责。

在法律没有其他规定时,罪责免除可以使被告人被免除与处罚前科相关联的法律制裁:被免罪者应被视为无刑罚前科,并且在法律没有其他规定时,也没有义务对与其被免除的罪责相关的判决做出任何解释(第 98 条)。在与所谓的法律免罪和司法免罪有关的问题上,为了能更有效地帮助青少年重新回归社会,法律对青少年犯罪分子有着与一般规则不同的特殊规定。其具体内容,如果青少年犯罪分子:

a) 被判处监禁刑缓期执行,则应当在判决生效的同日被予以免罪(与此相比,成年人的免罪日期则应是在暂缓期限结束之日);

b) 由于故意犯罪而被判处期限不超过 1 年的监禁刑,则应在其刑期服满或刑罚可执行性消除的同日被予以免罪(在这种情况下,成年人的免罪日期则应是在刑期服满或刑罚可执行性消除之日起算的 3 年之后);

c) 由于故意犯罪而被判处超过 1 年、但不长于 5 年的监禁刑,则应在其刑期服满或刑罚可执行性消除的 3 年后被予以免罪(在这种情况下,成年人的免罪日期则应是在刑期服满或刑罚可执行性消除之日起算的 5 年之后)。

在后期法院免罪的情况下,在青少年犯罪分子由于故意犯罪被判处期限超过 1 年的监禁刑服满之后,如果法院认为其应当被免罪,则可应其申请而为其

免除罪责。也就是说,青少年犯罪者可以立即提出免罪申请,且在其应当被免罪的情况下也应立即被免除罪责,而不像一般规则中规定的那样需要先渡过法定时间的一半。

注释

　① 李盖提,卡塔琳:《青少年的刑事审判法概念》,载于《刑法汇编》,2006 年第 2 期,第 21～38 页。

　② 艾德维,伊雷什·卡洛伊:《刑法修订案口袋书》,布达佩斯:雷瓦兄弟文学研究所有限公司,1908,第 62～63 页。

　③《刑法典》,布达佩斯:经济与法律出版社,1979,第 160 页。

　④《匈牙利共和国地名册》,2010.01.01,匈牙利中央统计局,布达佩斯,2010.05。

参考文献

　巴洛格,耶诺:《青少年与刑法》,布达佩斯:雅典神殿出版社,1999。

　柴玛夫人,艾里卡·瓦劳迪-米克洛什·勒维:《青少年的刑法问题——从历史与法律比较的角度》,《刑法汇编》,2002 年第 1 期。

　楚里,安德拉什:《年轻成人阶段的刑法规则可能性》,《匈牙利法律》,2008 年第 4 期。

　艾德维,卡洛伊·伊勒什:《刑法修订案口袋书》,布达佩斯:雷瓦兄弟出版公司,1908。

　久尔科,西尔瓦:《可罚性的年龄下限以及与对儿童和青少年犯罪分子适用的法律制裁相关的两难境地》,《犯罪学研究》(45),2008。

　凯雷日,克拉拉:《青少年犯罪处理和预防的可能性》,《内事视点》,1997 年第 10 期。

　莱塔尔,伊斯特万:《关于未成年人犯罪和青少年司法的一些问题》,《检察官报》,2007 年第 6 期。

　莱维,米克洛什:《可对青少年犯罪分子判处的刑事制裁的改革》,《匈牙利法律》,1994 年第 6 期。

李盖提,卡塔琳:《青少年刑事审判法的概念》,《刑法汇编》,2006年第2期。

萨博,安德拉什:《青少年与刑法》,布达佩斯:经济与法律出版社,1961。

司法实践

3/2002《法院统一判例》;60/2007《刑庭裁断》;《法院判例》2004.95、《法院判例》2002.297、《法院判例》1994.7、《法院判例》1993.76、《法院判例》1991.382、《法院判例》1990.287、《法院判例》1987.267、《法院判例》1987.5、《法院判例》1985.47、《法院判例》1984.391、《法院判例》1981.272、联合国制定的与青少年司法服务相关的最低要求(《北京规则》)、关于儿童权利的联合国协议(1991年第54号法律声明)。

第十二章　与军人相关的规定

（布劳什克·贝拉博士、教授）

一、军事刑法

匈牙利第一部刑法典，即《柴迈吉法典》（1978 年第 5 号法律）第 5 条规定，"有关属于武装部队的人员的例外情况应由一部特别的法律单独规定"，即把军人从法律的地域和人员效力中单独分离出来。那时，这部特别的法律就是1855 年 7 月 15 号诞生的《军事刑法典》，其"效力对于我们来说实际上是建立在习惯法基础上的"①。有关军人的概念，早在 19 世纪后 1/3 时间就已经被广泛解读过。根据 1881 年第 3 号法律（关于公共安全服务的组织）第 8 条规定："宪兵军官及所有宪兵在人事、晋升和纪律事宜中受国防部长管理控制，所有个人事宜均由国防部处理，而由宪兵所犯的违纪和犯罪行为也只能由匈牙利国王国防法院来受理……"但是 1886 年第 20 号法律（关于人民起义）第 6 款中则又扩大这一范围："因为人民起义而被召集起来的个人自其被召集之日起，到其被解散之日为止，都处于军事刑事和纪律规则之下。"

1912 年第 30 号法律（关于武装部队）中还规定义务服兵役制和武装部队的组成。首先对义务兵役制作如下规定："1.兵役是普遍适用的，对于所有国民本人都应按照本法律规定来实行义务服兵役制。义务服兵役制中本身还包括征兵义务、服务义务和人民起义义务"；随后又对武装部队的组成作如下规定："武装部队由联合部队、国防军队和人民起义组成。其中联合部队包括联合陆军和海军军队。"

匈牙利从那之后就再没有过军事刑法典，而 1912 年第 31 号法律（关于）中还规定国防军队的任务使命："1.国防军队是武装部队的一部分；它在战争时期的任务是支持武装部队和保护国家，而在和平时期的任务则是维持国内秩序和安全［……］国防军队中还包括骑兵，他们在由国家组织的匈牙利和克罗地亚—斯拉沃尼亚国家骑兵机构中服兵役。"随后——与君主国特征相适应——则是1912 年第 32 号法律（关于联合部队军事刑事诉讼法）和 1912 年第 33 号法律（关于国防军队军事刑事诉讼法）。这两部法律的第 1 条在文字上是一致的，都规定"只有在按照本部刑事诉讼法的规定发起的刑事诉讼程序之下,在公诉和管辖法院判决的基础上,才可以对重罪和轻罪(微罪)判处刑罚……"

匈牙利国内第一部《军事刑法典》是 1930 年第 2 号法律(关于军事刑法典),其中第 1 条规定:"在本法律(《军事刑法典》)没有特殊规定之时,对于从属于军事刑事审判之下的人员,无论是在普通犯罪还是在军事重罪和军事轻罪的情况下,都应对犯罪分子适用普通刑法典的规定。"

随之而来的是 1948 年第 62 号法律(关于军事刑法典),其中第 1 条在内容上根据之前的《军事刑法典》规定受这部法律效力管辖的人员范围。

尽管国内的军事刑法——如我们前面所见——之前已经在两部独立的《军事刑法典》中得到了实现,但这种独立性自从 1961 年第 5 号法律生效以后就在形式上也消失了。接踵而来的几部《刑法典》在立法时也并没有出现(也包括军事条款在内的)统一性法规的分离。目前,在匈牙利已经没有独立的《刑事刑法典》了。

军事刑法与《刑法典》第 12 章中与军人相关的规定在概念上并不等同。从广义上来说,前者之中包含了《刑法典》第 44 章中所规定的"违反国防义务罪"和《刑法典》第 45 章中认可的"军事犯罪",以及与军事刑事诉讼程序相关的规定。这一系列的内容一起构成了所谓的"军事刑法"。一些学者认为,这种术语本身或许就是不正确的,因为刑法应该是统一性的。

在《刑法典》总则中有专门的一章讲与军人相关的特殊规定。总体来说,在与青少年犯罪相关的"特殊"规定中可以确定的部分,在这里也都可以确定。这里所说的并不是与军人相关的特殊规定在刑法内部的某种异化感,因为这些"特殊"规定也并没有打破刑法的统一性。事实上,总则部分到目前为止已经涉及的条款——不包括第 11 章内容——和本章规定之间也存在着一般性和特殊性的关系。所以说军事刑法是匈牙利刑法中的一个特殊领域,而《刑法典》第 12 章中与军人相关的条款中所包含的规定则是与具有军事特色的生活状况相对应的,因而有时会有与一般规定不同的刑事责任和适用制裁。

二、军事犯罪的犯罪分子

第一个需要澄清的问题是根据《刑法典》规定,应该把什么人看作是军人。这一概念的定义之所以重要,还因为——正如我们接下来要看到的那样——军事犯罪要求特殊的主体性,具体来说就是军事犯罪有着特殊的单独正犯。

关于军事犯罪的犯罪分子《刑法典》作了如下规定:

第 127 条第(1)款　本法律中的军人是指在匈牙利国防军队具有实质职位的成员、警察局成员、国会守卫兵、刑罚执行组织成员、职业抗灾组织成员、国家安全机构成员以及在国家税收和海关中具有专职职位的成员。

第(2)款　在将本法律条款适用于军人身上时,应遵循本章所包含的特殊规定。

这一条款的规定也印证了我们之前所提到的——与刑法统一性相关的——观点,即《刑法典》中的刑法基本原则和一般性条款规定对军人也都有效,只有那些从服役关系中产生的、时常带有实质重要性的差别才能成为这一话题被拿来用独立一章讨论的理据。

第(3)款　军事犯罪中的单独正犯只能是军人。

这一条款的法律政策依据是军事刑事法规首先所保护的是武装部队或者第(1)款中指出的执法部门和服役职位(下称军人)的秩序和纪律。一部分军事犯罪的直接法律客体是由军人在服役秩序和纪律中产生的义务构成的。由此可知,这些犯罪的基础是那些只与军人相关、只能由军人违反的行为规范。所以《刑法典》才在第 45 章中规定军事犯罪行为的单独正犯只能是军人。

《刑法典》第 12 条规定:"犯罪分子包括单独正犯、间接正犯和共同正犯(下文统称正犯)……"从这条规定中可以确切得知,单独正犯是从属于犯罪分子这个集合概念之下正犯之中的。同时我们还可以看到,在正犯中除去单独正犯以外,还有间接正犯和共同正犯。在上面所引述的《刑法典》第 127 条第(4)款中规定——在这三种正犯形式当中——军事犯罪的犯罪分子仅仅指单独正犯。我们也许会说,"当然"这种"细窄化"到目前为止还没有造成问题,因为我们(通过正确运用的广义理解)还补充了一点,即军事犯罪的共同正犯也只能是军人。上一部《刑法典》的 2009 年修订版中引入了间接正犯的范畴。我们认为,这种修改和现行《刑法典》的编纂也都曾可以为立法者提供将第 122 条第(3)款中的规定最终确切化的机会。尤其是考虑到间接正犯的形式在《刑法典》第 130 条第(2)款中被提出来。在接下来的法律当中,《刑法典》第 122 条第(3)款规定:"军事犯罪的单独正犯、间接正犯和共同正犯都只能是军人。"

另外,在有些情况下——以目前的规定为基础——"公民"人员也应被看作是军事犯罪的犯罪分子,比如某个普通公民由于对某某少校不满,所以就错误地通过利用军人而实现了对其军队权威的侵犯(《刑法典》第 447 条)的情况。

普通公民只能以从犯的身份来实现军事犯罪,且对其不能适用本章规定的法律制裁。此外,还有一类犯罪分子应当从军事刑法的管辖范围内排除掉,那就是在武装部队和军队中工作的公职人员。

在确定好本章条款的管辖范围只包括在犯罪当时是军人身份的犯罪分子这一事实之后，还应当澄清的问题就是从什么时间开始应当把《刑法典》第 127 条第（1）款中规定的人员看作是军人。关于这一点，以及关于兵役的终止，在 2012 年 1 月 1 日生效的 2011 年第 113 号法律（关于国防和匈牙利国防军队以及可引入特别法中的处罚措施）以及包含于第 127 条第（1）款中指出的执法部门和服役职位相关的规定的法律（这里不再详述）中都有涉及。

三、侵犯他国军人的犯罪

由于匈牙利加入北大西洋公约组织后的需要，对于组织武装部队的军人也应提供与匈牙利本国军人一样的保护，因此法律就对与军人相关的条款作出以下扩充。

第 128 条第（1）款　根据第 14 章规定，如果所涉军事犯罪

a）是针对北大西洋公约组织武装部队军人，或者

b）是在境外作战区域完成的人道主义活动、在维和或人道主义行动框架内以及在其他境外服务过程中针对别国军人

在共同完成服务职责的过程中所犯，则所涉军人犯罪分子应当被判处刑罚。

第（2）款　在适用第（1）款 a 点时，北大西洋公约组织武装部队内的军人是指组织武装部队国家的警察及民防服务成员，而第（1）款 b 点中所说的别国军人指的则是别国警察及民防服务成员。

在加入北约组织之后，作为结果，匈牙利军人今后都将与国外的组织内军人共同完成服务职责。这一情况就要求《刑法典》在匈牙利军人犯下侵害北约组织的罪行的情况下也要提供相应的刑法保护。北约组织武装部队的概念在《刑法典》第 459 条第（3）款中被规定为："每当本法律提到北约组织武装部队、在境外作战区域内完成的人道主义活动以及维和或人道主义行动时，都应按关于国防和匈牙利国防军队的法律中规定的概念加以理解。"

第 129 条　根据第 14 章规定，如果所涉军事犯罪是在

a）由北约组织武装部队共同完成的服务过程中，

b）在境外作战区域内完成的人道主义活动以及维和或人道主义行动框架内所犯，

则应对所涉军人犯罪分子判处刑罚。

从犯罪概念中可以得知，只有那些侵害或威胁他人人身或权利以及匈牙利

《基本法》所规定的社会秩序、经济秩序或国家秩序的行为——包括活动或过失——才算是具有社会危害性的行为。由此可知,军事犯罪的法益是与匈牙利军队服务秩序和纪律的不可侵犯性相关联的社会利益。因此,对于在应联合国或欧安组织要求而完成的境外服务过程中实现所涉行为的匈牙利军人,不能为其确定第45章中规定的军事犯罪罪名(由匈牙利军人犯下的非军事类罪行则当然需要进一步受总则规定管辖)。

立法者根据上面引述的法律条款,将以下情形也纳入军事刑事诉讼程序管辖范围:一是当匈牙利军人在由北约组织武装部队共同完成的服务过程中对武装部队军人实施犯罪行为时;二是当匈牙利军人在境外作战区域实行人道主义活动以及在维和或人道主义行动框架内实施侵犯相关人员的军事犯罪行为时。

根据联合国规定,缔造和平是指"相互对立的敌对双方主要通过联合国宪章第六部分规定的和平工具达成协议"的举措。缔造和平的特征是:"在军事安全援助和武装部队之间关系的确立过程中所体现出的严格外交特征和政府参与。"对于维持和平的概念,除了联合国以外,美国也曾作出过定义。根据联合国的概念,维持和平是同时扩大避免冲突和缔造和平的可能性的一种方式途径。

四、可罚性排除事由

下面讲到的可罚性阻却都是只在军队生活状况中有意义的阻却类型。这种特殊可罚性排除事由是上级的命令。

一个存在已久的问题是,军人是否应对其在命令下所犯罪行负刑事责任。尤其是在战争时期所犯下的(犯罪)行为情况下,所涉军人犯罪者在事后被追究刑事责任时,常常使用的一种说辞就是"我是被命令这么做的"! 随着刑法理论的发展,可以基于不同原则对这一问题做出解答。

根据无条件服从原则,只应审查和确定命令发起人自己的责任。由此可知,对于会导致犯罪的命令的执行也在下级军人无条件服从义务的范围内。执行这样命令的下级军人可被免除罪责。

还有一种与无条件服从原则相反的理解方式认为,军人在所有情况下都必须对其所接收到的命令从合法性角度作出衡量,并且如果执行命令会导致犯罪,那么执行命令的下级军人也须对此承担责任。

根据所谓的适中服从原则,下级军人如果执行了明显会导致犯罪的命令,则需要自己承担相应罪责。

第 130 条第(1)款 军人不可因为执行命令的行为而被判刑罚,但其明知

执行命令会导致犯罪的情况除外。

第(2)款 对于因执行命令而引发的犯罪,当执行命令的军人知道执行命令会导致犯罪时,命令发起人也应作为单独正犯被追究罪责;否则,命令发起人则应作为间接正犯被追究罪责。

在军队生活中,服从性、服役纪律和命令执行与非常重要的社会利益相关联。军队服役秩序是建立在严格的上下级基础之上的。这一点从下级必须完成上级命令的情况中也能看出来。

例如,2011年第113号法律(关于国防和匈牙利国防部队以及特殊法律制度中可引入的措施)中关于命令和命令发起权作了如下规定:"第50条第(1)款发起命令的军人须对其所发起的命令负责。禁止滥用命令发起权。命令发起人应当保证命令执行所需条件,并应检查命令执行所需规模。第(2)款命令应与法律规定、其他条款规定以及上级命令保持和谐一致。命令尤其不能对下级军人造成不当骚扰或侵犯下级军人的人格尊严。第(3)款(除法律中包含的例外情况外)禁止发起 a)会对下级军人的生命、健康或身体健全造成直接或严重威胁,b)会导致犯罪,或者 c)会实现军人个人目标要求的命令。第51条第(1)款军人在服役过程中,有执行命令的义务,会导致犯罪的命令除外。第(2)款除第(1)款中包含的例外情况外,军人不可拒绝执行违法命令。然而,如果所涉命令的违法性对其来说是能够识别出来的,则必须及时唤起命令发起人的注意。如果命令发起人在被提醒之后仍然坚持其命令,则应当应下级军人申请要求付诸书面形式。如果在这之后命令发起人仍然坚持其命令,则由于命令执行所导致的犯罪责任应全部由命令发起人承担。"

在合法命令没有完成的情况下,所涉刑事责任应由所涉军人承担。这一点是在《刑法典》第444条中关于命令违逆的构成要件中规定的。根据该条规定,不执行命令等于犯下轻罪。对于"命令"应一直理解为服役命令,这种命令可以对一人或多人组成的确定范围发起。命令应由上级向下级按相关条款中规定的形式和框架发起。命令发起人应当确定命令的可执行性。

军人会信任上级命令的合法性,因为下级军人并不总是能够识别命令执行所涉行为的社会危害性。此外,某些只有上级军人知道的事实也会影响下级军人对所涉情况的识别。

除此之外,正如前文所说,在军队生活状况中,服役纪律、服从性和命令执行与重要的社会利益相关联。因此,一般来说下级对上级命令执行正确性的质疑是不被允许的。命令执行(一般来说)是对社会有益的,这也就排除了命令执行的社会危害性。

在由于执行命令而发生犯罪的情况下,期待可能性的缺失也起了一定作用,因为我们不太能够期待军人拒绝执行命令并承担刑法后果。在这种情况下,军人事实上面临着一种非常矛盾的处境,因为他们要么会因为拒绝执行命令而被追究责任,要么会因执行命令而犯罪②。

有些学者把上级命令当作是罪过免除事由。他们认为,某种行为从上级角度来看是具有社会危害性且违法的,或者从下级角度来看是不具有社会危害性且不违法的,这两种情况具有相反效果。他们的观点是,军人的行为不可能会对法律体制——取决于其中的参与者——产生两种彼此相反的影响效果。

如果军人接收到了犯罪命令,则其是否应被追究罪责取决于其知不知道执行命令会导致犯罪。军人不可因为执行命令的行为而被判刑罚,但其明知执行命令会导致犯罪的情况除外。

军人在例外情况下拥有"法律知识"。这不仅意味着其在实施行为时对某种犯罪的客观(客体、客体方面)构成要件要素有所了解,而且还清楚地说明其是通过故意行为实现的犯罪③(参见最高法院判例Ⅴ,2273/1997 号)。

军人的任何误解都能确保其无罪性,并且还能使其免于成为受查对象,无论其可不可以识别命令的违法性质。如果下级军人不知道执行命令会导致犯罪,那么通过执行命令发生的犯罪行为在本质上来说就是由发起命令的上级军人通过他人(即下级军人)完成的。这时,根据《刑法典》第 130 条第(2)款规定,应将命令发起人作为间接正犯,并针对因执行命令而导致的犯罪追究其刑事责任。

在军人明确知道执行上级命令会导致犯罪的情况下,对于执行命令的下级军人和发起命令的上级军人都应作为单独正犯追究刑事责任。因此,基于执行命令的犯罪在这种情况下就有可能出现同一犯罪行为同时有两个单独正犯的特殊情况。

如果上级军人只是由于过失而没有认识到其对下级军人发起的命令在执行中会要求下级军人犯罪,那么在这种情况下,当《刑法典》中对下级军人所实现的犯罪是出于过失而发生的也应为犯罪而判处刑罚时,则上级军人同样应为犯罪的过失性负责。所以说,正如我们所见,军队秩序中设定了非常严格的上下级关系。其中"命令是军人的活动指南,也是任务设置和规范军事生活的规定得以生效的基本工具。由于上级军人手中被赋予的合法权威,使得下级军人有义务克服一切困难将命令执行完成。因此对于命令是不准上诉且不容批评的"④。对此,我们可以立刻补充一点,即只有当不需要特殊衡量便可一眼看出下级军人在执行命令的情况下会犯罪时,才可以对命令作出违抗。

我们还可以看到,在军队生活状况中,上级命令具有突出的重要性,这是因为武装部队和警察(治安)机构的运作机制绝大部分都是建立在命令基础之上的。由此可知,不执行命令会有严重的后果,有时还会涉及刑事责任的追究(如《刑法典》第444条)。

然而,如果军人在意识到其所接到的命令其实是犯罪的情况下还是选择了执行命令——如我们前面已经指出过的那样——那么执行命令的军人自己也应为其行为负责,而所涉刑事责任则应由发起命令的上级军人和执行命令的下级军人共同分担。不过在这种情况下,上级军人的命令在量刑过程中可被看作是有力的减刑条件加以评判。另外,也如我们在前面已经指出过的那样,如果下级军人不知道执行命令会犯罪的话,那么由于执行这一不合法命令而导致的犯罪就应由命令发起人来承担刑法后果。此时应将犯罪行为看作是由其(命令发起人)自己所为。从这里来看,在执行上级命令导致犯罪的情况下,发起命令的上级军人应作为间接正犯承担罪责。

五、可罚性消除事由

在法律中规定的消除事由可以缩短军人所犯轻罪的追诉时效。

第131条 除第66条第(1)款中规定的情况外,如果所涉犯罪分子的军队服役关系已经终止1年时间,则不可再对其由于在服役期间所犯轻罪而判处刑罚。

这条规定所关注的是退伍军人对军队秩序和纪律不再具有危害性的情况。这种时间推移可以消除所有犯罪分子——包括教唆犯和帮助犯在内——的刑事责任。这是因为这条法律规定所涉及的范围是"犯罪分子",而这一范围内除了正犯(共同正犯)之外还包括从犯(另外这条规定也符合人犯的附加特征)。

如果在量刑同时需要终止缓刑,即如果:

a)被判缓刑者由于其在缓刑之前所犯罪行而在缓刑期间被再次判处刑罚,

b)被判缓刑者由于其在缓刑期间所犯罪行而再次判处刑罚,或者

c)被判缓刑者严重违反缓刑考验行为规范的话,

则不可对其适用我们在这里所讲的可罚性消除事由。

六、刑 罚

《刑法典》第7章把刑事制裁分成了刑罚、附加刑罚和处罚措施三类。接下来我们所要考察的是法律在监禁刑罚的执行方式、刑罚合并、社会服务令这三方面对军人犯罪分子所作的不同于一般的特殊规定。

七、军事监狱

在对军人执行监禁刑罚时,如果不能保持服役,则应遵循总则中的一般规定;如果可以保持服役,则应遵行《刑法典》为军人所作的特殊规定。

第 132 条第(1)款 如果被告人可以保持军队服役,则法院由于轻罪为其判处的不超过 1 年的监禁或者拘留刑罚就应在军事监狱中执行,被告人属重复犯罪者的情形除外。

第(2)款 如果被告人的军队服役关系已经终止,则刑罚或者其剩余部分就应在看守所中执行完毕。

所以说,在上述情形中,法院为犯罪分子判处的依然是监禁或拘留刑罚,而军事拘留只是刑罚的一种特殊执行方式。如果军人犯罪分子的军队服役关系在刑罚执行过程中终止,则其监禁刑或监禁刑的剩余部分则应根据《刑法典》第 132 条第(2)款规定在看守所中执行完成。

在审前拘留中或者正在军事拘留所中被监禁的军人也应受与军人相关的特殊刑法规定的管辖。

如果从所涉犯罪的特征、客观危害和犯罪分子的生活履历情况来看,法院认为所涉军人犯罪分子可以继续留在军队服务当中,则其被判处的监禁刑就应在军事监狱中执行完成。当由重罪而被判处的监禁刑被判在军事监狱中执行完成时,对于犯罪分子可以留在军队中的条件应与较轻缓的执行级别的判定要求联系起来进行综合考察。

八、刑罚合并

第 133 条 对于作为合并后刑罚判处的监禁刑的执行,应当依据第 127 条规定。

在刑罚合并的情况下,仅当在需要合并的刑罚当中至少有一项监禁刑是由军事法院所判处时,才可对合并后的监禁刑判定特殊执行方式。在这种情况下,刑罚合并程序应在军事法院中进行。

九、社会服务令适用的排除

第 134 条 对于在军队服役关系之下的军人不可判处社会服务令。

社会服务令作为一种刑罚,在前面已经分析过,在这里我们再回顾一下。在《刑法典》第 47 条第(2)款中规定,当法律没有不同规定时,被判处社会服务令者须每周至少做一天社会服务工作,可以是在一周的休息日或是自由时间,且没有报酬。由于军队秩序、职务和组织结构的属性而导致这一刑罚在军队生活状况之中无法或很难执行。因此,直到军人服役关系终止之前,都不能对其适用这一刑罚种类。

十、军事刑罚

之前的《刑法典》于 2009 年在制裁方式变更的框架内重新规定了刑罚和附加刑罚的体系,并在此过程中修订了与军事制裁相关的规定。

在军队生活状况中,军事级别具有特别重要的意义。因此,立法者将与此相关的法律制裁在军事刑罚和附加刑中作了规定。这些制裁方式对于可以保留军队服役的军人具有特别的重要意义。

第 136 条　对于军人犯罪分子可以与其他刑罚一同判处

a) 撤级,或

b) 军队服役关系终止的刑罚,

或者当所涉犯罪刑罚上限不超过 3 年有期监禁时,也可独立判处这两种刑罚。

第(2)款　当军人犯罪分子被禁止参与公共事务时,不可再对其适用军事刑罚。

公共事务参与禁令(《刑法典》第 61 条)作为一种附加刑罚,在内容上也意味着被禁止参与公共事务的人自判决生效之时起便失去军事级别,并且也不能再获得军事级别。所以一般来说,当军人犯罪者不能再保持军队服役关系时,方可对其适用这一附加刑罚。

(一) 撤级

第 137 条第(1)款　被判撤级的军人会失去其军事级别。

第(2)款　撤级刑罚应在犯罪分子变得不配拥有其军事级别之时适用。

撤级是最严重的军事刑罚。当犯罪行为的严重性和特征使得犯罪分子不配承受其级别之时,便可适用这一刑罚。

对于在犯罪当时已经位于储备职务之中的犯罪分子也可适用撤级刑罚。同时,撤级也意味着军队服役关系的终止,因为犯罪分子没有军事级别便不能再在军队服役关系之中立足。

（二）终止军队服役关系

第 138 条　当犯罪分子变得不配身处军队服役关系之中时,其军队服役关系可被终止。

如果在权衡考量犯罪情况的基础上可以确定军人犯罪分子已经不配拥有军队服役关系,但却还值得拥有其军事级别,则可对其适用终止军队服役关系的刑罚。在这种情况下,被告人还保留着军事级别,这一点并不会被其军队服役关系的终止所触及。

（三）军事附加刑

第 136 条第(1)款　对于军人犯罪分子可在刑罚之余同时判处

　　a）军事降级,或者

　　b）等待时间延长

的附加刑罚。

第(2)款　当军人犯罪分子已被判处军事刑罚之时,或者被判公共事务参与禁令之时,则不可再被判处军事附加刑。

（四）军事降级

第 139 条第(1)款　在被判处军事降级的情况下,军人犯罪分子被降低至比其在犯罪审判当时所承担的军事级别低一位的级别之上。

第(2)款　当军人犯罪分子所犯罪行有损军事级别的威严,但又没有必要被撤级时,应当对其适用军事降级刑罚。

第(3)款　被判处军事降级的军人犯罪者在较低军事级别上停留的时间应确定为 1~2 年。

这一附加刑罚的适用条件是所涉行为有损军事级别的威严,但又没有达到撤级刑罚的程度。法院在为军人犯罪者判处军事降级之时,应关注的是其在犯罪审判当时所承担的军事级别,并应确定其应在较低军事级别上停留的时间长度。这一时限可以确定为 1~2 年。附加刑罚自判决生效之时也会生效,或者在这一天会开始等待时间,并且被告人在监禁刑罚内渡过的时间不应被算入这一时限之内。

（五）等待时间延长

第 140 条第(1)款　在军人犯罪分子被判处等待时间延长的附加刑罚时,

法律为其规定的军事降级等待时间将会延长。延长期限应该按年加以确定,且不能超过原定降级等待时间的一半。

第(2)款 如果军人犯罪分子在重新被升级之前应当经历更长的等待时间,则法院应为其判处等待时间延长的附加刑罚。

第(3)款 在第127条第(1)款a点中所规定的军人情况下,本条第(1)款和第(2)款中所说的等待时间应理解为强制等待时间。

需要指出的是,在编写这一序列之时,立法者还未更正第(3)款中出现的笔误。

等待时间延长是最减缓的军事附加刑罚。虽然从法律条文中看不出来,但是与上一种附加刑相比,这一附加刑的可用范围明显狭窄许多,只有当所涉军事品级被规定了等待时间之时才可被适用。因此,比如说对于中校级别的军人来说就不可适用此附加刑罚。

对于等待时间的延长期限应该按年加以确定,在确定过程中应注意在军事级别序列中较高一级的级别被规定了多长的等待时间。

军事附加刑不可与军事刑罚同时适用,也不可与公共事务参与禁令同时判处。这一规定的理由是军事附加刑的适用并不会排除军人犯罪分子接下来在军队关系中的停留。与此相对,撤级和终止军队服役关系(作为军事刑罚)以及公共事务参与禁令(伴随着军事级别的丧失)则会使得军人犯罪分子不能再留在军队关系之中。

(六)刑罚前科相关劣势的免除

第141条第(1)款 如果法院为军人犯罪分子判处应在军事监狱中执行的监禁刑罚,则可事先为其免除与刑罚前科相关的劣势。这种免除应在刑罚服满或者刑罚可执行性终止的那一天进行。

第(2)款 军事附加刑的适用并不会对被告人的刑罚前科劣势免除构成障碍。

正如我们之前已经提到过的那样,法院对于被判处监禁刑罚缓期执行的犯罪分子——如果其值得的话——可以进行审前免罪。

我们所讨论的这一条款的法律政策学依据,首先是在军事监狱中服刑的军人犯罪者中大部分都是在与军队服役相关的情况下犯下的军事罪行或其他罪行,或者所涉行为只有在军事生活状况中才算犯罪。这样一来,如果对这类犯罪者取消审前免罪的可能性,就会有失公平。

然而,这一特殊条款只能以与一般规定相和谐的方式被适用,也就是说法院必须对"值得性"加以考察。在考察和判定值得性时,所涉犯罪行为的特征和严重性以及刑罚规模都具有重要意义,但同时也不能忽视被告人的人格特质、军队生活履历及其进入军队服役之前的行为。在监禁刑罚是在军事监狱中执行的情况下,被告人——一般来说——都可以被事先免除与刑罚前科相关联的不利法律制裁。

当然,当被判处军事监狱监禁的军人犯罪者因法律效力而被免除法律制裁的情况下[《刑法典》第 100 条第(1)款 e 点],也就没有审前法院免罪的必要性。所以,因过失轻罪而被判处军事监狱监禁刑罚的军人犯罪分子也就不能再被进行审前法院免罪,因为他们在刑罚服满或刑罚可执行性终止的那一天就会凭借法律效力而自动免除法律制裁。

第 141 条第(2)款在与免罪统一性相关的一般规则之下又规定一种例外情况,即军事附加刑的适用并不会对被告人的刑罚前科劣势免除构成障碍。

注释

① 安加尔,帕尔:《匈牙利刑法典》,布达佩斯:雅典神殿文学与出版股份有限公司出版社,1920,第 141 页。

② 贝凯什,伊姆雷:《刑事责任追究障碍》,载于《匈牙利刑法总则》,尤若夫·费尔德瓦里[编],布达佩斯:内务部出版社,1980,第 184 页(下称:贝凯什:《刑事责任追究障碍》)。

③ 贝凯什:《刑事责任追究障碍》,第 185 页。

④ 科尔达,久尔吉:《违背军人和国际义务罪》,兹里尼军事出版社,1988,第 45 页。

参考文献

艾提格,安塔尔:《关于刑法中与军人自由剥夺相关规定改革的思考》,《检察官报》,2004 年第 3 期。

郝钦格,佐尔坦:《军事刑法学》,《法律》,2008 年第 2 期。

郝钦格,佐尔坦:《军事刑法基本原则》,《法学公报》,2008 年第 10 期。

高尔多什,山多尔:《对军事刑法国际规定的展望》,《匈牙利法律》,1993 年第

12 期。

萨拉伊,伊斯特万:《法律体系中的军事附加刑》,《检察官报》,2005 年第 1 期。

司法实践

1/2012.《法院统一判例》;《最高法院主要判例》2001.389、《最高法院主要判例》2001.396、《最高法院主要判例》2001.401、《最高法院主要判例》2001.402、《最高法院主要判例》2001.404、《最高法院主要判例》2002.615、《最高法院主要判例》2004.1112、《最高法院主要判例》2009.1949、《最高法院主要判例》2010.2120、《最高法院主要判例》2010.2215、《最高法院主要判例》2010.2216、《最高法院主要判例》2011.2305、《最高法院主要判例》2011.2382、《最高法院主要判例》2011.2386、《刑庭裁断》44、《刑庭裁断》46、《刑庭裁断》47、《刑庭裁断》48、《刑庭裁断》49、《刑庭裁断》50、《刑庭裁断》51、《刑庭裁断》4/2007;《法院判例》1982.367、《法院判例》1987.146、《法院判例》1992.6、《法院判例》1992.364、《法院判例》1993.1、《法院判例》1997.376、《法院判例》2000.49、《法院判例》2000.280、《法院判例》2002.420、《法院判例》2010.210。

图书在版编目(CIP)数据

匈牙利新《刑法典》述评/(匈)珀尔特·彼得博士主编;
郭晓晶,宋晨晨译.—上海:上海社会科学院出版社,
2014

ISBN 978-7-5520-0677-3

Ⅰ.①匈…　Ⅱ.①珀…②郭…③宋…　Ⅲ.①刑法-
法典-研究-匈牙利　Ⅳ.①D951.54

中国版本图书馆 CIP 数据核字(2014)第 213103 号

匈牙利新《刑法典》述评

主　　编:珀尔特·彼得博士
译　　者:郭晓晶、宋晨晨
责任编辑:周　河
封面设计:周清华
出版发行:上海社会科学院出版社
　　　　　上海淮海中路 622 弄 7 号　电话 63875741　邮编 200020
　　　　　http://www.sassp.org.cn　E-mail:sassp@sass.org.cn
照　　排:南京理工出版信息技术有限公司
印　　刷:上海信老印刷厂
开　　本:710×1010 毫米　1/16 开
印　　张:21.75
插　　页:2
字　　数:380 千字
版　　次:2014 年 10 月第 1 版　2015 年 11 月第 2 次印刷

ISBN 978 - 7 - 5520 - 0677 - 3/D·295　　　　　定价:60.00 元